악마의 영문법 100법칙

| 도키요시 히데야 지음 |

들어가며

이 책은 학습자들이 어떻게 해야 빠르게 영어를 쓰고 말할 수 있는지 그 방법을 전달하기 위해 쓴 것입니다.

그 목표를 위해서 이 책을 2개의 파트로 구성했습니다. 첫 번째 파트에서는 '쓰고 말하기 위한 목적'의 관점에서 영문법을 설명하고, 두 번째 파트에서는 '다른 사람을 설득하기 위해 사용하는 영어'를 쓰고 말하기 위한 그 '형식'에 대해 설명합니다.

● 말하기와 쓰기를 위한 영문법

영문법이 이해가 잘 되질 않아, 외워서라도 공부하려는 생각으로 이 책을 선택한 사람들도 많을 것입니다.

이는 아마도 그동안 수험 영어를 배우면서 심어진 안타깝고 잘못된 인식 때문일지 모릅니다.

"○○법의 규칙은 이러한데, 이것과 이것은 예외라서 잘 외워야 해."

이런 식으로 가르침을 받아와서 무턱대고 패턴을 머릿속에 주입하려고 전력을 쏟은 경험이 있다면, 이는 너무나도 안타까운 일일 것입니다.

언어를 글로 쓰고 말하는 것은 자신의 마음을 표현하는 일입니다. 자신의 마음을 영어로 표현하고 싶으면 영어 문장을 모국어로 옮겨서 나타내는 것이 아닌, 영어 문장이 나타내는 '마음'을 파악하고, 영문법을 규칙으로 보는 것이 아니라 '마음을 나타내는 방식'으로 보는 것이 중요합니다.

이 책의 문법 해설은 제가 지금까지 배우고 연구해 온 인지 언어학이라는 언어학을 참고해서 이론을 구성하였습니다. 이러한 설명은 어려울 수 있기 때문에 쉽게 전달하기 위해 전문적인 표현이나 어려운 내용은 가급적 피하려고 유의했습니다.

이 이론의 바탕은 인간이 세상을 어떻게 느끼고, 세상과 어떻게 연결되어 있는지를 이해하는 것에 의해 문법이 만들어지게 되었다는 생각에 바탕을 두고 있습니다.

이 책을 통해 영문법 학습이 단순한 규칙 암기가 아니라 영어를 말하는 인간의 마음을 들여다보는 행위라고 생각해 주시면 좋겠습니다.

이 책에서는 영어를 쓰고 말하기 위해서 어떤 관점으로 영문법을 접하면 좋을지에 따라 우선순위를 두어 설명했습니다.

이러한 문법 해설을 읽으면, 쓰고 말하는 실력은 물론이고 읽기 실력도 향상될 수 있습니다. 더 빠르고 직감적으로 읽을 수 있게 되면 듣기 향상에도 도움이 됩니다. 이른바 '영어의 4대 영역(말하기, 듣기, 읽기, 쓰기)'은 모두 연결되어 있는 것입니다.

● 다른 사람을 설득하기 위한 '영어의 형식'

아마도 이 책을 선택한 당신은 영어를 배워 본 적이 없어서 처음으로 영어를 배우는 사람은 아닐 것입니다.

앞으로 일을 하면서 영어를 사용할 것 같은 사람을 타깃 학습자로 생각하여 이 책을 썼습니다. 기존의 영어책은 다양한 상황에서 사용할 수 있는 표현을 모아 놓은 '재치 있는 영어 표현집'이 대부분이었던 것 같습니다.

물론 실전이라는 것은 변화무쌍하기 때문에 책에 제시된 표현을 어느 상황에서나 사용할 수 있는 것은 아닙니다.

이러한 것보다, 먼저 자신이 비즈니스 상황 등에서 '이야기하는 목적'을 생각하고, 그 목적을 위한 영어의 형식을 습득하는 것이 효율적이라고 생각합니다. 따라서 저는 이러한 방식을 학습자들에게 지도해 왔고, 그 효과를 확인할 수 있었습니다.

리포트 작성, 프레젠테이션, 협상, 토론 등, 모든 것이 '다른 사람을 설득하기 위한 행위'라고 이해될 때, 무엇을 학습해야 하는지 명확해지고, 단기간에 이에 필요한 영어를 숙달할 수 있게 됩니다.

  만약 이 책을 선택한 '당신'이 대학 입시를 목표로 하는 고등학생인 경우, 글쓰기나 말하기 테스트에서 학습 효과가 바로 나타나 놀랄 수도 있습니다.

  목적을 달성하기 위한 말하기 '형식'을 반드시 습득해서, 실전 상황에서 '어떻게 말할지(how)' 그 형식이 자동으로 나올 수 있게 하고, 뇌에 저장된 많은 지식을 활용하여 '무슨 말을 할지(what)'를 표현해 보세요. 영어뿐만 아니라, 모국어로 말하는 능력 또한 향상되는 것을 느낄 수 있다고 약속드립니다.

2024년 5월 도키요시 히데야

'악마의 영문법 100법칙' 목차

제 1 장 영어 세계의 3가지 기본

01　영어의 시각으로 세상을 봐라　　　16
　　　영어란 '또 다른 자신'이 외부에서 나를 보는 것이다

02　하고 싶은 말부터 먼저 하는 것이 영어　　　20
　　　This is a pen.의 의문문이 Is this a pen?의 어순이 되는 이유

03　가벼운 정보를 먼저, 무거운 정보를 나중에 말하는 것이 영어　　　24
　　　Plays he baseball?이 아닌, Does he play baseball?인 이유

제 2 장 동사 ① 문장의 형식 :
　　　　동사를 단어로 이해하지 말고 문형으로 이해하라

04　'문장'이란 무엇인지 이해하라　　　30
　　　'물!'을 '존재하는 것'과 '바라고 원하는 것'이라는 개념에서 생각해 본다

05　동사가 나타내는 '힘의 방향'을 이해하라　　　34
　　　목적어의 유무는 일단 제외하고, '자동사'와 '타동사'를 살펴보자

06　1형식, 2형식, 3형식과 수식어의 관계　　　38
　　　수식어는 '동사의 힘이 미치지 않은 말'

07　'건네주다'라는 의미를 가진 4형식 문장　　　42
　　　문형은 단순한 어순의 패턴이 아니라 의미를 가진 단위이다

08　4형식에서 3형식 문장으로 바꿔 쓰기　　　46
　　　to와 for의 이미지 차이를 파악하라

09　5형식은 3+2=5　　　50
　　　3형식+2형식=5형식

10　'간접적인' 힘이 전달되는 방법을 전치사의 차이로 나타내다　　　54
　　　I heard you.와 I've heard of you.

제3장 **동사 ② 시제: 실제로 우리는 시간을 이렇게 파악하고 있다**

11 시제를 이해하다　　　60
　　　인류는 '시간'을 '장소'로 이해하고 있다

12 현재형: 항상 그렇다　과거형: 지금은 다르다　　64
　　　과거의 일을 말한다고 해서 반드시 과거형은 아니다

13 현재완료 ① 동작 동사의 현재완료　　68
　　　'완료'의 이미지는 과거형과는 다르다

14 현재완료 ② 상태 동사의 현재완료　　72
　　　상태 동사가 현재완료가 되면 '기간'을 나타낸다

15 현재완료 ③ ever의 진짜 의미를 파악하다　　76
　　　ever = '이제까지'라는 해석 그대로 받아들이지 말자

16 현재완료 ④ 현재완료 진행형　　80
　　　그때부터 계속 지금도 -ing 상태를 have하고 있다

17 현재완료 ⑤ 미래 완료를 파헤치다　　84
　　　미래보다는 예상·상상이라고 생각하라

18 과거완료　이야기의 배경이 되는 시점은 언제인가　　88
　　　문법이라기보다는 숙어의 하나로 생각하라

19 진행형 ① 진행형에서 흔히 있는 오해　　92
　　　'진행형 = ~하고 있다'로 이해하면 안 된다

20 진행형 ② 상태 동사가 진행형이 될 수 없는 이유　　96
　　　동작 동사와 상태 동사의 차이를 이해하다

21 진행형 ③ 지각동사가 진행형이 될 수 없는 이유　　100
　　　지각동사의 성질을 알면 수수께끼가 풀린다

22 진행형 ④ 일시적인 상태　　104
　　　시작과 끝이 없으면 '도중'은 존재하지 않는다

23 다양한 '미래' 표현　　108
　　　미래 표현을 능숙하게 사용하기 위해 미래를 바라보는 '마음'을 이해하라

제4장 동사 ③ 현재분사 : ing은 이것에서부터 생각하자

24 ing란 무엇인가 114
진행형, 동명사, 분사의 형용사적 용법 및 분사구문 모두 이것에서부터 생각하라

25 MEGAFEPS -ing 암기하지 마라! ①: to 부정사 118
'→'가 만들어 내는 의미

26 MEGAFEPS -ing 암기하지 마라! ②: 동명사 122
'동시 발생'과 '머리에 떠오르는 영상'으로 이해하라

27 분사구문의 읽기 방법 126
여러 의미와 용법에 현혹되지 말고 ing의 본질에 주목하라

28 분사구문을 만드는 방법 130
같은 말을 두 번 하지 마라! 말하지 않아도 알 수 있는 말은 생략하라!

제5장 동사 ④ 과거분사 : 이미지부터 이해하자

29 수동태 ① '마음'이 수동태를 만든다 136
수동태를 단순히 형태만 바꿔 놓은 것이라고 생각해서는 안 된다

30 수동태 ② 책임을 모호하게 하다 140
명확히 밝히는 것을 피하고, 객관성을 추구하다

31 수동태 ③ 전치사를 공략하다 144
by 외에 사용되는 수동태의 전치사

32 과거분사: She has gone.이 아닌 She is gone. 148
gone이 사전에 형용사라고 적혀 있는 이유

33 '~시키다, ~하게 하다'를 뜻하는 동사 152
surprise가 '놀라다'가 아닌 '놀라게 하다'를 뜻하는 이유

제6장 동사 ⑤ 동사원형: 의미를 생각해 본 적이 있는가?

34 동사원형에 대해 생각하다 　158
　　동사가 시간에서 해방되어 남은 것

35 to 부정사(= to+동사원형) ① ~ 쪽으로 이끌다 　162
　　용법에 현혹되지 않고, 우선은 단지 '→'로 생각하라

36 to 부정사(= to+동사원형) ② '→'를 어느 방향에서 보는가? 　166
　　'→'에는 3가지 의미가 있다

37 be동사 정리하기 　170
　　be동사는 여러 문장에서 무슨 기능을 하는가?

38 be to 부정사 　174
　　근본적인 의미: ~하는 것을 향한 상태에 있다

39 to 부정사의 의미상 주어와 'of+사람+to 부정사' 　178
　　왜 'of+사람' 앞에는 사람의 성격, 성질을 나타내는 형용사가 올까?

40 tough 구문 공략 ① 　182
　　왜 He is impossible.(그는 불가능해.)이라고 말할 수 없을까?

41 tough 구문 공략 ② 　186
　　가주어 it를 사용하는 문장과 느낌 차이

42 have, get 사역 구문 　190
　　have나 get에 '~시키다, ~하게 하다', '~당하다'라는 의미가 생긴 이유는 무엇일까?

43 원형 부정사와 -ing 　194
　　keep, leave 뒤에는 -ing이 오고, make, have 뒤에는 동사원형이 오는 이유는 무엇일까?

제7장 동사 ⑥ 가정법: 실제로는 그렇지 않다

| 44 | 가정법이란 무엇인가 | 200 |

가정법에서 눈여겨보아야 할 것은 if가 아닌, 다른 것에 있다

| 45 | 가정법 과거 | 204 |

"너는 좋은 사람이었어."라는 말이 나타내는 마음

| 46 | 가정법 과거완료와 가정법의 관용 표현 | 208 |

후회를 말로 나타내다

| 47 | 가정법 현재에서 볼 수 있는 영어의 역사 | 212 |

suggest that이나 demand that 뒤에 오는 'S+동사원형'

| 48 | as if ~의 시제 | 216 |

가정법에서 시제 일치는 없다

| 49 | '혹시라도/만에 하나 ~하면'을 뜻하는 if+should | 220 |

이 should는 '~해야 한다'라는 의미가 아니다!

**제8장 동사 ⑦ 조동사 :
사실을 말하는가, 생각을 말하는가?**

| 50 | 조동사란 무엇인가? | 226 |

영어를 사용할 때 누락하기 쉬운 것

| 51 | 판단 용법의 과거형이 나타내는 것 | 230 |

과거형이 나타내는 '현실과 마음' 사이의 거리

| 52 | will은 마음의 작용이다 | 234 |

will은 '미래를 나타내기도 하는 조동사'

| 53 | 타인의 마음은 모른다 | 238 |

어떤 경우에 will이 '의지'를 나타내는가?

| 54 | '예상'을 나타내는 will은 여러 의미로 확장된다 | 242 |

'현재에 대한 추측'과 '정중함'을 나타낸다

| 55 | 기타 will의 용법 | 246 |

'현재의 습관·습성'을 나타내는 것은 '연상'하는 것이다

56	will과 be going to의 차이점	250
	생각만 하고 있는가? 앞으로 실행하기 위해 나아가고 있는 중인가?	

57	can은 '장애물이 없는' 세계	254
	'능력'만이 아닌, '가능성'에도 주목하자	

58	'무책임'을 나타내는 may와 might	258
	'마음이 흔들리는 상태'인 may와 might	

59	'절대적 압력'을 나타내는 must	262
	must와 have to의 차이점	

60	shall은 '운명'이다	266
	좀처럼 이해하기 힘든 shall을 알기 쉽게 파악하자	

61	should는 '당연함'	270
	여러 의미를 가진 should를 풀어내다	

제9장 명사 : 동사가 '나무'라면, 명사는 '나무 열매'

62	'가산 명사', '불가산 명사'로 명사 시작하기	276
	만 5세 이상인 사람이라면 이해할 수 있는 문법	

63	가산, 불가산을 알면, 관사 'a'를 알 수 있다	280
	I like dog.라는 문장이 어색한 이유	

64	존재의 명사·개념의 명사 ①	284
	a와 some의 주요 기능	

65	존재의 명사·개념의 명사 ②	288
	some과 총칭 용법	

66	any란 무엇인가	292
	an에서 파생된 표현	

67	the의 세계를 이해하다	296
	'다른 것이 아닌 그것'으로 시작하는 다양한 세계	

68　others, another, the other　　　300
　　　'다른'이라는 해석만으로는 알 수 없는 세계

69　부분 부정과 전체 부정　　　304
　　　100%+바늘구멍을 나타내는 not

70　존재문 ①: there is 구문의 의미상 주어　　　308
　　　'새로운 정보'의 존재를 나타내는 문장

71　존재문 ②: have 언어와 be 언어　　　312
　　　have의 '있다'와 there is의 '있다'를 구분하여 사용하자

제10장 형용사와 부사 : '수식하다'의 진실

72　'다른 것들이 아닌, 바로 이것'을 나타내는 형용사　　　318
　　　한정적 용법: '수식하다'란 무엇인지 반드시 알 수 있다

73　'단순히 모습을 설명하는' 형용사　　　322
　　　서술적 용법을 이해하면, 관계 대명사의 계속적 용법을 알 수 있다

74　부사를 이해하다　　　326
　　　'명사 외의 것을 수식하다'란 구체적으로 무엇을 말하는가?

75　관계 부사와 관계 대명사의 차이　　　330
　　　'전치사+명사' → 부사

76　명사 뒤에 오는 수식어　　　334
　　　수식어로도 나오는 '~하는 중(-ing)'과 '앞으로 향하다(to)'

제11장 전치사 : 전치사를 파악하면 숙어를 공략할 수 있다

77　전치사 at　　　340
　　　다양한 용법에 적용되는 공통된 이미지

78	in을 '테두리 안'으로 이해하자	344
	영어의 세계에서 '테두리'를 인지하는 경우	

79	'접촉'을 나타내는 on의 의미 확장	348
	우리는 중력 속에 살고 있다	

80	'~에 대한'을 나타내는 전치사	352
	약간의 차이일지라도, 의미가 달라지며 구분해서 사용해야 한다	

81	with: 항상 사이좋은 '함께'를 나타내지는 않는다	356
	with에는 '갈등'의 의미도 있다	

82	for의 전체적인 의미 ①	360
	'목표'를 나타내는 for	

83	for의 전체적인 의미 ②	364
	'기간'을 나타내는 for와 during의 차이점	

84	of는 '~의'가 아니다	368
	'미국의 쌀'은 American rice? rice of America?	

85	over의 이미지	372
	한 가지 이미지에서 '넘어서'와 '덮어서'라는 2가지의 의미가 나온다	

86	up과 down	376
	영어 화자가 인식하는 '위'와 '아래'는 어떤 세계일까	

87	by는 '경유'가 중요하다	380
	'~ 옆에'로 시작하는 다양한 의미	

제12장 어순: 어순 자체가 나타내는 '심리'를 이해하라

88	Is ~, Do ~로 시작한다고 해서 반드시 의문문이라고는 할 수 없다	386
	'의문문의 어순'으로 도치의 수수께끼를 풀자	

89	의문사가 문장 첫머리에 오는 이유	390
	하고 싶은 말을 '먼저' 하다	

| 90 | 어순의 2가지 주요 규칙으로 도치 마스터하기 | 394 |

'하고 싶은 말부터 먼저 하기', '가벼운 정보를 먼저 말하기'로 도치 마스터

| 91 | 수학의 수식과 영어의 어순은 같다 | 398 |

'~의 OO배'라는 표현을 쉽게 이해할 수 있게 된다

제13장 설득을 위한 영어 :
'형식'을 만들어 영어로 사고하는 훈련

| 92 | 영어 학습을 시작하기 전에 목표를 먼저 정하자 | 404 |

'설득하는 것'을 영어 학습의 목표로 하라

| 93 | 형식을 만들어라 | 406 |

how를 자동으로 나올 수 있게 하고, what에 집중해라

| 94 | 이유를 말해라 | 408 |

'이유'는 일종의 연상한 것을 말하는 게임(Comparison Game)이다

| 95 | 알기 쉽게 설명하는 능력을 기르자 | 412 |

이야기 구성 방법을 익히는 Guessing Game

| 96 | 터무니없는 이유를 설득력 있는 의견으로 바꿔라 | 416 |

문제를 파고드는 Why Game

| 97 | 설득에 효과적인 5가지 구문 | 420 |

5가지 구문으로, because를 사용하는 것보다 인과 관계를 잘 파고들 수 있다

| 98 | 에세이 글쓰기의 형식 ① 도입부 | 424 |

거의 모든 영어 능력 시험에서 사용 가능한 형식

| 99 | 에세이 글쓰기의 형식 ② 본론과 결론 | 428 |

일단 쓸 줄 알면, 말하는 것도 가능하다

| 100 | 중학 영어를 제대로 마스터하라 | 432 |

쉽고 다양하게 활용하기 좋은 '가성비 영어'를 사용하라

제 1 장
영어 세계의 3가지 법칙

Must 01
영어의 시각으로 세상을 봐라

▶ 영어란 '또 다른 나'가 외부에서 나 자신을 바라보는 것이다

영문법을 배우기 전에 잠시 모국어와는 다른 영어 세계의 기본적인 특징에 대해 알아보자.

■ 한국어의 세계, 영어의 세계

인간은 대부분 언어를 사용하여 생각한다. 그렇기 때문에 모국어의 차이가 사물을 보는 시각이나 생각에 다소 영향을 준다고 알려져 있다. 물론 이는 어느 정도에 불과하다.

극단적인 예를 들면, 이 세상에는 '왼쪽', '오른쪽'에 해당하는 단어가 없는 언어가 존재하기도 한다. 이러한 언어를 모국어로 하는 사람들은 '자신의 왼쪽에/오른쪽에' 대신 '동쪽에' 또는 '남쪽에'라고 표현한다. 그래서 무엇인가를 설명할 때, 자신이 향하는 방향이 바뀌어도 가리키는 방향은 반드시 같은 방향, 즉 항상 동쪽이나 남쪽을 가리킨다고 한다.*

예시처럼 극단적인 경우는 아니나, **영어와 한국어 사이에도 사물을 보는 시각의 차이가 있다.**

예를 들어, "여기가 어디지?"를 영어로는 어떻게 말할까?

여러분들 중에는 Where is here?라고 말하는 사람이 있을 수 있다.

하지만 이 문장은 **한국어를 영어로 직역한 것이며, 자연스러운 영어 문장은 아니다.**

영어로는 보통 Where am I?라고 말한다.

이는 단지 한국어와 영어의 말하는 방식이 다르기 때문은 아니다.

한국어와 영어가 다른 표현 방식을 사용하게 된 이유는 '세상을 인식하는 방식에 일관된 차이'가 있기 때문이다.

그것은 다음과 같은 차이를 말한다.

> 한국어: 자신이 카메라가 되어 바깥 풍경을 비추는 언어
> 영어: 외부에서 또 다른 내가 나 자신을 바라보는 언어

한국어는 **나 자신이 카메라가 되어 비춰지는 바깥 세상을 말하는 화자의 언어** 이다. 화자인 카메라는 풍경 안에 있지 않으므로 자신의 존재가 드러나지 않아 언어로 표현되지 않는 경우가 종종 있다.

이러한 영향으로 영어의 I와 달리 한국어의 '나는'이라는 주어가 언어화되지 않는 경우가 종종 있는 것인지도 모른다.

한국어의 "여기가 어디지?"라는 문장에서도 '여기'와 '어디'라는 '카메라에 비친 풍경 또는 장소'만이 언어화되어 있다.

한편 영어는 **또 다른 내가 외부에서 나 자신을 바라보는 언어**이다.

위에서 언급한 Where am I?의 예시로 보았을 때, 지도상에서 '현 위치'라는 의미로 쓰이는 You are here. 표시를 쉽게 이해할 수 있다.

외부에서 지도 위에 있는 나 자신을 바라보고 있는 느낌이다.

한국어로 "나는 길을 잃었어."는 영어로 I am lost.라고 말한다. 이는 지도상에 있던 내가 사라지면서 자신을 잃어버린 것을 외부에 있는 또 다른 내가 바라보고 있는 느낌이다.

예를 들어, find는 중학 영어 수준의 동사이지만, 우리가 잘 구사하기 어려운 단어 중 하나이다. 왜냐하면 이 또한 '외부에서 나 자신을 바라보는' 동사이기 때문

* 이노우에 쿄코,『만약 '오른쪽'이나 '왼쪽'이 없었다면』, 대수관서점(TAISHUKAN Publishing)

이다.
　다음의 예문을 살펴보자.

예문 I found the house empty.

　위의 문장을 한국어로 자연스럽게 바꾸면, "그 집은 비어 있었다."가 된다. 한국어에서는 집이 비어 있다는 것을 발견하게 된 '**나**'는 **언어화되지 않는 것**이 일반적이다.

　그러나 영어로는 "나는 그 집이 비어 있는 것을 발견했어."라고 말한다. '발견하게 된 자신을 외부에서 관찰하고 있다' 것을 나타낸다.

　대부분의 한국인이 "그 집은 비어 있어."를 영어로 말하면 The house was empty.라고 할 것이다.
　물론 틀린 표현은 아니다.
　그러나 **영어로 사물을 보는 시각이 반영되어 있지 않기 때문에 '영어다운 영어'를 제대로 구사하지 못하는** 경우가 많아지는 것이다.
　영어로 생각하는 '영어 뇌'라는 표현이 있다. 이 표현에 대한 여러 가지 정의가 있지만, 나는 '외부에서 나 자신을 바라보는 언어'를 사용하는 방법이라고 정의를 내린다.

●●── '외부에서 바라보는' 감각을 익힌다

　영어가 가진 '외부에서 바라보는' 감각을 익히면, 한국어 화자가 사용하기 어렵거나 어색한 표현도 쉽게 이해할 수 있게 된다.

예문 I dressed myself.　나는 옷을 입었어.
예문 I seated myself.　나는 자리에 앉았어.

　위의 문장을 각각 직역하면 "나는 나 자신에게 옷을 입게 했어.", "나는 나 자신을 자리에 앉게 했어."가 된다.

이는 **자신의 영혼이 스스로의 몸을 조종하는**, 즉 유체 이탈과 같이 자신이 외부로 **나와서 표현하는 느낌**이다.

'~와 친구가 되다'는 make friends with ~이지만, 한국인은 이를 make (a) friend with ~로 말할 가능성이 높다.

영어 뇌의 사고방식으로는 내가 외부에서 나와 상대방으로 된 2명을 보고 있으므로 복수형인 friends라고 복수형으로 말한다. 하지만 한국어 뇌의 사고방식으로는 나 자신이 시야에서 사라져 상대방 1명밖에 보이지 않으므로 (a) friend라고 말하는 것이다.

예문 I made friends with a man from Thailand.
나는 태국에서 온 남자와 친구가 되었어.

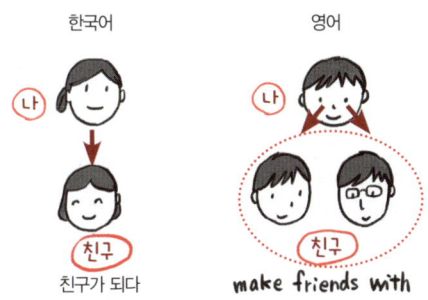

영어 뇌가 작용하지 않으면, 한국어에서 영어로 직역해서 사용하게 되어 원어민에게 어색하게 느껴지고 그들이 이해하기 어려운 영어를 지속적으로 구사하게 된다.

반대로 말하면, **영어를 제대로 말할 수 있게 된다는 것은 영어 뇌로 세상을 보는, 즉 외부에서 자기 자신을 바라보는 능력을 가지게 되는 것**이다.

영어로 자기 자신을 표현할 수 있게 된다는 것은 단지 영어를 말할 수 있게 되는 것 이상의 의미를 가진다.

Must 02
하고 싶은 말부터 먼저 하는 것이 영어

▶ This is a pen.의 의문문이 Is this a pen?의 어순이 되는 이유

■ 영어의 어순은 '뇌 friendly'

Must 01에서는 영어로 바라보는 세상을 통해 '영어 뇌'란 무엇인지를 이야기했다. 영어 뇌의 중요한 요소에는 어순이 있다. 그러나 많은 영어 학습자들이 생각하기에 영어의 어순은 골칫거리일 뿐이다.

문법을 단순히 규칙을 모아놓은 것이라고 생각하면, 어순처럼 까다롭고 귀찮은 것도 없을 것이다.

그런데 사실 **영어 어순은 영어를 말하는 사람의 마음을 나타낸다**.

즉, 영어 어순은 이해하기 어려운 기계적인 규칙이 아니라, 뇌 friendly하게 만들어진 것이다.

지금부터 설명하는 구조를 이해한다면 뇌는 더 우호적으로 영어 어순을 파악할 수 있게 될 것이다.

■ 의문문 어순의 정체

This is a pen.을 의문문으로 만들면 Is this a pen?이 된다.

이는 학교에서 영어를 처음 배울 때 익히는 매우 기초적인 영어 지식이다.

매우 기초이기 때문에 **왜 의문문으로 Is this a pen?이라는 어순이 되는지**를 설명해 달라고 하면, 대부분의 사람이 난감해 할 수 있다.

그런데 학교에서 의문문으로 배우는 이 어순은 정말 의문문을 만들기 위한 어순인 걸까?

학습 하다 보면, 이 '의문문의 어순'이 의문문 외에도 다양하게 쓰인다는 것을 알 수 있다.

그 예는 다음과 같다.

●── 부정 도치 문장

예문 Never have I thought of such a thing.
나는 그러한 일을 한 번도 생각해 본 적이 없어.

●── may를 사용한 기원문

예문 May God bless America!
미국에 신의 은총이 있기를!(미합중국 대통령 연설의 끝맺음 말)

●── 가정법 도치 문장

예문 Had I seen him yesterday, I would have told him not to do so.
내가 어제 그를 만났다면, 나는 그에게 그렇게 하지 말라고 말했텐데.

●── '~도 그렇다', '그렇지 않다'라는 의미의 so, neither 도치 문장

예문 A: I'm hungry. 배고파.   B: So am I. 나도 그래.
A: I don't know him. 나는 그를 몰라.   B: Neither do I. 나도 몰라.

위의 도치문은 의문문의 어순과 동일한 어순이다.

그렇다면 이는 **단순한 우연이 아니라, 한 단계 더 깊은 곳에 이 어순의 진정한 정체가 숨어 있다**고 생각하는 것이 맞을 것이다.

■ 영어 어순의 2가지 규칙

사실 영어 어순에는 기본 규칙이 2가지밖에 없다.

규칙 1   하고 싶은 말을 먼저 하기

규칙 2   가벼운 정보를 먼저,
         무거운 정보는 나중에 말하기

    Is this a pen?에서 적용되는 것은 규칙 1이다.
    This is a pen.이 의문문으로 Is this a pen?이 되는 이유는 is가 가장 하고 싶은 말이기 때문이다.

    그렇다면 왜 Is this a pen?에서 is가 '가장 하고 싶은 말'이 되는 것일까?
    그 이유는 이것이 펜인지 아닌지를 헷갈려 해서 질문한 것으로, '이것이 펜인가, 그렇지 않으면 펜이 아닌가?'라는 화자의 마음이 반영된 것이기 때문이다.
    즉, 화자는 This is a pen.인지 This is not a pen.인지 확신을 갖지 못하고 망설이고 있는 것이다.

    따라서 화자 마음의 스포트라이트가 is를 비추면서 이것이 가장 하고 싶은 말이 되는 것이다.

    여기에서 중요한 사실 한 가지를 알 수 있다.
    동사가 주어 앞에 오는, 이른바 우리가 **'의문문의 어순'으로 배우는 것은 엄밀하게 말하면 의문문의 어순이 아니라 '동사를 강조하는 어순'**이라는 것이다.
    '의문문의 어순'이라는 것은 동사를 강조하고자 동사를 문장 맨 앞에 가져온 것으로, 이 어순은 '의문'을 나타내는 것 외에도 동사를 강조하기 위해서 사용될 수 있다.

사실 매우 자주 쓰이는 형태라고는 할 수 없지만, **의문문에서 물음표(?)를 없애고 대신 '느낌표(!)'를 붙이는 방식**이 있다.

예문 **God, is it tough!**   세상에나, 정말 힘들어!
     Ha, ha, is he hot! 하하, 그는 잘나가!

위의 문장을 말할 때는 의문문처럼 문장 끝을 올리지 않고 **내린다**.

'(tough)이다', '(hot)이다'의 '이다(=is)' 부분을 문장 맨 앞으로 가져와서 강조하고 있으므로 '정말 그렇구나!'라고 강조하는 말이 된다.

위의 어순은 물음표가 오는 경우(말할 때 문장 끝을 올린다)에만 의문문으로 인식될 뿐이지 **어순 자체가 순수하게 의문을 나타내는 것은 아니라는 것**을 이를 통해 알 수 있다.

Must 03
가벼운 정보를 먼저,
무거운 정보를 나중에 말하는 것이 영어

▶ Plays he baseball?이 아닌, Does he play baseball?인 이유

다음으로 영어 어순의 2가지 규칙 중 나머지 하나에 대해 이야기해 보자.

규칙 2   가벼운 정보를 먼저,
             무거운 정보는 나중에 말하기

말을 주고받는 것은 캐치볼에 비유할 수 있다.
받아들이는 사람의 기분이 되어 상상해 보아라.
아래의 경우 어느 쪽이 던진 공을 편하게 받을 수 있을까?

① 먼저 무거운 공을 던진 다음에 가볍고 받기 쉬운 공을 던진다.
② 먼저 가벼운 공을 던지고, 상대방이 어느 정도 감을 잡게 되면 그 다음에 무거운 공을 던진다.

단순하게 생각해 보면, ②의 방법으로 던져진 공이 더 받기 쉽다.
커뮤니케이션의 중요한 목적 중 하나는 '쉽게 이해하고 쉽게 전달하는 것'이다.
그래서 영어는 ②의 전략을 이용해 어순을 만든다.

예를 들면, 한국어로 "이 일을 하루 만에 끝내는 것은 어렵다."라는 문장을 영어로는 "그

것은 어렵다."라고 **먼저 단순한 내용을 간략히 전달한다**. 그리고 나서 "(그것은) 이 일을 하루 만에 끝내는 것이다."라고 추가 내용을 자세히 전달한다.

영어로 나타내면 아래와 같다.

> To finish this work in a day is difficult.
> ↓
> It is difficult to finish this work in a day.

두 문장 모두 틀리지는 않았지만, 아래 문장이 더 자주 사용된다. 이는 **알아듣기 쉽기 때문**이다. 학교나 학원 등에서 **영어는 머리가 큰 글, 즉 긴 주어 문장을 싫어한다**고 들은 적이 있을 것이다. 가벼운 정보가 앞에 오기 때문에 앞부분인 머리는 작아지고 뒷부분인 엉덩이는 무거워지는 것이다. 또한 **영어는 중요한 정보를 뒤에 두는 경향**이 있다. 이것 또한 '가볍고 알기 쉬운 정보'보다 '길고 무거운 정보'가 중요한 정보이기 때문이다.

① 짧은 정보: 단어 수가 적은 정보
② 추상적인 정보: 예를 들어, '양배추, 인삼, 피망'이 구체적인 것이라면, '채소'는 추상이다. 일상적인 대화에서 '구체적으로 ~한 것들인데, 이는 요컨대 ~라는 것'이라고 정리해서 말하는 것처럼, 구체적인 것들을 추상화해서 정리하면 쉽게 파악할 수 있어, 정보 처리가 쉬워진다.
③ 이미 알려진 정보: 처음 듣는 정보(새로운 정보)보다 이미 한 번 들은 정보를 머릿속에서 더 쉽게 처리할 수 있다.

●●── ① '짧은 정보'가 먼저 오는 패턴

예를 들면, '잠든 아기'는 a sleeping baby로 표현한다.
그러나 baby의 모습을 설명하는 표현이 길어지면 a baby sleeping with her mother(어머니와 함께 잠든 아기)처럼 설명하는 표현이 뒤로 가게 된다.
그 외에 a house to live in(살아야 할 집), a girl with long hair(머리카락

이 긴 여자아이), the man who talked about you(너에 대해 이야기했던 그 남자)처럼 **짧은 명사를 자세하게 설명하는 긴 형용사 덩어리는 명사 뒤에 붙는다.** (이를 '후치수식'이라고 한다. Must 76 내용 참고)

●── ② '추상적인 정보'가 먼저 오는 패턴

앞서 나온 It is difficult to finish this work in a day. 문장에서는 it이라는 '가주어(=형식적 주어)'가 사용된다.

가주어 또는 가목적어 it은 기존 영어 교육에서 말하는 '의미가 없는 형식적인 말'이 아니다.

it은 '상황'이라는 제대로 된 의미를 지닌 말이다.

It is difficult는 '상황이 어렵다'고 말하는 것이다. 이것에 대해서는 Must 40 내용에서 설명할 예정이다.

it은 ② '추상적인 정보'에 해당한다.

예를 들면, 비가 오는 것, 늦잠을 자는 것, 친구와 싸우는 것은 모두 '상황'이다. **모든 상황을 추상화한 것이 가주어 it이다.**

그리고 추상적이고 가벼운 정보인 it을 주어로 한 It is difficult 뒤에 it의 구체적인 내용인 to finish this work in a day가 온다.

듣는 사람이 '어려운 상황이란 어떤 상황일까?'라고 생각하며 미리 다음에 어떤 내용이 올지 마음의 준비를 하기 때문에 to finish ~라는 구체적이고 무거운 정보를 편안하게 받아들이고 처리할 수 있는 것이다.

●── ③ '이미 알려진 정보'가 먼저 오는 패턴

예를 들어 "그것을 누구에게 주었니?"라는 문장에 대해 생각해 보자. '그것'이라는 대명사를 사용하고 있기 때문에, **말하는 사람과 듣는 사람 모두 '그것'이 무엇인지를 이미 알고 있는 것**으로, 이는 '이미 알려진 정보'이다.

그리고 그 대답으로 "나는 그것을 아델에게 주었어."라고 할 때, I gave it to Adele.이라고 말하지만, I gave Adele it.이라고는 말하지 않는다.

왜냐하면 **it은 이미 알려진 정보로 가벼운 정보이기 때문에 먼저 말한다.** 한편,

"그것을 누구에게 주었니?"라는 질문에 대한 대답에서 Adele은 새로운 정보이다. **새로운 정보는 무거운 정보이므로 뒤에 온다.**

지금부터 부제에 쓰여 있는 'Plays he baseball?'이 아닌 Does he play baseball?인 이유'란 무엇인지 설명하겠다.

be동사에서는 Is this a pen?처럼 be동사부터 먼저 말할 수 있는데, **왜 일반동사의 의문문에서는 do나 does를 사용할까?**

여기에는 ② '추상적인 정보'와 관련이 있다.

be동사는 '~한 상태로 존재하다'라는 것이 의미를 지닌 동사로, **매우 추상적인 의미를 가진 동사**이다.(Must 37 내용 참고) 따라서 be동사는 '가벼운 정보'이고, 의문문에서는 먼저 말하기 쉬운, 즉 문장 맨 앞에 오기 쉬운 말이라고 할 수 있다.

하지만 일반동사는 run(달리다), make(만들다), eat(먹다) 등과 같이 추상적인 것이 아닌 하나하나 구체적인 정보이다. 그렇기 때문에 이러한 **일반동사를 추상화해서 '가볍게'** 하는 것이다. 요점은 '무언가를 하다'라는 것 때문에 do나 does를 사용하는 것이다.

◆ valuable information

18세기 영국에서 사전이 등장하고, 학교 교육에서 규범으로 사용하려고 영문법을 통일하는 과정에서 이러한 용법이 하나의 규칙으로 자리 잡았다. 그전까지는 Plays he baseball?과 같은(실제 말투는 약간 다르다) 자유로운 어순이 상당수 존재했다.

제 2 장
동사 ① 문장의 형식:
동사를 단어로 이해하지 말고
문형으로 이해하라

Must 04
'문장'이란 무엇인지 이해하라

▶ '물!'을 '존재하는 것'과 '바라고 원하는 것'이라는 개념에서 생각해 본다

■ '단어'와 '문장'의 차이는 무엇인가?

"여러분, 구와 문장의 차이는 뭐라고 생각하나요?"

10여 년 전 내가 다니던 언어 연구소 교실의 교수님이 한 질문이다. 언어학 연구자이면서 내가 연구한 인지 문법에 가까운 문법관을 가지신 분이다. 교수님은 그 관점에서 언어학의 문법 수수께끼를 풀기 위해 오셨다.

"무엇이 문장을 문장답게 만드나요?"

교수님의 질문에 나를 포함한 수강생들은 "주어와 동사가 있어야 해요." 또는 "마침표로 끝나야 해요."와 같은 대답을 했다. 나 역시 영어를 연구하고 있던 입장이어서 '주어와 동사, 특히 동사가 있어야 한다'고 생각했고, 이렇게 대답했다. 교수님은 여러 수강생들의 대답을 듣고 나서 이렇게 말씀하셨다.

"동사가 있고 없는 것과는 상관이 없어요. **그것이 문장인지 아닌지를 판단할 때, 존재하는 것을 나타내거나 바라고 원하는 것을 나타내는지가 중요해요.**"

공부가 부족했던 나는 머릿속이 온통 물음표로 가득했다.
그러나 강의를 들어 보면, 이 '존재하는 것'과 '바라고 원하는 것'을 나타내는지가 문장을 **문장으로 성립시키기 위한 최소한의 의미 기능**을 한다는 것을 확실하게 알 수 있다.

● —— 한 단어로 된 문장에서 드러나는 '문장'의 의미

예를 들어, '물'이라는 단어가 있다.

단어로서 '물'은 명사로, 그 뜻은 '산소와 수소의 화합물인 액체로, 섭씨 0도 이하에서 고체(얼음)가 되고, 100도 이상에서 수증기로 변한다. 생물의 생명 유지에 빠뜨릴 수 없는 것으로 …'와 같이 설명할 수 있다. 물은 어디까지나 단어이며, 언뜻 보면 이것만으로는 문장이 성립하지 않는다고 생각할 수 있다.

그런데 아기가 가장 먼저 말하는 언어 형식에 '한 단어로 된 문장'이 존재한다. 아래의 예시를 보자.

① (물이 쏟아지는 것을 보며) "물!"

② (목이 말라서) "물!"

①은 "물이 있어/물이 존재해."라는 의미이다.

분명히 이것은 '물이란 무엇인가'라는 물의 정의를 나타내는 단어 '물'이 아닌, "물이 있어."라는 것을 나타내는 '문장'이다.

②는 "물을 원해/물을 주세요."라는 의미이다. 이것 또한 명백하게 단어가 아니라 문장이다.

즉, **한 단어의 명사라도 이것이 '문장'으로 사용되면 ① '존재하는 것' 또는 ② '바라고 원하는 것'의 의미를 지닌다.**

충격적인 사실은 '문장'에는 거기에 들어가는 단어가 무엇이든 간에 **'문장'이라는 단위 자체에 '존재하는 것' 또는 '바라고 원하는 것'을 나타내는 고유한 의미가 들어 있다는 것이다.** 문장이란 단순히 형태만을 말하는 것이 아니라 단어 또는 숙어와 마찬가지로 의미의 단위라고 할 수 있다.

4형식 학습에서 다시 설명하겠지만, 예를 들어 buy라는 동사에는 '사다'라는 뜻은 있지만, '건네주다'라는 이미지는 없다.

예문 **She bought a T-shirt.**   그녀는 티셔츠를 샀어.

'건네주다'보다는 '(사서) 손에 넣다'라는 이미지가 있다.
그러나 buy를 4형식 문장에서 사용하면 '사다+건네주다'='사 주다'라는 뜻이 된다.

예문 **She bought me a T-shirt.**   그녀는 내게 티셔츠를 사 줬어.

이는 **4형식 문장 자체에 '건네주다'라는 의미가 있다**는 것을 나타내기 때문에 그 원형과 같은 것, 즉 한 단어로 된 문장 자체에 문장이 가진 고유한 의미가 있다는 말이 된다.

여기에서 소개할 2컷 만화는 이 '한 단어로 된 문장'이 가지는 '존재를 나타내는 의미'와 '바라고 원하는 것을 나타내는 의미'를 잘 표현하고 있다.

첫 장면에서 남자가 외치는 "Shark!"는 "상어가 있어!"라는 존재를 나타내는 의미인 것이다.

© Phil Watson www.shaaark.com

그리고 다음 장면에서 상어가 "What?(뭐?)"이라고 묻는 것은, 상어가 남자의 "Shark!"라는 말을 '바라고 원하는 것을 나타내는 의미'로 생각해서 "이봐, 상어야!"라고 자신을 부르고 있는(=무언가 원하는 것이 있어 자신을 부르는) 것으로 해석했음을 나타낸다.
이는 바로 "Shark!"라는 한 단어로 된 문장이 존재를 나타내는 것과 원하고 바라는 것을 나타내는 것 둘 다를 의미하는 문장으로 기능한다는 것을 보여 준다.

■ 동사의 원형과 명령문

명령문은 한 단어의 동사로 되어 있는 문장의 전형적인 형태이다.

눈앞에 있는 상대방에게 "Walk!"라고 외치면, 이는 "걸어!"라고 말하는 것을 의미한다. 이것은 단순히 '기본 형태의 동사'인 동사원형을 **'문장'**이라는 형식 안에 두는 것으로, 바라고 원하는 것을 나타내는 의미가 더해져 'Walk(걷다)'라는 동작이 존재했으면 좋겠다는 의미를 전달하는 것이다.

🔶 **예문** **Walk!** 걸어!

물론 존재를 나타내는 의미가 있을 때도 있다.
예를 들어, 아기가 걷는 것을 보고, "Walk!(걷는다!)"라고 말하는 것이다.
오노에 교수의 말에 따르면, 이 한 단어로 된 문장이 분석적인 문장, 즉 더욱 어른스러운 문장이 되면, 한 단어 안에 담겨져 있는 정보를 주어와 술어, 즉 '무엇이' '어떻게 하다'로 떼어낼 수 있게 된다고 한다.

🔶 **예문** **He walks.** 그는 걷는다.

💎 valuable information

이 이론에 따르면, 명령문에는 you라는 주어가 '생략'되어 있는 것이 아니라 원래 주어가 존재하지 않는 것이다. 아이가 제일 처음 하는 말이 한 단어로 된 문장이며, 그 문장이 바라고 원하는 것을 의미할 때 명령문이 될 수 있다고 생각하기 때문이다. 생략해서 말하는 것은, 이미 완전한 문장을 말할 수 있는 사람이 '그 정보는 말하지 않아도 알겠지.'라고 생각하고 행하는 것이다. 만약 아이들이 '주어+동사'가 갖추어진 명령문을 먼저 말하고, 어른이 됨에 따라 주어를 생략한다면, '명령문의 주어는 생략되어 있다'라고 할 수 있겠지만, 실제로는 아이가 처음에 말하는 것은 주어가 없는 명령문으로, 나중에 어른이 되고 나서 거기에 '주어 또는 주어로 보이는 것'을 넣어서 말하게 된다. 따라서 명령문에는 원래 주어가 없다. '주어로 보이는 것'은 주어가 아니라 일종의 명령하고자 하는 상대를 부르는 말이라고 생각한다.

Must 05
동사가 나타내는 '힘의 방향'을 이해하라

▶ 목적어의 유무는 일단 제외하고, '자동사'와 '타동사'를 살펴보자

■ 자동사와 타동사가 나타내는 '마음'을 이해하다

잠시 한국어로 생각해 보자.

> ① 접시가 깨지다　　　　② 접시를 깨다

어느 것이 '스스로 그렇게 되다'라는 느낌이 들고,
어느 것이 '대상에 힘을 주고 있다'라는 느낌이 드는가?

쉽게 알 수 있듯이 '접시가 깨지다'라는 말은 접시가 스스로 깨지는 느낌이 들고, '접시를 깨다'라는 말은 사람이 접시가 깨지도록 힘을 주고 있는 느낌이 든다.

한 가지 더 살펴보자.

> ① 문이 열리다　　　　② 문을 열다

①은 '문이 저절로 열리다'라는 느낌이 드는 반면, ②는 '사람이 문에 힘을 줘서 문을 열다'라는 느낌이 든다.
두 가지 모두 물리적으로 '사람이 문을 조작하고, 문이 열리다'라는 상황에는 변화가 없다. 하지만 그것을 **화자가 어떻게 보는지는** 차이가 있다.
영어 수업에서 '자동사', '타동사'라는 말을 반드시 듣게 된다.

일반적인 설명 방법은 '뒤에 목적어가 필요하지 않으면 자동사', '뒤에 목적어가 필요하면 타동사'이다.

그러나 이러한 표면적인 형태와 패턴으로 구별하는 것은 이해하기 어려울 뿐 아니라 이렇게 되는 이유에 대한 의문만 생긴다. 즉, '동사가 나타내는 마음을 알 수 없다'는 것이다. 인간은 '마음'을 나타내고 싶어서 말하기 때문에 **말에서 '마음'을 읽지 못하면 영어 학습은 단순한 암호 해독이 되고 만다.**

●● ── 동사가 나타내는 마음을 가시화하기

자동사와 타동사가 나타내는 '마음'을 이해해 보자.

> **동사란 주어에서 나오는 '힘'이다.**
> **자동사:** 자신이 스스로 나아가는 움직임. 주어에서 나오는 힘이 주어 자신에게만 작용한다.
> **타동사:** 자신에게서 나온 힘을 다른 것에 부딪쳐 나아가는 움직임. 주어에서 나오는 힘과 부딪치는 '다른 것'이 목적어이다.

앞에서 언급한 예시를 영어로 바꿔 살펴보자.

예문 **The dish broke.** 접시가 깨졌어.
　　　　주어　　　동사

예문 **I broke the dish.** 나는 접시를 깼다.
　　　주어 동사　목적어

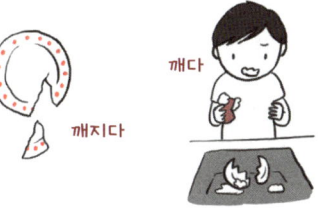

위의 문장에서는 주어 The dish에서 나온 동사 broke의 힘이 주어인 The dish 자신에게 부딪치고 있다.

따라서 '저절로 깨지는' 느낌이 든다. **자신에게서 나온 힘이 스스로에게 부딪쳐 작용하기 때문에 이 broke는 '자동사'의 기능을 한다.**

아래 문장에서는 주어 I에서 나온 동사 broke의 힘이 the dish라는 다른 것에 부딪치고 있다.
　따라서 '내 힘에 의해 접시가 깨지는' 느낌이 든다. **자신에게서 나온 힘이 다른 것에 부딪쳐 작용하기 때문에** 이 broke는 '타동사'의 기능을 한다. 그리고 동사의 힘과 부딪치는 the dish가 목적어이다.

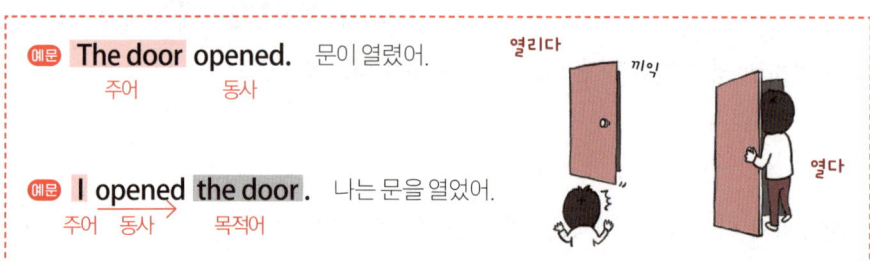

　위의 문장에서는 주어 The door에서 나온 동사 opened의 힘이 주어인 The door 자신에게 부딪치고 있다. 그래서 '문이 저절로 열리는' 느낌이 든다. 자신에게서 나온 힘이 **스스로에게 부딪쳐 작용**하기 때문에 이 opened는 '자동사'의 기능을 한다.
　아래 문장에서는 주어 I에서 나온 동사 opened의 힘이 the door라는 다른 것에 부딪치고 있다. 따라서 '내 힘에 의해 문이 열리는' 느낌이 든다. **자신에게서 나온 힘이 다른 것에 부딪쳐 작용**하기 때문에 이 opened는 '타동사'의 기능을 한다. 그리고 동사의 힘과 부딪치는 the door가 목적어이다.

　이와 같이 동사를 '**힘의 방향**'으로 파악하면 '동사가 나타내는 마음'을 알 수 있게 되어 의미 파악이 쉬워진다.
　'뒤에 목적어가 없으므로 자동사이다. 그래서 '깨다'가 아닌 '깨지다'라는 자동사의 뜻으로 해석한다.'와 같이 기존 방식을 사용하여 분석할 수 있으나 영어를 직감적으로 이해해서 사용하기는 어려워진다.

동사를 직감적으로 이해하게 되면, 동사가 나타내는 마음을 이해할 수 있다. 이 때 동사가 나타내는 '마음'이란 동사의 '힘의 방향'을 의미한다.

■ 5개의 문형은 5가지로 된 '동사의 마음'을 표현하는 패턴

지금부터 1형식에서 5형식 문장까지 설명하겠다.

일반적으로 '문장의 형식은 패턴을 구별하기 위한 것'이라고 가르친다. 영어 문장을 잘 보면, 각각 주어, 동사, 목적어, 보어 등으로 구별하고, 그렇게 나열한 것을 보며, '이것은 ◯형식 문장이다.'라고 판단하여 구분한다. '구분은 했지만 그래서 어쩌라는 거지?'라는 생각이 들기도 한다.

그러나 문형의 중요성은 패턴 구별에 그치는 것이 아니다. 가장 중요한 것은 아래와 같다.

> 단어나 숙어가 의미를 나타내는 것처럼,
> 문형도 하나의 의미를 나타내는 덩어리이다.

문형이라는 큰 덩어리에서 의미를 파악하면, 단어나 숙어 수준에서 의미를 파악할 때보다 훨씬 빠르고 대담하게 의미를 파악할 수 있게 된다. 읽는 속도가 빨라지는 것은 물론, 빠른 정보 처리를 필요로 하는 듣기 능력도 향상된다.

또한 우리가 말을 하거나 글을 쓸 때 '문장'을 만들어야 하는데, 이때 문형이라는 큰 덩어리에서 의미를 파악하는 것이 바람직하다. 이를 통해 문장의 '나무' 부분을 문형으로 생각하고, 그 다음에 '가지'의 끝부분에 단어를 넣어 문장을 완성하는 사고회로를 가지게 된다. 따라서 단어만 외우고 그것을 어떻게 연결해서 문장으로 만들지 몰라 고민하는 학습자들에 비해 빠르고 정확하게 영어 문장을 만들 수 있게 된다.

문형을 공략하는 것은 영어 숙달의 필수 항목이다. 이제 '5가지 동사가 나타내는 마음'을 살펴보자.

Must 06
1형식, 2형식, 3형식과 수식어의 관계

▶ 수식어는 '동사의 힘이 미치지 않은 말'

■ 동사의 힘이 미치는가?

●─ 1형식 문장

앞에서 자동사와 타동사가 무엇인지를 이야기했다. 이번에는 여기에 '수식어'라는 말을 덧붙여서 설명해 보도록 하겠다.

먼저 자동사가 들어 있는 문장을 살펴보자. 5개 문형 중에서 '1형식'으로 불리는 형태이다.

(S=주어, V=동사)

예문 I walked  along the river. 나는 강을 따라 걸었어.
    S   V   수식어

주어 I(나)에서 나온 동사 walk(걷다)라는 힘은 나(I)를 걷게 만들 뿐 다른 것에는 영향을 주지 않는다. 그렇다면 walked(걸었다) 뒤에 나오는 along the river(강을 따라)는 무엇일까?

I에서 나온 walk라는 힘은 along the river에 어떤 영향도 주지 않는다. 즉, along the river라는 말은 동사 walk의 힘이 미치지 않은 말인 것이다. 이렇게 **'동사의 힘이 미치지 않은 말'이 바로 수식어**이다.

1형식 문장은 '주어+자동사'로 된 문장으로, 이외에 수식어가 더해지는 것이 자연스러운 형태이다. 1형식 문장은 **'자신이 스스로 하다, 다른 것에 영향을 주지 않**

는다'라는 의미를 나타내는 문형이다.

● —— 3형식 문장

다음으로 타동사가 들어 있는 문장을 살펴보자. 이는 3형식이라 불리는 형태이다.

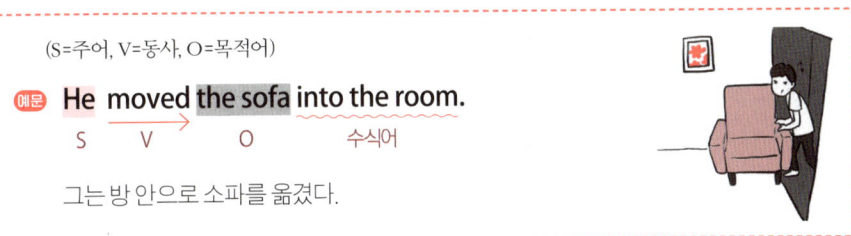

주어 He(그)에서 나온 동사 move(움직이다, 옮기다)의 힘이 목적어 the sofa(소파)에 부딪쳐 소파를 움직여서 힘을 가한다. He는 the room(방)을 움직이려고 하는 것이 아니다. 동사 move의 힘이 the sofa에는 미치고 into the room에는 미치지 않는 것이다. into the room은 수식어이다.

3형식은 '주어+타동사+목적어'로 된 문장으로, 여기에 위 문장과 같이 수식어가 오는 것이 자연스러운 형태이다. **3형식 문장**은 '자신에게서 나온 힘을 다른 것에 부딪치게 하다'라는 의미를 나타내는 문형이다.

문형을 배울 때 선생님이 '여기에서 문장이 끝난다'고 설명하실 때가 있다. 이는 '**동사의 힘이 거기에서 끝난다**'는 의미라고 생각하면 된다. 예를 들어 He walked along the river.라는 문장의 경우, He walked에서 한 번 문장이 끝난다고 말을 하는 선생님이 있다. 이는 He walked 뒤에 나오는 말에 walk의 힘이 전달되지 않는다는 것을 의미한다.

■ 동사의 힘이 미치는 목적어·내용을 나타내는 보어

● —— 2형식 문장

이어서 2형식을 살펴보자. 여기에서는 '보어'라는 말이 나온다. 동사 뒤에 붙는 말이 목적어일까? 보어일까? 이는 항상 영어 학습자를 괴롭힌다. 먼저 목적어와 보어를 비교해 보자.

예문   He moved the sofa.   그는 소파를 옮겼다.
　　　 S   V   O(목적어)

이 문장에서는 He(그)에서 나온 move(움직이다, 옮기다)라는 힘이 소파에 부딪치게 되어 소파가 움직인다. 이렇게 **목적어**라는 것은 주어에서 나온 동사의 힘이 **부딪치는 대상을 말한다.**

그렇다면 보어는 무엇일까?

예문   I am (a student.)   나는 학생이다.
　　　 S V   C (보어)   *am 아래 있는 기호는 등호(=)를 나타낸다.

be동사 am 뒤에 a student가 있다. 여기에서 생각해 보면, 주어 I(나)가 a student(학생)에게 어떤 영향을 주고 있는가? 즉, 힘이 미치고 있는가?
　그렇지는 않다. **주어인 I를 나타내고 있는 내용이 학생이다.** 의미상으로 '**나=학생**'이다. 이렇게 주어의 내용을 나타내는 말을 '보어'(여기에서는 정확히 주격 보어)라고 한다.

◆ valuable information

보어를 뒤에 취하는 be동사와 같은 동사를 '**불완전 자동사**'라고 부른다. 이렇게 불리게 된 이유는 다음과 같다.
① 주어가 보어에 어떤 힘을 미치고 있는 것이 아니기 때문에 타동사가 아니라 자동사이다.
② 그러나 보통의 자동사와 달리 I am으로 문장이 완성되지 않고 I의 내용을 설명하는 보어인 a student가 와야 비로소 문장의 의미가 성립되기 때문에 불완전한 자동사이다.

뒤에 보어를 취하는 자동사는 be동사 외에도 여러 가지가 있다. 의미상으로 '주어=보어'라는 형태가 되고, 동사를 be동사로 바꿔도 의미가 통하는 문장이라면 그 문장은 2형식 문장이라고 생각하면 된다.

예문 **He became 〔a teacher.〕**   그는 선생님이 되었다.

→ '그 = 선생님이 되었다'이므로 He is a teacher.라고 말할 수 있다.

예문 **The shop stays 〔open〕 until eight.**   그 가게는 8시까지 열려 있다.

→ '그 가게 = 열려 있다'라는 의미로 The shop is open (until eight).으로 말할 수 있다.

●●── 보어 자리에 오는 말의 품사는 명사 또는 형용사

보어 자리에 오는 말은 의미상으로 주어와 같은 것을 나타낸다.

주어에는 반드시 명사가 오기 때문에 주어와 의미상으로 같은 '보어' 자리에 명사가 온다는 것을 이해할 수 있을 것이다. 그렇다면 어떻게 형용사도 보어가 될 수 있을까?

품사를 대략적으로 설명하면, **명사**는 사물의 이름을 나타내고 **동사**는 움직임을 나타낸다. 그리고 어떤 **모습을 묘사하기 위한** 말에는 **형용사**와 **부사**가 있다. **형용사**는 명사의 모습을 설명하는 말이다. 예를 들어 '책상'은 명사이지만, 그 '책상'의 모습을 설명하는 '빨간 (책상)', '큰 (책상)', '어제 내가 사 온 (책상)'과 같은 말들은 모두 형용사 역할을 한다고 볼 수 있다.

이렇게 말이 말의 모습을 설명하는 것을 '수식하다'라고 한다.

그리고 **수식은 동등한 관계**를 나타내기도 한다. 예를 들어 '빨간 책상'은 '책상=빨갛다'를 의미한다. 명사인 주어와 의미상으로 동등한 것이 보어이기 때문에 명사를 수식할 수 있는 형용사가 보어가 되기도 한다.

예문 **I am 〔happy〕.**   나는 행복하다.

예문 **This watch is 〔expensive〕.**   이 시계는 비싸다.

예문 **The hotel was 〔nice〕.**   그 호텔은 좋았다.

그리고 **부사**는 명사 외의 말(주로 동사)이 어떤 모습인지 설명하는 말이다. 예를 들어, '달리다'라는 동작을 묘사하기 위한 설명에서 '빨리 (달리다)', '친구와 (달리다)', '학교 운동장에서 (달리다)' 등이 부사에 해당된다.

Must 07
'건네주다'라는 의미를 가진 4형식 문장

▶ 문형은 단순한 어순의 패턴이 아니라 의미를 가진 단위이다

■ 구문에 넣는 것만으로 의미가 변한다

아래 예는 주어에서 목적어로 동사의 힘이 미치는 3형식 문장이다.

예문 I cooked my son. 나는 아들을 요리했다.
　　　　요리했다

이 문장은 아들을 잡아먹으려고 요리했다는 의미이다.

그러나 이 문장을 4형식으로 바꾸면 신기하게도 의미가 바뀐다.

예문 I cooked my son dinner. 나는 아들에게 저녁을 요리해 주었다.
　　　요리했다+건네주었다 누구에게 무엇을

여기에서 cooked는 '요리해 주었다'라는 의미가 될 수 있다.

cook이라는 동사에는 '요리하다'라는 의미가 있지만, 기본적으로 '주다'라는 의미는 없다. 그런데 4형식(정확하게는 이중목적어 구문) 안에 들어가면, '요리하다+건네주다=요리해 주다'라는 의미가 된다.

즉, **4형식**은 그 자체로 **'건네주다'라는 의미를 가진다**. 일종의 숙어와도 같은 것이다. 다른 동사의 예시를 살펴보자.

예문 **He threw me a ball.** 그는 나에게 공을 던져 주었다.
　　　→　　→
　　　던졌다 + 건네주었다

예문 **I'll buy you a drink.** 내가 네게 한 잔 사 줄게.
　　　→　　→
　　　사다 + 건네주다

●● 4형식 문장에 넣으면 '건네주다'라는 의미가 생기는 동사

　make, get, find, leave, save 등의 4형식도 '건네주다'라는 의미를 동사에 더해 주면 해석이 쉽게 된다.

예문 **My dad made me some sandwiches.**
　　　　　　→　　→
　　　　　　만들었다 + 건네주었다
아빠가 내게 샌드위치를 만들어 주셨다.

예문 **She'll get you some coffee.** 그녀가 네게 커피를 좀 가져다 줄 것이다.
　　　　→　　→
　　　　손에 넣다 + 건네주다

예문 **I'll find him a girlfriend.** 나는 그에게 여자친구를 찾아 줄 것이다.
　　　　→　　→
　　　　찾다 + 건네주다

예문 **My parents left me a fortune.** 부모님은 내게 재산을 남겨 주셨다.
　　　　　　→　　→
　　　　　　(유산으로) 남기다 + 건네주다

예문 **I'll save you a seat.** 내가 네 자리를 맡아 줄게.
　　　　→　　→
　　　　마련하다/구하다 + 건네주다
(save의 기본 의미는 '내버려두면 흘러 사라져버릴 것을 그 전에 구하는' 것)

●● 동사의 의미에 '건네주다'라는 이미지가 있으면 4형식으로 쓴다

　4형식 구문 자체가 '건네주다'라는 의미를 가지고 있기 때문에 원래 '건네주다'의 이미지를 가지고 있는 동사와 잘 맞고, 이러한 동사는 기본적으로 4형식에 쓰인다.

물론 그 외의 문형에서도 쓸 수 있지만, 4형식에서 쓰는 것이 가장 자연스러운 형태이다.

다음과 같은 동사를 사용할 때는 우선적으로 4형식에서 쓰도록 유의해야 하며, 익숙해지면 문맥에 따라 다른 문형에서도 쓰도록 한다. (단, provide, supply, explain 등 라틴어에서 온 외래어는 이 규칙이 적용되지 않으며 이와 같은 동사는 4형식에서 쓰이지 않는다.)

• give: 주다

예문 I gave him the ticket. 나는 그에게 그 티켓을 주었다.

• teach: 가르치다(=상대에게 지식을 주다)

예문 He taught me how to survive in this world.
그는 내게 이 세상에서 살아남는 방법을 가르쳐 주었다.

• show: 보여 주다, 나타내다(=상대에게 정보를 주다)

예문 They showed me the way to the city.
그들은 내게 그 도시로 가는 길을 알려 주었다.

• ask: 질문하다(=상대에게 질문에 대한 정보를 주다)

예문 Can I ask you some questions? 내가 네게 질문을 좀 해도 될까요?

• tell: 말로 전하다(=상대에게 정보를 말로 건네주다)

예문 I'll tell you the truth. 내가 네게 사실을 말할게.

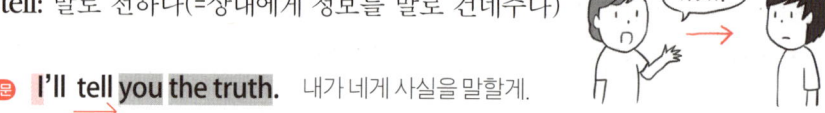

위와 같이 4형식의 구문은 '건네주다'라는 의미를 가진 구문으로, 이때 사용되는 동사를 '수여 동사'라고 부른다.

● cost의 4형식 문장: '(비용·대가를) 들게 하다'라는 의미로 쓰이는 경우

'비용이 들다'라는 뜻을 가진 동사 cost는 3형식이나 4형식 문장 둘 다 사용할 수 있고, 해석했을 때 둘 다 의미가 바뀌지 않는다.

그러나 3형식과 4형식에 쓰이는 cost는 심리적인 느낌의 차이가 있다.

3형식에서의 cost: '감정'이 없이 객관적으로 '(비용 등이) 들다'

예문 This camera costs 300 dollars. 이 카메라는 300달러이다.

→ 예를 들어, 회의 등에서 카메라의 가격을 담담하게 객관적으로 설명할 때 쓰는 표현이다.

4형식에서의 cost: 부담을 드러내며, 부담을 자신이나 다른 사람에게 '건네주다'

예문 This camera cost me 300 dollars.

이 카메라에 300달러를 들였어.

→ 카메라가 나에게 300달러라는 '부담'을 '주었다'는 것을 나타낸다. '돈이 들어서 힘들었다'는 느낌을 준다.

cost와 비슷한 표현으로는 '시간이 걸리다'를 나타내는 it takes 구문이 있다.

예문 It takes two hours to go to the station.

역에 가는 데 2시간이 걸린다.

→ 일반적으로 누가 가더라도 2시간이 걸린다는 의미이다.

예문 It takes me two hours to go to the station.

(다른 사람은 모르겠으나) 내가 역에 가는 데는 2시간이 걸린다.

→ 예를 들면, 다른 사람보다 걸음이 느리거나 자동차가 없다는 이유로 자신은 이만큼의 시간이 걸린다는 의미이다. '2시간이 걸려 힘들다'라고 자신에게 부담을 준다는 느낌도 나타낼 수 있다.

Must 08
4형식에서 3형식 문장으로 바꿔 쓰기

▶ to와 for의 이미지 차이를 파악하라

■ 어느 경우에 to나 for를 사용할까

4형식 문장은 to나 for와 같은 전치사를 사용해서 다르게 바꿔 쓸 수 있다.

예문 I gave him] some money. → I gave some money to him.
나는 그에게 돈을 좀 주었다.

예문 I bought her some food. → I bought some food for her.
나는 그녀에게 음식을 좀 사 주었다.

위와 같이 바꾼 문장은 'S(주어)V(동사)O(목적어)+수식어(=전치사+명사)'이기 때문에 3형식으로 취급되는데, 이는 여기에서 그다지 중요하지 않다. 문제는 **어느 경우에 to를 쓰고, 어느 경우에 for를 사용하느냐**이다. 특히 영어 학습자의 대다수가 for를 '~을 위해서'로 해석해서 파악하기 때문에 잘못 사용할 확률이 높다.

✗ He showed the way to the station for me.
○ He showed the way to the station to me.
그는 내게 역까지 가는 길을 알려 주었다.

위에 제시된 예시는 '그는 나를 위해서 길을 가르쳐 주었다.'라고 파악하여 for를 잘못 사용한 경우이다. 기존의 영어 교육에서도 for는 '~을 위해서'라고 가르치기 때문에 이 실수를 조장하고 있다. 여기에서는 어느 경우에 for를 사용하지 않아야 하는지를 설명함으로써, for가 가지는 의미인, '~을 위해서' 외에 다른 중요한 이미지를 파악하도록 설명한 것이다.

●── 멀리 바라보는 '목표'에서 '대리·교환'의 이미지를 가지다

for는 원래 '앞'이라는 뜻을 가지고 있고, 그 어원은 before(~ 앞에), forward(앞으로)와 같은 말로 남아 있다. '앞'의 의미에서 '앞으로 내다보다, 자신이 도달하고자 하는 장소=목표, 목적'이라는 의미가 파생되어, for에는 '~을 위해서'라는 의미가 생겨나게 된다. 여기에서 깨달아야 할 것은 '~을 위해서 해 주다'라는 의미는 '~을 대신해서 해 주다'라고 파악될 수 있다는 것이다.

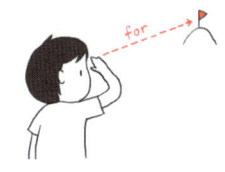

예를 들어 '자녀의 장래를 위해 저축하다'라는 것은 자녀들이 쓸 돈을 부모가 대신 모아 준다는 것을 의미한다. 일반적으로 자신의 돈은 스스로 마련해야 하는데, 그것을 누군가가 대신 해 주고 있기 때문이다. 이러한 방식으로 파악함으로써 for에는 목표 외에 '대신, 대리'라는 의미가 생겨났다.

예문 **Can you pick up the luggage for me?**
나를 위해서 짐을 찾아와 줄 수 있니?
→ 나를 대신해서 짐을 찾아와 줄 수 있니?

'대리'란 '(자신의 할 일을) 바꿔서 하는 것'의 의미를 가지므로, 여기에서 for에는 '교환'의 뜻도 생긴다.

예문 **an eye for an eye** 눈에는 눈
→ 상대방에게 맞아서 눈이 아픈 경우, 그 상대방의 눈을 똑같이 아프게 하는 것으로 '눈과 눈을 교환'하는 이미지이다.

예문 **He bought the car for 20,000 dollars.**
그는 그 자동차를 2만 달러에 샀다.
→ '자동차'와 '2만 달러'를 교환하다.

또한 for가 나타내는 '기간'이나 '거리'도, **'행위'와 그 기간·거리를 교환하여 '시간', '거리'가 소비되었다**는 것을 나타낸다고 할 수 있다.

예문 I watched TV for two hours.

나는 텔레비전을 2시간 동안 봤다.
→ 텔레비전을 보는 것과 2시간을 교환하여 시간을 소비했다.

● ─── '대신 ~해 주는 동작'은 4형식에서 3형식으로 바꿀 때 for를 사용한다

이제 4형식에서 3형식 문장으로 바꿔 쓰는 설명으로 돌아가도록 하자.

> to가 아닌 for를 사용하여 3형식으로 바꿔 쓰는 경우
> ① 동사 자체에 '건네주다'라는 이미지가 없을 때
> ② 4형식에서 동사에 '대신해서 ~해 주다'라는 이미지가 있을 때

for를 사용하는 대표적인 동사로는 buy(사다), cook(요리하다), make(만들다), save(남겨 두다, 아끼다) 등이 있는데, 이 동사들은 4형식에서 '**대신 ~해 주다**'라는 이미지가 있다.

예문 I bought him some clothes. → I bought some clothes for him.

나는 그에게 옷을 좀 사 주었다.
① 동사 'buy(사다)'는 '사서 손에 넣다'라는 이미지는 있어도 '누군가에게 건네주다'라는 이미지는 없다.
② 문장에서 그의 옷인데, 내가 그를 대신해서 돈을 냈다는 것을 나타낸다.

예문 I cooked him dinner. → I cooked dinner for him.

나는 그에게 저녁을 요리해 주었다.
① 동사 'cook(요리하다)'은 '음식 재료를 익혀서 먹을 수 있는 상태로 만들다'라는 이미지는 있어도 '누군가에게 건네주다'라는 이미지는 없다.
② 문장에서 그가 먹을 식사인데, 내가 그를 대신해서 요리해 주었다는 것을 나타낸다.

그 외에 make는 '~에게 만들어 주다' → '~을 대신해서 만들어 주다', save는 '~을 위해서 남겨 두다' → '~을 대신해서 남겨 두다'라는 것을 나타낸다.

● ─── '건네주다'라는 이미지를 가진 동사라면, to를 사용한다

이번에는 to를 사용하는 동사를 살펴보자. 아래에 제시된 동사들에는 보통 동사

자체에 '**건네주다**'라는 이미지가 있다.

예문 **I** gave **him** **some money**. → **I** gave **some money** to him.
나는 그에게 약간의 돈을 좀 주었다.
① 동사 'give(주다)'에는 '건네주다'라는 이미지가 있다.
② '건네주다'라는 것은 물건이 이동하는 것으로, 여기에서는 '돈'이 'I(나)' → 'him(그)'으로 이동한다.

마찬가지로 teach나 show도 '지식이나 정보의 이동'을 나타내는 동사이다.

예문 **He** taught **us science**. → **He** taught **science** to us.
그는 우리에게 과학을 가르쳐 주었다.

예문 **The woman** showed **me the way**.
→ **The woman** showed **the way** to me.   그 여자는 내게 길을 알려 주었다.

for에 '대리, 교환'이라는 의미가 있다는 것을 이해하고, 위의 문장에 for를 사용하면 의미가 다소 어색해진다.

✗ **I gave some money for him.**
→ 내가 그를 대신해 돈을 주었다는 의미가 되고, 누구에게 건네주었는지는 알 수 없다. 원래의 문장 I gave him some money.(나는 그에게 돈을 좀 주었다.)의 의미는 확실히 바뀌게 된다.

teach나 show의 경우에도 동일한 현상이 발생한다.

✗ **He taught science for us.**
→ 그가 우리를 대신해서 과학을 가르쳤다는 의미가 되고, 누구에게 가르쳐 주었는지는 알 수 없다.

✗ **The woman showed the way for me.**
→ 그 여자가 나를 대신해서 길을 알려 주었다는 의미가 되고, 누구에게 알려 주었는지는 알 수 없다.

이와 같이 for가 '대리, 교환'의 이미지로 문장에서 사용된다는 것을 알면, 4형식 → 3형식 문장으로 매끄럽게 바꿔 쓸 수 있게 된다.

Must 09
5형식은 3+2=5

▶ 3형식 + 2형식 = 5형식

■ 형식을 합쳐서 한 번에 말하는 형태

'3형식+2형식=5형식'이란 어떤 의미일까?
잠시 아래 문장들을 살펴보자.

예문 **We call this flower** ~   우리는 이 꽃을 부른다.   3형식
   S   V   O

This flower is (baekhap).   이 꽃은 '백합'이다.   2형식
   S   V   C

예를 들어, 갑자기 누군가가 당신에게 "우리는 이 꽃을 불러요."(3형식 문장)라고 말한다면, 분명 당신은 "네? 뭐라고 부르나요?"라고 질문할 것이다. 부족한 정보를 채우기 위해서 나중에 "이 꽃은 '백합'이에요."(2형식 문장)라고 추가해서 말해도 되겠지만, "우리는 이 꽃을 '백합'이라고 불러요."라고 한 번에 말하는 것이 편리할 것이다.

이와 같이 **'3형식'과 '2형식'을 합쳐서 한 번에 편리하게 말하는 표현이 5형식**이다.

We call this flower = (Baekhap).   우리는 이 꽃을 '백합'이라고 부른다.   5형식
 S   V   O   C

💎 valuable information

불완전 타동사와 목적격 보어

2형식을 설명할 때 2형식을 취하는 동사를 '불완전 자동사'라고 부른다고 했다. 한편, 5형식을 취하는 동사를 '불완전 타동사'라고 한다. 불완전한 이유는 앞에서 설명한 예시를 통해 알 수 있다. We call this flower ~.(우리는 이 꽃을 부른다.)라고 갑자기 말하면 "뭐라고 부르나요?"라고 의문을 가지게 된다. 따라서 이 문장에서 call은 3형식 문장으로 나타내기에 '정보가 부족한 타동사'이기 때문에 불완전한 것이다. 각 문형별로 정리해서 말하면 1형식의 동사는 (완전) 자동사, 2형식은 불완전 자동사, 3형식은 타동사, 4형식은 수여 동사(건네주는 이미지), 5형식은 불완전 타동사를 사용한다. 이를 통해 5가지 문형은 5가지의 동사에서 나오는 힘에 의해 표현된다는 것을 알 수 있다.

또한 5형식에서 사용되는 보어는 '목적격 보어'라고 한다. 2형식의 경우 예를 들어 This flower is Baekhap.의 주어인 This flower에 대한 정보는 Baekhap이라는 보어가 보충해서 설명해 주고 있다. 그렇기 때문에 2형식의 보어는 주어의 내용을 보충해 주는 의미에서 주격 보어라고 한다. 한편, 5형식 문장 We call this flower Baekhap.에서 동사 call의 힘이 부딪치는 목적어 this flower에 대한 정보는 Baekhap이라는 보어가 설명하고 있다. 따라서 5형식의 보어는 목적격 보어라고 한다.

■ 5형식의 중요한 구문

●── ① 사역 동사 구문

'주어(S)가 다른 사람에게 무언가를 시키다'라는 구문에서 주로 make, let, have, get와 같은 동사를 사용한다. 각각의 구문에 대한 자세한 설명은 이 책의 다른 학습 부분에서 자세히 다루기 때문에 여기에서는 make와 let를 대략적으로 살펴보도록 하자.

• **make**: '빵 생지를 반죽하다'가 어원이다. 이 어원에서부터 '생각하는 대로 원하는 형태를 만들다' → '어떤 원인이 상황을 ~한 상태로 만들다'라는 의미가 되었다.

예문 **The news made me** = (**happy**). [The news made me ...+ I was happy.]
그 소식이 '나=기쁘다'라는 상태로 만들었다.
→ 그 소식을 듣고 나는 기뻤다.

'어떤 원인이 **강제적으로** ~을 어떤 상태로 만들다'라는 **강제**의 이미지도 강하다.

예문 **This made me** = (**think twice**). [This made me ... + I thought twice.]
　이것은 '나=2번 생각하다'라는 상태로 만들었다.
　→ 이것이 나를 망설이게 했다.

• **let**: '해방하다', '방출하다'라는 이미지를 가진 단어이다. (참고로 명사 outlet 는 '배출구'를 뜻한다.) 그 이미지에서 **'하고 싶은 대로 하게 해 주다'**라는 의미가 되었다.

예문 **Let him** = (**say anything**). [(You) let him ... + He says anything.]
　'그=무엇이든지 말하다'라는 상태로 만들어라.
　→ 그가 무엇이든 말하도록 놔두어라.

예문 **I'll let you** = (**know**) **when I arrive there.** [I'll let you... + You know.]
　내가 거기에 도착하면 '너=알고 있는' 상태가 되게 할 거야. (will은 의지를 나타냄)
　→ 내가 거기에 도착하면 너에게 알려 줄게.

● ── ② 지각동사 구문

　지각동사 구문이라는 것은 지각동사를 사용할 때 나타나는 구문이다. 지각동사 란 **'들어온 정보를 알아차리는 것'**을 의미하는 '지각'을 나타내는 동사이다. 주로 see, hear, feel, watch 등이 쓰인다.

• **hear**: 귀에 들어온 소리를 알아차리다 = '들리다', '듣다'

예문 **She heard someone** = (**calling her name**).
　[She heard someone ... + Someone was calling her name.]
　그녀는 '누군가=자신의 이름을 부르고 있는 것'을 들었다.
　→ 그녀는 누군가가 자신의 이름을 부르고 있는 것을 들었다.

③ 결과 구문

구문 자체가 하나의 의미를 가지며, 언어학에서는 이중목적어 구문(4형식)에 비해 즐겨 다루는 구문이다. '주어에서 나온 동사의 힘이 목적어에 부딪친 결과로, **목적어가 보어의 상태로 바뀌다**'라는 의미를 가진 구문이다.

예문 He pushed the door = (open).

[He pushed the door. + The door was open.]
그가 문에 미는 힘을 가한 결과, '문=열려 있는' 상태로 변화했다.
→ 그는 문을 밀어서 열었다.

예문 We painted the wall = (white).

[We painted the wall. + The wall was white.]
우리가 벽에 페인트칠하는 힘을 가한 결과, '벽=흰색의' 상태로 변화했다.
→ 우리는 벽을 흰색으로 페인트칠했다.

Must 10
'간접적인' 힘이 전달되는 방법을 전치사의 차이로 나타내다

▶ I heard you.와 I've heard of you.

■ 타동사의 힘이 전달되는 방법을 알게 되면 보이는 세계

다음 두 문장을 비교해 보자. 형태는 매우 비슷하지만 전치사 of가 동사 hear 뒤에 붙는지에 따라 의미가 많이 달라진다.

| 예문 | **I hear you.** | 나는 네가 하는 말이 들린다. |
| 예문 | **I've heard of you.** | 나는 너에 대해 들어 본 적이 있다. |

또한 다음과 같은 예가 있다.

| 예문 | **He shot the bird.** | 그는 그 새를 쏘았다. (총알이 명중했다.) |
| 예문 | **He shot at the bird.** | 그는 그 새를 향해 총을 쏘았다. (명중했는지 이 문장에서는 알 수 없다.) |

위의 2가지 예시에서 **전치사가 없는 경우에 동사의 힘이 직접적으로 목적어에 영향을 미친다**는 것을 알 수 있다.

지금까지 이 책에서는 타동사의 힘이 목적어에 영향을 미친다고 설명해 왔다. 이는 단순히 그렇게 생각하면 이해하기 쉽다는 것이 아니다. 실제로 영어를 사용하는 사람은 자연스럽게 그렇게 생각하고 말하는 것처럼 보인다. 이를 설명해 주는 좋은 예가 바로 '타동사 vs 동사 + 전치사'의 의미 차이이다.

예문 **I hear you.**   네가 하는 말이 들린다.

hear 아래의 화살표는 hear의 힘이 직접 you에 영향을 미치는 것을 나타내며, 'you에서 나온 소리를 파악하다(= 들리다)'라는 뜻이다. you에서 나온 소리를 귀를 통해 직접 듣는 것을 나타낸다.

예문 **He shot the bird.**   그는 그 새를 쏘았다.

He에서 나온 shoot(총으로 쏘다)의 힘이 the bird에 직접적으로 영향을 미쳐 새가 총에 맞았다는 것을 나타낸다.

한편 동사 뒤에 전치사가 오면 '간접적인 움직임'을 나타낸다.

예문 **I've heard of you.**   나는 너에 대해 들어 본 적이 있다.

hear of A는 'A에 대해 듣다'라는 뜻이다. 예를 들어 a piece of cake가 '전체 케이크에서 그 일부분인 한 조각을 꺼낸 것' = '한 조각의 케이크'가 되는 것처럼, of는 '전체에서 일부를 꺼내다'라는 의미이다. 따라서 hear of you는 'you의 일부분을 취하여 그것에 대해 듣다' = 'you에 대한 이야기를 듣다'라는 의미가 된다.

이처럼, hear of you는 you가 말한 것을 직접 듣는 것이 아니라 you에 대한 정보를 간접적으로 듣는 것을 나타낸다.

예문 **He shot at the bird.**   그는 그 새를 향해 총을 쏘았다.

at은 '움직이고 있는 한 점을 가리키다'라는 뜻의 전치사이다. 따라서 '움직이는 표적을 조준하다'라는 의미로도 쓰인다. shoot at에서 at이 있기 때문에 '조준을 맞춰 쏘다'라는 의미로 초점이 옮겨지고, 그 결과 총알이 맞았는지는 언급되지 않는다.

이처럼 shoot at에는 '총알에 직접 맞았는지 아닌지'는 언급되지 않으므로 간접적인 표현이 된다.

타동사가 들어 있는 문장을 단순히 '동사 뒤에 반드시 목적어가 오는 형식'으로만 이해한다면 이러한 현상에 주목하기 어렵다.

'타동사가 들어 있는 문장에서는 주어에서 나온 동사의 힘이 목적어에 부딪쳐서 영향을 준다는 것'을 이해해야 여기에서 말하는 '타동사 vs 동사 + 전치사'의 차이를 보다 잘 이해할 수 있게 된다. 타동사는 직접적으로 목적어에 힘을 부딪치고, 그 사이에 전치사가 들어가면 동사의 힘이 간접적으로 전달된다.

이번에는 동사 know를 예로 살펴보자.

타동사로 know를 사용하면 '~를 직접 알고 있다', know about이나 know of를 사용하면 '그것에 대한 정보만을 알고 있다'라는 의미가 된다.

예문 I know him. 나는 그를 알고 있다.
(직접 알고 있다)

예문 I know of him but I have never met him.
나는 그에 대해 알고 있지만 그를 만난 적은 없다.
(정보만을 알고 있다)
→ of는 전체에서 '일부를 꺼내다'라는 의미로, know of는 '~에 대해 조금 알고 있다'라는 뜻이다.

예문 I don't know about other people, but the news was shocking to me.
나는 다른 사람들은 어떨지 모르겠지만 그 소식은 나에게 충격적이었다.
→ '다른 사람들이 그 뉴스에 대해 어떻게 느낄 것인가에 대한 정보는 가지고 있지 않다'라는 의미를 내포한다.

valuable information

도상성 (iconicity)

이모티콘과 그것이 나타내는 의미의 관계처럼 **언어의 외적 형태가 실제 의미와 연관된다**는 언어의 성질을 '도상성(iconicity)'이라고 한다.

도상성은 언어에 있어서 원리나 절대적 규칙은 아니고, 경우에 따라 연관이 있다는 정도의 한 측면에 지나지 않는다. 하지만 이에 대해 관심을 가질 필요가 있다고 생각한다.

도상성의 전형적인 예로는, '**말의 길이가, 마음의 거리를 반영한다**'는 것이다. 예를 들면, 남을 욕할 때 거리낌 없이 사용되거나, 상대방과 심리적으로 가까운 상태에서 사용되는 말도 "바보!"처럼 짧다.

그러나 이것을 에둘러 말하려고 하면 거리를 두어 "그러한 말이나 행동은 지적 수준이 높다고는 도저히 말할 수 없겠네요."처럼 길어진다.

이번 학습에 적용해 보면, 타동사 뒤에 목적어가 직접 옴으로써 의미상으로 직접적인 동작이 되는 한편, 전치사라는 말이 더해져 **말이 길어짐으로써** 동사의 힘이 간접적으로 나타난다는 것을 알 수 있다. 즉 '**직접적인 것보다 간접적인 방식이 거리가 있다**'는 도상성을 나타낸다고 볼 수 있다.

제 3 장
동사 ② 시제: 실제로 우리는 시간을 이렇게 파악하고 있다

Must 11
시제를 이해하다

▶ 인류는 '시간'을 '장소'로 이해하고 있다

다음 문장의 밑줄 친 부분에 주목해 보자.

> 너는 지금 뭐하고 <u>있니</u>? – 나는 지금 숙제하는 <u>중</u>이야.
>
> 과거를 <u>돌아보지</u> 마라. – 미래를 향해서 똑바로 <u>나아가라</u>.

밑줄 친 부분은 시간을 나타내는 표현이지만 **모두 '장소'를 나타내는 단어를 사용하고 있다.**

'~하고 있다'의 '있다'는 존재를 나타내는 표현으로, 존재하기 위해서는 장소가 필요하다. '~하는 중'은 처음이나 끝이 아닌 시간의 가운데를 나타내는 표현으로, 이는 시간을 **공간화**한 것이다.

'과거를 돌아보다'는 우리가 **과거를 '뒤'에 있다고 생각한다**는 것을 나타내는 표현이다. '미래를 향해서 나아가라'는 우리가 **미래를 앞에 있다고 생각한다**는 것을 나타내는 표현이며, **나아가면 도달하는 '장소'** 로 여기는 것이다.

●● 인간의 사고방식에 매우 중요한 메타포

시간은 볼 수 없고, 만질 수도 없다. 볼 수도 만질 수도 없는 것을 인간은 어떻게 이해하고, 이것을 어떻게 머릿속에 넣는 것일까?

이를 돕는 것이 메타포(은유)라는 비유의 일종이다. 인간은 볼 수도 만질 수도 없는 추상적인 개념을 구체적으로 보거나 만질 수 있는 것에 비유해서 이해하는 것이다. 즉, 인간은 볼 수도 만질 수도 없는 시간을 장소에 비유해서 이해하고 있는 것이다.

■ 시제는 물리적인 시간과 다르다

영어의 현재형, 과거형, 현재완료형, 진행형과 같은 시제는 항상 학습자를 괴롭힌다.

많은 학습자가 시제는 '물리적인 시간'을 의미한다고 착각하기 때문이다.

생각해 보면 물리적인 시간을 말로 표현하기는 쉽지 않다.

'현재'는 시시각각 변해서 그 순간이 지나면 과거가 되어 버린다.

몇 초 전부터 몇 초 후까지를 현재는 의미하는 것일까? 현재는 점을 말하는 것인가, 폭을 말하는 것인가? 과거는 몇 초 전에 시작된 것을 가르키는 말이고, 미래는 몇 초 후에 시작될 것을 가리키는 말일까?

이러한 의문이 시간을 이해하는 데 도움이 되지 않는다.

인간은 이러한 방식으로 시제를 파악하지 않는다.

사실 **시제를 '장소'로 파악하면 놀라울 정도로 명확하게 이해할 수 있다.**

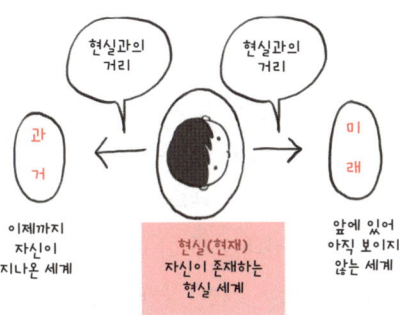

●●── '현재'란 자신이 있는 '현실 세계'

앞 페이지의 그림에서 보면, 현재는 몇 초 전부터 몇 초 후까지를 가리키는 시간의 범위가 아닌 **단순히 자신이 존재하는 현실 세계**라는 것을 알 수 있다.

이 '현실 세계'는 **반복되는 일상**'의 세계이다.

'해는 동쪽에서 뜬다.', '나는 매일 아침 조깅을 한다.', '우리는 항상 저녁을 7시에 먹는다.'와 같이 반복되는 일상을 나타내는 것이 '현재형'이다.

●●── '과거'란 '지금은 더 이상 현실이 아닌 곳'→'거리가 있는 곳'

과거에 대해 생각해 보자.

과거는 현재 자신이 존재하는 곳에서 뒤로 떨어진 곳이다. '**과거에는 현실이었지만 현재는 더 이상 현실이 아닌**' 세계이다.

'과거의 영광', '그것은 이미 끝난 일이야.' 등에서 '더 이상은 현실이 아니다'라는 의미로 '과거'가 사용되는 것을 종종 볼 수 있다.

또한 '머나먼 과거'라는 표현에서 알 수 있듯이, 인간은 '**과거'를 현재(즉, 현실)로부터 멀어진 것**'으로 여기기도 한다.

영어의 과거형은 '과거', '옛날'이라는 의미 외에 다른 의미로 독특하게 사용되기도 한다.

그 예로 조동사의 과거형을 들 수 있다. It might rain.(비가 올지도 모른다.)의 might는 may의 과거형이지만, 과거를 나타내지 않는다. It may rain.보다 '**비가 올 가능성'이 낮다**는 것을 나타낸다.

이는 '과거=현실(현재)로부터 떨어져 있는 것'이 현실성이 떨어져 '실현 가능성이 낮음'이라는 의미로 다르게 사용되기 때문이다.

상대방에게 정중히 부탁할 때는 Will you ~?나 Can you ~?로 부탁하는 것보다 Would you ~?나 Could you ~?를 사용하도록 한다.

윗사람에게 너무 섣불리 접근하면 예의가 없다고 혼이 날 수 있다. 상대방을 존중하거나 존경하는 것을 드러내고자 할 때는 거리를 두는 표현을 사용한다. **Would you ~?나 Could you ~?는 '(상대방과) 거리를 둠으로써 존중을 나타낸다.'**

●●── '미래'란 '아직 현실이 되지 않은 곳'

이번에는 미래에 대해 생각해 보자.

<u>미래</u>는 '아직 도달하지 않은(=현실이 되어 있지 않은) 앞에 있는 장소'이다.

'현재'는 '자신이 존재하는 현실의 장소', '과거'는 '과거가 현실이었던 장소'로, 현재와 과거는 모두 '실제로 있었던 장소'이다. 하지만 미래는 실제로 존재하는 장소가 아닌 **머릿속으로만 생각한 상상의 장소**'이다.

뒤에서 자세히 설명하겠지만 will은 사실상 미래가 아닌 '의지(~할 생각이다)'와 '예상(~일 것이다)'을 나타낸다. 즉, '마음속으로만 생각할 뿐 실제로는 아직 하지 않았다'라는 의미를 가지고 있다. 하지만 이렇듯 will의 의미를 살펴보았을 때, will이 '아직 현실화되지 않은 장소', 즉 미래를 나타내는 것에도 쓰인다는 것을 이해할 수 있다.

지금부터는 인간이 시간을 어떻게 이해하는지를 보면서 다양한 시제를 살펴보도록 하자.

Must 12
현재형: 항상 그렇다
과거형: 지금은 다르다

▶ 과거의 일을 말한다고 해서 반드시 과거형은 아니다

■ 현재형: 항상 그렇다

영어 학습자에게 영어의 현재형은 상당히 어려운 시제이다. 그 원인은 많은 학습자가 현재형이 '지금 이 순간'이라는 의미로 현재를 나타낸다'고 오해하기 때문이다.

명칭 때문에 혼란스러울 수 있어 현재형 시제를 잘 이해하기 어렵다. 자신 있게 이해하지 못하기 때문에 쓰기와 말하기에도 현재형 시제를 잘 사용하지 못하거나 일부러 쓰지 않으려는 경우를 종종 볼 수 있다.

현재형 시제는 지금 이 순간이라는 의미의 '현재'를 나타내지 않는다. 다음 예문을 살펴보자.

예문 **I usually get up at seven.** 나는 보통 7시에 일어난다.

우선, 만일 현재형이 현재를 표현하기 위해 사용된다면, 화자는 이 문장을 말하고 있는 지금 이 순간에 침대에서 일어나야 한다. 물론 이 문장은 그러한 의미를 담고 있지 않다.

그리고 "보통 7시에 일어난다."는 말은 오늘뿐만 아니라 어제도, 그제도, 그 전날도, 내일도, 모레도 7시에 일어난다는 것을 의미한다. 즉, 시간으로 말하면 **현재형은 과거, 현재, 미래를 모두 나타내는 것**이다.

지금 이 순간이라는 의미가 현재를 나타내지 않는다면, 현재형은 무엇을 나타내는 것일까?

현재형이 나타내는 것은 '항상 그렇다'이다.

현재형은 습관을 나타내는 시제이다.

예를 들어, 어떤 성질을 설명하는 문장은 기본적으로 현재형으로 나타낸다. 사물이나 사람의 성질이라는 것은 '항상 그렇다'는 것을 나타내기 때문이다.

예문 A dog has four legs and a tail. People keep it as a pet. It runs very fast.
개는 4개의 다리와 1개의 꼬리를 갖고 있다. 사람들은 그것을 애완동물로 기른다. 그 것은 매우 빠르게 달린다.

과거형: 지금은 다르다

영어의 과거형과 한국어의 과거형

한편 과거형은 글자 그대로 과거를 나타낸다. 그러나 한국어의 과거형은 영어의 과거형과 기능이 조금 다르다. 한국어의 과거형은 순수한 과거형이라고 할 수 없는 측면이 있다.

나는 어렸을 때부터 야구를 했다.
아름다운 피부의 비결은 사실 비타민이었다.

위 문장에서 '~했다', '~이었다'는 과거를 나타내지 않는다.
여기에서는 '**지금 이미 현실이 되었다**'는 것을 의미하며, 영어의 현재완료에 가까운 측면이 있다.

'이미 현실이 되었다는' 것도 과거라면 과거가 아닐까라고 생각하는 학습자가 있을 것이다. 그렇기 때문에 한국어의 과거형은 과거를 나타내는 표현에도 쓰이고, 영어의 과거형과 같은 기능을 하는 부분도 많이 있다.

그러나 본질적으로는 다른 것이며, 그 인식이 부족한 상태로, '~했다', '~이었다'라는 뜻 때문에 과거형을 사용해서 영어 문장을 기계적으로 만들게 되면, 이상한 문장이 될 수 있다.

● ── 이미 끝난 이야기로 현실을 '떠나다'

영어의 과거형은 이미 지나간 것을 말하기 때문에, 지금은 더 이상 현실이 아닌 것을 나타내는 것이 과거형 시제의 주된 기능이다.

한국어의 과거형이 '현실과 연결되어 있는 것'과 달리 **영어의 과거형은 '현실에서 떨어져 있는 것'**이다.

뒤돌아봤을 때, '멀리' 뒤에 보이는 현실은 더 이상 관련이 없는 세계

예를 들어, "나는 어렸을 때부터 야구를 했다."를 영어로 바꾸면 I have played baseball since I was a kid.로 말할 수 있다. 하지만 I played baseball since I was a kid.로 말하지는 않는다.

과거형 played를 사용하면 '어렸을 때부터 야구를 했는데, 그것은 과거의 일'로, '지금 내가 있는 현실의 세계'에서는 야구를 하지 않는다는 의미가 된다.

"비결은 비타민이었다."라는 문장을 영어로 바꾸면 The secret is vitamins.이며 과거형 was가 아니다.

was를 사용하게 되면 '과거에는 비타민이었지만, 지금은 아니다'라는 느낌이 강해진다.

예전에 한 학생이 Love is over.는 "사랑은 끝났다."라고 번역되는데, 왜 이 문장에서 was가 아니라 is를 사용하는지 질문한 적이 있다.

이것도 마찬가지로 '(지금 현실 세계에) 사랑이 끝난 상태'가 존재하고 있기 때문에 is인 것이다. was를 사용하면 '그때 사랑은 끝났지만, 지금의 나에게 그 일은 상관없는 이야기'라는 느낌이 있다.

따라서 영어로 말할 때, '**이미 끝난 이야기이고, 지금은 아니다**'라는 의미를 나타내려면, **과거형**을 사용하면 된다.

예를 들어, "(지금은 괜찮지만) 나는 어제는 아팠어."를 영어로 바꾸면 I was sick yesterday.이다.

이와 같이 '**지금은 다르다**'라는 의미를 파악하는 것은 과거형과 현재완료를 구별하는 데도 필요한 감각이므로 잘 기억해 두자.

Must 13
현재완료 ①
동작동사의 현재완료

▶ '완료'의 이미지는 과거형과는 다르다

현재완료는 학습자가 영어를 공부할 때 가장 힘들어 하는 개념이라고 해도 과언이 아니다.

하지만 다음 설명을 읽으면 현재완료를 잘 이해할 수 있게 될 것이라고 생각한다.

현재완료는 'have+과거분사'로 나타내는데, 과거분사와 have가 어떤 기능을 하는지 개별적으로 생각해 보면 현재완료를 파악할 수 있다.

●── 동작동사란 무엇인가?

현재완료 및 진행형을 이해하기 위해서 동작동사와 상태동사의 차이를 알아야 한다.

동작동사는 '동작함으로써 변화가 일어나는 움직임'을 나타내는 동사이다.

예를 들어, I opened the door.(나는 그 문을 열었다.)는 '닫혀 있던 문이 열리다'라는 변화를 일으킨다. 그래서 open은 동작동사라고 할 수 있다.

한편, 상태동사는 '계속 변하지 않고 그 상태가 계속됨'을 나타내는 동사이다.

예를 들어, I am a student.(나는 학생이다.)는 '어제, 오늘, 내일도 변함없이 나는 학생이라는 것'을 나타낸다. 그렇기 때문에 여기에서의 be동사는 상태동사라고 할 수 있다.

동작동사를 현재완료로 나타내는 경우와 상태동사를 현재완료로 나타내는 경우 그 의미가 달라진다. 이번에는 동작동사의 현재완료 구조와 과거형이 어떻게 다른지를 살펴보도록 하자.

● ─── 상(aspect): 동작의 어느 단계에 들어갈까

동사에는 그 동작이 현재, 과거, 미래의 어느 시점에서 이루어지는지를 나타내는 시제(tense)가 있는데, 이는 현재형, 과거형, 미래형이라는 형태로 나타난다. 그리고 그 동작이 '~하기 시작, ~하고 있는 중, ~하고 난 후' 중에서 어느 단계에 있는지를 나타내는 상(aspect: 진행, 완료 등을 나타내는 동사의 형태)이 있다.

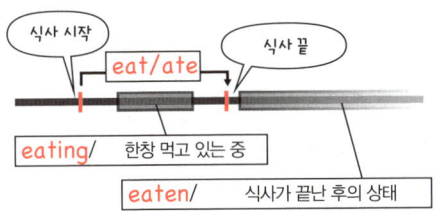

eat(먹다)이라는 동작동사를 예로 살펴보자.

일반적으로 현재형 eat와 과거형 ate는 '식사하기 시작한 시점부터 식사가 끝날 때까지의 한 과정'을 나타낸다.

- 예문 **I eat lunch at noon every day.**
  나는 매일 정오에 점심을 먹는다.
  → 매일 점심에 '잘 먹겠습니다. → 오물오물 → 잘 먹었습니다.'까지 하나의 과정이 행해진다.

- 예문 **I ate lunch at one in the afternoon.** 나는 오후 1시에 점심을 먹었다.
  → 오후 1시에 '잘 먹겠습니다. → 오물오물 → 잘 먹었습니다.'까지 하나의 과정이 행해졌다.

이는 동사원형인 eat도 마찬가지이다.

- 예문 **They need to eat something.** 그들은 무언가 먹을 필요가 있다.
  → '잘 먹겠습니다. → 오물오물 → 잘 먹었습니다.'까지 하나의 과정을 실행할 필요가 있다.

그리고 그 과정에서 '도중~', '~하는 중'이라는 일부분을 나타내는 것이 **-ing** 이다.

- 예문 **They're eating lunch now.** 그들은 지금 점심을 먹고 있다.
  → 지금 먹고 있는 중이며, 아직 다 먹지 않았다.

그렇다면 과거분사(여기에서는 eaten)는 무엇을 나타내는가?
과거분사가 나타내는 것은 **다 먹은 후의 상태**이다. 예를 들어, "지금 어떤 상태를 가지고 있니(have)?"라고 물었을 때 "지금은 다 먹고 난 후의 상태를 가지고 있다."라는 표현이 have eaten이다.

예문 I have eaten lunch.　나는 (이미) 점심을 먹었다.
→ eaten lunch(점심을 먹은 후의 상태)를 have하고 있다(=지금 가지고 있다).

이것이 과거형 I ate lunch.와 어떻게 다른지에 대해 생각해 보자. 과거형은 '현재와 아무 관계가 없다'는 것을 기억하자. **과거형 문장은 '그것이 과거에 언제 이루어졌는지'**에 초점을 둔다.

예문 A: When did you eat lunch?　너는 언제 점심 먹었니?
　　　B: I ate 30 minutes ago.　나는 30분 전에 먹었어.
→ 30분 전에 먹은 것이고 현재는 아니다.
'지금 현재'로부터 분리되어 있다는 감각이 중요하다.

한편, 현재완료에서는 '지금 어떤 상태를 갖고(have하고) 있는가'에 초점을 둔다. 그것이 언제인지는 언급되지 않는다.

예문 A: Hey, let's go out for lunch.　이봐, 점심 먹으러 가자.
　　　B: Oh, I've already eaten it.　아, 난 벌써 먹었어.

→ 지금 어떤 상태를 갖고(have) 있는가에 초점을 두며, 언제 먹었는지는 중요하지 않다.

이제 동작동사의 현재완료를 정리해 보자.
eat은 동작동사이다. '먹다'라는 동작에 의해 음식은 없어지고 배고픔은 채워지는 변화가 일어나므로, 이것이 동작동사라는 것을 알 수 있다.

eaten이라는 과거분사는 상(aspect: 동사의 형태)의 일종으로 동작동사의 '~하기 시작, ~하고 있는 중, ~하고 난 후' 중에서 '끝난 후'의 상태를 의미한다. **동작동사의 'have+과거분사'는 '현재는 ~하고 난 후의 상태를 갖고 있다'는 것을 나타낸다.**

한편, 일반적인 과거형은 '현재가 아닌, 과거의 언제 그것을 했는가'에 의미상 초점을 둔다.

◆ valuable information

'do(~하다)가 have done으로 바뀌면 '이미 끝났다'라는 의미가 되는 이유

현재완료를 처음으로 학교에서 배웠을 때, 다음 문장과 같은 표현을 배운 적이 있다.

I have done it. 나는 (이미) 그것을 끝냈다.

'~하다'라는 뜻의 do가 '끝나다'라는 뜻으로 쓰이는 이유를 생각해 본 적이 있는가? have done이 '다 하고 난 후의 상태를 안고 있다'라는 의미라는 것을 알게 되면, 이것이 매우 자연스러운 표현이라는 것을 알 수 있을 것이다.

Must 14
현재완료 ②
상태동사의 현재완료

▶ 상태동사가 현재완료가 되면 '기간'을 나타낸다

지난 학습에서는 동작동사의 현재완료를 설명했다. 이번 학습에서는 상태동사의 현재완료에 대해 공부해 보자.

상태동사와 동작동사의 가장 큰 차이점은 상(aspect: 진행, 완료 등을 나타내는 동사의 형태)의 유무이다. 동작동사에는 한 동작에 '~하기 시작', '~하고 있는 중', '~ 하고 난 후'라는 3가지 상이 있다. 상태동사에는 이러한 상이 없다.

●── 상태동사에는 상(aspect)이 없다

예문 I live in London. 나는 런던에 산다.
→ '언제 살기 시작'해서 '언제 사는 것이 끝난다'라는 것을 생각하면서 말하지 않는다.
막연히 매일 그곳에 계속 거주하고 있다는 것만 말하고 있다.

위의 그림처럼 **동작의 명확한 시작과 끝은 생각하지 않고, 막연한 상태가 계속되는 것을 나타내는 것이 상태동사**이다.

동작동사의 과거분사는 상(aspect)에 따라서 '다 하고 난 후의 상태', 즉 완료를 나타낸다. 그렇다면 상(aspect)이 없는 상태동사가 현재완료로 사용되면 어떻게 될까?

🔴 **예문** **I have lived in London for 10 years.**
나는 런던에 산지 10년이 되었다.
→ 과거 어느 시점부터 현재까지 '계속 거주하고 있는 상태'를 유지하고 있음을 나타낸다.

위의 문장을 그대로 직역하면 "나는 10년 동안 런던에 살고 있는 상태를 유지하고 있다."가 된다. 상태동사는 '변하지 않는 상태'를 나타내기 때문에, 이를 현재완료로 사용하면 **'(어느 기간 동안) 변하지 않은 상태를 꾸준히 유지 (have)하고 있다'**는 의미가 된다.

현재형이 특정 기간을 잘라 정하지 않고 '지금 현재의 항상 계속되는 상태'를 나타내는 것에 비해, 현재완료는 '과거 어느 시점부터 현재까지 꾸준히 유지되는 상태'라는 **'시간 잘라 내기'**가 발생한다.

■ have been to와 have gone to

be동사는 상태동사의 왕이라고 할 수 있다. 그 어원은 '~한 상태로 존재하다'인데 현재완료에서 be동사를 사용하는 것은 다소 헷갈릴 수 있기 때문에 우선 다음 표를 통해 설명하도록 하겠다.

have been + 보어	과거 어느 시점부터 현재까지 계속 그 상태이다
have been in + 장소	과거 어느 시점부터 현재까지 쭉 그 장소에 있다
have been to + 장소	① ~에 간 적이 있다 ② (방금 전에) ~에 다녀왔다
have gone to + 장소	~에 이미 갔기 때문에, 지금 여기에는 없다

●── have been + 보어

예를 들어, He is a teacher.를 현재완료로 바꿔 보자. He is a teacher.는 '**현재, 현실에서 그는 계속 선생님인 상태이다**'를 나타낸다.

이것을 현재완료의 형태인 He has been a teacher.로 바꾸면, '**그는 (과거 어느 시점부터) 현재까지 계속 선생님이라는 상태를 have하고 있다**'라고 할 수 있기 때문에 "그는 현재까지 계속 선생님 신분을 유지하고 있다."라는 뜻이 된다.

기간을 붙여서 He has been a teacher for 15 years.라면 "그는 선생님이 된지 15년이 되었다."라는 뜻이 된다.

●── have been in + 장소

He is in Seoul.(그는 서울에 있다.)을 현재완료로 바꿔 보자. 'in Seoul이라는 상태로 존재하고 있다'를 현재완료로 하는 것이기 때문에, He has been in Seoul.은 '그는 (과거 어느 시점부터) 현재까지 쭉 in Seoul이라는 상태로 존재한다', 즉 "**그는 현재까지 계속 서울에 있다.**"라는 뜻이 된다.

He has lived in Seoul.처럼 '서울에 자리를 잡고 살고 있다'라는 느낌은 적고, 비즈니스 등의 이유로 서울에 **일시적으로** 체류하고 있다는 느낌이 든다.

●── have been to + 장소

이는 약간 독특한 경우로, 현재완료 또는 과거완료로 사용하는 특수한 표현이다.

'~에 간 적이 있다' 또는 '~에 방금 다녀왔다'라는 뜻으로, 공통적으로 '**과거에 다녀왔고 현재는 여기에 있다**'라는 뜻이다.

예문 **He has been to Hawaii three times.** 그는 하와이에 세 번 간 적이 있다.
→ 그는 과거 하와이에 다녀왔고, 현재는 여기에 있다는 의미로, 세 번의 경험을 have하고 있다는 것을 나타낸다.

예문 **A: Where have you been?** 너는 어디에 있었니?

B: I've been to the station.   나는 역에 있었어.

→ 과거(방금 전)에 어디에 갔다가 돌아와서, 지금 여기에 있니?
　과거(방금 전)에 역에 갔다가 돌아와서, 지금 여기에 있어.

── have gone to+장소

　go는 동작동사로, 옆에 제시된 것처럼 동작의 3단계가 있다.

　gone이라는 표현의 느낌을 이해하기 위해서는 go를 단순히 '가다'로 해석하며 파악해서는 안 된다. 여기에서는 come과 go를 비교해서 생각해 볼 필요가 있다.

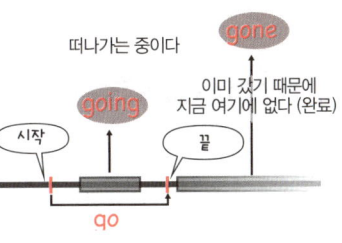

예문 Hey, come here.   이봐, 여기로 와.
　※ come은 '다가오다'를 나타낸다.

예문 Hey, I must go now.   이봐, 나는 이제 가야 해.
　※ go는 '떠나가다'를 나타낸다.

　그렇다면 I'm going to Itaewon.(나는 이태원으로 가고 있는 중이다.)은 말하는 이가 듣는 이를 떠나가고 있고, 이태원을 향하고 있는 중이라는 것을 말한다.

　그리고 He has gone to Itaewon.은 "그는 이태원으로 가 버렸다.", 즉 **떠나간 후이며, 현재는 더 이상 여기에 없다**'라는 것을 나타낸다. gone이 나타내는 '가 버린 후의 상태'는 '주어가 출발하여 떠나가서, 시야에서 사라진 상태가 된 것'을 말한다.

Must 15
현재완료 ③
ever의 진짜 의미를 파악하다

▶ ever = '이제까지'라는 해석 그대로 받아들이지 말자

현재완료가 경험을 나타낼 때 사용하는 표현이 ever인데, '지금까지' 또는 '이제까지'라고 그대로 해석하기 쉽다.

Have you ever been to Australia?(너는 이제까지 호주에 가 본 적이 있니?)라는 질문에 긍정문으로 답하여 "나는 이제까지 호주에 가 본 적이 있어."라고 긍정으로 대답하는 것은 부자연스럽지 않다. 적어도 틀린 문장이라고는 할 수 없을 것이다. 그러나 이 대답을 영어로 나타내면 다소 어색한 문장이 된다.

✗ I have ever been to Australia.

무엇 때문에 어색한 지를 알고 있는가?

●── ever의 진짜 의미

ever의 어원은 '**어느 때나, 언제든**'이다. '지금까지' 또는 '이제까지'라는 해석은 이 어원으로부터 문맥을 통해 파생된 것에 지나지 않는다.

예문 Have you ever been to Australia?
→ 1살 때나 5살 때, 3년 전이나 일주일 전 또는 어제 등 어느 때든 호주에 가 본 적이 있니?
→ 너는 이제까지 호주에 가 본 적이 있니?

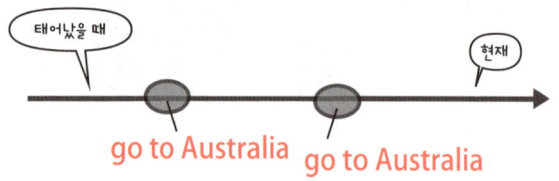

그렇다면 ✗ I have ever been to Australia.라는 문장이 왜 어색한지를 알아보자.

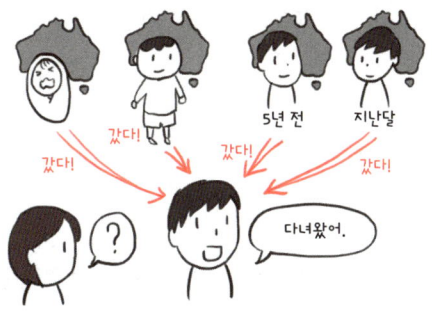

우선, 앞에서 언급한 「have been to + 장소」의 의미를 확인해 두자. '가 본 적이 있다' 혹은 '지금 막 다녀왔다' 라고도 해석되는데, 이 의미의 바탕이 되는 것은 '과거 그곳에 다녀와서 지금은 여기에 있다'는 것이다. 이를 앞의 문장에 적용해 보자.

→ 1살 때, 5살 때, 3년 전, 1주일 전, 어제 등 어느 때 다녀왔든, 호주에 갔다가 돌아와서 지금은 여기에 있다.

따라서, I have ever been to Australia.라는 문장은 모든 때의 어느 시점에서 봐도, 눈에 보이지 않을 정도의 엄청난 속도로, 호주에 갔다가 돌아왔다는 이상한 의미가 된다.

● ever는 긍정문에서 쓸 수 없을까?

학습자들 중에는 피상적인 문장의 형태만 보고 'ever는 현재완료의 긍정문으로 쓰면 안 된다'라고 생각하는 경우가 있는데, 실제로는 그렇지 않다.

예문 **He is the funniest guy that I have ever seen.**
그는 이제까지 내가 본 남자 중에서 가장 재미있는 남자이다.

위의 문장은 긍정문에서 ever를 사용하고 있으며 ever의 해석도 '이제까지', '지금까지'로 해석해도 문제가 없다. 왜 문제가 없을까? 이는 ever의 어원인, '어느 때나', '언제든'을 넣어 보면 알 수 있다.

→ 10살 때, 작년, 어제 등 어느 때의 한 시점이 되었건 그때 본 남자들에 비해 그가 가장 재미있다.

이는 바로 문장의 표면적인 형태에 따라 표현을 사용할 수 있는지가 결정되는 것이 아니라, **표현의 뿌리가 되는 어원이 그 문장에 맞는지가 중요하다는** 것이다.

참고로 다른 학습에서 설명할 예정이나 some이 존재에 대한 의문문이나 부정문에 사용되지 않는 것과, will이 때나 조건을 나타내는 부사절에서 사용될 수 없는 것도 같은 이유이다.

참고로 ever의 어원을 알면, ever에 '항상'이라는 뜻이 있다는 것도 쉽게 이해할 수 있다.

예문 We are living in an ever-changing society.
우리는 끊임없이 변화하는 사회 속에 살고 있다.

-ing는 '동작을 하고 있는 중'을 뜻하기 때문에 ever-changing은 '어느 시점에서 봐도 변화의 도중에 있는'이라는 의미이다. 따라서 '늘 변화하는', '끊임없이 변화하는'이라는 해석이 된다.

그리고 never는 'not+ever'이다. '어느 때나 not', '언제든 not'이기 때문에 '한 번도 없다, 결코 아니다'라는 의미가 된다.

예문 I have never seen such a guy.
→ 어느 시점을 떠올려 봐도, 그런 남자를 보았다는 경험은 have하고 있지 않다.
  한 번도 없다·결코 없다.
→ 나는 그런 남자를 결코 본 적이 없다.

예문 I have not seen such a guy.
→ 그런 남자를 봤다는 경험은 지금까지 have하지 않았다.
→ 나는 지금까지 그런 남자를 본 적이 없다.

위 문장의 해석에서 never는 단순히 'not의 강한 표현'으로밖에는 보이지 않는다. 읽기나 듣기에서는 상관이 없지만, 스스로 never를 사용할 때 '표현의 느낌'을 제대로 파악하지 못하면 큰 문제가 될 수 있다. **단순히 경험이 없음을 담담하게 나타내는** have not과, **어느 때든 기억에서 찾아봐도 그런 사실이 단 한 번도 없다는 것을 나타내는** have never의 차이를 의식적으로 구분하여 사용하는 것이 바람직하다.

● ── 의문문+ever

whatever, however, whenever, wherever, whoever와 같은 '의문사+ever'에서 ever는 '시간, 때'의 의미가 희미해지고, '**어느 하나를 선택해 봐도**'라는 '랜덤 검색'의 이미지가 강해진다.

예를 들어, '무엇이든지'라는 뜻의 whatever는 '어느 하나의 what이든'이며, '누구든지'라는 뜻의 whoever나 '어디든지'라는 뜻의 wherever 등도 마찬가지이다. 상황을 물으며 '어떤 식으로', '어떻게'라는 뜻을 나타내는 how에 ever가 붙은 however는 뒤에 형용사나 부사를 넣어 however hard you may try(네가 아무리 열심히 시도해봐도)와 같이 쓰인다. '어느 하나든 아무리 열심히 시도해 봐도'라는 느낌이다.

● —— 최상급+ever

현재완료와는 직접적인 관련이 없지만, 단순하면서 사용하기 쉽고, 게다가 매우 자주 사용되는 표현인「최상급+ever」를 소개해 보도록 하겠다.

예문 This musical is the best ever!   이 뮤지컬은 본 것 중에 가장 최고야!
예문 This year's sales were the highest ever.   올해 매출은 이제껏 가장 높았다.
예문 That was the nicest present ever.
　　그것은 이제껏 없던 최고의 선물이었어.

「최상급+ever」이든「최상급+명사+ever」이든 마찬가지이다. ever가 '어느 때든, 어느 시점을 떠올려 봐도'라는 뜻이기 때문에 **최상급과 함께 사용해야 '가장 최고'라는 의미가 되기 쉽다.**

전형적으로는「주어+동사+보어」의 2형식 문장에서 쓰이는데, 이때 시제는 현재형이나 과거형을 사용한다. 현재완료와 함께 사용할 필요는 없다.

Must 16
현재완료 ④
현재완료 진행형

▶ 그때부터 계속 지금도 -ing 상태를 have하고 있다

여기에서 잠시 복습을 해 보자.

현재완료는 광범위하게 보았을 때, 동작동사의 현재완료와 상태동사의 현재완료 2가지로 나눌 수 있다.

동작동사의 현재완료는 '동작한 후의 상태를 지금 have하고 있다'는 의미로 '**이미 ~했다**'라는 '완료'를 나타내며, 상태동사의 현재완료는 '**과거의 어느 시점부터 현재까지 변하지 않은 상태를 have하고 있다**'로 기간을 수반하는 '계속'을 나타낸다. 그리고 '~한 적이 있다'라는 '경험'은 '태어나서 현재까지의 시간 중에서, ~한 후의 상태를 한 번, 혹은 여러 번 have하고 있다'라는 것으로, 동작동사의 현재완료인 '완료' 용법의 연장선에 있다.

● —— 동작동사의 현재완료

동작동사 eat의 경우:

● 상태동사의 현재완료

상태 동사 live의 경우:

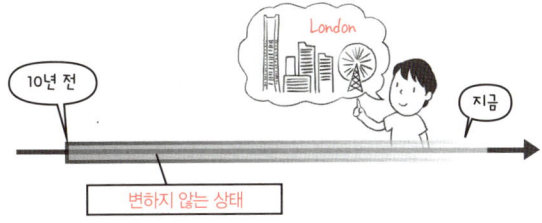

I have lived in London for ten years.
나는 런던에 산 지 10년이 되었다.

● '~한 적이 있다'라는 의미의 현재완료

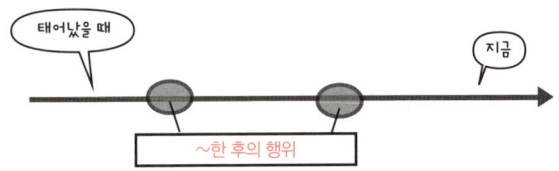

I have seen the movie twice.
나는 그 영화를 두 번 본 적이 있다.

■ 진행형 = 미완료형

앞에서 복습한 이유는 현재완료 진행형을 이해하기 위해 **진행형이 상태동사와 같은 기능을 한다**는 것에 주목할 필요가 있기 때문이다.

진행형은 '동작을 하고 있는 중'으로, 다른 말로 하면 **'아직 동작이 끝나지 않았다'** 라는 '미완료'의 성격을 가진다.

예문 My dad is reading the newspaper.
  아빠는 신문을 읽고 계신다.
  → 읽고 있는 도중으로 아직 다 읽지 않았다.

이는 '신문을 읽고 있는 중'의 상태가 현재 변함없이 지속되고 있다는 것을 나타내기도 한다. 이는 상태동사와 같은 감각을 가지고 있다는 것을 의미한다.

reading 부분만 꺼내서 생각해 보면 '읽기 시작→읽기 끝' 사이의 reading 상태가 계속되는 것이기 때문에 **reading 자체는 상태동사와 같은 성질을 가진다.**
　참고로 상태동사 live로 만든 문장인 I live in Seoul.이 "나는 서울에 살고 있다."와 같이 진행형으로 해석될 수 있는 이유는 상태동사와 진행형에 공통되는 '상태의 지속'이라는 성질이 있기 때문이다.

따라서 **진행형을 현재완료로 하면 '과거의 어느 시점부터 현재까지 계속 ~하고 있는 중인 상태를 have하고 있다'**라는 의미가 된다. 상태동사의 현재완료와 비슷한 느낌을 가지게 되는 것이다.

예문 My dad has been reading a newspaper for three hours.
　→ 3시간 전부터 현재까지 신문을 읽고 있는 중인 상태를 쭉 변함없이 have하고 있다.
　→ 아빠는 3시간 동안 계속 신문을 읽고 계신다.

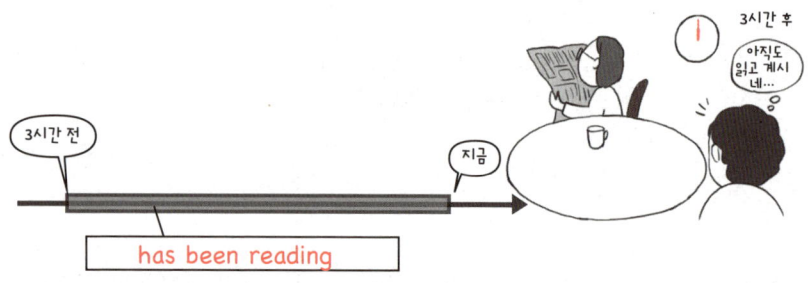

상태동사의 현재완료를 생각해 보자.
　I live in Seoul.과 같은 일반적인 현재형은 "나는 서울에 살고 있다."라는 '막연히 현재 계속되는 상황'을 나타낸다.
　이에 반해 I have lived in Seoul for ten years.와 같은 현재완료는, "나는 서울에 산지 10년이 된다."로, '10년 전부터 지금에 이르기까지' **시간을 잘라서 나타낸 것**이다.
　이와 마찬가지로 My dad is reading a newspaper.는 '막연히 현재 계속

되는 '무엇을 하고 있는 중인 상황'을 나타내고, My dad has been reading a newspaper for three hours.는 '3시간 전부터 현재까지'로 시간을 잘라서 나타내는 차이가 있다.

● have studied English for 10 years와 have been studying English for 10 years

> **I have studied English for 10 years.**
> 나는 (현재까지) 영어를 10년 동안 공부해 왔다.
>
> **I have been studying English for 10 years.**
> 나는 (현재까지) 영어를 10년째 공부하고 있다.

위의 문장 중 어느 쪽이 옳은지, 그리고 두 문장의 의미 차이는 무엇인지에 대해 질문을 받을 때가 있다. 학습자가 영어로 자기소개를 할 때 사용하기 쉬운 문장이기 때문이다.

"두 문장 중 어느 것을 사용해도 상관없다." 가 질문에 대한 답변이지만, 아래 좀 더 자세히 설명해 보도록 하겠다.

I study English.(나는 (평소에) 영어를 공부한다.)와 같이 study를 사용하는 경우, I eat breakfast every day.(나는 매일 아침을 먹는다.)와 같은 동작동사의 '반복'의 이미지는 없으며, **상태동사가 가지고 있는 계속의 이미지**가 있다.

따라서 I have studied ~는 '10년 전부터 현재까지 계속해 왔다'라는 '계속'의 이미지가 있다. 다만, 앞으로도 계속 공부를 할 것인지에 대한 정보는 이 문장에서 **나타나 있지 않다**.

한편 I have been studying ~이라고 하면 -ing는 '~하고 있는 중이고 아직 끝나지 않았다'라는 것을 나타내기 때문에 **'현재도 공부하고 있는 중이고 앞으로도 공부를 계속할 것이다'** 라는 의미를 명확하게 나타낸다.

Must 17
현재완료 ⑤
미래완료를 파헤치다

▶ 미래보다는 예상·상상이라고 생각하라

영문법의 시제에는 학습자를 혼란에 빠지게 하는 개념이 있는데, 그러한 것들에는 '과거의 미래를 표현하는 것'처럼 과거인지 앞날을 말하는 것인지 알 수 없는 것, '미래완료'처럼 끝난 것인지, 앞으로의 일을 말하는 것인지 알 수 없는 것들이 있다.

그러나 **영어도 사람이 하는 말이기 때문에 결코 터무니없는 규칙을 문법에 넣지는 않는다.**

이번 학습에서 설명할 '미래완료' 시제도 인간이 가진 아주 자연스러운 관념을 문법으로 만든 것이다.

■ will은 '미래'보다는 '의지'와 '예상'에 가깝다

'미래완료'에서, 우선은 '미래'부터 살펴보도록 하자.

will은 영어 교육에서 여러 가지 혼란을 일으키는 말이다. 'will은 미래형에 쓰인다' 또는 '시간상 미래 시점을 나타낼 때는 will을 사용한다'라는 가르침이 그 혼란의 원인이다.

조동사 will을 학습하는 부분에서 다시 자세히 설명할 예정이나, 정확히 말하면 will은 '미래를 나타내는 것도 가능하다'라고 할 수 있다. 즉, will의 근본적인 의미는 미래가 아닌, 다른 것에 있다.

will의 근본적인 의미는 '마음이 흔들려서 기울다'이다. 여기에서 크게 2가지 의미가 나온다.

① "그래, 하겠어!"로 마음이 기울다 → 의사 결정 → '~할 생각이다'라는 의미
② "이렇게 되겠지."로 마음이 기울다 → 예상 → '(아마) ~일 것이다'라는 의미

예를 들어, ①에서는 We will go out for lunch after finishing this.(우리는 이것을 끝낸 후에 점심을 먹으러 나갈 생각이다.)라는 '의지'를 나타내는 문장을 만들 수 있다.

②에서는 The meeting will start at nine.(회의는 9시에 시작될 것이다.)이라는 '예상'을 나타내는 문장이 완성된다.

의사 결정은 앞으로 어떤 일을 할지 결정하는 경우가 많고, 예상도 마찬가지로 미래에 어떤 일이 있을지를 예상하는 경우가 많다. 따라서 결과적으로 will은 미래를 나타낼 때 자주 사용된다.

하지만 한편으로는 다음과 같이 미래와는 아무런 상관이 없는 '의지', '예상'을 나타내는 표현도 있다. 여기에서 will이라는 말의 본질을 파악할 수 있다.

- 예문 **This door won't open.**   이 문은 열리지 않아.
  → will은 의인화된 문의 '의지'를 나타낸다.

- 예문 **You will be Mr. Johnson.**   당신은 존슨 씨겠지요.
  → "당신은 존슨 씨예요."라고 딱 잘라 말하면 실례가 될 수 있기 때문에 '~일 것이다'라는 '예상'을 나타내는 will을 넣어 부드럽게 말할 수 있다.

미래완료에서 사용되는 will은 ② '예상'의 용법이다.
다음 예로 든 문장은 "내일 이 시간쯤이면 나는 이미 내가 미국에 도착해 있을 거야."라는 의미로, 여기에서 미래완료는 미래의 어느 시점에서 '**이미 ~했을(완료) 것이다**'라는 것을 예상하기 위한 표현이다.

- 예문 **I will have arrived in the U.S. by this time tomorrow.**
  내일 이 시간쯤이면 나는 이미 미국에 도착해 있을 거야.

이와 같이, '미래완료'의 본질은 '그 무렵에 이미 ~했을 것이다'라는 의미로, '완료

되어 있을 것으로 예상하다'와 같이 '예상 완료'라고도 할 수 있다.

그렇다면 보통 will이 들어 있는 문장인 'will+동사원형'의 문장과는 어떻게 다른지 비교해 보자.

> **예문** I will arrive in the U.S. tomorrow at eight.
> 나는 내일 8시에 미국에 도착할 것이다.

이 문장에서는 arrive라는 동작동사의 원형을 사용하고 있다.

동작동사는 변화를 나타내기 때문에, 다음 그림에서처럼 (내일 8시에) 도착하지 않은 상태에서 도착하는 상태로의 '변화'를 일으킬 것이라고 예상하는 문장이 된다.

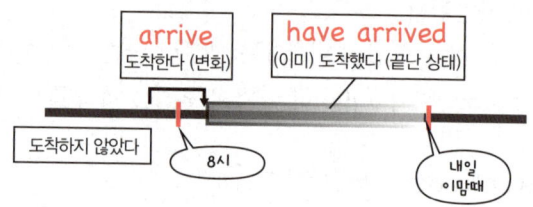

다음과 같은 대화를 상상해 보면, will arrive와 will have arrived의 차이를 잘 이해할 수 있을 것이다.

> A: 너는 내일 몇 시에 미국에 도착하니?
> B: 나는 내일 8시에 미국에 도착할 거야.
> → I will arrive in the U.S. tomorrow at eight.
> A: 뭐? 너 내일 이맘때쯤 도착하는 거 아니었어?
> B: 나는 내일 이맘때쯤이면 이미 도착해 있을 거야!
> → I will already have arrived by this time tomorrow!

'도착하지 않았다'에서 '도착하다'로 **변화가 일어날 것을 예상**하는 것이 will arrive, '그쯤 되면 이미 도착한 후의 상태를 have하고 있을 것이다'라고 **상태를**

예상하는 것이 will have arrived이다.

■ 마감을 나타내는 by

미래완료에는 '~까지' 또는 '~때쯤에는 이미'와 같은 의미를 가진 'by+시간'이 자주 사용된다.

이러한 by는 '마감을 나타내는 by'라고도 할 수 있다. 마찬가지로 '~까지'로 해석되는 until과 구별하기는 쉽지 않다.

until은 '그 시점까지 하나의 상태나 행동이 계속되다'라는 것을 의미한다.

예문 **I'll be with Kathy until seven.** 나는 7시까지 캐시와 함께 있을 거야.
→ 7시까지 '캐시와 있다'라는 상태가 계속되다.

'by+시간'은 '그 시점에는 이미 어떤 상태가 나타나다'를 의미한다.

예문 **Finish it by seven.** 7시까지는 그것을 끝내라.
→ 7시에는 이미 그것이 끝난 상태가 나타나다.

이와 같이 'by+시간'은 '그때쯤에는 이미'라는 의미로, '그때는 이미 끝난 후의 상태를 have하고 있을 것이다'라는 미래완료의 의미와 잘 어울린다.

Must 18
과거완료 : 이야기의 배경이 되는 시점은 언제인가
▶ 문법이라기보다는 숙어의 하나로 생각하라

■ 과거완료가 나타내는 '마음'을 생각해 보다

이 세상에 존재하는 **'객관적이고 물리적인 시간'**과 사람이 시간을 어떻게 이해하고 문법에 나타내는지는 전혀 다른 이야기이다.

이를 잘못 파악하여, "지금부터 몇 시간 후의 미래일 때, will을 사용하는 것이 적합한가요?", "몇 시간 전까지가 현재완료와 과거형의 경계선인가요?"와 같이 질문하는 학생도 있다.

이는 영문법 시제를 물리적·객관적 시간에 따라 사용하는 규칙으로 배워, 시제에 숨어 있는 사람의 마음, 즉 사람이 시간을 파악하는 방법에 대해 생각해 보지 않았기 때문이다.

과거완료 학습에서 자주 나오는 설명인 **'과거완료는 과거보다 더 앞선 과거'**라는 설명도 안 좋은 의미에서 시제를 단지 물리적이고, 규칙적인 것으로 파악한 것이다.

다음 문장을 살펴보자.

예문 **He entered the room and turned on the TV.**
그는 방에 들어가서 TV를 켰다.

turned라는 과거형이 문장에서 나타내는 대로, TV를 켠 것은 과거의 일이다. 그리고 물리적으로 생각하면, 방에 들어간 것은 TV를 켠 것보다 앞선 과거의 시점에서 행해진 행위이다.

그렇다면 turned보다 이전 시점에서 발생한 entered라는 동작은 과거완료인 had entered로 나타내야 할까?

물론 그럴 필요는 없다. 해당 예문은 매우 자연스러운 문장이다. 왜 과거완료를 사용하지 않아도 되는가? 그 이유는 이 문장이 '**과거완료가 나타내는 마음**'을 표**현하려는 것이 아니기 때문**이다. 그렇다면 '과거완료가 나타내는 마음'이란 도대체 무엇일까?

●── 과거의 시점에서 이미 그 상태를 have하고 있다

과거완료가 나타내려는 마음은 '**과거의 시점에서 이미 ~한 상태를 안고 있었다**'이다.

'과거완료가 나타내는 마음'은 "내가 TV를 켰을 때, 그는 이미 내 방에 잠입해 있었다."와 같은 문장에서 나타난다. 영어로 바꾸면 다음과 같다.

> **예문** He had sneaked into my room when I turned on the TV.

과거완료를 사용하기 어려운 경우, 다음과 같이 생각하면 도움이 된다. **과거완료는 주로 '~했을 때, 이미 ~한 상태였다'라는 의미의 문장에서 사용된다.** 문법이라기보다는 일종의 숙어라 생각하면 된다. 그러면 같은 상황에서도 표현하는 방식에 따라 과거형 또는 과거완료 문장을 사용할 수 있다.

막차가 떠난 후에, 그들은 역에 도착했다.
↓ 과거형 문장으로, '그때는 이미 ~한 상태였다'라는 느낌이 없다.
They arrived at the station after the last train left.

그들이 역에 도착했을 때, 막차는 이미 떠났다.
↓ 과거완료를 사용한 문장
The last train had left when they arrived at the station.

● ── 함께 사용하는 표현: 배경이 되는 과거의 한 시점

과거완료에서 주의해야 할 것은 과거완료뿐만이 아니다. 과거완료와 결합이 되어 어떤 표현이 따라오는지를 주의해야 한다. 이는 이야기의 배경이 되는 시점을 나타내는 **과거 시간의 한 시점을 말한다.** '그때는 이미 ~한 상태였다'의 '그때'를 나타내는 부분이다. 아래 제시되는 과거완료 문장과 일반적인 과거형 문장이 나타내는 의미를 비교해서 읽어 보자.

예문 **He had arrived 10 minutes ago.**
(지금으로부터) 10분 전에, 그는 이미 도착해 있었다.
→ 10분 전의 시점에서, 이미 '도착한 후의 상태'를 had하고 있었다.

예문 **He arrived 10 minutes ago.**
그는 10분 전에 도착했다.
→ 10분 전에 '도착하지 않았다'에서 '도착했다'로 변화가 일어났다.

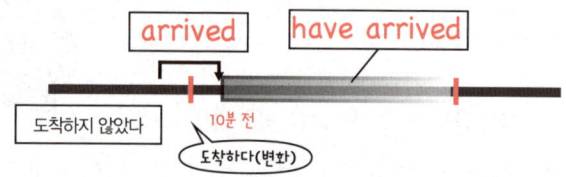

예문 **I had already finished it when I saw you.**
너를 만났을 때 나는 이미 그것을 끝낸 상태였다.
→ 너를 만난 시점에서, 이미 '끝난 후의 상태'를 had하고 있었다.

예문 **I finished it when I saw you.** 나는 너를 만났을 때 그것을 끝냈다.
→ 너를 만났을 때, '끝내지 않았다'에서 '끝냈다'로 변화가 일어났다.

위 예문을 통해 과거완료가 가진 '(과거의) 그 시점에는 이미 끝난 후였다'라는 느낌을 잘 파악할 수 있을 것이다.

● ── 주로 시제 일치로 나타나는 '대과거'

'과거완료가 과거보다 더 앞선 과거'를 나타내는 경우도 있다. 이는 시제가 일치

하는 경우이다.

예문 He told me that his car had broken down.
그는 자신의 차가 고장 났다고 내게 말했다.

여기서는 과거형의 시점, 즉 he told me의 시점이 '이야기의 배경이 되는 시점'이고 이 시점에서 이미 일어난 후의 상태가 his car had broken down이다. 이 문장을 다음과 같이 과거형만으로도 나타낼 수 있다.

예문 "My car broke down," he said to me.
"내 차는 고장 났어."라고 그가 나에게 말했다.

대과거는 후치 수식에도 많이 쓰인다.

예문 I lost my camera that I had bought the day before.
나는 전날에 산 카메라를 잃어버렸다.

여기서는 과거형의 시점, 즉 lost의 시점이 이야기의 배경이 되는 시점이고, 이 시점에서 이미 일어난 일, 즉 이 시점의 전날에 일어난 '(카메라를) 산' 행위가 had bought로 나타난다.

●●── 부정어와 함께 쓰여 '~하자마자'를 의미하는 패턴

다음 예문에 사용되는 barely라는 부정어는 '간신히', '가까스로'라는 의미를 나타낸다. '아슬아슬한 상태로 완전히 ~했다고는 할 수 없다'라는 의미로, 일종의 부정어이다.

예문 I had barely sat on the sofa when I fell asleep.
↓ 내가 잠에 빠지기 전의 시점에서, 나는 간신히 이제 막 소파에 앉은 상태를 had하고 있었다.
→ 나는 소파에 앉자마자 잠이 들었다.

예문 He had barely left home when he was involved in an accident.
↓ 그가 사고에 연루되었을 때, 그는 간신히 이제 막 집을 나섰을 때의 상태를 had하고 있었다.
→ 그는 집을 떠나자마자 사고에 연루되었다.

Must 19
진행형 ①
진행형에 관한 흔한 오해

▶ '진행형 = ~하고 있다'로 이해하면 안 된다

    현재완료 등과 비교했을 때 현재 진행형에 대해서는 영어 학습자가 크게 어려움을 느끼지 않는다. 많은 학습자들이 진행형을 이해하기 쉽다고 느끼는 것 같다.
    그러나 실제로는 학습자가 영어로 진행형을 사용할 때, 실수하는 경우가 상당히 많다.
    이번 학습에서는 많은 학습자가 영어의 진행형에 대해 가지고 있던 잘못된 생각을 바로잡고, 진행형이 나타내는 진짜 '마음'을 알아보도록 하자.

■ 한국어의 '~하고 있다'와 영어 진행형의 차이

    영어 학습자가 영어의 **진행형을 잘못 학습하는 근본적인 원인은 '진행형=~하고 있다'라고 배우는 데 있다.** 또는 교사가 그렇게 가르치지 않으려 해도 학생 스스로가 이해하기 편하기 때문에 '진행형=~하고 있다'로 외우는 경우도 자주 있다.

> **She is playing tennis now.**
> 그녀는 지금 테니스를 치고 있다.

    예문에서처럼 진행형을 '~하고 있다'로 해석했을 때 알맞게 들어맞는 경우가 많이 있다.
    그러나 **'~하고 있다'라는 표현이 진행형의 한국어 해석에 들어맞는 경우가 있다는 정도이지, 그 자체가 영어 진행형의 '의미'는 아니다.**

    '진행형=~하고 있다'라고 기계적으로 암기하는 영어 학습자들은 다음과 같은 잘못된 영어 문장을 만들 수 있다.

❌ **The baby is awaking.**   그 아기는 깨어 있다.
△ **I'm living in Canada.**   나는 캐나다에 살고 있다.

실제로는 다음 문장이 자연스럽다.

⭕ **The baby is awake.**   그 아기는 깨어 있다.
⭕ **I live in Canada.**   나는 캐나다에 살고 있다.

※ I'm living in Canada.라는 표현은 문법적으로 틀린 말은 아니지만, '현재 일시적으로 캐나다에 살고 있다. 잠시 후면 캐나다를 떠난다.'라는 의미이다.

위 예문의 is awake는 'be동사+형용사'의 형태이며, '깨어 있다'로 해석하는 것이 적절하고 '깨다'로 해석하는 것은 부적절하다. 현재형인 live의 경우 '(캐나다에) 산다'로 해석할 수 있지만 '(캐나다에) 살고 있다'로 해석하는 것이 자연스럽다.

'~하고 있다'라는 표현은 도대체 무엇을 의미하는 것일까?

●━━ '~하고 있다'는 변함없이 이어지는 것

한국어 '~하고 있다'의 근본적인 뜻은 '**어떤 상태가 변함없이 계속되다**'이다.

'지금 테니스를 치고 있다'라는 것은 '테니스를 치고 있는 중인 상태가 지금 계속되고 있다'라는 것을 의미하며, '그 아기는 깨어 있다'라는 것은 '자고 있던 아기가 잠에서 깨는 변화를 일으킨 뒤, 그 상태가 지금도 계속되고 있다'라는 것을 의미한다.

전자는 '동작이 일어나는 도중인 상태가 지속됨'이고, 후자는 '동작이나 변화가 끝난 상태가 지속됨'을 나타낸다.

그리고 '캐나다에 살고 있다'라는 것은 '살고 있는 상태가 지금 쭉 계속되고 있다'라는 것을 의미한다.

live는 상태동사이다. 이 상태동사는 '동작의 시작, 도중, 끝'이라는 상(aspect)이 존재하지 않고, 같은 상태가 막연하게 계속됨을 나타내는 동사이다.

● ─── 영어의 진행형: 동작을 하고 있는 중

한국어의 '~하고 있다'는 의미는 어떤 상태가 변함없이 계속됨을 나타내는 것이다. 그렇다면 영어의 진행형은 무엇을 나타내는가?

이미 학습한 현재완료 부분에서 설명한 바와 같이 '동작을 하고 있는 중'을 나타낸다.

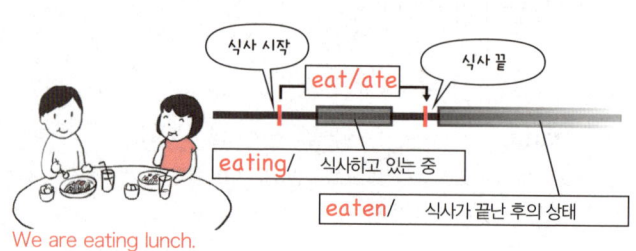

위의 그림에서 eat/ate라는 동작동사의 '동사원형, 현재형, 과거형'은 '먹기 시작부터 끝까지의 과정 전체'를 의미한다. 이 과정 전체 중 '먹고 있는 중, 아직 다 먹지 않은' 부분만 떼어 내서 표현하는 것이 진행형이다.

즉, 한국어 '~하고 있다'의 의미 중, 영어의 현재 진행형을 의미하는 것은 '**동작하는 중인 상태가 계속되고 있다**'라는 의미에서의 '~하고 있다'뿐이다.

■ '~하고 있다'의 굴레에서 벗어나 진행형을 이해하다

진행형이 '동작을 하고 있는 중·동작의 미완료 상태'를 나타내는 것을 알게 되면, '~하고 있다' 외의 진행형이 나타내는 의미도 이해하기 쉬워진다.

예문 It seems the kids are understanding my English.
아이들이 저의 영어를 이해하고 있는 것 같아요.
→ '이해하기 시작'과 '이해 완료' 사이에 있는 것으로, '이해하고 있는 중'을 나타낸다.

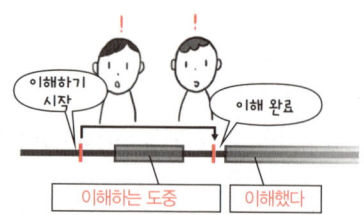

예문 He is becoming popular in Japan.
그는 일본에서 인기를 얻고 있다.
→ become popular는 '인기를 끌다', '인기 있어지다'라는 뜻이다. 여기에서는 '인기를 얻고 있는 중'이다.

die(죽다)라는 동사는 '살아 있는 상태(alive)에서 죽은 상태(dead)로 변화하는 것'을 의미한다. 이를 바탕으로 보았을 때, 다음 문장은 무슨 뜻일까?

예문 Oh, no. I'm dying.

예를 들어, 총에 맞은 사람이 쓰러지면서 "아, 이젠 안 되겠어. 이제 죽겠다."라는 의미로 사용하기도 하고, 굉장히 힘들어 하는 사람이 비유적으로 "아, 죽겠네!"라고 말하고 싶을 때에도 사용할 수 있다. '삶에서 죽음으로 가는 변화의 도중'을 나타내는 것이기 때문에, I'm dying.을 직역하면 "나는 죽고 있는 중이다."라고 할 수 있다.

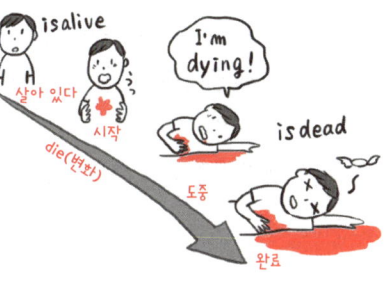

다음에 소개하는 내용도 영어 학습자가 진행형을 사용할 때 자주 실수하게 되는 부분이다.

✕ A little child drowned in the river. 어린아이가 강에 빠졌다.

위의 문장이 이상한 이유를 알 수 있는가?
drown을 '물에 빠지다'라는 뜻으로 착각하는 학습자들이 많은데, 사실은 '물에 빠져 죽다', '익사하다'라는 뜻의 동작 동사이다. 즉, '물에 빠지기 시작하다 → 물에 빠지다(빠져 있다) → 익사하다'라는 동작의 단계를 가진 동사이기 때문에 '물에 빠지다'라고 말하고 싶다면 '물에 빠져 익사하고 있는 도중'을 나타내는 drowning을 사용해야 한다.

◯ A little child was drowning in the river. 어린아이가 강에 빠졌다.

Must 20
진행형 ②
상태동사가 진행형이 될 수 없는 이유

▶ 동작동사와 상태동사의 차이를 이해하다

현재 진행형을 학교에서 배우면 여러 가지 예외 용법을 배우게 된다. 대표적인 것 중 하나가 '**상태동사로는 진행형을 사용할 수 없다**'라는 것이다.

이번 학습에서는 왜 그러한 현상이 일어나는지를 살펴보자.

현재 진행형은 동작동사에서 발생하는 용법이다.

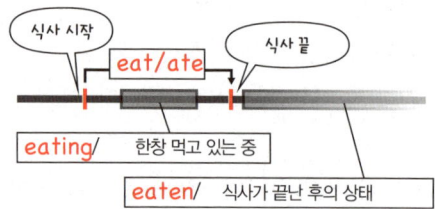

동작동사는 동작의 '시작, 도중, 끝'이라는 3가지 단계로 동작함으로써 '**변화**'가 **일어나는 동사**이다.

예를 들어, She ate dinner.의 경우, eat는 동작동사로, '먹다'에 의해 '배고픈 상태'에서 '배부른 상태'로 변화가 일어난다.

그리고 이러한 '배부른 상태로 변화하는 도중'의 단계가 아래 예문과 같은 진행형이다.

예문 **She was eating dinner.** 그녀는 저녁을 먹고 있는 중이었다.
　　　　↑다 먹기 전으로, 먹고 있는 도중의 단계

중요한 사항이므로 다시 한 번 설명하면, **진행형은 '변화하고 있는'** 중간의 상태를 나타낸다.

한편, **상태동사**는 언제 시작되어서 언제 끝나는지를 의식하지 않고, '그저 막연히 그 상태가 **변하지 않고 계속되고 있다**'는 것을 나타내는 동사이다.

예를 들어, "너는 어느 동아리니?", "나는 농구부야."라는 대화에서 언제 농구부에 들어가서 언제 그만둘 예정이라는 생각을 하면서 "나는 농구부야."라고 말하지는 않을 것이다.

그래서 막연하게 농구부에 소속되어 있는 상태가 변함없이 쭉 계속된다는 의미로 "나는 농구부야."라고 말하는 것이 일반적이다.

예문 I belong to the basketball club. 나는 농구부에 속해 있다.

변함없이 계속되는 농구부 소속이라는 상태

이렇게 상태동사는 '**변화가 없는 상태가 계속되다**'는 것을 나타내기 때문에 '변화의 시작, 도중, 끝'이라는 단계도 존재하지 않는다.

따라서 변화의 도중에 있는 것을 나타내는 '**진행형'도 존재하지 않는다.**

belong 외에 진행형으로 할 수 없는 상태동사로 유명한 것은 know이다.

이는 '알다'라는 동작의 변화가 아니라 '**알고 있다'라는 상태**를 나타내는 동사이다.

예를 들어 I know him.은 "나는 그를 알고 있다."로 해석한다. 어제도 오늘도 내일도 아는 사람이라는 상태가 변함없이 계속된다는 것을 나타낸다. 따라서 '변화하는 도중'을 나타내는 I'm knowing him.이라고는 할 수 없다.

■ 진행형으로 할 수 있는 상태 동사

앞에서 배운 내용과 달리, 사용법에 따라서 진행형으로 할 수 있는 상태 동사도 있다. 다만, 이유를 알 수 없는 예외 규정과 같은 것이 아니다. 이러한 상태 동사는

진행형이 가능한 이유가 분명히 있다.

예를 들어, "나는 엄마를 많이 닮았어."라는 문장에서 '닮다'를 의미하는 동사 resemble이 있다.

예문 **I resemble my mother very much.**

이 resemble은 '비슷한 상태가 여전히 이어지고 있다'라는 것을 나타내는 상태 동사이다. '닮다'라는 변화를 나타내는 동작 동사가 아니다.

그래서 보통은 진행형이 되지 않는다.

그러나 다음과 같이 day by day(나날이)처럼 '시간과 함께 변화가 일어나고 있다'를 뜻하는 말과 함께 사용하면, 진행형으로 나타낼 수 있다.

예문 **My daughter is resembling me more day by day.**
우리 딸은 나날이 나를 더욱 닮아 가고 있어.

이는 '나날이 비슷해지는 정도가 점점 더 커지는 그 변화의 중간에 있다'라는 것을 나타내기 때문에 진행형으로 할 수 있는 것이다.

이번에는 아래 예문에서 think(생각하다)라는 상태 동사를 살펴보자.

예문 **I think he is a nice person.** 나는 그가 좋은 사람이라고 생각해.

'그는 좋은 사람이다'라는 생각을 어제, 오늘, 내일 변함없이 가지고 있는 것으로 think가 상태 동사라는 것을 알 수 있다.

예를 들면, 이 문장을 "나는 그를 좋은 사람이라고 생각하고 있어."라고 한국어로 나타낸다고 해도 '생각하다'는 상태는 쭉 변함이 없는 것으로, 변화의 도중이 아니기 때문에, 영어 진행형 문장인 ✗ I am thinking he is a nice person.으로 나타낼 수 없다.

하지만 '생각을 정리하다'라는 의미로 think를 사용하는 경우에는 이야기가 달라진다.

예문 **I am thinking about it now.**
나는 지금 그것에 대해 생각하고 있는 중이야.

위에 제시된 think의 경우, '생각하기 시작 → 생각하는 중 → 생각이 정리되다' 라는 변화의 단계를 가지고 '생각하는 중 = 생각이 정리되는 변화의 도중'이라는 의미가 되어 진행형이 자연스러워진다.

동사 have도 원래 소유의 상태가 변함없이 지속되는 상태 동사인데, **'먹다'라는 의미로 쓰이는 경우**에는 eat가 eating이 되는 것과 마찬가지로 **진행형으로 가능하다.**

〇 **I have a car.**   나는 차를 가지고 있다.
↑ 변하지 않는 소유의 상태

✕ **I'm having a car.**

〇 **I'm having dinner.**   나는 저녁을 먹고 있는 중이다.
↑ 음식이 없어지고 있는 변화의 도중

Must 21
진행형 ③
지각동사가 진행형이 될 수 없는 이유

▶ 지각동사의 성질을 알면 수수께끼가 풀린다

■ 지각동사란 '인식하고 알아차리는' 것

지각동사란, 간단히 말해 '**들어온 정보를 오감을 통해 알아차리다**'라는 뜻을 가진 동사이다.

●── see, look at, watch

예를 들어, see는 '**시야에 들어온 정보를 인식하다**'라는 의미이다.

예문 **I saw a cat in the yard.**
난 마당에서 고양이 한 마리를 봤어.
→ 의도해서 본 것이 아니라, 우연히 시야에 들어온 고양이를 알아차렸다.

이와 같이 see는 지각동사의 조건을 완전하게 충족한다.

참고로 look at은 '**무언가를 보기 위해** 특정 방향으로 시선을 돌리다'라는 의미이다.

예문 **Hey, look at that! Did you see it?**
이봐, 저것 좀 봐! 봤어?
→ "저것을 향해 눈을 돌려! 제대로 시야에 들어왔어?"라는 의미이다.

watch는 '**과정을 지켜보다**'를 의미한다. '무언가 움직이고 있어서, 이후에 어떻게 될지'를 생각하면서 지켜보고 있음

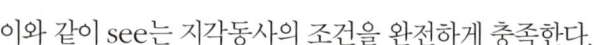

을 나타낸다.

○ **I watched TV.** 난 TV를 봤어.
→ TV 프로그램의 내용이 '앞으로 어떻게 될 것인가'를 생각하면서 영상을 지켜보다.

✗ **I watched a picture.** 난 사진을 봤어.
→ 사진은 움직이지 않기 때문에, 움직임을 쫓아 지켜볼 수 없다.

이렇게 look at과 watch는 see와 비교했을 때, '지각동사'라고 말할 수 없다. 지각동사란 **들어온 정보를 알아차리다**'라는 의미이기 때문이다.(그럼에도 불구하고 look at과 watch는 지각 구문에는 사용된다. 이에 관한 설명은 이번 학습에서 생략한다.)

hear, listen to

see는 시각을 이용한 지각동사이고, 청각을 이용한 지각동사는 hear에 해당한다.

🔸 **I heard some strange noises.**
난 이상한 소리를 들어.
→ 들으려고 의도한 것이 아닌, 귀에 들려오는 소리를 들었다.

listen to는 '자신의 주위에 들려오는 소리들을 무시하고, **특정 소리만을 듣기 위해 귀를 기울이다**'라는 것을 의미한다.

🔸 **Hey, are you listening to me?** 이봐, 내 말 듣고 있어?
→ 내 이야기에 집중해서 귀를 기울이고 있는지 묻고 있다.

🔸 **A: Do you hear me?** 내 목소리 들려?
B: No, I can't hear you. We've got a bad connection.
아니, 안 들려. 연결이 안 좋은가 봐.
→ 목소리가 귀에 들리는지, 다시말해 목소리를 지각하고 있는지 묻고 있다.

■ 지각동사는 왜 진행형이 불가능한가?

앞서 설명한대로 see는 시각의 지각동사이고, hear는 청각의 지각동사이다.
그리고 학교에서 배우는 중요한 영문법 규칙 중에 '지각동사는 진행형으로 나타낼 수 없다'라는 것이 있다. 이러한 문법을 단지 규칙으로 알고 왜 그러한 규칙이 성립되는지 이유를 알지 못하면, 영어를 제대로 말하거나 쓸 수 없게 된다.
그렇다면 왜 지각동사는 진행형으로 나타낼 수 없는지 생각해 보자.
힌트는 '인식하다, 알아차리다'라는 의미에 있다.

예를 들어, "파티에서 그녀를 보았어."라고 말할 때, '보았다'라는 것은 '시각을 통해 파티에 그녀가 있다는 것을 알아차렸다'라는 것을 의미한다.
'알아차리다'라는 동작은 '알아채지 못했다'에서 '알아챘다'로 변화를 일으키는 것으로 보아 분명 동작 동사인데, 여기에서 문제가 되는 점은 '알아차리다'라는 동작이 한 순간에 이루어진다는 것이다.

진행형은 '시작에서 끝'으로 변화하는 도중의 상태를 나타낸다. '먹다'라는 동작의 경우, '먹기 시작해서 다 먹은 완료 상태'로 변화하는 도중의 상태, 즉, '먹고 있는 중'의 진행형이 성립된다.
그러나 지각동사 see가 의미하는 '보다'라는 동작에서, 동작이 변화하는 도중이 성립될까?

'아, 그녀다.'라고 알아차리는 것은 한순간이다.
알아차리고 있는 도중은 다소 부자연스럽다.
좀 더 자세히 설명하면, '먹다'의 경우 '먹고 있는 중'은 '아직 다 먹지 않았다(미완료)'라는 것을 의미한다. 이를 아래 문장에 적용해서 see를 진행형으로 만들어 보자.

✗ I was seeing her at the party.

이 문장은 "파티에서 그녀가 있는 것을 알아차릴 뻔했지만, 완전하게는 알아채지 못했고 알아채는 도중이었다."로 이상한 의미가 된다.

● ── smell, taste: 알아차리다 vs 의식적으로 관찰하다

smell과 taste는 2가지 사용법이 있다.
먼저, '코/혀를 통해 들어온 정보를 알아차리다'라는 지각동사로서의 사용법이다.

- **예문** This smells bad.   이거 안 좋은 냄새가 나.
- **예문** This coffee tastes good.   이 커피는 맛이 좋아.
  → 지각하는 대상인 냄새나 맛을 내는 것이 문장의 주어가 된다.

이는 '코에 들어온 냄새를 알아차리다', '혀에 들어온 맛을 알아차리다'라는 순간적으로 완결되는 동작이다. 따라서 지각동사이고, 진행형으로 만들 수 없다.

또한, smell과 taste는 '어떤 냄새이고, 어떤 맛인지를 의식적으로 관찰하다'라는 동작에도 사용할 수 있다.

- **예문** Let me smell the soup.
  그 수프 냄새를 내가 맡게 해 줘.
- **예문** Let me taste the soup before you add salt.
  네가 소금을 넣기 전에 내가 수프 맛 좀 보게 해 줘.

이러한 경우, '(의식적으로 관찰하기 위해) 냄새 맡기 시작' → '냄새 맡는 중' → '냄새 맡기 끝' 또는 '(의식적으로 관찰하기 위해) 맛보기 시작' → '맛보는 중' → '맛보기 끝'이라는 동작의 단계를 지니기 때문에 진행형으로 만들 수 있다.

- **예문** I'm smelling the soup now.   나는 지금 수프 냄새를 맡고 있는 중이야.
- **예문** I'm tasting the soup now.   나는 지금 수프를 맛보고 있는 중이야.
  → 사람이 의식적으로 하는 동작이므로, 문장의 주어는 사람이 된다.

'단순히 이러한 규칙이기 때문에'로 끝나는 것이 아니라, '왜 그렇게 되는지'를 이해해야 한다. 그렇게 함으로써 자신감을 가지고 의식적으로 정확한 문법을 사용할 수 있게 된다.

Must 22
진행형 ④
일시적인 상태

▶ 시작과 끝이 없으면 '도중'은 존재하지 않는다

예문 Why are you being so nice to me today?
오늘은 왜 저에게 그렇게 친절하신가요?

위의 예문은 You are nice.(당신은 친절하시네요.)와는 달리 '평소에 그렇지 않지만 오늘만 친절한 사람'이라는 뜻이다.

You are being nice.라는 형태는 진행형이고, You are nice.의 are이 현재분사의 being으로 바뀌었다. 진행형이기 때문에 그 앞에 are이라는 be동사를 붙인 것이다.

이렇게 **'be동사 + 형용사'를 진행형으로 바꾸면, '평소에 그렇지 않지만 일시적으로 지금만 그러한 상태이다'**라는 뜻이 된다.

왜 진행형에 이러한 뜻이 있는 것일까?

■ '도중'이 있기 때문에 '시작과 끝'이 있다

아래 그림을 보자.

이 점을 보고 '도중'이라고 직감적으로 생각할 수 있는 사람은 별로 없을 것이다. 하지만 다음 그림의 경우 어떤가?

이 그림의 점은 명확하게 '도중'을 나타낸다.

중간, 도중이라는 것은 어느 사이에 있는 것으로, 반드시 시작과 끝을 동반한다.

진행형은 '동작을 하고 있는 중'을 나타내기 때문에, **반드시 '동작의 시작과 끝'을 세트로 수반하게 된다.**

상태 동사를 기억해 보자.

James is nice.(제임스는 좋은 사람이다.)의 is도 상태 동사이다. 제임스가 좋은 사람이라는 것은 **쭉 변함없이 계속되는** 상태이다. 언제 좋은 사람이 되기 시작하고, 언제 좋은 사람이 되는 것을 그만둘지는 나타나지 않는다.

그런데 이 문장을 '억지로' 진행형으로 바꿔 James is being nice.라고 하면 아래와 같이 표현할 수 있다.

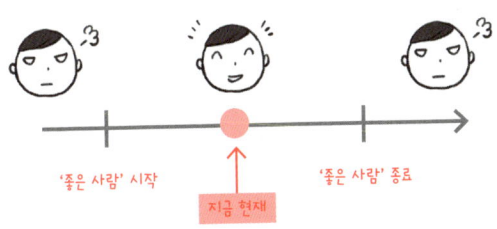

즉, '평소에 좋은 사람은 아니지만, 지금 일시적으로 좋은 사람인 상태이다'라는 표현이 된다. 이러한 표현은 '상냥하고 좋은 사람인 척을 하다', '지금만 상대방에게 맞춰서 상냥하게 굴다'와 같은 의미를 담은 문맥에서 사용된다.

🔴 예문 **How come he can be so rude to me. I was not being nice for this!**
그가 어떻게 나한테 그렇게 무례할 수가 있지? 나는 이러려고 상냥하게 군 게 아니었어!
↑두 번째 문장의 직역: 나는 이런 대접을 받으려고 (상대방에 맞춰) 상냥하게 대한 게 아니었어!

🔴 예문 **I was just being nice.** 나는 단지 상냥하게 대했을 뿐이야.
↑일시적으로 좋은 사람인 척 체면을 차렸다.

이외에도 이 구문은 사람의 성향을 나타내는 형용사와 함께 많이 쓰인다.

🔴 예문 **Stop telling stupid jokes. You are being foolish.**
어리석은 농담 그만해라. (지금) 바보 같아.
↑평소에 바보 같은 사람은 아니지만, 지금은 일시적으로 바보 같은 사람이 되어 있다.

■ 상태 동사의 진행형

'be동사+being+형용사' 외에도 일시적인 상태를 나타내는 진행형이 있다. 상태 동사가 진행형이 되었을 때 주로 발생한다.

예문 I'm living in London.   나는 일시적으로 런던에 살고 있다.

I live in London.와 비교했을 때, 어떤 사정이 있어 일시적으로 런던에 살고 있는 것으로, 언젠가 런던을 떠난다는 의미가 들어 있다. I live in London.의 경우, live는 상태 동사이기 때문에 '언제 살기 시작하고 언제까지 살 것인지'를 생각하지 않으며 '내가 계속 살고 있는 곳은 런던'이라는 것을 의미한다. 그러나 이것을 진행형으로 바꾸면 시작과 끝이 강제적으로 생기게 된다. 그래서 일시적으로 살고 있다는 의미를 가지게 된다.

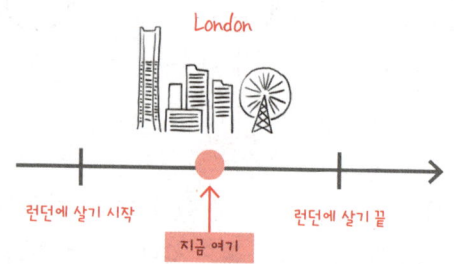

영어 학습자들이 자주 잘못 쓰는 동사 중 하나는 stand이다.
stand는 일반적으로 '서 있는 상태가 지속되다'를 나타내는 상태 동사로 사용된다. '일어서다'라는 동작 동사는 stand up이다. 한국어 '~하고 있다'는 진행형이나 상태 동사 모두를 나타낼 때 쓰는 말로, "언덕 위에 그 집이 서 있다."라는 문장의 경우, 상당수의 학습자가 ✗ The house is standing on a hill.로 직역하여 바꾸기도 한다. 올바른 문장은 ◯ The house stands on a hill.이다.
stand를 진행형으로 사용하면 '일시적으로 어떤 장소에 서 있다'라는 뜻이 된다.

예문 The man was standing in front of your car.
　　그 남자는 네 차 앞에 서 있었어.

'그 남자'가 차 앞에 멈춰 서는 것이 stand의 시작이다. 그 뒤에 도중을 나타내는

'차 앞에 서 있는 중'이 앞에 나온 예문의 의미이다. 그 후에 차 앞을 떠나면서 'stand 종료'가 된다.

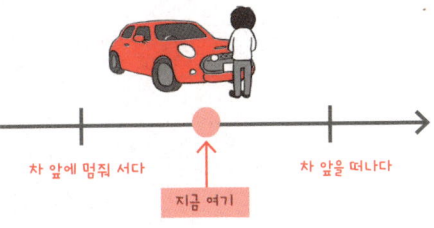

● 의견을 약하게 전달하기 위한 진행형

상태 동사가 진행형이 되는 다른 예시를 보자. 하지만 여기부터는 의견을 약하게 전달하기 위해 진행형이 응용된다고 할 수 있다.

우선 동사 think를 보자. **의견을 나타내는 think**도 원래는 어제, 오늘, 내일 변함없이 have an idea하고 있는 것이기 때문에 상태 동사이다.

예문 **I think he is a kind man.**　난 그가 친절한 남자라고 생각해.

그러나 진행형으로 바꾸면 일시적으로 생각한다는 의미가 되어, 계속 그렇게 생각하는 것은 아니라는 된다. 즉, '그렇게 강하게 생각하는 것은 아니다', '**가볍게 생각할 뿐이다**'라는 뉘앙스이다.

예문 **I'm thinking of buying that book.**
　　난 그 책을 사 볼까 해.
　　→ 약간 그렇게 생각하고 있을 뿐이라는 뉘앙스이다.

'자신의 의견을 약하게 표현하기' 위한 진행형은 '생각, 바람'을 나타내는 hope에도 적용된다. I hope ~의 경우, 비교적 분명히 ~이길 바란다는 느낌이 있다.

예문 **I hope the plan will be successful.**　그 계획이 성공하길 바랍니다.

이를 I'm hoping ~으로 하면, '**~라면 좋겠다고 생각하다**'의 '가벼운' 느낌이 된다.

예문 **I'm hoping the plan will be successful.**
　　그 계획이 성공하면 좋겠다고 생각합니다.

이는 진행형이 가진 '일시적인' 상태라는 의미가 의견에 있어서 '계속 그렇지는 않다=약하다, 변할 수 있다'라는 의미로 응용된 것이다.

Must 23
다양한 '미래' 표현

▶ 미래 표현을 능숙하게 사용하기 위해 미래를 바라보는 '마음'을 이해하라

■ 미래를 바라보는 '마음'으로 만들어지는 미래 표현

인간이 시간을 말로 표현하기 위한 문법인 '시제'는 물리적인 시간의 법칙에 의해서 만들어진 것이 아니라고 앞에서 설명했다.

미래 표현도 그중 하나인데, **영어를 사용하는 사람이 미래를 어떻게 보느냐에 따라 표현이 달라진다.**

이번 학습에서는 '현재형', '현재 진행형', 'be going to', 'will' 그리고 'be about to'와 같은 미래 표현들이 어떤 마음을 나타내는지 살펴보자.

●── 미래를 나타내는 현재형: 항상 그렇다

현재형이 나타내는 미래는 '**어제도 오늘도 내일도 그렇다**'라는 '반복되는 일'에 사용되는 것이 일반적이다.

이 '항상 그렇다'라는 느낌은 결국 '우리가 사는 세상에선 늘 그렇다'라는 '현실'을 나타내는 것이기도 하다. 그래서 현재형은 '항상 그렇다'의 형태, '현실'의 형태라고 생각하면 이해하기 쉽다.

I get up at seven.　　　　나는 (항상) 7시에 일어난다.
He teaches English.　　　그는 (평소) 영어를 가르친다. → 그는 영어 선생님이다.
The sun rises in the east.　해는 (언제나) 동쪽에서 뜬다.

미래를 표현할 때도 현실로 확정된 것, 다시 말해서 **거의 틀림없이 일어난다고**

생각하는 것은 현재형을 사용한다.

- **Tomorrow is Thanksgiving Day.**
  내일은 추수감사절이다.
  → 달력에 기록되어 있는 확실하게 일어나는 일이다. 말하는 이와 듣는 사람이 살고 있는 세계의 현실을 나타낸다.

- **The express train leaves Seoul Station at 7:20 tomorrow morning.**
  그 급행열차는 내일 아침 7시 20분에 서울역을 떠난다.
  → 시간표에 기재되어 있는 정보는 '언제나 그렇다'라는 정보로 내일도 확실히 일어나는 일이다.

● ─── 현재 진행형은 '변화해 가는 도중·한창'

현재 진행형은 '시작과 끝 사이에 있는 도중·한창'을 나타낸다.

- **We are leaving for London tomorrow.** 우리는 내일 런던으로 떠난다.

이 문장이 나타내는 마음은 '**벌써 그 상태/모드로 돌입하고 있는 중**'이다. 예를 들어 '런던에는 가지만, 미래의 이야기로 지금은 아직 관련이 없다'라고 하면 진행형을 사용하지 않는다.

내일이 아니라도 사흘 뒤나 일주일 뒤도 상관은 없으나, '아, 이제 런던 갈 날이 다가오고 있어. 지금 내 스케줄도 런던에 갈 준비로 가득 차 있어.'라는 마음이면 진행형을 사용한다.

런던에 갈 생각에 가득 차, 런던에 가는 미래를 향해 나아가고 있는 중이기 때문이다.

그렇다면 be going to를 사용한 We are going to leave for London in July.(7월에 런던을 향해 떠날 예정이다.)라고 말하는 것과 진행형이 나타내는 미래는 어떻게 다를까?

be going to도 원래 일종의 진행형으로, 말 그대로 '**어떤 일을 하려고 지금 가고 있는 중이다**'라는 뜻이다. 이 표현은 We are leaving for London tomorrow.와 미래를 향한 마음이 그렇게 다급하지는 않다.

We are going to leave ....를 직역하면 "7월에 런던으로 떠나기 위해 우리는 지금 가고 있는 중이다."라는 의미이다.

'상태/모드에 돌입'하여 생활 패턴이나 마음이 런던에 갈 생각으로 가득 차 있는 We are leaving ....과는 달리 **아직 훨씬 앞에 있는 일정을 향해 지금 진행 중인 느낌이다.**

●── will은 '생각만 할 뿐이다'

will은 미래 완료 부분에서 설명한 것과 같이 '마음이 흔들려서 기울다'라는 의미가 깊게 자리 잡고 있다.

그 의미에서 '그래, 하겠어!'라는 의사 결정을 나타내는 '~할 생각이다, ~할 작정이다'라는 의미와 '(아마) ~일 것이다'라는 판단, 예상을 나타내는 의미로 나뉘게 된다.

여기에서 알 수 있듯이 **will은 '마음의 작용'을 나타내는 말이지, 물리적인 미래를 나타내는 단순한 '미래형'이 아니다.**

마음의 작용을 나타내는 동사와 함께 잘 쓰이는 것도 그 때문이라고 생각한다.

think나 hope는 목적절에 will이 오는 경우가 많다. 특히 hope의 목적절은 will이 붙는 형태가 기본이라고 봐도 된다.

예문 **I think he will be successful.** 그는 성공할 것 같다.
→ think(생각하다)의 내용을 담은 절에 '예상'을 나타내는 will이 있다.

예문 **I hope someday my prince will come.**
언젠가 왕자님이 와 주시길 바라.
→ hope(바라다)의 '희망하는 미래' 내용을 담은 절에 '예상'을 나타내는 will이 있다.

앞에서 설명한 바와 같이 will이 마음의 작용인 것을 알게 되면, will이 나타내는 '미래를 확정하는 정도' 또한 파악할 수 있다.

예문 It will rain tomorrow. 내일은 비가 올 것이다.

위 예문은 비가 올 것이라고 **'생각/예상만 하는 것'**이다.

예문 It's going to rain tomorrow. 내일은 비가 올 것이다.

이 문장은 비가 온다는 미래를 향해 상황이 진행되고 있는 중임을 나타낸다. 따라서 마음속으로 예상할 뿐인 will보다는 **확실히 그러한 상황으로 진행되고 있다**는 느낌이 있다.

── be about to는 '막 ~하려는 참이다, ~하기 직전이다'

마지막으로 be about to에 대해 알아보자.
about라는 말의 어원은 '**주변**'이다.
예를 들어, '대략 10시'는 '10시 주변'을 말한다. '그에 대한 에피소드'라고 말할 때에도, '그를 둘러싼 여러 에피소드'라는 것을 나타낸다.

예문 I was about to get on the train.
　　　나는 열차에 타려고 하는 참이었다.

이를 직역하면 '나는 열차를 타려고(get on the train) 향하는(to) 주변(about)의 상태로 있었다(was)'가 된다. 즉, '대략 타려는 참이었다'라는 의미이다.
따라서 be about to는 '**막 ~하려는 참이다, ~하기 직전이다**'라는 뜻으로 **아주 가까운 미래를 나타낸다.**

제 4 장
동사 ③ 현재분사:
ing는 이것에서부터 생각하자

Must 24
ing란 무엇인가

▶ 진행형, 동명사, 분사의 형용사적 용법 및 분사구문 모두 이것에서부터 생각하라

■ ing의 뿌리를 생각하다

현재분사, 즉 -ing은 현재 진행형뿐만 아니라 동명사, 분사의 형용사적 용법, 분사구문에도 다양하게 쓰인다.

이 -ing의 형태는 모두 완전히 다른 것일까?

그렇지 않으면 품사나 용법은 달라도 근본적인 공통점이 있는 것일까?

언어학적 측면에서 대답하자면, '**형태가 같으면 공통된 의미는 있다**'라고 본다.

현재 진행형에서 설명한 것처럼 -ing의 근본적인 의미는 '**동작을 하고 있는 중**'이다. 여기에서는 각 용법 중에 -ing의 이러한 의미가 어떻게 나타나는지를 대략적으로 알아보자.

● ─── 진행형: -ing의 동사적 용법

'be동사+-ing' 형태로, 문장 안에서 동사로 사용하는 것이 진행형이다. 1개의 동작을 '~하기 시작하다', '~하고 있는 중이다', '~하는 것이 끝나다'의 3단계로 나눈 것 중, '**~하고 있는 중이다**'의 부분을 뽑아낸 것이다.

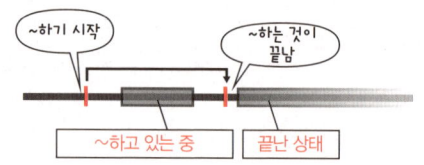

예문 He was listening to the music.   그는 (그때) 음악을 듣고 있었다.

→ 음악을 들으려고 귀를 기울이고(동작 개시), 그 후 '음악을 듣고 있는 중'의 상태가 되는데, 이 상태가 진행형이다. 이후에 얼마 지나지 않아 음악을 듣는 것을 멈춘다(동작 종료).

동명사: -ing의 명사적 용법

동명사나 to 부정사의 명사적 용법이 나타내는 의미는 '**~하는 것**'이다. '~하다'라는 동작을 세분화하여 동사를 명사화하는 것이다. 여기에서는 동명사 -ing의 이미지를 설명하겠다.

동명사의 이미지는 **동영상의 일부를 사진으로 만들어 잘라내서 꺼내는** 느낌이다.

예를 들어, '테니스를 치다'라는 동작을 사진으로 만들어 잘라내면 어떤 모습일까?

그 모습은 '테니스를 치고 있는 중'일 것이다. 즉, -ing의 모습이다. 이는 '테니스 치는 것'을 나타내는 playing tennis이다.

예문 Playing tennis is fun.   테니스를 치는 것은 재미있다.

동명사는 동사를 명사화한 것이다. 이는 동명사를 대명사 it로 바꿔도 의미가 통하는 것을 보면 알 수 있다.

예문 He likes traveling. → He likes it.
그는 여행을 좋아한다. → 그는 그것을 좋아한다.

분사의 형용사적 용법: 형용사란 명사의 모습을 설명하는 것

-ing를 명사의 모습을 설명하는 형용사로도 사용할 수 있는데, 그 의미는 '**~하고 있는 중인** (명사)'이다.

예문 a running man   달리고 있는 남자

형용사는 명사를 수식한다. 수식이란 '모습을 설명하는 것'이라고 생각하면 이해하기 쉽다. 여기에서 'a man(남자)'이라는 명사가 어떤 남자인지를 설명하기 위해서 'running(달리고 있는)'이라는 말을 사용했다. 그리고 아래 예문에서도 -ing에는 '~하고 있는 중인'이라는 의미가 있다.

예문 I don't know the girl speaking Chinese.
나는 중국어를 말하고 있는 그 여자아이를 모른다.

'~하고 있는 중인'이라는 것은 '일시적으로 지금 ~하고 있는'을 나타낸다.
위의 예문에서도 '지금 중국어를 말하고 있는 여자아이'를 말한다. 즉, 일시적으로 현재 그렇게 하고 있다는 것을 의미한다.
그래서 **'항상 그렇게 하는 (명사)'이라는 뜻으로 말할 수 없다.** 그러한 경우에는 관계 대명사를 사용한다.

예문 I don't have any friends who speak Chinese.
중국어를 말하는 친구가 나에게는 아무도 없다.

제시된 예문에서는 '항상 말하는 언어가 중국어'라는 뜻으로 현재형이 사용되었다. any friends speaking Chinese라고 하면 '지금 일시적으로 중국어를 말하고 있는 상태의 친구'라는 뜻이 되어 자연스럽지 않다.

● 분사구문은 '분사의 부사적 용법'

분사구문은 현재분사(-ing)와 과거분사(-ed)를 부사로 사용한다.
부사에는 여러 기능이 있는데, 가장 큰 비중을 차지하는 기능은 동사를 꾸며 주는 것으로 동작의 모습을 설명하는 것이다. 예를 들어, '달리다'라는 동사를 어떤 식으로 달리는지 설명하는 '빨리 (달리다)', '천천히 (달리다)', '친구와 (달리다)' 등이 부사이다.

예문 Seeing me, he ran away.   나를 보고, 그는 도망갔다.

Seeing me는 분사구문이다. '도망가다'라는 동작이 왜 일어났는지를 설명하고 있기 때문에 부사의 역할을 한다고 볼 수 있다.

> 💎 **valuable information**
>
> ### 현재분사는 '동시 발생'
>
> 분사구문은 원래 '동시 발생'을 나타내는 구문이라고 생각한다. 즉, 'A하고 있는 중(-ing)에 B가 일어나다'라는 의미의 구문을 말한다. 이것이 'A하고, B하다'라는 의미가 된 것이다.
>
> 분사구문은 과거분사도 사용하는데, 정확하게는 'being + 과거분사'의 수동태에서 being이 생략된 것이다. 따라서 분사구문은 능동, 수동에 관계없이 항상 -ing의 이미지가 따라다닌다.
>
> 그리고 분사구문은 다음과 같은 의미가 있다. "나를 보고, 그는 도망갔다."라는 문장의 경우, "나를 보았기 때문에 그는 도망갔다."라고 해석할 수도 있고 "나를 봤을 때, 그는 도망갔다."라고 해석할 수도 있는 애매모호함이 있다. 이러한 애매함으로부터 분사구문은 여러 가지 의미를 가지게 되었다고 할 수 있다.

Must 25
MEGAFEPS -ing 암기하지 마라! ①: to 부정사

▶ '→'가 만들어 내는 의미

사람들이 영어를 암기 과목으로 생각하는 이유 중 하나는 이른바 'MEGAFEPS'라는 것이 있다.

MEGAFEPS란 동사 뒤에 오는 목적어가 to 부정사가 되어야 하는지, 동명사가 되어야 하는지를 판단할 때 'mind, enjoy, give up, avoid, finish, escape, put off(postpone), stop'과 같은 동사의 목적어에는 동명사 -ing가 온다는 것을 기억하기 위해 각 동사의 첫 글자를 따서 배열한 것이다.

물론 외국어를 공부하기 위해서 '암기'하는 일을 피할 수는 없다.
그러나 '무엇이든 통으로 달달 외우는 것'과 '효율적으로 외우는 것'은 분명히 다른 개념이다.

이번 학습에서는 조금 더 직감적으로 이 규칙을 잘 사용할 수 있도록 to 부정사와 동명사의 이미지를 파악하고 스스로 구분하여 사용할 수 있도록 하자. 그렇게 되면 '규칙을 따르는 것'에서 벗어나 '규칙을 활용'하게 될 것이다.

■ to 부정사 ①: 앞으로 향하다

to의 어원은 방향을 나타내는 '→'이다. 하지만 '→'를 어느 방향에서 보느냐에 **따라** 의미가 크게 2가지로 나뉠 수 있다.
하나는 '**앞으로 향하다**'이고, 다른 하나는 '**도달하다**'이다.

부정사의 to는 주로 '앞으로 향하다'라는 의미를 가지고 있다.

전치사 to는 대부분의 경우, '도달하다'라는 뜻이다. 그리고 I am happy to see you.(너를 만나서 기뻐.)와 같은 '감정의 원인'을 나타내는 부정사나, He grew up to be a doctor.(그는 어른이 되어서 의사가 되었다.)와 같이 '결과'를 나타내는 부정사 등이 '도달'을 뜻하는 to를 사용한다.

동사의 목적어에 to 부정사가 오는 경우, 대부분 '앞으로 향하다'의 to 부정사이다.

●── '앞으로 실행되다'라는 의미의 동사라면 to 부정사를 목적어로 한다

예를 들어, '무언가 먹고 싶다'라는 소망을 나타낼 때, 먹고 싶다고 바라는 것일뿐이고 실제로, 먹는 것은 이제부터가 될 것이다.

영어로 말하면 want는 소망을 나타낸다. 그리고 want 뒤에 오는 '원하는 내용'은 '앞으로 할 일'을 나타낸다. 따라서 **'앞으로 할 일을 향해 가다'**를 뜻하는 to 부정사가 want 목적어로 온다.

예문 **I want to eat something.** 난 무언가 먹고 싶어.
무언가 할 것을 향해서 want하다.

예문 **They never expected to see the rock star.**
무언가 할 것에 대해서 전혀 expect하지 않았다.
그들은 그 록 스타를 볼 수 있으리라고는 전혀 예상하지 못했다.
→ expect는 '기대하다'보다는 '상황으로 보아 당연히 그러할 것으로 예상하다'라는 느낌이다.

예문 **Attention needs to be paid.** 주의를 기울일 필요가 있다.
무언가 할 것을 향해서 need하다.

이와 같이 want(원하다), expect(당연히 앞으로 그렇게 될 것이라고 예상하다),

need(필요하다) 등은 모두 '**지금은 생각만 할 뿐이고, 실현되는 것은 앞으로의 일이다**'라는 특징이 있다. 그래서 '앞으로 할 일을 향해 가다'라는 의미의 **to 부정사와 어울리는 것**이다.

to 부정사가 목적어로 어울리는 그 밖의 동사들은 아래와 같다.

agree to (do ~): ~하기로 합의를 보다
→ 합의를 보는 것은 지금이고, 실행하는 것은 앞으로의 일이다.

hope to (do ~): ~하기를 바라다, ~할 수 있으면 좋겠다고 생각하다
→ 바라는 것은 지금이고, 실현되는 것은 앞으로의 일이다.

decide to (do ~): ~하기로 하다
→ 결심하는 것은 지금이고, 실행하는 것은 앞으로의 일이다.

promise to (do ~): ~하겠다고 약속하다
→ 약속하는 것은 지금이고, 실행하는 것은 앞으로의 일이다.

offer to (do ~): ~하자고 제안하다
→ 제안하는 것은 지금이고, 실행하는 것은 앞으로의 일이다.

refuse to (do ~): ~하는 것을 거절하다
→ 앞으로 ~하는 것을 거절하다

■ to 부정사 ②: 도달하다

한편, 자주 사용되는 것은 아니지만, '도달'의 이미지를 가진 to가 사용되는 to 부정사도 있다.

이러한 '도달'의 의미는 자주 사용되지는 않아서 별도로 외워 두는 것이 좋다.

도달

- **manage to (do ~)**: 간신히 해내다
  → 동작을 완성하는 것에 가까스로 '도달'하다

  예문 **He managed to finish the beer.**
  그는 간신히 맥주를 다 마셨다.
  ↑ manage는 '손'을 의미하는 라틴어 manus가 어원이고, '모든 수단을 이용해서 어떻게든 해내다'라는 의미이다.

- **learn to (do ~)**: (배우거나 훈련한 결과) ~할 수 있게 되다
  → (배운 결과) ~하는 기술을 몸에 익히는 상태에 '도달'하다

  예문 **She learned to drive a car during the summer.**
  그녀는 여름 동안 차를 운전할 수 있게 되었다.

  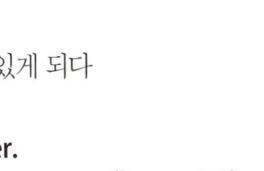

  ↑ learn은 단순히 '배우다'라는 의미보다는 '(학습한 결과) 무언가를 몸에 익히다'라는 의미에 가까운 표현이다.

● 이러한 동사의 목적어를 동명사로 하면 왜 이상해지는가?

to 부정사를 목적어로 취하는 동사의 목적어를 동명사로 바꾸면 어떤 식으로 이상해질까?

동명사는 -ing의 형태로, **'동작을 하고 있는 중'**을 나타낸다.

예를 들어, ✗ I want eating something.이라고 하면 어떨까?

eating은 '먹고 있는 중'이기 때문에 '먹고 싶다'고 생각하고 있을 때 동시에 '먹고 있는 중'이 되어 버린다. 극단적으로 말하면 '먹으면서 무언가 먹고 싶다'라고 말하는 것이다.

그 밖에도 ○ We decided to go camping.(우리는 캠핑을 가기로 했다.)을 ✗ We decided going camping.으로 바꾸면 '가기로 한 것을 결정했을 때는 이미 가고 있는 중'이었다라는 의미가 된다.

Must 26
MEGAFEPS -ing 암기하지 마라! ②: 동명사

▶ '동시 발생'과 '머리에 떠오르는 영상'으로 이해하라

여기에서는 어떤 동사의 목적어에 동명사가 오는지를 살펴보도록 하겠다.

동명사는 -ing이기 때문에 '**동작하고 있는 중**'이라는 이미지가 반드시 영향을 주게 된다.

① 동시 발생: A를 하는 중에 B를 하다

목적어에 동명사가 오는 것으로 잘 알려진 동사로는 enjoy와 finish가 있다. 그 이유를 한 번 살펴보자.

◯ I **enjoyed** swimming.
 난 수영을 즐겼다.
 → '수영하고 있는 중'에 '즐겁다'라고 느꼈다.

✗ I **enjoyed** to swim.
 → 즐겁다고 생각하는 것은 지금인데, 실제로 수영하는 것은 앞으로의 일이라고 말하는 것은 모순된다.

◯ He **finished** reading the new novel.
 그는 새로 나온 그 소설을 다 읽었다.
 → '읽고 있는 중'인 책을 다 읽었다.

✗ He **finished** to read the new novel.
 → 다 읽은 것은 지금인데, 실제로 읽는 것은 앞으로의 일이라고 말하는 것은 모순이다.

이렇게 '**동사+동명사**'가 되면 '**A를 하는 동안 B를 하다**'라는 뜻이 된다. 즉, 동시

발생이라는 이미지가 생긴다.

동명사와 함께 쓰여 동시 발생을 나타내는 동사로는 다음과 같은 것들이 있다.

- **give up -ing**: ~하는 것을 포기하다, 그만두다

  (예문) I gave up smoking. 나는 흡연하는 것을 그만두었다.

  → finish -ing와 마찬가지로 '지금까지 계속하고 있던 일을 포기하고 그만두다'라는 뜻이다. 예를 들어, I gave up trying to convince her.(나는 그녀를 설득하는 것을 포기했다.)의 경우, 지금까지 설득을 계속하고 있던 중에 그 상태를 지속하다가 그만두었다는 의미이다.

- **avoid -ing**: ~하는 것을 피하다

  (예문) Avoid using the same password. 동일한 비밀번호 사용을 피하세요.

  → 예를 들어, 권투에서 상대가 아직 펀치를 날리지 않은 상태라면 피하는 사람도 없을 것이다. 상대의 펀치가 날아오는 '도중'에, 피하는 동작을 할 것이다. 따라서 avoid는 'A가 오는 중에 그것을 피하다'라는 동시 발생의 느낌이 있다.

- **put off -ing**: ~하는 것을 미루다

  (예문) I put off buying a house. 나는 집 사는 것을 미뤘다.

  → off는 '떨어져 있는 상태에서'라는 의미이므로, put off는 '일단 옆에 놓아두다'='미루다, 연기하다'라는 의미이다. 사는 것을 그만두는 것이 아니고 미루고 있을 뿐이므로, '사려는 상태'의 도중에 계속 있다. put off와 마찬가지로 '연기하다'라는 의미인 postpone의 목적어에도 동명사가 온다.

- **stop -ing**: ~하는 것을 멈추다

  (예문) I stopped smoking. 나는 흡연하는 것을 (일단) 멈췄다.

  → stop은 '일단 중단하다'라는 이미지가 강하다. stop -ing는 '하고 있는 중인 것을 일단 중단하다'라는 의미이다. 만약 '담배(피는 습관)를 끊다, 금연하다'라는 의미라면, I quit smoking.이 가장 많이 쓰인다.

이상으로 이른바 'MEGAFEPS' 중에 enjoy, give up, avoid, finish, put off(postpone), stop은 '동시 발생'이라는 이미지에 의해 목적어에 동명사가 온다는 것을 알 수 있었다.

② '머리에 떠오르는 영상'은 반드시 -ing가 된다

앞에 언급된 동사 외에 동명사를 목적어로 하는 동사에는 다음과 같은 특징이

있다. '머리에 영상이 떠오르는 것을 나타내는 동사는 목적어로 -ing를 취한다'는 점이다.

예를 들어, 오늘 아침에 무엇을 먹었는지 떠올려 보자.

생각이 났는가?

생선 구이를 먹으며 마침 생선 가시를 젓가락으로 발라먹는 영상이 떠올랐다고 가정해 보자.

인간이 무엇인가를 생각해 낼 때, 거기에 떠오르는 영상은 '무엇을 하고 있는 중의 영상'일 것이다.

• remember

예문 I remember seeing him at the party.

난 그 파티에서 그를 봤던 것을 기억해.
→ remember는 '기억'을 나타내는 동사이다. 목적어에 -ing이 올 때에는 '무엇을 하고 있는 중'인 기억의 영상이 머리에 떠오른 것을 나타낸다. 기억의 영상이기 때문에 필연적으로 '과거의 사건'이 된다.

예문 Remember to see him next Sunday.

다음 주 일요일에 그를 보는 것을 기억해 둬.
→ '예정인 것을 기억하다'라고 말하고 싶다면, '앞으로 할 일'을 말하므로 to 부정사가 remember의 목적어가 된다.

• forget

예문 Oh, no! I forgot buying a sandwich.

오, 이런! 샌드위치를 샀다는 걸 잊었네.
→ '기억을 나타내는 -ing의 영상을 잃어버리다'라는 뜻으로 '잊다'를 나타낸다. 여기에서는 샌드위치를 샀다는 기억(buying a sandwich)을 잃어버렸다는 것이다.

예문 Oh, I forgot to buy a sandwich.

오, 샌드위치 산다는 걸 잊었네.
→ 샌드위치를 살 생각이었던 것으로, 살 예정이었던 것을 잊고 있었다는 의미이다. '앞으로 해야 할 일'을 잊은 상태이기 때문에 목적어에는 to 부정사가 온다.

admit(인정하다), deny(부정하다)도 '**과거에 한 일을 인정하다·부정하다**'라는 의미일 때, 목적어에 동명사를 넣으면 된다. 이 또한 과거의 기억을 떠올리면서 그것을 인정하거나 부정하고 있기 때문에 동명사를 쓴다.

단, remember나 forget과 달리 admit과 deny는 의미상으로 명확하게 기억을 나타내기 위한 동사라고는 할 수 없다. 그래서 '과거의 기억에 관한 일'이라는 것을 분명하게 나타내기 위해 'having+과거분사~'의 완료 동명사 형태로 만들어서 **목적어로 사용**하는 사람들도 많이 있다.

예문 He admitted breaking(having broken) into the house.
  그는 그 집에 침입했다는 것을 인정했다.
  → admit은 인정하고 싶지 않은 것을 '마지못해' 인정하는 이미지가 강하다.

예문 I denied being(having been) by myself on that night.
  나는 그날 밤 혼자 있었다는 것을 부인했다.

마지막으로, '상상' 또한 머릿속에 떠오르는 영상이기 때문에 '상상하다'를 뜻하는 imagine의 목적어에도 동명사가 온다.

예문 I imagined flying in the sky.   나는 하늘을 나는 것을 상상했다.

consider(숙고하다, 고려하다)는 머릿속에서 여러 가지를 떠올리며 고민하다가 '어떻게 할까'라고 생각하는, 즉 머리에 영상을 떠올리는 것을 의미한다.

예문 He considered attending the meeting.   그는 회의 참석을 고려했다.

MEGAFEPS의 M인 mind도 '~하는 것을 머릿속으로 상상하고 꺼리다'라는 표현이다.

예문 Do you mind helping me?
  직역: 저를 돕는 것을 꺼리실까요?
  의역: 저를 도와주실 수 있나요?
  → 상대방이 자신을 돕는 것을 상상하며, 싫어할지 질문하는 것으로 조심스럽게 도움을 요청하고 있다.

Must 27 분사구문의 읽기 방법

▶ 여러 의미와 용법에 현혹되지 말고 ing의 본질에 주목하라

분사구문은 많은 영어 학습자가 어려워하는 부분이다. 익숙해지면 굉장히 편하게 사용할 수 있는 편리한 표현 방법이기는 하나, '잘 이해하기 어려운 형태의 규칙'이 있어, 익숙해지는 단계에 이르기까지 학습자를 어렵게 한다. 이번 학습에서는 분사구문을 '읽는 방법'을 설명하고, 다음 학습에서는 '분사구문을 만드는 방법'에 대해 알아보도록 하자. 이를 통해 다각적으로 분사구문을 이해할 수 있게 되어, 보다 쉽게 분사구문을 구사할 수 있게 될 것이다.

■ 부사의 3가지 위치

여기에서는 분사구문을 읽는 방법을 중심으로 이해해 보자.

우선 '이 문장은 분사구문이구나.'라고 판단하는 것조차 불가능하면, 읽는 방법을 배워 적용하는 것도 불가능하다. 따라서 어떤 문장이 분사구문이라고 할 수 있는지 살펴보자.

분사구문은 분사의 '부사적 용법'이다. 부사는 주로 **동사의 모습을 설명하기 위한 말**이다. 예를 들어서, '일어나다'라는 동작을 생각해 보면, 어떻게 일어나는지를 설명하는 말이 있다. '빨리 일어나다' 또는 '천천히 일어나다'와 같은 표현이 있다. 여기에서 '빨리', '천천히'는 부사이다.

영어 문장에서 **부사가 오는 위치는 대략적으로 정해져 있다**. 따라서 그 위치에 -ing(=현재분사)이나 과거분사로 시작되는 덩어리가 있다면, 그것을 분사구문이라고 볼 수 있다. 그 위치는 다음에 제시되는 3가지이다.

― ① 문장의 앞 부분: 'S(주어)+V(동사)'의 앞

예문 At the party, I found myself very nervous.

파티에서, 나는 내가 너무 긴장했다는 것을 알게 되었다.

→ at the party는 '어디에서 긴장하고 있는 자신을 found했는지'라는 '동작의 발생 장소'를 설명하고 있으므로, 부사이다.

예문 Talking with her, I found myself very nervous.

그녀와 이야기하면서, 나는 내가 너무 긴장했다는 것을 알게 되었다.

→ talking with her는 '어떤 상황에서 긴장하고 있는 자신을 found했는지'라는 '동작의 발생 상황'을 설명하고 있으므로 부사이다.

― ② 문장의 중간 부분: 부정문에서 not이 오는 위치

예문 He didn't remain silent.

그는 침묵한 채로 있지는 않았다.

→ didn't는 remain이라는 동작이 아니었다고 설명하고 있으므로 부사이다.

예문 He, not knowing what to do, remained silent.

무엇을 하면 좋을지 몰라서, 그는 침묵을 지켰다.

→ not knowing은 didn't와 같은 위치에 있다. 그리고 '왜 remain silent했는지'라는 '동작의 이유'를 설명하고 있으므로 부사이다.

― ③ 문장의 끝부분: 문장이 끝난 뒤에 오는 '콤마(,)+분사'의 형태

예문 She ate breakfast at eight in the morning.

그녀는 아침 8시에 아침밥을 먹었다.

→ at eight in the morning은 '언제 eat breakfast했는지'라는 '동작의 발생 시간'을 설명하므로 부사이다.

예문 **She ate breakfast, reading the newspaper.**
　　그녀는 신문을 읽으면서 아침밥을 먹었다.
　　→ reading the newspaper는 '무엇을 하면서 eat breakfast했는지'라는 '동작의 모습'을 설명하므로 부사이다.

■ 여러 가지로 해석되는 분사구문의 '뿌리'를 읽는 방법

'아, 이게 분사구문이구나!'라고 판단되면 그 다음은 읽는 방법에 대해 알아보도록 하자.

분사구문은 **'시간'**, **'이유'**, **'조건'**, **'상황'** 등, 여러 가지 해석 방법이 있다. 그래서 학습자들은 분사구문을 어떻게 해석해야 할지 어려움을 겪는다.

그러나 분사구문의 형태는 -ing로 변하지 않기 때문에, 뿌리가 되는 읽기 방법도 변하지 않는다. 따라서 그 뿌리로부터 여러 가지로 해석되는 방법이 가지처럼 퍼져 가는 것이다. 갑자기 가지를 보면 혼란스러울 수 있지만, 뿌리부터 차츰 가지에 도달하게 되면 어렵지 않다.

뿌리가 되는 읽기 방법

현재분사(-ing): ~하고 (있어)

과거분사(-ed 등): ~하게 되어, ~해져

예문 **Driving a car, he had an accident.**
　　차를 운전하다가, 그가 사고를 당했다.　　　　　　　　　　시간

예문 **Being sick, I stayed home.**
　　아팠기 때문에, 나는 집에 있었다.　　　　　　　　　　　　이유

예문 **Turning right, you'll find the shop.**
우회전하면, 그 가게를 찾을 수 있어요.   조건

예문 **Pushed by me, the shopping cart fell over.**
나에게 밀려, 쇼핑 카트가 쓰러졌다.   이유

예문 **He, not knowing what to say, kept looking at the ground.**
그는 뭐라고 말해야 할지 몰라 계속 땅만 쳐다봤다.   이유

예문 **She kept talking to me, shaking our hands.**
그녀는 악수를 한 채로, 나에게 계속 말을 했다.   상황
→ '~하면서, ~한 채로'를 나타낸다. 문장 끝에 오는 분사구문은 이 패턴이 많다.

분사구문의 읽기 방법에서 '~하고 (있어)'가 뿌리가 되는 이유는, 분사구문이 -ing으로 되어 있기 때문이다.

수동태의 경우에는 과거분사를 사용하는데, 그것은 단순히 'being+과거분사'에서 being이 생략된 것이다. 따라서 **분사구문인 이상 모두 -ing로 되어 있다고 할 수 있다.**

따라서 '동작하는 중'이라는 의미가 뿌리에 있다. 'A를 하는 중에 B를 하다'라는 의미가 기본이 되어, 'A하는 중'이 'A하고 (있어)'라는 의미의 바탕이 되는 것이다.

Must 28
분사구문을 만드는 방법

▶ 같은 말을 두 번 하지 마라! 말하지 않아도 알 수 있는 말은 생략하라!

이번 학습에서는 분사구문을 만드는 방법에 대해 살펴보도록 하자. 분사구문을 만드는 포인트는 아래 2가지이다.

① 말하지 않아도 알 수 있는 것은 생략한다.
② 같은 말을 두 번 하지 않는다.

그럼 바로 분사구문을 만들어 보자.

When he saw me, he ran away.	그가 나를 봤을 때, 그는 도망갔다.	시간
Because he saw me, he ran away.	그는 나를 봤기 때문에, 그는 도망갔다.	이유
If he sees me, he'll run away.	그가 나를 보면, 그는 도망갈 것이다.	조건

위의 3가지 문장을 보면 아래와 같은 질문을 할 수 있다.

1. '시간', '이유', '조건'과 상관없이 모두 '~하고'로 해석할 수는 없을까?
2. 'he(그는)'가 2번 반복되니 지루하지는 않은가?

위에 제시된 2가지 포인트를 고려하여 해석을 만들어 보자.

나를 보고, 그는 도망갔다.	시간
나를 보고, 그는 도망갔다.	이유
나를 보고, 그는 도망갈 것이다.	조건

3개 문장 모두 자연스럽게 해석된다. '~하고, ~하다.'라는 의미를 그대로 영어로 하는 것이 분사구문을 만드는 방법이다. 이번에는 순서대로 만드는 방법을 알아보자.

~~When/Because~~ he saw me, he ran away.

'시간'이든 '이유'든 큰 차이가 없으므로, 접속사(when 또는 because)는 지운다.

~~he~~ saw me, he ran away.

↓ he를 두 번 반복하는 것은 지루하고, 두 번 말하지 않아도 알 수 있는 것이므로 한쪽을 지운다. 어느 쪽을 지울지 고민될 수 있으나, he ran away가 결국 더 중요한 정보이므로 뒤에 나오는 he를 남긴다.(*1) 설명에 해당하는 정보인 he saw me의 he는 지운다.(*2)

saw me, he ran away.

↓ '~하고'라는 의미가 되도록 saw를 seeing으로 바꾼다. 그러면 'me를 see하는 중에 he는 run away했다.'라는 의미, 즉 'me를 see하고, he는 run away했다.'라는 문장이 된다.

Seeing me, he ran away.

● ── 중요한 포인트: 주어가 일치하지 않으면 지우지 않고 남긴다

앞뒤 절의 주어가 똑같은 경우, 두 번 말하지 않아도 알 수 있기 때문에 한쪽을 지우는 것이다. 반대로 말해서, **앞뒤 절의 주어가 같지 않으면 둘 다 써야 한다.** 분사구문을 만들 때 가장 신경을 써야 하는 부분이다.

~~Because~~ it was sunny, we went to the park.

날씨가 맑아서, 우리는 공원에 갔다.

↓ 접속사 because를 지운다.

it was sunny, we went to the park.

↓ 앞뒤 절의 주어가 다르기 때문에 주어를 모두 남긴다. because가 있던 부사절의 동사인 was를 being으로 바꿔 완성한다.

It being sunny, we went to the park.

---

*1: he ran away처럼 결론을 나타내는 'S+V'를 '주절'이라고 한다.
*2: he saw me와 같이 설명을 위한 'S+V'를 '종속절'이라고 한다. 품사의 관점에서 보면 부사의 역할을 하는 'S+V'이기 때문에 '부사절'이라고 말할 수도 있다.

이 부분이 중요한 이유는, 단순히 '~하고'를 분사구문으로 기억하게 되면 "화창해서 우리는 공원에 갔다."라는 문장의 경우, 아래와 같이 잘못된 영어 문장으로 만들 수 있다.

✗ Being sunny, we went to the park.

주어를 의식하는 습관을 들이면, 날씨 주어는 it이기 때문에 앞뒤 절이 주어가 다르므로 it도 남겨야한다고 생각할 수 있게 된다. 익숙해질 때까지는 힘들겠지만, 처음에는 일부러 주어를 의식할 필요가 있다.

> ♦ **valuable information**
>
> 참고로 명칭을 기억할 필요는 없지만, 제시된 경우처럼 주어가 생략되지 않은 분사구문을 문법적으로는 **독립 분사구문**'이라고 한다. 이 패턴은 There is/are 구문의 분사구문에서 흔히 볼 수 있다.
> Since there was no bus service, we had to walk home.
> → There being no bus service, we had to walk home.
>   버스가 운행되지 않아서, 우리는 집으로 걸어가야 했다.

이 부분에서 학습자들 중에 '왜 굳이 being으로 해야 되지? There was no bus service, we had to walk home.이라고 하면 안 될까?'라고 생각하는 사람들도 있을 수 있다.

그러나 **영어에서 두 개의 'S+V ~'**(이것을 '절'이라고 부른다)**를 접속사 없이 콤마로만 연결하는 것은 문법상 바람직하지 않다.** 그래서 there was no ...의 경우, 보통 절이기 때문에 접속사를 사용해서 연결해 주어야 한다. 이 경우, 접속사는 since이다. since는 '~해서, ~하기 때문에'라는 의미뿐만 아니라 절과 절을 잇는 접속사의 문법적 역할을 한다.

●── 수동태의 분사구문은 being을 생략한다

'말하지 않아도 아는 것은 생략하는 것'이 분사구문의 철칙이다. 따라서 **수동태의 분사구문은 being을 생략한다.** be동사는 '~한 상태로 존재하다'라는 굉장히 추상적인 의미로, 굳이 말하지 않아도 의미가 통하기 때문이다.

일반적인 문장에는 동사가 있고 그것이 현재인지 과거인지 그 동사를 보고 처음 알게 되는데, 분사구문이라면 주절이 따로 있기 때문에 동사의 시제는 주절의 동사에 맡기면 된다.

Because she was pushed by Tom, Mary fell down.
↓
~~Because~~ she being pushed by Tom, Mary fell down.
↓
~~Being~~ pushed by Tom, Mary fell down.
↓
Pushed by Tom, Mary fell down. 톰에게 떠밀려, 메리는 넘어졌다.

● 부사절의 시제가 주절보다 앞선 과거이면 'having + 과거분사'를 쓴다

일반적으로 **주절의 동사에 시제를 맡기는 것**이 분사구문인데, 부사절과 주절의 시제가 다르다면 분사구문으로 시제를 나타내야 한다. 주절보다 앞선 과거의 일인 경우, 분사구문에서는 'having + 과거분사'로 표현한다.

Because I drank too much last night, I have a headache today.
　↓　　부사절: 동사는 과거형　　　　주절: 동사는 현재형
~~Because~~ I drank too much last night, I have a headache today.
↓
Having drunk too much last night, I have a headache today.
어젯밤 술을 너무 많이 마셔서, 오늘은 머리가 아프다.

● 부정을 나타내는 분사구문의 not

마지막으로 분사구문의 부정은 don't나 didn't가 아닌 단순히 not이다. 왜냐하면 **분사구문은 시간을 나타내지 않기 때문**이다. don't는 현재형, didn't는 과거형으로 시간이 나타난다. 하지만 분사구문은 -ing뿐이기 때문에 시간이 아닌 '동작의 도중'이라는 것만 알 수 있다.

예문 Not having eaten anything, he could hardly move.
그간 아무것도 먹지 않아서, 그는 거의 움직일 수 없었다.

제 5 장
동사 ④ 과거분사: 이미지부터 이해하자

Must 29
수동태 ①
'마음'이 수동태를 만든다

▶ 수동태를 단순히 형태만 바꿔 놓은 것이라고 생각해서는 안 된다

학교에서 수동태를 처음 배울 때, 보통 다음과 같이 배운다. 주어와 목적어의 위치를 바꾸고, 동사는 'be동사+과거분사'로 하며 문장 끝에 by ~를 붙인다. 많은 학습자들이 수동태를 '능동태 문장에서 수동태 문장으로 바꾸는 작업' 정도로 생각하기도 한다. 주어와 목적어를 뒤집는 것이 수동태의 목표라면, 왜 수동태로 바꾸는지 의문이 생기지는 않는가?

수동태를 사용하는 마음, 즉 **어떤 경우에 수동태를 사용하고 싶어지는지**를 알지 못하면 영어를 말하거나 쓸 때 수동태를 잘 사용하지 않게 된다.

먼저 수동태가 나타내는 마음을 살펴보자.

■ '~하는 쪽', '~당하는 쪽' 중 어느 쪽에 주목하고 있는가?

예를 들어, 고양이를 키우고 있다고 가정해 보자. '살구'라는 이름도 지어 주자. 살구는 응석꾸러기에 귀여운 고양이지만 장난을 너무 좋아하고 잠시 눈을 떼면 일을 저지르기 때문에 긴장을 풀 수가 없다.

어느 날, 살구가 부엌 구석에서 부스럭거리는 소리는 내며 무언가를 하고 있다. 자세히 보니 살구가 입에 쥐를 물고 있다.

그때 순간적으로 아래 문장 중 어느 문장을 사용할 것인가?

> ① 악! 살구가 쥐를 잡아먹고 있어!
> ② 악! 쥐가 살구에게 잡아먹히고 있어!

둘 중에 문장 ①을 사용하는 사람이 많을 것이다.

그럼 이어서, 이번에는 햄스터를 기르고 있다고 가정해 보자. '도토리'라는 이름도 지어 주자. 도토리는 언제나 해바라기씨를 맛있게 오물오물 잘 먹는다.

어느 날, 본 적도 없는 길고양이에게 도토리가 잡아먹히게 되었다. 그 사실을 가족들에게 알리려고 할 때, 아래 문장 중 어느 것을 사용할 것인가? 참고로 길고양이를 오늘 처음 보았고, 당연히 가족들은 그 길고양이를 본 적이 없다.

③ 오늘 길고양이가 도토리를 잡아먹었어.
④ 오늘 도토리가 길고양이에게 잡아먹혔어.

대부분의 사람들이 문장 ④를 사용할 것이라고 생각한다. 가족은 길고양이를 본 적도 없고, 이 사실의 주인공은 가족이 소중하게 여기던 '도토리'이다. 그래서 도토리가 주인공이 되는 문장 ④를 선택할 것이다.

이와 같이 **능동태와 수동태 중에 선택하는 것은, 이야기하는 사람이 '~하는 쪽', '~당하는 쪽' 중 어느 쪽에 주목하여 말하는지에 의해 정해진다.**

문장 ①에서는 '살구', 문장 ④에서는 '도토리'가 정보의 주역이 되어 주목받는 입장이다.

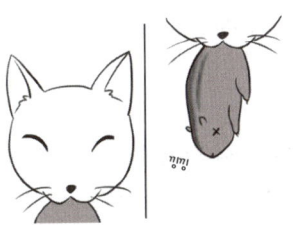

그리고 문장 ①에서 '살구'는 '잡아먹는 쪽'에 해당하므로 능동태 문장, 문장 ④에서 '도토리'는 '잡아먹히는 쪽'이기 때문에 수동태 문장으로 되어 있다.

'~당하는 쪽'에 주목하여 말한다.
이것이 수동태를 사용하여 말하는 사람의 마음인 것이다.

●── 완전 자동사, 불완전 자동사로는 수동태를 만들 수 없다

일부 예외는 있지만, **수동태는 타동사가 있기 때문에 가능한 것이다.**
왜냐하면 완전 자동사로 된 문장(1형식)이나 불완전 자동사로 된 문장(2형식)에서는 '~당하는 쪽'이 존재하지 않기 때문이다.

　수동태를 기계적으로 무엇이든 앞뒤를 뒤집어 만들면 된다고 생각하는 사람들도 있어, 잘못된 문장이 만들어질 수 있다. 그러나 '~하는 쪽'과 '~당하는 쪽'이 뒤집혀 '~당하는 쪽'이 주역이 되는 것이 수동태이기 때문에, **'~당하는 쪽'이 없는 문장은 수동태가 되지 않는다.**

예문　**I slept seven hours last night.**　나는 어젯밤에 7시간 잤다.　　1형식
→ 내가 자고 있을 뿐 다른 누구에게도 영향을 주지 않는 완전 자동사로 된 문장이다.
　 seven hours last night은 동사의 힘이 닿지 않은 수식어로, 동사의 힘이 닿지 않은 것은 '당하는 쪽'이 아니라는 것이다.

　　　　　　　✗ 수동태로 만들 수 없음

예문　**He is happy.**　그는 행복하다.　　2형식
→ happy는 '그'의 상태를 말하는 것으로, '그'가 'happy'에게 무언가를 하고 있는 것은 아니다. 따라서 happy는 '당하는 입장'이 되지 않는다.

　　　　　　　✗ 수동태로 만들 수 없음

예문　**Many people saw the criminal in the station.**
　많은 사람들이 역 안에서 그 범인을 보았다.　　3형식
→ '많은 사람들'은 목격을 '하는' 입장이고, '범인'은 목격을 '당하는' 입장이다.
　 수동태로 하면 the criminal이 주인공이 된다.

○ **The criminal was seen by many people in the station.**
　그 범인은 역 안에서 많은 사람들에게 목격되었다.

　단순히 문장의 앞뒤를 뒤집는 것이 아니라, '~하는 쪽'과 '~당하는 쪽'을 뒤집는 것에 주위를 기울이면 어느 것을 주역으로 해야 하는지 쉽게 알 수 있어 5형식 문장에서도 수동태를 쉽게 만들 수 있다.

We call this flower = (Baekhap).

우리는 이 꽃을 '백합'이라고 부른다.   5형식

→ '부르는' 쪽은 we이고, this flower는 '불리는' 쪽이다. Baekhap은 this flower의 '내용'일 뿐이다. 따라서 수동태로 만들면 this flower가 주역이 된다.

⬇

○ **This flower is called *Baekhap*.**   이 꽃은 '백합'이라고 불린다.

 He pushed the door = (open).

→ '미는' 쪽은 he이고, the door는 '밀리는' 쪽이다. open은 the door가 밀린 결과로 나타난 '결과의 상태'만 을 나타낼 뿐, '밀리는' 쪽은 아니다. 따라서 수동태로 만들면 the door가 주역이 된다.

⬇

○ **The door was pushed open.**   그 문은 밀려서 열렸다.

Must 30
수동태 ②
책임을 모호하게 하다

▶ 명확히 밝히는 것을 피하고, 객관성을 추구하다

타동사 구문은 기본적으로 아래와 같은 형태를 취한다.

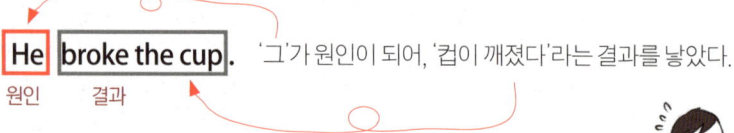

어떻게 보면 타동사 구문은 '**원인과 결과의 구문**'이라고 볼 수 있다.

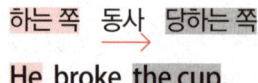 '그'가 원인이 되어, '컵이 깨졌다'라는 결과를 낳았다.

이와 같이 **타동사 구문은 '책임의 소재를 분명히 하는 구문**'이라고 할 수 있다.

"컵이 깨졌다."라는 자동사 문장의 경우, 마치 컵이 저절로 깨진 것처럼 들릴 뿐 책임 소재를 알 수 없다. 하지만 "그가 컵을 깼다."라고 하면 책임이 그에게 있음을 명확히 밝히는 것이다.

사회에서 사람들과 어울려 지내다 보면, 책임을 명확하게 밝히는 일이 양날의 검이 되는 경우가 자주 있다. 이 때문에 책임을 얼버무리기 위한 표현이 발달하게 되는 것도 당연한 일이다. 이것이 바로 수동태의 또 다른 용도이다.

예를 들어, The factory polluted water.(그 공장이 물을 오염시켰다.)라고 하면 공장이 '오염시키는 쪽'이고 물이 '오염되는 쪽'이 된다. 분명히 공장에 책임이 있음을 보여 준다.

그러나 이것을 수동태로 하여 Water was polluted.(물이 오염되었다.)라고 하면 '오염시키는 쪽'이 사라지고 '오염되는 쪽'만 언어화된다. **누가 오염시켰는지, 즉 책임의 소재가 문장 안에서 사라지는 것**이다.

이러한 설명을 읽고서 '어? by the factory는 어디 갔지?'라고 생각하는 사람도 있을 것이다. 하지만 수동태에서는 명확하게 '누구에 의해서 ~당했는가'를 말하고 싶은 경우가 아닌 이상, **80% 이상의 확률로 'by ~'가 생략된다**고 한다. 여러 가지 이유가 있는데, 그중 하나는 책임의 소재를 부정하기 위한 것이다. 소재를 명확하게 밝히지 않음으로써, 상황이 객관적으로 표현되는 효과가 있다.

🔴 **예문** During the 1960s, the air and water were more polluted than now.
1960년대에, 지금보다 공기와 물이 더 오염되었다.
→ 당시 벌어졌던 상황을 담담하고 객관적으로 서술하고 있다. 'by+동작의 주체'를 붙이면 상황에 대한 설명보다는 책임을 추궁하는 것으로 초점이 옮겨지게 된다.

🔴 **예문** This sort of communication is thought to be a key step in perception.
이러한 종류의 의사소통은 인식의 핵심 단계라고 생각된다.
→ 과학 논문에서 자주 볼 수 있는 문장 형식이다. 누가 그렇게 생각하는지를 언급하지 않음으로써, 필자의 주관만이 아닌 객관적 사실이라는 인상을 심어 주는 효과가 있다.

■ 자신이 말하는 것이 아닌, 모두가 말하고 있다는 느낌

수동태의 표현을 잘 사용하면, '자신이 말하고 있다기보다, 모든 사람이 그렇게 말하고 있다'는 태도를 취하기 쉬워진다.

●― it is said that ~

예를 들어, 의견을 말할 때 아래와 같이 말했다고 가정해 보자.

🔴 **Japanese people don't look others in the eye when talking.**
　　일본인들은 말할 때 상대방의 눈을 보지 않습니다.

이렇게 말하고 나니 좀 불안하지는 않은가?
듣는 사람으로부터 "정말로 그런가요?", "조사는 해 봤나요?", "증거는 있나요?", "저는 그렇게 생각하지 않아요." 등의 말을 듣게 되면 불안하고 걱정될 수 있다.
이렇게 평범한 말투로 의견을 말하면 화자의 개인적인 주장이라는 느낌을 줄 수 있기 때문에 경우에 따라서 **발언에 책임을 져야 할 수도 있다**. 이를 피하기 위해서는 '**~라고 하다**', '**~라고 생각되다/여겨지다**'와 같은 말을 덧붙이면 좋다.

이러한 상황에서 수동태를 사용하게 되는 것이다.

🔴 **It is said that Japanese people don't look others in the eye when talking.**
　　일본인들은 말할 때 상대방의 눈을 보지 않는다고 합니다.

이렇게 바꾸면, 객관적으로 그러한 사실이 있다는 것을 말하는 느낌이 든다.
참고로 it은 '상황'을 의미하는 가주어로, '추상적이고 가벼운 정보부터 먼저 말하고, 구체적이고 무거운 정보는 뒤에 말하는' 영어의 어순 원칙에 따라서, it의 구체적인 내용(that Japanese people ...)은 뒤에 온다.(Must 3, 41 내용 참조) 정보의 흐름에 따라서 보면, '상황(it)은 / 말해지고 있다(is said) / 상황의 내용은 '일본인은 ~ 보지 않는다'라는 것이다(that Japanese people ...)'로 나타낼 수 있다.

🔴——— **it is thought that 'S + V ~'**

it is said that 외에 it is thought that 'S + V ~'(S가 V하는 것으로 생각되다)가 있다.

🔴 **The older we get, the more easily we forget things.**
　　나이가 들수록, 우리는 더 쉽게 잊어버린다.

이번에는 아래와 같이 문장을 바꿔 보자.

예문 It is thought that the older we get, the more easily we forget things.
나이가 들수록 우리는 더 쉽게 잊어버린다고 생각된다.

이전 페이지의 예문보다 위 예문처럼 표현하면 필자의 개인적인 주장이라는 느낌을 피하기 때문에 **일반적이고 상식적인 사고방식이라는 느낌을 줄 수 있다.**

── it is believed that ~

it is believed that이라는 말도 있다. 단, 여기에서는 동사 believe가 나타내고자 하는 개념에 유의해야 한다.

영어 학습자라면 누구나 'believe=믿다'로 알고 있다. 틀린 것은 아니지만, 모든 경우에 '믿다'로 해석하면 잘 이해되지 않는 경우도 있다. 특히 it is believed that 'S+V ~'의 경우에, **'S가 V한다고 생각되다/여겨지다'**로 이해하는 것이 보다 정확하다.

한국어 '믿다'라는 표현은 '근거가 없지만, 정말로 그렇다고 생각하다'라는 뉘앙스가 있다. 하지만 영어의 believe는 '실제로 본 것은 아니어도, 그렇게 생각할 만한 근거가 있어서 그렇게 생각하다'라는 뉘앙스가 있다.

예문 It is believed that dinosaurs went extinct 66 million years ago.
공룡은 6600만 년 전에 멸종했다고 생각된다.

과학자들은 공룡의 멸종을 실제로 본 것은 아니지만, 여러 데이터와 화석으로 미루어 보아 '공룡이 멸종한 것은 6600만 년 전의 일이다'라고 생각하는 것이다. 이 느낌을 표현하기 위해 영어로 believe라는 동사를 사용한다.

Scientists believe that dinosaurs went extinct 66 million years ago.

이렇게 문장을 사용해도 괜찮지만, it is believed를 사용해야 더 **담담한 객관성**을 가지게 된다. '설득을 위한 영어'를 구사하면서 이러한 객관성을 나타내는 수동태 표현을 함께 사용하면 설득에 도움이 된다.

Must 31
수동태 ③
전치사를 공략하다

▶ by 외에 사용되는 수동태의 전치사

전치사를 모국어 해석에만 맞춰 외우게 되면, 다수의 학습자가 전치사의 사용법을 틀릴 수 있다. 이번 학습은 수동태이므로, by와 by 외에 수동태 구문에서 사용되는 전치사에 대해 살펴보도록 하자.

● '~로': by와 with

아래 문장에서 이상한 점이 무엇인지 알 수 있는가?

✗ **Cut the meat by a knife.**   그 고기는 칼로 자르세요.

'~로'라는 해석에 이끌려 by를 사용하는 영어 학습자를 많이 접해 왔다. **정답은 by가 아니라 with이다.** with는 '함께 있다' → '자신과 항상 함께 있는 물건=자신의 소유물'이라는 의미에서 '소유'라는 have와 비슷한 이미지를 가진다.

> **a girl with long hair**   긴 머리를 가진 여자아이

여기에서 'with + 도구'로 나타낼 수 있는 용법이 나온다. with a knife(칼로), with a hammer(망치로), with the stick(그 막대기로) 등 '손에 도구를 가지고 (have)'라는 용법이다.

이제 첫 예문이 다음과 같이 바뀌어야 올바르다는 것을 알 수 있을 것이다.

○ **Cut the meat with a knife.**   그 고기는 칼로 자르세요.

수동태는 '~하는 쪽'과 '~당하는 쪽'이 바뀌어, '~당하는 쪽'이 주어가 되고, 'by +~하는 쪽'이 뒤에 온다. 즉, **수동태의 by는 '~하는 쪽'인 '직접적인 행위자'**를 표현하는 것이다.

✗ **The meat was cut by a knife.** 그 고기가 칼로 잘렸다.

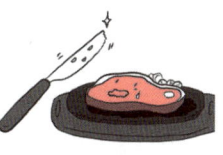

위 문장은 칼이 의지를 가지고 스스로 움직여서 고기를 잘랐다는 느낌이 든다. 고기를 자른 것은 칼 자체가 아니라 칼을 가진 '사람'일 것이다. 그러므로 아래와 같이 문장이 바뀌어야 한다.

○ **The meat in question was cut by Doug with his knife.**
문제의 그 고기는 더그에 의해서 그의 칼로 잘렸다.

예문 **He was hit by a car.** 그는 차에 치였다.
↑ 차가 직접적인 행위를 하는 입장이라는 느낌이 든다.

예문 **He was hit by Tom with his car.** 그는 톰에 의해서 차에 치였다.
↑ 차는 도구에 속하고, 직접적인 행위자는 톰이다. 여기에서는 톰이 차로 일부러 그를 친 느낌이다.

위 두 문장은 모두 틀리지 않았고, 전치사를 이용해서 문장의 뉘앙스를 바꿀 수 있다는 것을 보여 준다.

●── 분야를 나타내는 in

이 부분을 틀리는 학습자가 많지는 않지만, 참고로 언급하도록 하겠다.

✗ **The letter was written by English.** 그 편지는 영어로 쓰였다.

정답은 The letter was written in English.이다. 문제는 '왜 in을 사용하는지 잘 모르는 사람이 많다'는 점이다.

in은 '**테두리 안에 있다**'를 의미하는 전치사이다. 앞 문장의 in English는 '세상에 여러 언어가 있는데, 어느 언어의 테두리 안에서 쓰였는지'를 의미한다. 이 책에서는 in을 편의상 '**분야를 나타내는 in**'이라고 하겠다.

학습자가 가장 흔히 볼 수 있는 in으로는, I'm interested in Indian culture.(나는 인도 문화에 흥미가 있어.)의 in이 있다. 어느 분야의 테두리 안에 관심이 있는지를 말하는 것이다.

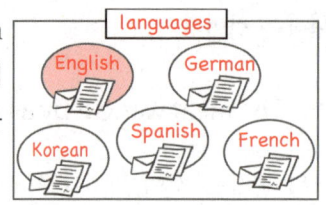

●── be made of와 be made from의 이미지 차이

학교에서 '~로 되어 있다, ~로 만들어지다'라는 의미의 숙어로 be made of와 be made from을 배운다. be made of는 '눈으로 보았을 때 그것이 무슨 재료로 만들어졌는지 알 수 있을 때', be made from은 '눈으로 보아도 무슨 재료로 만들어졌는지 알 수 없을 때' 사용한다. 이러한 이미지는 어떤 차이에서 생겨나는지 알아보자.

• of: 전체에서 일부를 꺼내다

of의 근본적인 의미는 '**전체 구성 요소 중 일부를 꺼내다**'이다. 예를 들어, a piece of cake는 '케이크 전체에서 한 조각을 꺼내다'라는 것으로, '한 조각의 케이크'라는 의미가 완성되고, a student of the school은 '그 학교에 있는 학생들 중 1명을 꺼내다'라는 것으로, '그 학교의 학생'이라는 의미가 된다. 그러면 이제 아래 예문을 읽어 보자.

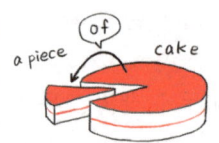

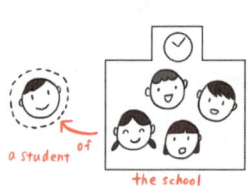

예문 **This desk is made of wood.**
이 책상은 나무로 되어 있어.

예문을 보면 of로 인해 나무(wood)에서 직접 책상을 꺼낸 듯한 느낌이 든다. 그래서 눈으로 보았을 때 그것이 나무로 되어 있음을 알 수 있는 것이다.

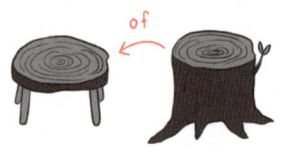

- **from: 떨어져 있다**

be made from의 경우, from의 근본적인 이미지는 '**거리**'이다. 예를 들어, '집에서 5분 거리'라고 하면 집에서 멀어지는 이미지는 있어도 집에 가까워지는 이미지는 없다. '~로부터'로 해석되는 from은 '**기점에서 멀어져 가는**' 이미지가 있다. 예를 들어, keep A from B(A를 B로부터 멀리하다)라는 숙어가 있다.

🔴 **Keep this product from children.**
　　이 제품을 어린이들의 손이 닿지 않는 곳에 보관하세요.

이 문장에서 '손이 닿지 않다'라는 의미는 keep에 나와 있지 않다. keep은 '유지하다, 보관하다'라는 의미를 가지고 있을 뿐이다. from이 가지는 '거리'라는 의미가 '손이 닿지 않는 곳'이라는 뜻을 만든다.

from의 '거리', '떨어져 있다'라는 이미지가, '(생김새)가 가깝지 않다, 닮지 않았다'라는 뜻으로도 발전한다.

🔴 **Paper is made from wood.**　종이는 나무로 되어 있다.

이와 같이 말할 때, 나무와 종이의 **생김새가 '떨어져 있다'**는 것을 나타낸다.

- **by: ~하는 쪽**

참고로 be made by ~는 어떤 의미일까?
수동태 **by는 '~하는 쪽'**이다. 따라서 '만들어지는 쪽'이 '책상'이라면, '만드는 쪽'은 사람이나 제조사 이름이 된다.

🔴 **This desk is made by my son.**　이 책상은 우리 아들이 만들었어.
🔴 **This desk is made by an American company.**
　　이 책상은 미국 회사에 의해 만들어졌다.

Must 32
과거분사: She has gone.이 아닌 She is gone.

▶ gone이 사전에 형용사로 적혀 있는 이유

■ 과거분사는 형용사가 될 수 있다

내가 미국에서 대학에 다녔을 때, 대학 체육관에서 웨이트 트레이닝을 하고 있었다. 다른 사람이 역기를 사용하고 있어 끝나기를 기다렸는데, 그 사람이 역기를 다 사용한 후에 나에게 다음과 같이 말했다.

예문 **I'm done.** 다 끝났어요.

나는 이 말을 듣고, 의미는 알지만 왜 이렇게 표현했는지 의문을 가졌다.
지금 생각하면 단순히 영어 실력이 부족했던 이유겠지만, 일본에 있는 학교에서 배운 기억으로는 'be동사+과거분사'는 수동태이며, '(동작을) 당하다'라는 의미였다. 그런데 I'm done.은 아무리 봐도 **"나는 당하다."라는 의미가 아니라 "나는 다 끝났어."라는 의미로 쓰이는 것**이다.
"난 이미 다 했어."라는 것을 표현하고 싶었다면 학교에서 I have done it.이라는 현재완료로 배웠을 것이다.
그 이후로도 계속 이 표현에 대해서 '이런 말투가 있구나.' 정도로 생각하고 있었다.

영어를 가르치게 되고, 형용사란 무엇인지 여러 방면으로 생각하고 있을 때, 우연히 빨간 나무 열매를 보고 문득 생각했다.
'나무 열매가 빨갛다'에서 '빨갛다'는 형용사이다.
형용사는 '변하지 않고 계속되는 상태'를 나타낸다. 따라서 '~한 상태로 존재하다'를 나타내는 be동사와 잘 쓰인다.

그러나 이 '빨간' 상태는 초록색이었던 나무 열매가 '빨개지다'라는 변화(동사)를 일으킨 후에 계속되고 있는 상태이다. 따라서 아래와 같이 설명할 수 있다.

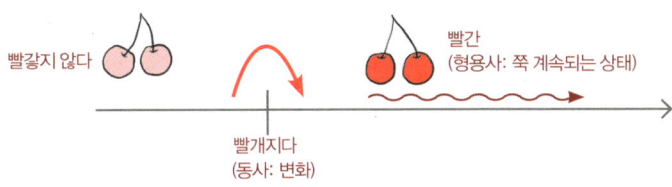

> 형용사 = 동작이 완료된 후 지속되는 상태

여기에서부터 동작 동사가 '동작의 시작'→'동작의 도중'→'동작의 종료'라는 3단계를 거쳐 완료를 나타내는 과거분사가 되었을 때, 그 **과거분사가 형용사의 기능을 할 수 있다**는 것을 깨닫게 되었다.

그러면 done을 '~한 후에 이어지는 상태=끝난 상태'라는 형용사로 생각할 수 있다. 형용사이기 때문에 I'm happy.라고 말하는 것처럼 I'm done.이라고 말할 수 있다.

게다가 이 경우의 **done은 형용사**이기 때문에 타동사와 달리 목적어를 취할 수 없다. 타동사는 다른 것(목적어)에 힘을 부딪치는 작용을 하지만, 형용사는 단지 상태를 설명하는 역할을 하기 때문이다.

따라서 ✗ I'm done it.라고 말할 수 없다. ○ I'm done with it.이나 ○ I'm done.으로 말하면 된다.

반면에 ✗ I have done.이라고는 말할 수 없다. have done은 타동사 do를 현재완료로 사용하기 때문에 목적어가 필요하다. 그렇기 때문에 ○ I have done it.가 되어야 한다.

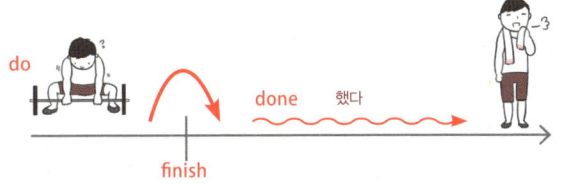

I have done it.와 I'm done.은 의미상 큰 차이가 없는 경우도 많으나, **have done it**가 '완수한 느낌'이 있는 반면, **am done**은 '인연을 끊은 상태'라는 의미로 '끝났다는 느낌'을 나타내는 경우도 많다. 형용사가 좀 더 '~한 뒤의 상태가 계속되는' 느낌이 있어서일 수 있다.

> **I'm done with him.** 난 그와는 이제 끝이야.
> → 여기에서 with는 '대립/대전하는 상대'의 이미지이다. with는 '함께'라는 이미지가 있으나, 어원상 대립(against)의 이미지에서 비롯되었다. 예를 들어, I played tennis with Tom.은 "톰과 함께 테니스를 쳤다."라는 의미이지만, 동시에 '톰'은 대전 상대이기도 하다.(Must 81 내용 참조)

● was가 아닌 is인 이유

과거분사의 형용사에 붙는 be동사에 대해서 설명하도록 하겠다.

과거분사의 형용사는 **'이미 끝난 후의 상태'**를 나타내기 때문에, 해석했을 때 과거의 일을 말하는 것처럼 보이는 경우가 자주 있다. 그런데 보통 **be동사는 현재형**으로 쓴다.

이 부분에서 혼란스러워하는 학습자들이 꽤 있다.

예를 들어, 'be동사+과거분사의 형용사' 형태로 많이 쓰이는 것은 is gone이다. gone은 go한 후, 즉 '사라진, (다) 떨어진' 상태를 뜻하는 형용사로 쓰인다.

> **The salt is all gone.** 소금이 다 떨어졌어.

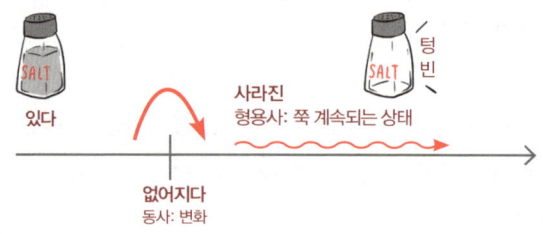

- '다 떨어졌다'는 것은 과거를 의미하지 않는가?
- 그렇다면 is gone이 아닌 was gone이 맞지 않을까?
- 왜 is일까?

이러한 질문을 자주 받는다.

한국어의 '~했다, ~이었다'라는 의미의 과거형은 항상 과거를 나타내기 위해 사용되는 것은 아니다. 근본적인 의미는 '**이미 현실이 되어 있다**'라는 것이다.(Must 12 내용 '현재형과 과거형' 참조)

'과거'는 '이미 한 번 현실이 되었다'는 것을 의미하기 때문에, 한국어의 '~했다, ~이었다'는 표현은 과거를 나타내는 말로도 사용되지만, 또한 한국어의 과거형은 과거를 나타내는 동시에 '현재, 이미 끝난 상태에 있다'라는 뜻으로 영어의 현재완료의 의미로도 사용될 수 있다. 이 때문에 한국인이 영어 과거형과 현재완료를 구별하기 어려운 것이다. 여기에서 The salt is all gone.이 말하고자 하는 것은 '현재 소금은 모두 '가버린 후(gone)'의 상태이다(is)'라는 것이다.

그러므로 과거형 was가 아닌 현재형 is를 사용하는 것이 적절하다.

Must 33
'~시키다, ~하게 하다'를 뜻하는 동사

▶ surprise가 '놀라다'가 아닌 '놀라게 하다'를 뜻하는 이유

한국어에서는 '놀라다', '흥분하다', '만족하다'가 기본 표현인데, 영어에서는 surprise(놀라게 하다), excite(흥분시키다), satisfy(만족시키다) 등 '~하다'가 아닌, **'~시키다, ~하게 하다'라는 의미가 기본**이다.

이러한 단어들을 외웠을 때 이상하다고 생각했던 적이 있고, 심지어 문법 문제로 exciting을 써야 하는지 excited를 써야 하는지 고민했던 기억이 있다.

■ 하나, 둘, 셋, 이제 놀라세요!

- surprise는 왜 '놀라다'가 아니라 '놀라게 하다'라는 의미를 가지는 것일까?
- excite는 왜 '흥분시키다'일까?
- 어떤 동사가 '~시키다, ~하게 하다'라는 뜻이 될까?
- '~시키다, ~하게 하다'를 뜻하는 동사에는 공통적인 특징이 있는 것일까?

이러한 동사들은 일반적으로 흔히 '감정을 나타내는 동사'라는 공통점이 있다. 놀람, 흥분, 만족, 실망과 같은 감정을 나타내는 동사에 이러한 특징이 있다.

그렇다면 감정을 나타내는 동사에 '~시키다, ~하게 하다'라는 의미가 있는 경우가 많은 것은 왜일까?

지금부터 한 가지 실험을 해 보자.
"하나, 둘, 셋, 이제 놀라세요!"
연극이 아닌 이상, "놀라세요!"라는 말을 듣고 놀랄 수는 없을 것이다.

자, 그러면 "흥분하세요."
이 말을 듣고 흥분하는 것은 무리이다.
"지루해하세요. / 만족하세요. / 실망하세요."
이러한 말을 듣고 감정을 느끼는 것은 모두 어렵다는 것을 알 수 있다.

그 이유는 무엇일까? 이는 원인이 없기 때문이다. **놀랄 만한 원인이 없는데 스스로 놀라는 것은 무리이다.** 앞에 제시된 그 외의 감정도 마찬가지이다. 원인이 없으면 성립할 수 없는 감정으로, 영어의 느낌으로 말하면 아래와 같다.

> 어떤 원인이 당신을 '놀라게 하다', '흥분시키다', '만족시키다', '실망시키다'로 말하는 것이 자연스럽다.

반대로 한국어를 공부하는 유럽인과 미국인은 '놀라다'나 '흥분하다'라는 말투를 어색하다고 생각할 수 있다. 이러한 표현을 보고 '이유 없이 혼자 놀라고 흥분할 수 있는가?'라는 의문을 가질 것이다.

이러한 동사가 가지는 힘의 흐름은 다음과 같다. 모두 '어떤 원인이 사람에게 감정을 일으키게 하는' 형태이다.

예문 The news surprises me.   그 소식이 나를 놀라게 한다.

예문 The report excites us.   그 보고가 우리를 흥분시킨다.

예문 The results satisfy her.   그 결과가 그녀를 만족시킨다.

예문 What he did disappoints me.   그가 한 행동이 나를 실망시킨다.

● 현재분사(-ing), 과거분사는 형용사로 취급

앞에 언급된 동사들이 'be동사 + 현재분사(-ing)'나 'be동사 + 과거분사(-ed)' 형태로 쓰일 때, 각 분사는 **형용사로 취급된다.** 앞에서 설명했듯이 형용사는 '변하지 않는 상태'를 나타내는 말이다. '빨간 나무 열매'라고 말할 때, 그 나무 열매는 빨간 상태가 쭉 지속되는 것이다.

-ing는 '동작하는 도중의 상태가 계속 이어지는 것'을 나타낸다. 예를 들어, He is reading a book.는 '책을 읽는 중의 상태가 계속 변함없이 이어지고 있다'라는 뜻이다. 과거분사는 '끝난 후의 상태가 계속 이어지고 있는 것'을 나타낼 수 있다. She is gone.(그녀가 가 버렸다.)의 경우, '가 버린 후, 없어진 상태가 계속 되고 있다'라는 뜻이다.

따라서 현재분사(-ing)와 과거분사 모두 형용사로 쓰인다.

현재분사는 능동태에서, 즉 **원인이 주어로 왔을 때 '원인+be동사+-ing'** 형태로 쓰인다.

예문 **The news was surprising.**
그 뉴스는 놀라웠어.

예문 **The game was pretty exciting.**
그 경기는 상당히 흥미진진했어.

→ surprising이나 exciting은 형용사이므로, '놀라게 하지 않다 → 놀라게 하다', '흥분시키지 않다 → 흥분시키다'로의 변화가 아니라, 주어인 '뉴스'나 '경기' 내용에 대한 '평가(=놀라운 뉴스, 흥분되는 경기)'를 의미한다.

명사 앞에 분사의 형용사를 붙일 때 그 **명사가 감정의 원인인 경우, 앞에 -ing형태**가 붙는다.

예문 **This is surprising news.**   이건 놀라운 소식이야.
예문 **This is an exciting event.**   이건 흥분되는 일이야.
→ news, event는 모두 감정을 일으키는 원인이다.

여기에서 과거분사는 수동, 즉 (어떤 감정이 유발된) **사람이 주어로 왔을 때 '사람+be동사+과거분사'**로 쓰인다.

예문 **I was surprised at the news.**   난 그 소식에 놀랐어. (=놀란 상태였다.)
→ at의 근본적인 의미는 '움직이고 있는 한 점을 가리키다'이다. 여기에서는 총을 겨누는 것처럼 어떤 점에 주의를 기울이는 것을 말한다. 놀라서 그 뉴스 쪽에 주의를 기울였다는 느낌을 나타낸다.

🔴 **She was excited about the event.**
그녀는 그 일에 흥분되었어. (=흥분된 상태였다.)

명사 앞에 과거분사의 형용사를 붙일 때는 그 명사가 '(어떤 원인에 의해 감정이 유발된) 사람'이어야 한다.

🔴 **An excited man was shouting.** 흥분한 남자가 소리치고 있었다.
→ a man은 어떤 원인으로 인해 흥분한 남자이다.

🔴 **A lot of disappointed people wandered into the building.**
실망한 많은 사람들이 건물 안으로 어슬렁거리며 들어갔다.
→ people은 어떤 원인으로 인해 '실망한 사람들'이다.

이러한 규칙에 따라 사용되는 동사에는 surprise, excite, disappoint, satisfy 외에 bore(심심하게 하다), tire(지치게 하다), amaze(놀라게 하다), embarrass(당황하게 하다), interest(흥미를 끌다) 등이 있다.

주의해야 할 표현으로는 shock와 panic이 있다.
두 단어 모두 '어떤 원인이 사람에게 충격을 주다', '어떤 원인이 사람을 패닉에 빠뜨리다'라는 동사이다. 'shock = 충격을 받다'라고 생각하거나 'panic = 패닉 상태가 되다'라고 생각해서 다음과 같이 잘못 사용하는 경우가 많이 있다.

❌ I'm shocking. → ⭕ **I'm shocked.** 난 충격을 받았어.
❌ I was panicking. → ⭕ **I was panicked.** 난 패닉 상태에 빠졌어.

제6장
동사 ⑤ 동사원형: 의미를 생각해 본 적이 있는가?

Must 34
동사원형에 대해 생각하다

▶ 동사가 시간에서 해방되어 남은 것

■ 동사원형이란 무엇인가?

동사의 원형은 현재형도 아니고 과거형도 아니다.

동사원형을 처음 배울 때는 왜 이러한 것이 있는지 신기했다. 현재의 이야기를 나타내기 위해 현재형이 있고, 과거의 이야기를 나타내기 위해 과거형이 있다. 그렇다면 원형은 무엇일까?

동사원형은 현재도 과거도 나타내지 않는다. 동사에서 '시간'을 빼면 그 나머지는 '~하다'라는 동작을 말하는 '동작의 개념'인 것이다.

예를 들어, '입을 통해 액체를 몸 안에 넣는 것'을 지칭하는 동사의 이름은 '마시다'이다. 이를 명사에 적용해서 말하면, '갈증을 해소하거나 맛을 즐기도록 만든 마실 거리'를 지칭하는 명사의 이름은 '음료수'이다.

동작의 명사화(~하는 것)가 일어나면서 **동사원형을 명사로 쓰는 to 부정사의 명사적 용법(~하는 것)이 생겨났다**고 볼 수 있다.

to 부정사에는 명사적 용법 외에 형용사적 용법이나 부사적 용법도 있지만, 부정사 중에서 가장 먼저 생긴 용법은 라틴어 등에도 동일하게 나타나는 명사적 용법이다.

예문 **To walk is good for your health.**
걷는 것은 건강에 좋다.

예문 **To know is one thing, and to practice is another.**
아는 것과 실천하는 것은 별개 문제다.

→ '걷다', '알다', '실천하다'라는 것이 무슨 뜻인지 각각 '개념'에 대해 이야기하고 있다.

영영 사전에서도 동사의 의미를 설명할 때, 부정사의 명사적 용법인 'to+동사원형'을 쓴다. 이를 통해 동사의 '개념' 부분을 설명하는 것이다

🔴 **eat: to put food in your mouth, chew it and swallow it**
　먹다: 음식을 입에 넣고, 씹고, 삼키는 것
　(출처: OALD 옥스퍼드 현대 영영 사전)
　→ 먹는 행위를 언제 할지는 상관없이, '먹다'라는 것이 어떤 행위인지만을 설
　　명하는 데 'to+동사원형'을 쓴다.

── '아직 하지 않은' 것을 나타내는 경향이 있다

동사원형은 보통 '아직 하지 않은 것'을 나타내는 경향이 있는 것으로 보인다. 'to +동사원형'은 '앞으로 할 일'을 의미하는 경우가 많다.

🔴 **I want to eat something.**　난 무언가 먹고 싶어.
　→ 무언가 먹고 싶은(want) 것은 지금이지만, 먹는(eat) 것은 앞으로의 일이다.

명령문도 동사의 원형이다.

🔴 **Stop!**　멈춰!
　→ 현재 하고 있지 않은 일을 지금부터 하라는 의미이다.

가정법 현재로 불리는 용법도 동사원형을 사용하여, 주절의 동사에는 '~해라', '~하자'를 의미하는 말이 온다. 이는 가정법 현재 부분(Must 47)에서 설명할 예정으로, should가 생략된 것이 아니라 순수하게 가정법 현재라는 활용형인 것이다.

🔴 **They suggested to her that she stay with me.**
　그들이 그녀에게 나와 함께 있으면 어떨지 제안했다.
　→ suggested에서 알 수 있듯이 과거의 일을 말하고 있는데, stay라는 동사원형을 사용한 것에 주목하자.
　　that 절의 내용은 '(앞으로) ~하자고, ~하면 어떨지'라고 제안하는(suggest) 내용이다.

동사원형이 '아직 하지 않은 일'을 나타내는 경향이 있는 것은 **동사의 원형이 시간에서 해방된 머릿속의 '개념'만을 의미하여 '생각만 하는 것(=실제로 실행하는**

것은 지금부터)'을 나타내는 의미로 이어지기 쉽기 때문이다.

조동사 뒤에도 동사원형이 온다.

- **Yes, we can!** 오바마 대통령: 그래요, 우리는 할 수 있습니다(라고 생각합니다)!
  → can 뒤에 do it가 생략되어 있다.
- **The meeting will start at eight.**
  회의는 8시에 시작될 것이다(라고 생각한다).

> ◆ valuable information
>
> 조동사 뒤에 동사원형이 오는 것도 위와 같은 이유인 것으로 보인다. 조동사는 현실의 이야기가 아니라 생각만 하고 있다는 것을 나타내는 말이며, '현실에서 항상 그렇다(현재형)' 또는 '과거의 현실로서 그랬다(과거형)'처럼 사실을 나타내는 말이 아니다. 따라서 동작의 개념만을 나타내는 동사의 원형도 '머릿속으로만 생각할 뿐'이라는 의미로, 조동사와 잘 쓰인다고 볼 수 있다.
>
> 예) will = (아마) ~일 것이다(라고 생각하다)
> may = ~일지도 모르다(라고 생각하다)
> should = ~해야 한다(라고 생각하다)

시간 개념이 이미 나타나 있으면 동사원형을 쓴다

한편으로 의문문이나 부정문의 do, does도 넓은 의미에서 조동사인데, 이것은 will이나 can과 같은 법조동사와는 달리 do, does, did가 인칭이나 시간을 이미 나타내기 때문에 동사원형을 쓴다고 할 수 있다.

- **He swam across the river.** 그는 강을 헤엄쳐 건넜어요.

- **Did he swim across the river?** 그가 강을 헤엄쳐 건넜나요?
  └시간을 나타낼 필요가 없음
  시간을 나타냄(과거)

마지막으로 정리해 보자.

동사원형은 현재나 과거라는 시간으로부터 해방된 **동사의 '개념'만을 나타내는 것**이다. 이에 따라 '사물의 개념'을 나타내는 명사처럼 '동작의 개념'을 나타내는 명사적 용법으로 쓰이게 된 것이다. 이것이 to 부정사의 기원이다.

그리고 동사의 용법에서 보면, '개념'을 나타내는 동사원형은 **'머릿속에 떠올라**

있을 뿐 아직 실행하지 않은 것으로, 앞으로 실행할 동작'이라는 의미를 가진 용법으로 발전한 것처럼 보인다.

　오래전 과거에 사용되었던 영어에서는 동사원형, 명령문, 가정법 현재에 개별적인 활용 형태가 있었기 때문에 현재와 같이 동일한 형태(=동사원형)는 아니었지만, 적어도 현대 영어에서 이들이 같은 형태가 된 것은 단순한 우연이 아닌 인지적 필연성이 있다고 생각한다.

Must 35
to 부정사(= to + 동사원형)
① ~ 쪽으로 이끌다

▶ 용법에 현혹되지 않고, 우선은 단지 '→'로 생각하라

앞에서 동사원형은 시간에서 해방된 동사이고, 동사의 개념(즉, 어떤 동작인지 나타내는 것)만을 나타낸다고 설명했다. 그리고 to 부정사는 명사적 용법을 기원으로 하여 형용사적 용법, 부사적 용법도 생겨나게 되었다고 했다.

약 30년 이상이 지난 나의 중학교 시절에는 용법을 가르치는 방법에 여러 문제가 있었다. 그 방법들 중 일부를 여전히 사용하여 가르치는 사람들이 있다고 한다. 여기에서는 주된 문제점 2가지만을 살펴보겠다.

① 각 용법을 모국어 해석대로 가르치는 것
→ '~하는 것' = 명사적 용법, '~한 (명사)' = 형용사적 용법, '~하기 위해서', '~하고' 등= 부사적 용법: 이와 같이 해석할 수는 있으나, 해석은 맥락에 따라 얼마든지 바뀔 수 있다.

② 용법을 모르면 해석할 수 없다고 가르치는 것
→ 영어 원어민 중에 용법을 하나하나 따지는 사람은 없고, 원어민이 아닌 영어 학습자도 영어에 익숙해질수록 용법을 일일이 생각하지 않는다.

●── 기능을 구별하다

①의 문제점부터 설명하자면, 명사, 형용사, 부사 등의 용법을 구별하기 위해서는 단순히 해석을 떠나 적어도 각 **품사를 기능에 따라 구별할 수 있어야 한다**.

1. **명사적 용법**: 부정사구('to+동사원형'을 포함한 하나의 의미 덩어리)를 대명사인 it으로 바꿔도 의미가 통한다면 명사적 용법이다.

예문 **I want to buy the car. → I want it.**
난 그 자동차를 사고 싶어. → 난 그것을 갖고 싶어.

예문 **The idea is to generate electricity out of wind.**
→ The idea is it.
그 아이디어는 바람으로 전기를 발생시키자는 것이다. → 그 아이디어는 그것이다.

예문 **It is fun to swim with friends.** 친구들과 수영하는 건 재미있어.
→ to swim with friends는 가주어 it의 구체적인 내용을 나타낸다.

2. **형용사적 용법**: 형용사는 명사를 수식하는 말이다. 즉, 명사의 모습을 설명하는 말이다. '가벼운 정보를 먼저 말하고, 무거운 정보는 나중에 말하는' 영어의 어순 규칙에 따라, '명사의 자세한 모습을 설명'하는 부정사의 형용사적 용법은 '무거운 정보'로, 명사 뒤에 온다. 즉, **명사 바로 뒤에서 명사의 모습을 설명하는 부정사**는 형용사적 용법이다.

예문 **He doesn't have any power to [hire or fire someone].**

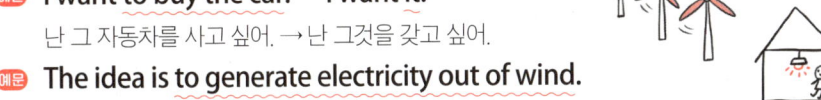

힘, 권력 / 누군가를 고용하거나 해고하다
무엇을 하려고 향하는 힘인가?

그에게는 누군가를 고용하거나 해고할 힘이 전혀 없다.
→ to hire or fire someone은 '어떤 power인지'에 대한 자세한 설명이다.

3. **부사적 용법 ①**: 부사에는 여러 가지 기능이 있는데, 우선 동사를 수식하는 기능, 즉 **동사의 모습을 설명하는 것**이 주된 기능이다. 예를 들어, '달리다'라는 동사의 경우, 어떤 식으로 달리는지를 설명하는 '빨리 달리다' 또는 '친구와 달리다'에서 '빨리', '친구와'는 부사이다.

예문 **I went to the station to [see my friends].** 나는 친구들을 만나러 역에 갔다.

무엇을 하는 것을 향해서 '갔는가?'

→ to see my friends는 went라는 동작의 목적을 설명한다.

예문 **He grew up to [be a rock star].** 그는 어른이 되어 록 스타가 되었다.

어떤 상태(be)에 도달했는가?

→ to be a rock star는 grew up이라는 동작의 결과로 인해 도달한 상태를 설명한다.

> **4. 부사적 용법 ②**: 부사나 형용사의 정도가 **어느 정도인지 설명하는 것**도 부사의 기능이다. 예를 들어, '빨간'이라는 형용사의 정도를 설명하는 '매우 빨간'의 '매우'는 부사이다. '빨리 달리다'에서 부사 '빨리'의 정도가 얼마나 '빨리'인지를 설명하는 '세계 최고로 빨리 달리다'의 경우, '세계 최고로' 또한 부사이다.

예문 **His offer is too good to [be true].** 그의 제안은 사실이라기에 너무 좋았다.

어떤 상태(be)로 향하기에 too good인가?

→ to be true(사실이라기에는)는 무엇을 기준으로 too good(너무 좋아서 아닌)인지를 설명한다.

● ── '→'로 생각하다

이제 ②의 문제점으로 넘어가 보자.

몇몇 영어 교사의 의견에 따르면 부정사의 용법을 모르는 경우 해석할 수 없다고 하는데 과연 그럴까?

to 부정사의 to는 모두 '→'를 의미한다.

단지 그렇게 파악하면 되는 것은 아닐까?

'해석하다'라는 말이 '정확한 모국어로 해석하다'라는 것을 의미한다면, 확실히 용법에 따라 해석도 바꿀 필요가 있다.

하지만 그러한 생각을 가진 교사들은 '영어의 뜻을 이해하다'라는 개념과 '모국어로 해석하다'라는 것을 같다고 생각하는 경우가 많이 있다.

영어 문장을 읽거나 들으며 단지 의미를 이해하고자 할 때, 모국어로 바꾸는 것이 오히려 머릿속에서 영어, 모국어를 동시에 떠올리며 멀티태스킹을 하게 해서 올바른 의미 파악에 방해가 된다.

• **명사적 용법**

예문 **My plan is to [hire more people for the project].**
내 계획은 그 프로젝트를 위해 사람을 더 고용하는 것이다.
→ '나의 계획은 이쪽이에요().'라는 느낌

예문 **It is impossible to [finish it in a day].**
그것을 하루 만에 끝내는 것은 불가능해요.
→ 그것은 불가능하다. 불가능한 일은 그것을 하루 만에 끝내는 것으로 향하는 것이다.

• **형용사적 용법**

예문 **This pair of pants doesn't have any pockets to [put things in].**
이 바지에는 물건을 넣을 주머니가 하나도 없어.
→ 이 바지에는 주머니가 하나도 없다, 주머니는 물건들을 넣으려고 향하는 곳이다.

• **부사적 용법**

예문 **I went to the supermarket to [buy some food].**
난 먹을 것을 사기 위해 슈퍼에 갔어.
→ 슈퍼에 갔다. 먹을 것을 사기 위해 향하는 느낌이다.

이렇게 to 부정사를 더 자세한 정보로 to가 이끌어 주는 형태라고 파악하면 모든 경우에 의미를 이해할 수 있게 된다.

용법을 제대로 구별할 수 있다는 것은 바람직한 일이고, 모국어로 정확하게 해석하기 위해서 필수 지식이기도 하다. 하지만 사실상 순간적으로 읽고 듣거나, 문장을 만들고 말하기 위해서는 그러한 지식이 그다지 사용되지 않는다.

가지와 잎에 얽매이지 말고, 뿌리는 무엇인가를 생각하면서 학습하면 더욱 직감적인 영어 구사가 가능해진다.

Must 36
to 부정사(= to + 동사원형)
② '→'를 어느 방향에서 보는가?

▶ '→'에는 3가지 의미가 있다

to 부정사는 'to+동사원형', 즉 '→'+'시간에서 해방된 동사의 개념'이다. 그리고 to가 나타내는 '→'는 3가지 의미를 가지고 있다.

> ① 앞으로 할 일을 향해 가다
> ② 도달하다
> ③ 손가락으로 가리키다

이렇게 3가지인데, 모두 같은 '→'를 나타낸다. 다만 그것을 **어느 방향에서 보느냐**에 따라 의미가 달라진다.

●── ① 앞으로 할 일을 향해 가다

to 부정사의 많은 부분을 차지하는 것이 '앞으로 할 일을 향해 가다'라는 뜻이다.

앞으로 향하다

• **명사적 용법**

예문 **I want to [see him tomorrow].**   난 내일 그를 보고 싶어.
→ '앞으로 볼 것'을 향해 want한 기분으로 있다.

예문 **I don't know what to [do].**   난 무엇을 해야 할지 모르겠어.
→ '앞으로 무엇을 해야 할지'를 의미하는데, '의문사+to 부정사'는 '~(해야) 할지'라는 의미가 된다. what to do는 '무엇을 해야 할지'를 뜻한다.

* 참고: to see him tomorrow와 what to do 모두 it로 바꾸었을 때 각 문장의 의미가 통하므로, 이러한 경우의 부정사는 명사적 용법이다.

- **형용사적 용법**

  예문 **We need to buy something to [drink].**
  우리는 마실 것 좀 사야겠어.
  → '앞으로 마실' 것을 향하는 '무언가'

  예문 **I have nothing to [talk about].** 난 할 말이 없어.
  → '앞으로 이야기할' 것을 향하는 '무언가가 없음'

  * 참고로 to drink와 to talk about는 앞에 있는 something, nothing이라는 명사의 내용을 자세히 설명하는 말이기 때문에 이러한 부정사구는 형용사적 용법이다.

  분사의 형용사적 용법은 -ing이기 때문에 '~하고 있는 중'이라는 느낌이 있다.

  예문 **We got closer to the man = [talking with Mr. Jones].**
  우리는 존스 씨와 이야기하고 있는 남성에게 다가갔다.
  → 존스 씨와 이야기 중인 남성

- **부사적 용법**

  예문 **I went to the movie theater to [see the movie].**
  난 그 영화를 보러 영화관에 갔어.
  → '앞으로 영화를 볼' 것을 향해 '갔다'.

  예문 **I am ready to [go].** 난 갈 준비가 되어 있어.
  → '앞으로 갈' 것을 향해 ready의 상태에 있다.

  * to see the movie는 went라는 동사의 목적을 설명하고 있기 때문에 부사적 용법이다. to go는 be ready라는 동사구의 내용(무슨 준비가 되어 있는지)을 자세하게 설명하고 있기 때문에 부사적 용법이다.

- **독립 부정사**

  독립 부정사는 문장 첫 부분에 오는 관용구이다. '(이제부터) 이렇게 해서(하면)'라는 의미로, 일종의 '앞으로 향하다'라는 느낌이 있다.

  예문 **To [be frank], I don't want to make friends with a guy like him.**
  (이제부터) 솔직하게 말하면,
  솔직히 말해서, 난 그와 같은 남자와 친구가 되고 싶지 않아.

  예문 **Needless to [say], your company pays for it.**
  (지금부터) 말할 필요도 없이,
  말할 필요도 없이, 그것에 대한 비용은 당신의 회사가 부담합니다.

② 도달하다

'도달하다'를 뜻하는 to 부정사는 주로 부사적 용법으로 쓰인다. 이 경우, '이미 이러한 동작이 현실로 일어나고 있다'는 것을 의미한다.

• 부사적 용법(결과)

예문 He grew up to [be a doctor]. 그는 어른이 되어서 의사가 되었다.

→ 성장해서 어른이 된 결과 '의사인 상태'에 도달했다.(grow는 '성장하다'라는 의미밖에 없지만, grow up은 '어른이 되다'라는 의미이다.)

예문 I studied without sleeping a wink, only to [fail the exam].
　　　　　　　　　　　　　노력　　　　　　　　　　~만을 향하다　　실패

한잠도 자지 않고 공부했는데, 결국 시험에 떨어졌다.

→ '노력 + only to + 실패'의 구문으로, '노력했지만, 결국 실패뿐이었다'라는 의미이다.

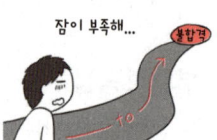

• 부사적 용법(원인)

예문 It's good to [see you]. 만나서 반가워요.

→ '당신을 만나다'에 도달하여, '상황(it)이 좋다'를 의미한다.

• 부사적 용법(판단의 근거)

예문 He must be a genius to [solve the problem within a few minutes].
　　　　　판단·평가

그 문제를 몇 분 안에 풀다니 그는 천재임에 틀림없어.

→ '판단·평가 + to + (판단·평가의) 근거'의 구문으로, '어떤 일에 도달하여, 그것을 근거로 하여 판단·평가를 내리다'라는 의미이다.

• 부사적 용법(조건)

예문 To [hear her talk], you would think she was Chinese.
　　　　조건　　　　　　　　　　　　　결과

그녀가 말하는 것을 들으면, 당신은 그녀가 중국인이라고 생각할 것이다.

→ 문장 첫 부분에 'to + 조건'이 오는 패턴이다. '그 조건에 도달하면'이라는 의미로, 조건 부분에는 보통 'to see ~' 또는 'to hear ~'의 지각 구문이 온다.

③ 손가락으로 가리키고 있다(→)

'앞으로 향하다', '도달하다'라는 의미에 모두 맞지 않는 to 부정사도 있다. 이 '→'는 '생각'을 가리키며 순수하게 '지시 기능'을 하는 '→'이다. '~쪽으로 이끌다'를 나타내며 손가락으로 가리키는 느낌이다.

• **명사적 용법**

예문 **To** [eat vegetables every day] is good for your health.
　→
　　개념·생각
매일 채소를 먹는 것은 건강에 좋다.

'실제로 ~했다' 또는 '실제로 지금부터 ~하다'가 아닌, **'일반적으로, (~쪽으로 이끌려) 이렇게 하는 것'**이라는 개념·생각을 나타낸다. 이는 생각을 나타내는 to 부정사로, 동사원형은 시간에서 해방된 동작의 개념만을 나타내는 말이기 때문에 이러한 용법이 생겨나는 것이다.

＊ to eat vegetables every day를 it로 바꿔도 문장의 의미가 통하기 때문에 여기에서 to 부정사는 명사적 용법이다.

이상으로 to 부정사의 to가 지닌 '→'의 의미를 크게 3가지로 나누어 살펴보았다. to를 '→'로 이해하면, 문장의 의미를 조금 더 생생하게 느낄 수 있을 것이다.

Must 37
be동사 정리하기

▶ be동사는 여러 문장에서 무슨 기능을 하는가?

이번 학습에서는 be동사가 무엇인지, 그리고 문법에서 다양하게 쓰이는 be동사가 무슨 의미를 가지며 어떤 기능을 하는지 살펴보고, 지금까지 배운 지식들을 '점에서 선으로' 연결해 보자.

be동사는 가장 기본적이지만, 영어 학습에서 그 의미 학습에 대한 중요성은 잘 언급되지 않는 동사이다.

'문법상 필요하기 때문에 사용되지만, 문장의 의미 파악에는 별로 중요하지 않다.'라고 생각되는 경향이 있다.

예를 들어, 진행형이나 수동태에서 'be동사+-ing', 'be동사+과거분사'의 형식이 쓰이는데, **왜 be동사가 사용되는지, 그리고 be동사가 무슨 기능을 하는지**에 대한 설명은 거의 없다.

또한 I am a student.를 "나는 학생이다."라고 해석할 때 '~(이)다'가 무엇을 나타내는지에 대한 설명은 없다. I am in Tokyo.라는 문장의 경우, "나는 도쿄에 있다."라는 뜻으로, 여기에서는 '있다'라는 의미가 된다. 이렇게 경우에 따라 의미가 달라지는 be동사의 정체가 무엇인지에 대한 설명을 거의 찾아볼 수 없다.

여기에서는 이러한 be동사의 근본적인 의미와 기능에 대해 살펴보도록 하자.

■ be동사: ~한 상태로 존재하다

be동사의 정체는 '**~한 상태로 존재하다**'이다.

참고로 한국어의 '학생이다'에서 '~(이)다'는 '학생인 상태로 존재하다'라는 것을 나타낸다. 즉, '어제, 오늘, 내일

변함없이 학생인 상태가 계속되다'라는 것을 나타낸다.

'도쿄에 있다'에서 '있다'는 'in Tokyo라는 상태로 존재하다'라는 것을 의미한다.

그러므로 be동사의 '~한 상태로 존재하다'라는 의미에서 I am a student.(2형식)의 경우, be동사가 지닌 '상태'의 의미가 부각되고 I am in Tokyo.(1형식)의 경우, be동사가 지닌 '존재'의 의미가 부각되는 것이다.

●── 보어 자리의 형용사 앞에 be동사가 오는 이유

2형식 문장에서는 보어에 '학생'과 같은 명사뿐 아니라 형용사도 올 수 있다.

- 예문 **He is happy.**
- 예문 **This flower is beautiful.**

형용사는 명사의 모습을 설명하는 말로, 아래와 같은 특징이 있다.

> ① 변함없이 어떤 상태가 지속되고 있음을 나타낸다.
>   예를 들어, '아름다운'의 경우 '아름다워지다'라는 변화와 달리, '아름다운' 상태가 계속되고 있음을 나타낸다.
> ② 현재나 과거처럼 언제를 말하는 것인지 시간을 나타낼 수 없다.

따라서 형용사는 **'상태'를 의미하는 be동사와 매우 잘 맞고**, be동사는 형용사가 나타낼 수 없는 시간을 나타내 준다.

●── 진행형에 be동사가 사용되는 이유

진행형에 사용되는 be동사의 역할은 -ing만으로는 나타낼 수 없는 **'현재', '과거'와 같은 시간을 나타내는 것**이다.

예문 **He is reading a book.**
예문 **He was reading a book.**

위 예문과 같이 현재, 과거의 차이를 나타내 준다. be동사가 없으면 '책을 읽는 중인 시점이 지금인지 과거인지' 알 수 없게 된다.

그렇다면 왜 be동사를 사용하고, 다른 동사를 쓰지 않는 것일까? -ing는 '어느 정도의 시간 동안 무언가를 **하고 있는 중인 상태가 계속되고 있다**'라는 개념으로, 이는 '동작', '변화'가 아니라 **'변하지 않는 상태'**를 말하는 것이다. 따라서 -ing에 동사를 쓸 때, '상태' 그 자체를 뜻하는 be동사 사용이 적절하다.

── 수동태에 be동사가 사용되는 이유

수동태에서 과거분사에 붙는 be동사는 -ing와 마찬가지로 **'현재', '과거'라는 시간을 나타낸다.** 참고로 과거분사에 have가 붙으면 현재완료가 되지만, be동사가 붙으면 수동태가 된다.

여기에서 **수동이란**, '~되어진 후의 상태'를 말하는 것이 1차적인 의미이고, '~되지 않았던 것이 ~되다'라는 '변화'를 말하는 것은 2차적인 의미라고 생각된다.

예문 **The idea is accepted across all generations.**
그 생각은 모든 세대에 걸쳐 받아들여진다.
→ accept는 '받아들이다'라는 동작 동사이지만, 수동태로 사용하면 '받아들여진 후의 상태에 있다'라는 '수동 + 완료 상태'의 이미지이다.

예문 **John is said to have been fired two weeks ago.**
존은 2주 전에 해고되었다고 해.
→ say는 '입으로 말하다'라는 동작(변화)을 나타내는 동사이지만, is said는 '그러한 소문(이야기)이 계속 있다'라는 '상태'를 나타낸다.

예문 **My watch is broken.** 내 시계는 고장이 나 있어.
→ 특별한 문맥이 없으면 '내 시계는 고장 나다'라는 '변화'가 아니라 '고장 나 있다'라는 '상태'로 해석된다. 즉, '어떤 원인에 의해 고장이 난 후의 상태에 있다'를 말한다.

예문 **The door was closed.** 그 문은 닫혀 있었어.

→ 특별한 문맥이 없으면 '문이 닫혔다'라는 변화라기보다 '문이 닫혀 있었다'는 상태로 해석되는 경우가 많다. 만약 '닫혔다'라는 변화를 나타내고 싶다면 뒤에 흔히 by가 붙는다.

예문 **The door was closed by the tall man.**
그 키 큰 남자에 의해 문이 닫혔어.

→ 수동태의 by는 '~하는 쪽'을 표현하는 말이므로, '~하다'라는 동작의 변화, 즉 상태가 아니라 동작의 의미가 수동태에 강하게 나타난다.

이와 같이 수동태는 동작(변화)을 나타낼 수도 있지만, **상태(변화하지 않는 것)를 나타내는 것이 근본적인 의미에 더욱 가깝다.** 따라서 수동태는 상태를 나타내는 be동사가 잘 어울린다.

◆ valuable information

참고로, 아주 오래전에 사용되던 영어의 현재완료에서 I have finished my work.(난 벌써 내 일을 끝냈어.)라는 문장의 경우, 아래와 같이 표현되었다.
I have my work finished.
 (→ I have [my work = finished].
  나는 내 일=끝난 상태를 지금 have하고 있다)
'~되어진 상태(=수동)를 가지고 있다(=have)' = '다 했다(완료)'와 같이 **수동과 완료는 매우 밀접한 관계**였다.
시대가 흐르면서 '동사 뒤에 명사(목적어)를 두는 'SVO 어순이 정착되면서 I have my work finished.와 같은 문장이 I have finished my work.와 같은 형태로 바뀐 것으로 보인다. 수동이 '~되어진 후의 상태'라고 해석되기 쉬운 이유 중 하나로, 이러한 역사적 배경이 있을 법하다.

Must 38
be to 부정사

▶ 근본적인 의미: ~하는 것을 향한 상태에 있다

'be to 부정사'는 다소 딱딱한 문어체에 사용되는 필수 문법 사항이다. 'be동사+to 부정사'의 한 형태에서 의미가 무려 5가지나 있어, 학습자들이 괴로워하는 부분 중 하나이다.

① (확정된) 예정

The president is to visit China next month.
대통령은 다음 달 중국을 방문하기로 되어 있다.

② 운명

She was never to see him again.
그녀는 그를 다시는 보지 못하게 되었다.

③ 가능

No one was to be seen in the street. 거리에 아무도 보이지 않았다.

④ 의도

If you are to be successful, you need to work harder.
만약 네가 성공하려면, 좀 더 열심히 노력해야 해.

⑤ 의무·명령

You are to come to my office. 당신은 내 사무실로 와야 해요.

그러나 형태(말하는 방식)가 같다는 것은 공통적으로 근본적인 의미가 있다는 것을 말하고, 그것을 파악하면 전체적인 의미를 이해하기 쉬워진다. 이를 통해 문장을 직감적으로 이해하는 능력을 기를 수 있고, 영어를 직접 말하고 쓸 때도 이러한 능력이 필요하다.

■ ~하는 것을 향한 상태에 있다

be동사는 '~한 상태로 존재하다'가 근본적인 의미이고, to 부정사는 기본적으로 '앞으로 ~하는 것을 향해 가다'라는 의미가 있기 때문에 'be to 부정사'의 **근본적인 의미는 '~하는 것을 향한 상태에 있다'**이다.(단, ③은 예외로 의미가 조금 다르다). 이 의미에 가장 가까운 것이 ①의 '(확정된) 예정'이다.

●●── ① (확정된) 예정

be to 부정사 중에서 가장 많이 쓰이는 용법이다. 이 용법을 가장 흔히 볼 수 있는 것은 신문 제목인데, 영어 신문 제목은 관습적으로 be동사와 관사를 생략하여 아래와 같이 쓴다.

예문 **Trump to visit China**   트럼프 대통령 중국 방문

일반적인 문장으로 고치면 President Trump is to visit China.가 된다. 이 표현이 will이나 다른 미래 표현과는 어떻게 다를까?

1. will

예문 **President Trump will visit China.**

트럼프 대통령이 중국을 방문할 것이다.

→ will은 "방문하다'라는 방향으로 마음이 기울다'라는 의미로, 머릿속에서 '예상·판단'하는 것이다. 화자가 그렇게 생각하고 있을 뿐이기 때문에, 예정이 확정된 정도는 그다지 높지 않다.

2. be going to

예문 **President Trump is going to visit China.**

트럼프 대통령은 중국을 방문할 예정이다.

→ 미래에 China를 visit는 일이 있어, 지금 트럼프는 그쪽을 향해 나아가고 있는 중임을 나타낸다. 이미 그 예정을 향해 나아가고 있다는 의미로, '생각하고 있을 뿐'인 will보다 확정된 정도는 높다.

3. 진행형

예문 **President Trump is visiting China next week.**

트럼프 대통령은 다음 주 중국을 방문한다.

→ 중국을 방문하기 위한 일이 이미 진행 중인 것을 나타낸다. 비록 트럼프가 아직 미국에 있다하더라도 이미 중국을 방문할 계획에 맞춰 생활하고 있다는 뜻이다. '중국 방문이 아직 앞에 있고, 지금은 단지 그곳을 향해 나아가고 있다'는 be going to보다 확정된 정도가 훨씬 높다.

4. be to 부정사

예문 **President Trump is to visit China next week.**
트럼프 대통령은 다음 주에 중국을 방문할 예정이다.
→ 신문의 표제에 사용되는 것에서 알 수 있듯이, 딱딱한 문어적 표현으로 정치적 일정이나 회사 간의 결정 등, '취소하게 되면 상당히 난처한 일정'에 사용되는 것이 보통이다. '가까운 미래'나 '먼 미래'의 개념보다는 '공식적인 일정'이라고 이해하면 된다.

② 운명

반드시 과거형에 사용되는 표현이다. 앞으로의 일은 아무도 모르지만, 과거를 되돌아보았을 때, '그때 ~하는 것을 향하고 있었다'라는 것은 알 수 있다. **드라마의 엔딩에서 "그때 이러한 운명이 기다리고 있을 줄은 생각도 하지 못했다."라는 내레이션 같은 느낌이다.**

예문 **He was never to return home.**
그가 고향에 돌아갈 일은 두 번 다시 없었다.
→ 과거에 고향으로 돌아오는 것을 향한 상태가 결코 아니었다는 것을 미래에서 돌아보는 표현이다.

③ 가능

형식상의 특징으로는 **보통 부정문에 사용**되기 때문에 '가능'이라기보다는 **'불가능'을 나타내는 구문**이다. 그리고 to 부정사가 수동태로 쓰여, 'to be 과거분사'의 형태가 된다.

> ◆ **valuable information**
>
> 이 패턴의 to는 예외적으로 '앞으로 향하다'가 아니라 '도착하다'라는 의미라고 할 수 있다. 그렇게 생각하면, '(~된다는 것에) 도달할 만한 상태에 있지 않았다' = "~되다'라는 것이 실현되지 않았다'라는 의미로 해석될 수 있다.

be to 부정사의 부정문이자 'to be 과거분사'의 경우 '불가능'을 뜻하는 문장이라고 생각하면 된다.

예문 My wallet was not to be found.　내 지갑을 찾을 수 없었다.
→ "내 지갑이 발견된다는 상태에 도달하지 못했다."가 직역이다.

④ 의도

이 표현은 if를 사용해서 'If+S+be동사+to (do ~)' 형식을 취하는데, 직역하면 '만약 S가 do하는 것을 향하고 있다면'이라고 할 수 있다. 때로는 **실제로 원하는 대로 되지는 않을 것이라고 설교하는 것 같은 느낌**도 있다. 익숙한 형태로 해석하면 '만약 S가 do하려면'이 된다. 그런데 '의도'라는 의미가 be to 부정사 안에 있다기보다, 결과적으로 '의도'로 해석이 가능할 뿐이다. 결과를 나타내는 절에는 반드시 '조언'하는 말이 오므로 설교하는 듯한 표현이다.

예문 If you are to be successful, you need to work harder.
직역: 만약 네가 성공을 향해 가고 있는 상태라면 ….
→ 만약 네가 성공하려면, 좀 더 열심히 노력해야 해.

⑤ 의무·명령

주어는 반드시 you이다. 상대방에게 면전에서 '너는 ~하는 것을 향해 맞춰져 있는 상태이다'라는 뜻이, '**~하라**'라는 **명령**을 뜻하게 되었다.

예문 You are to come to my office later.
당신은 나중에 내 사무실로 와야 해요.
→ "당신은 나중에 내 사무실에 오는 것에 맞춰져 있는 상태이다."가 직역이다.

이러한 표현은 회화에 사용되는 말은 아니지만, 경우에 따라서 비즈니스 문서나 영어 자격시험에 사용되기도 한다. 그리고 이 부분을 다룬 이유는 하나의 형태에 다양한 의미가 있는 점이 흥미롭기 때문이다. be to 부정사의 근본적인 의미를 파악한 후에, 각 용법의 형식을 파악하여 자유자재로 구사할 수 있도록 하자.

Must 39
to 부정사의 의미상 주어와 'of+사람+to 부정사'

▶ 왜 'of+사람' 앞에는 사람의 성격, 성질을 나타내는 형용사가 올까?

이번 학습에는 '부정사의 의미상 주어'로 불리는 'for+명사+to 부정사'가 왜 그러한 형태를 가지는지, 그리고 이와 비슷하게 생긴 'it is+성격/성질+of+사람+to 부정사'에서 왜 for가 아닌 of를 사용하는지에 대해 살펴보겠다.

영어에서 to 부정사는 상당히 편리한 표현으로 필연적으로 위의 2가지 표현을 자주 사용하게 된다. 두 구문이 지닌 의미를 깊이 알게 되면, 그만큼 직관적으로 구문을 파악할 수 있게 되고 활용이 쉬워진다.

●── '(사람)에게 있어서'라는 의미의 for와 to

> **My family is very important to me.**
>   우리 가족은 나에게 매우 중요해요.
> **Mr. Goldberg is very important for us.**
>   골드버그 씨는 우리에게 매우 중요해요.

위의 예문에서 볼 수 있듯이 '~에게'를 의미할 때 to와 for 둘 다 사용할 수 있다. 그러나 두 의미에는 미묘한 차이가 있다.

to가 전치사로 사용될 때는 대부분 '도달을 나타내는'의 의미를 지닌다. important to me의 경우, important라는 평가가 직접 me에게 도달하고 있음을 나타낸다. 원어민들이 이 표현을 말했을 때, **'계산할 필요 없이 무조건적으로 중요하다'**라는 의미로 '대가나 보상이 없는 사랑'의 느낌이 있다.

한편, for는 '멀리 보이는 목표'가 근본적인 의미이기 때문에 important for us

의 경우, '우리에게 무언가 이루려는 목표가 있어서, 그것을 달성하기 위해 중요하다'라는 느낌이 있다.

●── for 뒤에 목표 내용을 자세히 보충 설명하는 to 부정사

맥락상 for가 가진 '목표'의 내용을 굳이 말하지 않아도 알 수 있는 경우에는 위의 예문과 같이 for us(우리에게)만으로 자연스럽다.

그런데 실제로는 '우리에게 어떻게 중요한가'라는 것까지 설명해 줄 필요가 종종 있다. 그래서 보충 설명을 해 주는 역할을 하는 것이 to 부정사이다.

예문 Mr. Goldberg is very important/for us/to carry out this plan.

누구에게 중요한가? 무엇을 하는 것을 향해 중요한가?

골드버그 씨는 우리가 이 계획을 실행하기 위해 매우 중요하다.
직역: 골드버그 씨는 이 계획을 실행하기 위해 우리에게 매우 중요하다.)
→ 이 대화를 하고 있는 사람들이 '이 계획에 대한 이야기'라는 것을 모두 알고 있는 맥락이라면 for us만으로 충분하지만, 그렇지 않은 경우에는 '이 계획을 실행하기 위해서'라는 보충 설명이 필요하다.

이것이 이른바 'to 부정사의 의미상 주어' for ~이다.

to 부정사의 의미상 주어를 배우면 to 부정사가 주된 요소이고 의미상의 주어인 'for+사람'은 부수적이라는 느낌이 들지만, 문장의 성립을 보았을 때는 그 반대라고 할 수 있다.

●── '의미상의 주어'는 꼭 필요한 것인가

한편, 실제로 사용할 때는 확실히 이 to 부정사의 의미상 주어가 부수적인 역할을 하는 느낌이 드는 경우가 자주 있다.

예문을 통해 to 부정사의 의미상 주어가 불필요하다고 생각되는 경우를 살펴보자.

예문 It's impossible to finish this work in a day.

이 일을 하루 만에 끝내는 것은 불가능해요.

to 부정사의 의미상 **주어가 없는 경우**는 일반적인 성질을 나타내는 말, 즉 누가 보아도 "이 일을 하루 만에 끝내는 것은 불가능하다."라는 말을 할 때이다.

그런데 여기에 의미상의 주어가 더해지면, 아래와 같다.

예문 **It's impossible for him to finish this work in a day.**
그가 이 일을 하루 만에 끝내는 것은 불가능해요.

'(다른 사람은 상관없이) 그가'라는 보다 구체적인 이야기를 할 수 있다.

그에게 그것을 해낼 만한 능력과 경험이 없거나, 오늘 그에게 다른 일이 많은 경우처럼 사정이 있어, '다른 사람은 상관없이, 그에게는 불가능하다'라고 구체적으로 말할 수 있게 된다.

● ── 성질·성격을 나타내는 '형용사+of+사람+to 부정사'

다음 문장을 읽어 보자.

✗ It is kind for him to give me the information in advance.
○ It is kind of him to give me the information in advance.

"미리 나한테 그 정보를 주다니 그는 친절하다."라고 말할 때, 'for+사람+to 부정사'를 무심코 쓰는 학습자들이 상당수 있다. 그러나 여기에서는 of를 사용해야 한다.

for가 아니라 of를 사용할 때는 **of 앞에 사람의 성질이나 성격을 나타내는 형용사가 오는 경우**로, '사람의 성질이나 성격에 대한 느낌을 말하고자 하는 문장'을 만들 때 of가 온다.

그렇다면 왜 of를 사용하는 것일까?

of란, '전체에서 일부를 꺼내다'라는 근본적인 의미가 있다.

a piece of cake의 경우, '케이크 전체에서 한 조각을 꺼내다'로, '한 조각의 케이크'라는 의미가 완성되고, a student of the school의 경우, '그 학교에 있는 학생들 중 1명을 꺼내다'로, '그 학교의 학생'이라는 의미가 된다.(Must 84 내용 참조)

그러면 **'성격+of 사람'**이란 '그 사람에게서 그 사람을 구성하는 성격의 일부를

꺼낸'이라는 말이 된다.

It's kind of him.의 경우, "그의 친절한 점이 나왔어."를 의미한다.

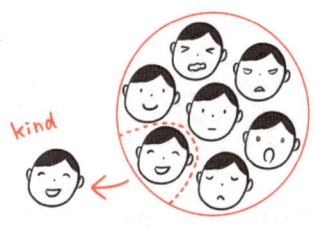

말하는 사람과 듣는 사람이 '어떤 원인으로 그의 친절한 점이 나왔다고 생각했는지'를 이미 이해한 경우, It's kind of him.까지만 말해도 된다. 그러나 **그 원인까지 보충 설명이 필요한 경우, 뒤에 to 부정사가 와서** It's kind of him to give me the information in advance.가 된다.

이처럼 to 부정사는 또 다른 보충 설명을 위해 자주 사용된다. 그리고 영어에서는 가벼운 정보(이미 알려진 정보, 추상적 정보, 정보의 뼈대)는 먼저 말하고 무거운 정보(새로운 정보, 구체적 정보, 정보의 보충 설명)는 뒤에 말하는 것이 어순의 기본 규칙이기 때문에 **보충 설명의 역할을 하는 부정사는 문장의 뒷부분에 오는 경우**가 많다.

Must 40
tough 구문 공략 ①

▶ 왜 He is impossible.(그는 불가능해.)이라고 말할 수 없을까?

■ 의미와 형태가 모두 '알맞는' 문장을 만들다

아래 문장을 읽어 보자.

○ **This fridge is too large to get in the kitchen.**
✗ **It is too large to get this fridge in the kitchen.**
이 냉장고는 너무 커서 부엌에 들어가지 않는다.

문법의 형태만 놓고 보면 모두 맞는 문장 같아 보이지만, 위 문장은 맞고 아래 문장은 의미가 어색하다.
말이란, '의미와 그 의미를 나타내기 위한 문법 형식(=말의 형태)의 조합' 이다.
따라서 의미가 이상하면 당연히 그 말의 형태도 인정받지 못한다. 형태에 맞춰 어느 단어든 바꿔 쓴다고 해서 자연스러운 의미를 가진 문장이 되지는 않는다.

This fridge is too large to get in the kitchen. 문장부터 살펴보자.
'냉장고'는 크기를 잴 수 있어 크기가 '크다'라고 느껴지는 것은 매우 자연스럽다. 그렇기 때문에 This fridge is too large(이 냉장고는 너무 크다)라는 냉장고의 크기를 **평가하는 설명**이 있고, '무엇을 하는 데 너무 커서 ~할 수 없는 것인가'라는 **보충 설명**을 나타내는 to get in the kitchen이 이어서 나온다. (참고로 too는 '너무 (~한)'라는 해석으로는 충분하지 않고, 'too+형용사+to 부정사'로 쓰여 **'너무 ~해서 ~할 수 없다'** 라는 부정적인 의미까지 지닌 표현이다.)

한편, It is too large to get this fridge in the kitchen. 문장에서 it는 '상황'을 뜻하는 말이다.

가주어나 가목적어를 '형태만 있을 뿐 의미는 없다'라고 생각하는 것은 옳지 않다. 그러면 가주어 it를 해석했을 때, it is too large는 '상황이 너무 크다'라는 이상한 의미가 된다.

이 '상황'을 자세하게 보충 설명하는 것은 to get this fridge in the kitchen 인데, '냉장고가 크다'라는 것이 아니라 '냉장고를 부엌에 넣는 것이 크다'는 뜻이 되고 '(넣는) 행위'의 크기를 잴 수 있는 것처럼 표현되기 때문에 의미상 어색하다.

●● ── 사람이 주어가 되지 않는 표현도 있다

반대가 되는 패턴을 살펴보자.

이번에는 it is 문장이 자연스럽고, 사람이 주어가 되면 의미가 어색해지는 문장이다.

○ **It is impossible for him to cancel the meeting.**
✗ **He is impossible to cancel the meeting.**
그가 그 회의를 취소하는 것은 불가능하다.

it is impossible은 '상황이 불가능하다'라고 말하는 것으로, 자연스러운 문장이다. 불가능한 것은 '그가 그 회의를 취소할 상황'인 것이다.

그런데 he is impossible은 부자연스럽다. he가 주어이고 impossible은 he의 내용을 나타내는 보어이다. he에 대한 내용으로 he is happy나 he is kind 등 '그의 성격, 성질'을 나타내는 것은 자연스럽지만, impossible은 그의 성격이나 성질과는 관계가 없는 말이다. "그는 불가능한 사람이다."라고는 말할 수 없다.

impossible처럼 **'상황의 성질'은 나타낼 수 있어도 '사람의 성질·성격'은 나타낼 수 없는** 형용사에는 다음과 같은 것들이 있다.

○ **It is natural for him to be angry.** 그가 화내는 것은 당연해.
✗ **He is natural to be angry.**
→ '그가 자연스러운 것이 아니라 '그가 화내는 상황'이 자연스럽다는 의미이다.

◯ **It is convenient for me to visit her tomorrow.**
　내일 내가 그녀를 방문하는 것이 편리해.

✗ **I am convenient to visit her tomorrow.**
　→ '내'가 '편리한 성질·성격'을 가지고 있는 것이 아니라, '내가 내일 그녀를 방문하겠다는 상황'이, 나에게 편리하다는 의미이다.

◯ **It is necessary for us to buy it before the party.**
　우리는 파티 전에 그것을 살 필요가 있어.

✗ **We are necessary to buy it before the party.**
　→ '우리'에게 필요성이 있는 것이 아니라 '우리가 파티 전에 그것을 사는 상황'이 필요하다는 의미이다.

● —— 사물과 It 둘 다 주어가 될 수 있는 표현

이번에는 사물과 가주어 It 모두 주어로 가능한 경우를 살펴보자.

◯ **This computer is easy to use.**
　이 컴퓨터는 사용하기 쉽다.

◯ **It is easy to use this computer.**
　이 컴퓨터를 사용하는 것은 쉽다.

　This computer .... 문장부터 보면, 컴퓨터의 속성으로서 '사용하기 쉽다', '쓰기 어렵다'라는 표현은 자연스럽기 때문에 이 문장은 문제가 없다.
　It is easy to .... 문장도, '컴퓨터를 사용하다'라는 상황이 쉽기 때문에, 문제가 없다. 여기에서는 쉽게 대처할 수 있는 상황을 말한다.

■ tough 구문

아래에 있는 3개의 예문을 읽어 보자.

◯ 1. **It is difficult for him to solve this problem.**
　그가 이 문제를 해결하기는 어렵다.

✗ 2. **He is difficult to solve this problem.**

◯ 3. **He is difficult to get along with.**
　그는 잘 지내기 어려운 사람이다.

여기에서 눈여겨 볼 부분은, 같은 **he is difficult**라도 자연스러운 경우와 부자연스러운 경우가 있다는 것이다. 그리고 difficult는 kind나 nice, mean(심술궂은), arrogant(오만한) 등과 비교하면 사람의 성질이나 성격을 나타낸다고 말하기 어려운 표현이다. 3번 문장에서 he is difficult라고 말할 수 있는 이유는 무엇일까?

영어에는 tough 구문이라는 것이 있다.
3번 문장은 tough 구문의 일종이다.
tough 구문이란, 일반적으로 **사람이나 물건에 대해 '~하기 쉽거나 ~하기 어려운' 난이도 평가**를 나타내는 구문이다.
tough 구문이라는 명칭이 생긴 이유는, tough가 '힘든, (고기가) 질긴'과 같이 '**~하기 어려운**' 이미지의 형용사로 이 구문의 예문에서 전형적으로 사용되다 보니 어느새 tough 구문으로 불리게 되었다.
3번 문장은 difficult가 사용된 것으로 알 수 있듯이, '~하기 어려움'을 나타내고 있다. 앞에서 언급된 This computer is easy to use. 문장도 '쉬움'을 나타내는 tough 구문이다.
다음 학습에서는 tough 구문의 형태적 특징, 의미의 특징, 나아가 가주어 it를 사용하는 문장과 어떤 차이가 있는지 살펴보도록 하자.

Must 41
tough 구문 공략 ②

▶ 가주어 it를 사용하는 문장과 느낌 차이

이번 학습에서는 tough 구문의 형태와 의미에 대해 알아보자.

■ tough 구문의 형태적 특징

형태의 특징은 'to 부정사의 목적어가 주어로 되어 있다'는 점이다.

- 가주어 it 문장: It is easy to use this computer.

- tough 구문: This computer is easy to use this computer.
  → 부정사구 to use의 목적어인 this computer가 tough 구문의 주어가 되고 to use 뒤에 오는 목적어는 생략된다.

형태를 보고 tough 구문을 판단할 수 있으면, 아래 문장이 맞는지 알 수 있다.

✗ He is impossible to cancel the meeting.
  → 부정사구 to cancel the meeting의 목적어인 the meeting이 그대로 남아 있고, 주어도 되지 않는다.

○ The meeting is impossible for him to cancel.
  그 회의는 그가 취소하는 것이 불가능하다.
  → to cancel의 목적어인 the meeting이 주어로 되어 있다.

이전 학습의 마지막 페이지에 나온 문장을 다시 보자.

✗ He is difficult to solve this problem.

이 문장도 부정사구 to solve this problem의 목적어인 this problem이 그대로 남아 있고 주어도 되지 않기 때문에 잘못된 문장이라는 것을 알 수 있다. this problem을 주어로 하고, This problem is difficult to solve.로 바꾸면 자연스러운 문장이 된다. 이번에는 아래 문장을 읽어 보자.

○ He is difficult to get along with.

이 문장에서 to get along with의 목적어인 him이 주어(he)가 되어, 문두에 쓰였다. 따라서 tough 구문으로 형식에 알맞은 문장이라는 것을 알 수 있다.

■ tough 구문의 의미적 특징

tough 구문의 의미에는 큰 특징이 있다. tough 구문은 말하는 사람이 대상에 대해 느끼는 '**쉬움, 어려움**'의 난이도를 나타낸다.

그리고 또 한 가지 중요한 점은 **변하지 않는 성질, 성격을 나타내는 구문**이라는 것이다. 사람에 대한 평가라면 '이 사람은 항상 그렇다', 사물에 대한 평가라면 '이것은 항상 그렇다'라는 의미이다.

> **예문** This computer is easy to use.
> → 이 컴퓨터가 가지는 변하지 않는 성질(언제나 사용하기 쉽다)을 평가하고 있다.

이와 같이 생각해 보았을 때, 보통 사람의 성질, 성격을 나타내는 말로 사용되지 않는 easy나 difficult 등의 말도, 사람에 대해 '~하기 쉬운, ~하기 어려운' 성질이 있다고 평가하는 말로 사용할 수 있다는 것을 알 수 있다.

✗ He is difficult to solve this problem.
→ 의미상으로 볼 때, '이 문제를 해결하기 어렵다'라는 것은 그의 성질·성격을 평가하는 것과 아무런 관계가 없기 때문에 이 문장은 tough 구문으로 적절하지 않다.

○ The meeting is impossible for him to cancel.
그 회의는 그가 취소하는 것이 불가능하다.
→ 그 회의가 가지는 성질(취소가 불가능)을 말한다. impossible은 '~하기 어려움'의 최고 난이도를 나타내는 형용사라고 생각한다. 취소가 불가능한 회의를 예시로 들면, 회장이 직접 참여하는 정례 회의 등이 있다.

○ <u>He</u> is difficult to get along with.　그는 잘 지내기 어려운 사람이다.
　→ 의미상으로 생각했을 때, '함께 잘 지내기 어렵다'라는 것은, 그와 지내기 '쉬움·어려움'을 평가하는 요소가 된다. 따라서 이 문장은 tough 구문으로 자연스럽다.

●● ── 가주어 it 구문과 tough 구문의 의미 차이

He is difficult to get along with.와 It is difficult to get along with him.은 단지 형태만 바꿔서 쓴 문장으로, 둘 다 거의 같은 의미라고 생각하는 사람도 있을 것이다. 그러나 실제로는 의미가 다르다.

먼저 tough 구문에서 **주어에 it가 아니라 사람이나 사물**이 오는 경우를 보자.
이 형태가 뜻하는 바는 정보의 주역이 상황(it)이 아니라 사람 또는 사물이라는 것이다. 따라서 이번에만 있는 상황이 아니라 그 사람 또는 사물이 가지고 있는 **변하지 않는 성질**에 초점을 둔다.

[예문] **He is difficult to get along with.**　그는 잘 지내기 어려운 사람이다.
　→ '그는 항상 그러한 사람이다.'라는 변하지 않는 성질에 초점을 둔다.

이와는 달리, 가주어 it는 '상황'을 의미하기 때문에 상황(it)이 주어가 되면 **항상 그렇지는 않지만, 이번에 (현재형) 또는 그 당시에 (과거형) 그러한 상황이었다**는 것을 나타낼 수 있다.

[예문] **It is difficult to get along with him.**
　(이번에) 그와 잘 지내기는 어렵다.
　→ 예를 들어, 한 사람이 강하게 이번 프로젝트에 반대하며, 매우 비협조적이라면, '이번 상황으로 인해' 그러하다는 것을 나타낼 수 있다.

[예문] **It was difficult to get along with him.**
　(그때) 그와 잘 지내기는 어려웠다.
　→ 과거를 돌이켜보며 '그 당시 상황에서는 그와 잘 지내기 어려웠다.'라는 것을 나타낸다.

물론 그의 변함없는 성격이나 성질을 나타내는 문장을 만들기 위해, 앞의 가주어 it 문장을 사용해도 된다.

하지만 **분명하게** '그는 그러한 사람이다.'를 나타내는 것은 tough 구문이다.

── to 부정사의 '태'

마지막으로 배운 내용을 응용하여 to 부정사의 '태'에 대해 알아보자.

❌ **John is tough to be pleased.** 존은 기쁘게 해 주기 힘든 사람이야.

위의 문장이 잘못된 이유를 알 수 있는가?
부정사 to be pleased 때문이다.
학습자들 중에는 주어가 John이고, please는 '기뻐하다'가 아니라 '기쁘게 하다'라는 의미의 동사로, John은 기쁨을 느끼는 입장이기 때문에 be pleased처럼 수동태로 써야 한다고 생각하는 사람이 있을 수 있다.
하지만 의미를 잘 생각해 보면 'We please John.하는 것이 힘들다'라는 의미가 되어야 한다. 즉, 이 문장을 올바른 tough 구문으로 바꾸면 아래와 같다.

예문 **It is tough for us to please John.**
→ **John is tough (for us) to please.**
존은 (우리가) 기쁘게 해 주기 힘든 사람이야.

'말하는 사람(we)' 입장에서 존에 대해 '기쁘게 하기 쉬움·어려움'을 평가한 말이다. '말하는 사람=기쁘게 하는 입장'으로, 부정사의 부분은 to please처럼 능동태가 되어야 한다.
따라서 아래와 같이 써야 올바른 문장이 된다.

⭕ **John is tough to please.**

Must 42
have, get 사역 구문

▶ have나 get에 '~시키다, ~하게 하다', '~당하다'라는 의미가 생긴 이유는 무엇일까?

have나 get을 사용해서 '~시키다, ~하게 하다' 또는 '~당하다'라는 뜻을 나타내는 구문이 있다.

- 예문 **I had my son carry my bag.** 나는 아들에게 내 가방을 들게 했다.
- 예문 **I got Andy to fix my car.** 나는 앤디에게 내 차를 고치게 했다.
- 예문 **I had my car stolen.** 나는 내 차를 도난당했다.

특히 세 번째 예문은 영어 학습자들이 아래와 같이 잘못 쓰는 경우가 있다.

✗ **I was stolen my car.**

왜 have나 get을 사용해서 이러한 의미가 생기는 것일까? 이러한 문장 구조와 의미가 발생하게 된 원인을 살펴보자.

이 구문에서 have가 쓰인 경우는 전형적인 5형식 문장이다.

- 예문 **I had my son = (carry my bag).** my son은 가방을 들고 나르는 입장
  - have했던 상황의 내용   동사원형

직역하면, "나는 '내 아들=내 가방을 들다'라는 상황을 가졌다."가 된다.
동사 had는 주어 I에서 나오는 힘이기 때문에 '나의 의도에 의해 그러한 상황을 가졌다=나의 의도에 의해 아들이 가방을 들게 했다'라는 의미가 될 수 있다.

have 뒤에 오는 목적어가 '~하는 입장'인지 '~당하는 입장'인지에 따라 보어의 동사 형태가 바뀐다.

목적어가 '~하는 입장'인 경우, 보어 자리에 동사원형이 오고, '~당하는 입장'인 경우, 보어 자리에 과거분사가 온다.

예문 **I had my car = (stolen).** my car는 사람에 의해 '도난당하는' 입장
have된 상황의 내용 　과거분사

직역하면 "나는 '내 차 = 도난당했다'라는 상황을 가졌다."가 된다.

이를 have의 '~시키다, ~하게 하다'라는 의미로 해석하면, "나는 내 차가 도난당하도록 시켰다."라고 말할 수 있기는 하나, (말장난 수준으로 그러한 농담을 하기도 한다.) 상식적으로 자신이 의뢰해서 도난당하도록 시킨다는 것은 일반적이지 않은 상황이기 때문에 보통은 '피해'를 당한 의미로 해석한다.

참고로 "나는 내 차를 도난당했다."라는 문장을 I was stolen my car.로 해서는 안 되는 이유를 설명하겠다.

능동태 문장으로는 아래와 같이 표현할 수 있다.

예문 **Someone stole my car.** 누군가가 내 차를 훔쳤다.

steal은 주어에 '훔치는 쪽'이 오고, 목적어에 '훔치는 것을 당하는 쪽'이 오는 구문 형태를 취한다. **이 문장에는 피해자인 '나'는 나오지 않는다.**

그래서 이를 수동태로 해도 아래와 같이 표현된다.

예문 **My car was stolen (by someone).** 내 차가 (누군가에게) 도난당했다.

역시 피해자인 **'나'는 문장에 나오지 않는다.**

영어에서는 '~하는 쪽과 ~당하는 쪽의 관계'를 설명한다. '훔치는 쪽(도둑)과 훔치는 것을 당하는 쪽(내 차)'의 관계만을 말하는 것이다.

한국어에서는 My car was stolen.(내 차가 도난당했다.)과 같은 수동태 문장에 '피해의 영향을 받은 사람'을 추가해서, "나는 내 차를 도난당했다."라고 말할 수

있다.

영어로 이를 표현하려면, "나는 어떤 상황을 가지고 있다. 그것은 '내 차 = 도난당한' 상황이다."로 생각해야 한다. 이러한 생각에서 I had my car stolen.이라는 문장이 생겨나게 된 것이다.

물론 이 구문에서 과거분사가 반드시 피해를 나타내는 것은 아니다. 기본적인 의미는 'S가 〔O = ~시키다, ~하게 하다〕라는 상황을 가지다'이다.

> **예문** **I had the wall** = 〔painted〕.
> 나는 (누군가를 시켜) 벽에 페인트를 칠했다. (벽이 페인트칠되게 했다.)

> **예문** **She had her shoes** = 〔repaired〕.
> 그녀는 (누군가를 시켜) 구두를 수선했다. (구두가 수선되게 했다.)

● get + 사람 + to 부정사: ~에게 부탁하거나 설득하여 ~하게 하다

get에서 사역을 나타낼 때, to 부정사를 사용하는 구문이 있다.

> **예문** **I got Jim to [drive me to school]**.
> 얻었다   도달하다
> 나는 짐에게 부탁해 학교까지 차로 데려다 달라고 했다.

이 구문에서는 단순히 '~시키다, ~하게 하다'의 의미보다는, **부탁하거나 설득하여 '~하게 하다'**라는 느낌이 있다.

먼저 I got Jim은 말 그대로 '나는 짐을 얻었다'라는 말이다. 그리고 그 후에 drive me to school이라는 행동에 to(도달하다)한 것이다. 짐을 붙잡아 부탁하여, drive me to school에 도달한 것이다. to 부정사의 to가 지닌 의미인 '→'도 '먼저 사람을 구해서 부탁하고, 원하는 행위에 도달하다'라는 '설득과 실현 사이의 시간 차이'를 나타내 준다고 할 수 있다.

● 보어가 형용사나 과거분사인 패턴

get이 사용된 5형식 문장에서, 보어가 형용사나 과거분사인 패턴도 있다.

예문 He got his children = (ready for school).
　　　　얻었다　　　　　　　　　형용사

그는 자신의 아이들이 학교 갈 준비가 되게 했다.
→ 그는 '아이들 = 학교 갈 준비가 되어 있는'이라는 상황을 얻었다.

예문 We got the project = (started).　우리는 그 프로젝트를 시작되게 했다.
　　　　얻었다　　　　　　　　과거분사　　　프로젝트는 '시작되어지는' 입장
→ 우리는 '그 프로젝트 = 시작되게 하다'라는 상황을 얻었다.

이 문장에서 get 대신 have를 사용해도 된다.
하지만 get이 좀 더 '노력해서 ~하다'라는 느낌을 준다. get은 '얻다'라는 의미이기 때문에 '얻기 위해서 노력하다'라는 느낌이 있는 것이다.
반면 have는 I have a pen.(나는 펜을 가지고 있다.)과 같이 '(이미) 가지고 있다'라는 것을 나타내기 때문에 그것을 얻으려는 노력은 드러나지 않고, **노력이 필요하지 않은 당연한 행위에 사용**되는 것이 일반적이다.

위 예문을 응용하면 We had the project started. 문장의 경우, 이제 프로젝트가 시작되는 것은 매우 당연한 일로, 상당히 원활하고 문제없이 시작되었다는 느낌이 든다.
한편, get은 '드디어 얻게 되었다는 느낌'으로, '드디어 시작되었다'는 느낌을 준다.

또한 get의 '얻다'라는 '힘을 가하는 느낌'은 상대방에게 '힘차게 나아가는' 느낌을 주기 때문에 영어 원어민들은 거리를 좁히는 **친근한 표현**이라고 생각한다. 반대로 have는 힘을 주는 느낌이 적기 때문에 **약간 거리를 두는 차갑고 사무적인 말투**로 느껴진다고 한다. 따라서 업무 등에서 have를 많이 사용한다.

예문 I got my boyfriend to buy me dinner for the celebration.
나는 남자친구에게 축하를 위한 저녁 식사를 얻어먹었어.

예문 I had my boyfriend buy me dinner for the celebration.
→ 약간 사무적인 느낌으로, 남자친구에게 명령하여 사게 만든 듯한 말투이다. 두 사람의 관계가 차갑다고 생각될 수 있다.

Must 43
원형 부정사와 -ing

▶ keep, leave 뒤에는 -ing가 오고, make, have 뒤에는 동사원형이 오는 이유는 무엇일까?

5형식 문장에서 '~시키다, ~하게 하다'라는 사역의 의미를 지닌 동사로는 keep, leave, make, have 등이 있다. 이 동사들 중 keep과 leave는 -ing와 잘 쓰이고 make와 have는 동사원형(즉, 원형 부정사)과 잘 쓰인다.

원형 부정사와 -ing의 큰 차이점으로, 원형 부정사는 '**동작의 처음부터 끝까지 전체**'를 나타내고 -ing는 '**동작하는 도중**'을 나타내는 점이 있다.

아래 예문을 살펴보자.

- 예문 **He kept me waiting for two hours.**
  그는 나를 2시간 동안 기다리게 했다.
- 예문 **Someone left the water running.**
  누군가가 물을 틀어 놓았다.
- 예문 **He made his children stop it.**
  그는 자신의 아이들이 그것을 멈추게 했다.
- 예문 **They had us close the gate.**
  그들은 우리가 그 문을 닫게 했다.

keep과 leave는 -ing를 사용하는 반면에, make와 have는 동사원형을 사용한다.

이를 규칙으로 암기하는 것이 바람직하지 않다는 것은 아니나, 학습자들이 어떤 동사 뒤에 -ing가 오는 것이 자연스럽고, 동사원형이 오는 것이 자연스러운지 느낌으로 알 수 있기를 바라는 바이다. 이러한 감각을 익히게 되면, 더욱 수월하게 순간적으로 영어를 쓰거나 말할 수 있게 된다.

● ─── -ing가 keep, leave와 함께 쓰이는 이유

-ing는 **동작하는 도중**을 나타내기 때문에 keep이나 leave와 같은 동사와 잘 어울린다.

keep은 '**어떤 동작을 하는 중인 상태를 유지하다**'를 의미하고, leave는 '**어떤 동작을 하는 중인 상태를 그대로 둔 채 그 자리를 떠나다**'를 의미하기 때문이다. 따라서 -ing와 함께 사용한다.

keep은 동작이 멈추지 않고 지속될 수 있도록 힘을 계속 주는 이미지이며, leave는 그 자리를 떠남으로써 힘을 빼는 이미지이다.

● ─── 동사원형이 make, have와 함께 쓰이는 이유

동사원형은 동작 동사의 경우, **동작의 시작부터 끝까지의 동작 전체**를 의미한다.

make는 사역 동사로 '~시키다, ~하게 하다'를 의미하는데, 이는 바로 '**어떤 동작을 완성시키다(만들어 내다)**'를 의미한다.

He made his children stop it. 문장의 경우, '그것을 멈추다'라는 동작을 완전히 '만들어 내다'를 뜻한다. 따라서 stop은 '멈추다'라는 동작 전체를 나타내어, 여기에 -ing은 쓸 수 없고, 동사원형을 사용해야 한다.

have의 사역 구문도 마찬가지이다. '어떤 일을 하게 하다 = **어떤 동작이 완성된 상황을 가지다**'라는 의미에서 동사원형을 사용하게 되었다고 할 수 있다.

● ─── '~당하다, ~되다'라는 의미의 경우는 과거분사를 사용한다

keep, leave 그룹과 make, have 그룹 사이에는 위와 같은 차이가 있는데, 두 그룹의 동사 모두 목적어의 명사가 '~당하다, ~되다'의 입장인 경우에는 보어 자리에 과거분사가 온다.

예문 **Keep** the door **closed**. 문을 닫은 채로 둬라.
예문 Don't **leave** the door **closed**. 문을 닫아 두지 마라.
→ 목적어인 door의 입장에서 생각했을 때, 문은 사람에 의해 '닫히는' 입장이기 때문에 보어 자리에 과거분사인 closed가 온다.

예문 **I tried to make myself heard.**
　　나는 내 목소리가 들리도록 노력했다.
　　→ 자신(의 목소리)은 다른 사람에 의해서 '들리는' 입장이다.

예문 **I had my parcel sent.**　나는 내 소포가 발송되게 했다.
　　→ 소포는 사람에 의해서 '발송되는, 보내지는' 입장이다.

　이와 같이 과거분사를 사용하는 이유는 '~당하다, ~되다'라는 의미가 '~되어진 후의 상태(완료)'로 해석되는 것이 자연스럽기 때문이고(Must 37 내용 참조), 이러한 상태를 유지하는 것이 keep, 이 상태를 그대로 두고 떠나는 것이 leave, 이 상태의 형태를 만드는(실현하는) 것이 make, 이 상태를 가지는 것이 have이기 때문에 함께 사용되었을 때 의미가 자연스럽기 때문이다.

■ 지각 구문에서 원형 부정사와 -ing의 차이

　이미 현재 진행형 학습 부분(Must 21 내용)에서 지각동사란 무엇인지 설명했다. 지각동사는 see, hear, feel 등 '들어온 정보를 오감을 통해 알아차리다(깨닫다)'라는 의미를 지닌 동사이다. 이 지각동사는 지각 구문 형태로 자주 쓰인다.

예문 **I saw him** = (enter the room).　난 그가 방에 들어가는 것을 봤어.
　　봤다 [본 상황의 내용]
　　→ 동사원형의 경우, '동작의 시작부터 끝까지의 동작 전체'를 말한다. 여기에서는 '방에 들어가기 시작한 때부터 끝날 때까지의 동작 전체'를 본 것을 나타낸다.

예문 **I saw him** = (entering the room).　난 그가 방에 들어가고 있는 것을 봤어.
　　봤다 [본 상황의 내용]
　　→ -ing의 경우, '동작하는 도중'을 말한다. 방에 들어가고 있는 도중의 모습을 본 것이다.

예문 **I heard my name** = (called).　난 내 이름이 불리는 것을 들었어.
　　들었다 [들은 상황의 내용]
　　→ 목적어가 '~하는 입장'이면 보어는 동사원형 또는 -ing이지만, '~당하는 입장'이면 보어에 과거분사를 사용한다. '내 이름'은 사람에 의해서 '불리는' 입장이다.

배운 내용을 토대로 아래 질문에 답해 보자.

I smelled something [burn / burning].
나는 무언가 타는 냄새를 맡았다.

여기에서 burn과 burning 중에 어느 것이 더 자연스러운가?

'타기 시작한 것부터 다 타 버린 후까지의 전체'에 해당하는 냄새를 맡는 것과 '타고 있는 중'의 냄새를 맡는 것을 비교하면 당연히 후자가 자연스럽다.
이러한 감각을 이해하게 되면, 자신의 직감으로 동사원형과 -ing를 의식하여 선택할 수 있게 된다.

제 7 장
동사 ⑥ 가정법: 실제로는 그렇지 않다

Must 44
가정법이란 무엇인가

▶ 가정법에서 눈여겨보아야 할 것은 if가 아닌, 다른 것에 있다

'가정법은 if다.'라고 착각하는 학습자들이 상당히 많다. 여기에서 가정법의 '법'이 무엇인지 설명하도록 하겠다.

'법'이라는 단어를 생각했을 때 법률이나 규칙을 떠올리기 쉽지만, 문법의 세계에서 '법'은 mood(기분)이다. '어떤 것을 사실로서 말할지, 명령하여 말할지, 가정하여 말할지를 나타낼 때, '법'이란 각 mood에 맞춰 쓰는 **동사의 활용 형태**를 말한다.

즉, 어떤 일을 '실제로 있었던 일이다/실제로 항상 있는 일이다'라고 말할지, '지금 실제로 일어나지 않았지만, 이제 실현하도록 해'라고 명령할지, '실제 그렇지 않지만, 만일 그렇다면 ~'이라고 가정하여 말할지 다양한 동사의 활용 형태를 사용하여 구별해서 나타낸다.

① '실제로 항상 있는 일, 과거에 실제로 있었던 일'을 말할 때 사용하는 동사의 활용 방법을 직설법이라고 한다.(보통 동사의 현재형이나 과거형)
   예문 **I woke up at seven.** 나는 7시에 일어났어.
② '지금 실제로 일어나지 않은 일을 앞으로 하라고 명령'할 때 사용하는 동사의 활용 방법을 명령법이라고 한다.(명령문에서 사용되는 동사원형)
   예문 **Wake up!** 일어나!
③ '실제로는 일어나지 않았지만 만일 그렇다면 ~' 이라고 가정하여 말하기 위해 사용하는 동사의 활용 방법을 가정법이라고 한다.
   예문 **If I had woken up at seven,** 만약 내가 7시에 일어났다면,
   (실제로는 그렇지 않았다.)

따라서 가정법이란 if의 유무에 따른 것이 아니라 **'가정해서 하는 상상 속의 이야기'라는 것을 나타내기 위한 '동사의 활용 형태'**인 것이다.

■ 가정법의 3가지 시간

직설법에서 '실제로 항상 그러하다'를 나타내는 현재형과 '과거에 실제로 그랬다'를 나타내는 과거형이 있듯이, 가정법도 시간에 따라 형태가 달라진다.
가정법의 공통적 특징은 **'실제로는 그렇지 않다'**를 전제로 한다는 점이다.

●● ── 가정법 현재: 동사원형을 사용한다

① 지금 실제로는 그렇지 않지만, 앞으로 그렇게 하라

예문 I suggest that the plan be postponed.
　　그 계획을 연기할 것을 제안합니다. ── 가정법 현재형

→ suggest(~하도록 제안하다), demand(~하라고 요구하다), recommend(~하도록 권장하다) 등 '~하라, ~하자'와 같은 의미를 가진 동사 뒤에 오는 that 절, 즉 '~하라, ~하자'의 내용을 담은 절의 동사에 원형이 쓰인다. 명령문에서 동사원형을 쓰는 것과 느낌이 비슷하다.

② 지금 실제로는 그렇지 않지만, 만약 앞으로 그렇게 된다면

예문 If it rain tomorrow, 만약 내일 비가 온다면,
　　　 ↑
　　가정법 현재형

→ 이러한 형태는 현재 사용되지 않고 있으며, 대신에 'if + 직설법의 현재형'(즉, 일반적인 현재형)이 사용된다.

예문 If it rains tomorrow,
　　　 ↑
　　가정법 현재형　　→ 이것이 현대 영어의 일반적인 형태이다.

즉, 학교에서 '시간·조건을 나타내는 부사절에서 미래의 일에도 현재형을 사용한다'라고 배운 것은, 원래 가정법 현재(동사원형)의 형태를 사용한 것이다. 지금은 가정법이 쇠퇴하여 일반적인 (직설법의) 현재형을 사용하게 되었다.
그리고 현대 영문법에서, 이 형태는 가정법 문장과 다른 것으로 구분하고 있다. 왜냐하면 '만약 내일 비가 온다면'이라고 말했을 때, "정말 비가 올 수도 있는데,

그럴 경우는 ...."처럼 **적어도 50%는 '실현된다'**고 생각하여 말하기 때문이다.
이러한 점이 '실제로는 그렇지 않다'를 전제로 하는 가정법과는 다른 점이다.

🔴 **If it rains tomorrow, the game will be canceled.**
　만약 내일 비가 온다면, 경기는 취소될 거야.

🔴── 가정법 과거: 동사의 과거형을 사용한다

[지금 그런 건 아니지만, 만일 지금 그런 상태라면 ....]

🔴 **If I were(was) you, I wouldn't make the decision.**
　만약 내가 너라면, 그 결정을 내리지 않을 거야.
　→ 주어가 I임에도 불구하고 동사가 were인 이유는 원래 가정법에서 be동사의 과거형 형태가 모두 were 이기 때문이다. 이 점이 직설법의 과거형 활용과는 다른 점이다.

　하지만 지금은 가정법이 잘 쓰이지 않게 되어, 직설법의 과거형이 많이 쓰인다. 특히 구어체에서는 주어가 단수면 were가 아니라 was를 쓰는 경우가 많다.
　귀결절(if가 붙지 않은 'S+V~ 절')의 조동사에도 주목할 필요가 있다. '실제로는 그렇게 되지 않을 것이다(will not)'라는 말을 하는 것이 아니라 '어디까지나 그 가정의 이야기 속에서 상상하면, 그렇게 되지 않을 것이다'라는 의미에서 과거형 wouldn't를 사용한다.

🔴── 가정법 과거완료: 과거완료의 형태를 사용한다

[그때 실제로는 그렇지 않았는데, 만일 그때 그런 상태였다면 ....]

🔴 **If you had stayed there, you could have seen her.**
　만약 네가 (그때) 거기 머물러 있었다면, 넌 그녀를 봤을 거야.
　→ 과거완료를 사용함에 따라, "그때 실제로는 거기에 없었지만, 만일 있었다면 ...."이라고 과거의 일을 상상하여 말하고 있다. 귀결절에는 '조동사의 과거형 + have + 과거분사'를 쓴다.

🔴 **귀결절과 if절**

가정법이든 아니든 간에 if로 된 문장을 만들 때는 귀결절(if를 쓰지 않는 쪽의 'S+V~절')에 조동사를 쓰는 것이 기본이다.

조동사는 '마음속으로 생각하는 것으로, 실제로 일어나는 일이 아니라는 것'을 나타내는 기능을 한다. 예시를 보면 다음과 같은 느낌이다.

- **will**: '~할 생각이다'라고 마음속으로 생각하다 (의지)
  '(아마) ~일 것이다'라고 생각하다 (예상)
- **can**: '할 수 있다'라고 생각하다 (능력)
  '~있을 수 있다'라고 생각하다 (가능)
- **may**: '~해도 좋다'라고 생각하다 (허락)
  '~일지도 모른다'라고 생각하다 (추측)
- **must**: '~하지 않으면 안 된다'라고 생각하다 (의무)
  '~임에 틀림없다'라고 생각하다 (확신)

if절은 조건절로 불리기도 하며, If it were raining now,(만약 지금 비가 온다면,)와 같이 어떤 조건을 마음속으로 설정하는 작업을 한다.

그렇다면 그 다음에는 '~할 것이다'라고 '마음속으로 생각하는 부분'이 이어지는 것이 자연스럽다. 이 때문에 **귀결절에는 조동사**를 사용하는 것이 일반적이다.

📖 **If it were raining now, I would try the new video game.**
만약 지금 비가 온다면, 새로운 비디오 게임을 해 볼 거야.

이상으로 가정법을 전체적으로 훑어보았다. if와 함께 사용하는 경우가 많은 것은 사실이지만, 가정법의 핵심이 '동사 활용의 일종이라는 것'에 주목할 필요가 있다.

Must 45
가정법 과거

▶ "너는 좋은 사람<u>이었어</u>."라는 말이 나타내는 마음

가정법 과거는 '**지금 실제로는 그렇지 않지만, 만일 그렇다면**'을 전제로 하는 문법 형식이다.

현재의 일에 대해 말하는 것인데, 동사는 과거형을 써야 해서 처음에는 다소 헷갈릴 수 있다.

우선, '**과거형이란 과거를 나타내는 것**'이라는 강박에서 벗어나는 것이 중요하다.

●── 과거형이 나타내는 개념

과거형은 물론 '과거'를 나타내기 위해 존재한다. 그러나 **물리적이고 시간적인 과거만 나타내는 것은 아니다.** 이 점에 대해 생각하기 위해, 인간이 시간을 어떻게 보는가를 먼저 살펴봐야 한다.

Must 11 학습에서 설명했듯이, 인간은 실제로 볼 수 없고 만질 수도 없는 '시간'을, 실제로 볼 수 있고, 만질 수도 있는 '**장소'의 개념을 통해 이해**하고 있다.(이러한 사고방식을 메타포(은유)라고 설명했다.)

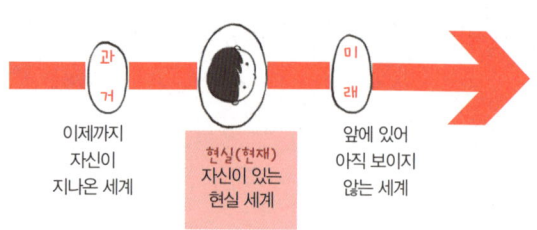

시간을 하나의 길처럼 생각해서 미래는 앞에 있고, 과거는 뒤에 있고, 지금 있는 곳을 현재라고 생각한다.

지금 있는 곳은 자신이 살아가는 현실이기 때문에, 현재형은 '현재'라는 시간의 한 시점보다는 **'자신이 존재하는 현실 세계(장소)'를 나타내는** 편이 자연스럽고, 이 때문에 현재형은 '**항상 그렇다**'라고 말할 때 사용하는 경우가 많다.

한편, 영어의 과거형은 '그것은 그때의 일이며, 지금은 현실이 아니다'라는 것을 전제로 하는 것이 일반적이다. 즉, '**지금 있는 장소와는 다른**', '**현실과 떨어져 있는**' 것을 과거형으로 나타내는 용법이 생겨난 것이다.

예를 들어, That may be true.라는 문장보다 That might be true.라는 문장이 과거형으로 쓰이면서 현실과 떨어져 있어 현실일 가능성이 낮다는 것을 나타낸다. 또한 이 현실과 동떨어진 느낌은 '완곡·정중'을 나타내는 표현에도 응용이 되어 Will you ~? 또는 Can you ~?로 부탁하는 것보다 Would you ~? 또는 Could you ~?로 부탁하는 것이 더욱 정중한 표현이 되었다. 존경을 표하거나 정중함을 드러내는 것은 '상대와 거리를 두는 것'으로 성립될 수 있기 때문이다.

그리고 가정법 과거의 경우, '지금 실제로 현실은 아니지만, 만약에 그렇다고 가정하고 이야기한다면'이라는 것을 말하고자 하는 것이기 때문에 '**현실로부터 떨어져 있다**'는 것을 표현하기 위해서 과거형을 사용한다고 할 수 있다.

한국어로 예를 들어 보자.

면전에서 상대방에게 "너는 좋은 사람이었어."라고 말하면, 상대방은 "왜 과거형이야?"라고 되물을 수 있다.

애인에게 "넌 잘생겼었어./넌 예뻤어."라고 말하면, "지금은 아니라는 거야?"라고 혼날 것이다.

이처럼 **과거형은 '지금은 다르다, 현실과는 다르다'는 전제를 포함한다.** 이 감각이 영어의 가정법 과거에 있는 것이다.

💎 valuable information

문법에서 사라져 가는 가정법

앞에서 배운 내용을 상기해 보았을 때, 가정법은 어디까지나 동사의 활용이고 가정법에서 사용되는 과거형이라는 형태는 실제 과거와는 상관이 없는 것이라고 생각하는 학습자들도 있을 것이다.

현실의 과거를 나타내는 직설법의 과거형과 가정법 과거형은 근본적으로 성립 자체가 명확히 다르게 되었다. 그러나 아래의 중요한 사실을 기억해 두어야 한다.

> 가정법이라는 문법은 점점 쓰이지 않고 있다.

아주 오래전 과거에 사용되던 영어에서는 동사의 활용에서 직설법과 가정법에 명확한 구별이 있었다. 하지만 지금은 그렇지 않다. 모국어를 생각해 보았을 때 오늘날 사람들이 아주 먼 과거의 언어 감각을 이해하지 못하는 것처럼 아주 먼 과거의 영어 감각을 현대 영어 원어민이 이해하지 못하는 것이다.

그러므로 시간의 흐름 속에서 전통적인 가정법의 감각이 희미해졌고, 현대 영어에서 사용하는 직설법의 과거형 감각(과거=현실이 아니다)이 가정법에 그대로 응용되었다고 생각하는 편이 자연스럽다. 지난 학습에서 설명한 대로 if절의 동사에 사용되던 가정법 현재(동사원형)가 지금은 보통 직설법 현재형이 된 것도 그러한 변화 중 하나이다. 마찬가지로 현대 영어에서 사용되는 가정법 과거도 직설법 과거의 감각으로 사용된다. 글을 쓸 때는 학교에서 배운 대로, if he/she were ..., if I were ..., 등으로 쓰이고, 실제 대화할 때는 직설법 과거형과 같이 if he/she was ..., if I was ....를 사용하는 것이 일반적이다.

■ if를 사용하지 않는 가정법에 익숙해지자

가정법 과거의 기본 형태는 아래와 같다.

> **If + S + 동사의 과거형~, S + 조동사의 과거형 + 동사원형~.**
> 　　가정절(if절)　　　　　　　귀결절

좀 더 나아가, 이 기본 형태만을 고집하지 말고 유연하게 사용할 수 있도록 하자. 에세이를 쓰거나 무언가에 대해 논의할 때, 위와 같은 형태를 많이 사용한다.

그러나 대화에서 if절 부분은 말하는 사람과 듣는 사람 사이에 이미 문맥으로 파악된 경우가 많아서, **후반에 제시되는 귀결절만 쓰이는** 경우가 많다.

예문 **I wouldn't accept the offer.**
(내가 너라면,) 그 제안을 받아들이지 않을 거야.
→ If I were(was) you,는 말하지 않아도 말하는 이와 듣는 이가 서로 알고 있기 때문에 생략되었다. wouldn't가 나타내는 것은 화자인 '나'의 '예상'이다.

예문 **You couldn't say such a thing in such a circumstance!**
(너라면/일반 사람들이라면,) 그런 상황에서 그런 말을 못할 거야!
→ '만일 그러한 상황에 있다면'이라는 맥락이다. 여기에서 you는 일반 사람들을 나타내거나 대화 상대를 직접 지칭할 수도 있다.

예문 **This is the last thing I would eat.**   난 이것을 절대 먹지 않을 거야.
→ the last thing S + V를 직역하면 'S가 V하는 마지막 것'을 뜻한다. 실현 가능성이 높은 순서대로 나열할 때 마지막에 오는 것, 즉 가장 가능성이 낮은 것을 말한다. I would eat.로 나타낸 이유는 '실제로 절대 먹지 않을 것이지만, 만약 먹는다고 생각하면'이라는 뜻으로 '만약 먹는다고 하면'을 나타내기 위해서이다. would는 '비현실적인 것을 예상'하기 위해 사용되었다.

예문 **A: How's it going?**   요즘 어때?
B : I couldn't be better!   더할 나위 없이 좋아!
→ 직역하면 "(실제로 더 좋아질 수 있다고 생각하지 않지만,) 만일 이 이상 좋아지려한다 해도, 더 좋아질 수는 없을 거야."이다.

Must 46
가정법 과거완료와 가정법의 관용 표현

▶ 후회를 말로 나타내다

가정법 과거완료는 '그때 실제로 그렇지 않았지만, 만일 그랬다면 이렇게 했을 텐데'라는 의미를 기본으로 하여 아래와 같은 형태를 취한다.

If + S + had + 과거분사 ~, S + 조동사의 과거형 + have + 과거분사 ~.
　　가정절(if절)　　　　　　　　　　　　　귀결절

예문 If you had attended the meeting, they would have taken your plan more seriously.
만약 당신이 그 회의에 참석했더라면, 그들은 당신의 계획을 더 진지하게 받아들였을 것입니다.

if절에서 **과거에 실제로는 그렇지 않았다는 것**을 과거완료로 나타낸다. 귀결절에서는 조동사의 과거형 뒤에 'have + 과거분사'를 붙임으로써, '그때 이렇게 하고 있었을 것이다(실제로는 하지 않았지만)'라고 과거를 되돌아보며 **비현실적인 생각**(예문의 경우, 비현실적인 예상을 나타내는 would)을 표현한다.

앞에서 배웠던 가정법 과거와 마찬가지로 가정법 과거완료도 구어체에서는 **뒷부분의 귀결절만을 사용**하는 경우를 자주 볼 수 있다.

그 예시로, 후회를 나타낼 때 매우 자주 쓰이는 표현인 'should have + 과거분사' 패턴이 있다. '~했어야 했다(실제로는 하지 않았지만)'라는 의미이다.

🔴 예문 **I should have done that!**   난 그것을 했어야 했어!
> → 보통 '슈드해브'가 아니라 '슈대브'로 발음한다. 그만큼 고정된 표현으로 자리를 잡았다. 부정 표현으로 I shouldn't have done that!(그것을 하지 말았어야 했어!)도 많이 쓰인다. 발음은 '슈든대브'이다.

이 외에 '더 잘할 수 있었는데!'와 같은 표현도 많이 쓰인다.

🔴 예문 **I could have done better!**   난 더 잘할 수 있었는데!
> → 보통 '쿠드해브'가 아니라 '쿠대브'로 발음한다. 관용적인 표현으로 사용되어 done 뒤의 목적어(예: it나 that)는 발화하지 않는 것이 보통이다.

🟥 가정법의 관용 표현

🔴── I wish + 가정법

이루어질 수 없는 허상일 뿐이라는 것을 알면서도 소망하는 것을 나타내는 표현이다. I wish 뒤에, 'if절에서 if를 제외한 절'을 붙이면 된다.

🔴 예문 **I wish + if you were here now**
→ **I wish you were here now.**
   나는 이루어지지 않는다는 것을 알면서 바란다
   + 만약 당신이 지금 여기에 있다면
   → 난 지금 당신이 여기에 있었으면 좋겠어.

🔴 예문 **I wish + if he had not left his wallet at home**
→ **I wish he had not left his wallet at home.**
   나는 이루어지지 않는다는 것을 알면서 바란다
   + 만약 (그때) 그가 지갑을 집에 두고 가지 않았다면.
   → (그때) 그가 지갑을 집에 두고 가지 않았다면 좋았을 걸.

wish 외에 희망이나 기대를 나타내는 표현에는 hope와 expect가 있는데, wish만이 가정법과 잘 쓰이는 이유를 설명하도록 하겠다.
hope는 '실제로 그렇게 되기를 희망하다'를 뜻하는 동사이다.

예문 **I hope you'll be back soon.**
당신이 곧 돌아오기를 바랍니다.
→ 실제로 그랬으면 좋겠으니, 그렇게 해 달라는 말이다.

가정법은 '사실과는 다르다'라는 것을 말하기 위한 문법이므로, hope에서는 사용할 수 없다.

expect는 '이 상황에서 앞으로 당연히 이렇게 될 것이다'라고 예상하는 것을 뜻하는 동사이다. 그렇기 때문에 사실 expect는 '기대하다'라는 해석에 해당되지 않는 경우가 많다.

예문 **We expect some rain tomorrow.** 우리는 내일 비가 올 것이라고 예상한다.
→ 일기예보에서 기상 데이터를 보고, 내일은 당연히 비가 올 것이라고 생각하고 있다. 이를 "우리는 내일 비가 올 것으로 기대한다."로 해석하면 어색해진다.

이처럼 expect는 '당연히 현실이 될 것'이라는 예측을 나타내는 동사이기 때문에 '실제로는 그렇지 않다'라는 가정법과는 어울리지 않는다.
그러나 wish는 '신에게 비는 것'에 가깝기 때문에 **'실현되지 않는다는 것을 알고 있다'라는 느낌**을 준다. 따라서 가정법과 어울린다.
다음 예문은 가정법 문장이 아니기 때문에 '실현되지 않는다는 것을 알고 있다'라는 느낌은 없지만, wish가 가지는 '신에게 비는 것'이라는 특징은 잘 나타난다.

예문 **I wish you a merry Christmas.** 즐거운 크리스마스를 보내길 바랍니다.
→ wish를 사용한 4형식 문장으로, '바라다 + 건네주다(4형식)'의 뜻이다. 화자가 하느님에게 소원을 빌어 상대방에게 닿기를 기원하는 것이다. 여기에서도 wish는 '신'에게 바라는 것을 빌고 있다.

●● ── It is time ~ 구문

'It is time + 가정법 과거~.' 문장은 '**이제 ~할 시간이다**'를 나타낸다. 뒤에 가정법이 오는 이유는 무엇일까? 그 이유는 '이제 ~할 시간인데, **실제로는 아직 하지 않았다**'라는 것을 나타내기 때문이다.

예문 It's time you went to bed.   이제 잘 시간이야.
→ 실제로는 자고 있지 않으므로 이제 자야한다는 뜻이다.

예문 It's about time I was leaving.   저는 이제 가 보겠습니다.
→ (실제로 그렇게 되고 있지 않지만) 원래라면, 지금 떠나고 있는 중일 것이다. 그렇기 때문에 이제 정말로 떠나겠다고 말하는 것이다.

● ── 'had better + 동사원형'은 '조언'보다는 '경고'를 나타낸다

'had better + 동사원형'은 '~하는 것이 좋다'로 해석되어 '친절한 조언'으로 착각할 수 있지만, 실제로는 '경고'에 가까운 표현이다. 특히 주어에 you를 써서, 상대방에게 이 표현을 사용하면 **'~하지 않으면 큰일이 날 것이다'**라는 의미이다.

예문 You'd better not.   넌 그러지 않는 게 좋겠어.
(그렇게 하면 어떻게 되는지 알고 있겠지?)

주어를 you로 한다면, 적어도 I think를 앞에 붙여서 좀 더 부드럽게 표현하도록 한다.

예문 I think you had better avoid meeting him.
당신이 그를 만나는 건 피하는 게 좋을 것 같아요.
(만나면 큰일이 날 것 같아요.)   ※ avoid -ing: ~하는 것을 피하다

주어가 I, we와 같은 1인칭이면, **'~하지 않으면 큰일이다!'**라는 느낌의 상황을 표현할 수 있다.

예문 We had better take a taxi.   우리는 택시를 타는 게 좋겠어요.
(그렇지 않으면 지각해서 큰일이에요.)

이 표현을 가정법으로 소개하는 이유는 여기에서 사용되는 had가 일종의 가정법 과거로, '이러한 상황을 have하는 것이 better이지만, 지금 실제로는 이러한 상황을 have하고 있지 않다'라고 경고하는 느낌을 주는 표현이기 때문이다. 하지만 had better 뒤에 동사원형이 오는 것으로 보아, 일종의 조동사와 같은 표현으로 정착했다는 것을 알 수 있다.

Must 47
가정법 현재에서 볼 수 있는 영어의 역사

▶ suggest that이나 demand that 뒤에 오는 'S + 동사원형'

■ 미국 영어는 최신 영어인가?

영어의 발상지는 당연히 영국이다. 그리고 그곳에서 북미 대륙과 호주 대륙을 비롯한 다양한 곳으로 영어가 퍼져 나갔다. 영국에서 북미로 본격적인 이민이 시작된 때는 17세기로, 지금으로부터 약 400년 전의 일이다.

그렇다면 여기에서 다음 질문에 대해 생각해 보자.
'오래된 옛날 그대로의 영어'가 지금도 남아 있는 것은 영국과 미국 중 어느 나라일까?

이렇게 질문하면, 영어 강사를 포함한 상당수의 사람들이 "영국 영어에 옛 형태가 남아 있어요."라고 대답한다. 그런데 실제로는, 반대로 미국 영어에서 '화석'처럼 옛 영어가 남아 있다.

역사는 우연이 아닌 필연이다.
일본어를 예로 들어 보자. 메이지 시대(1868년~1912년) 말기 이후, 일본에서 많은 사람들이 브라질을 갔다. 그들의 후예인 일본계 2세, 3세 사람들 중에는 일본어를 하는 사람들도 있다. 그렇다면 그들이 사용하는 일본어는 어느 시대의 일본어일까?
그렇다. 다이쇼 시대(1912년~1926년) 또는 쇼와 시대(1926년~1989년) 초기의 일본어일 가능성이 높다.

왜냐하면 그들은 그 세대의 일본인 외에 다른 일본인에게 일본어를 배울 기회가 없었기 때문이다. 반면에 일본에서는 해외에 흩어져 있는 일본계 사회와 비교해서 압도적으로 인구도 많고, 그 만큼 엄청난 속도로 새로운 말이 생겨나며 교체된다.

이렇게 해외로 건너간 언어는 모국의 언어보다 오래된 형태를 보존하기 쉽다. 그렇기 때문에 **미국 영어에는 17세기 이후의 오래된 영어의 형태가 남아 있는** 경우가 종종 있다.

영국 영어와 미국 영어에서 몇 가지 용법이 다르긴 하지만, 원래의 형태가 어땠는지를 알아볼 때, 전체는 아니더라도 상당수 미국 영어 쪽이 본래의 형태인 것으로 보인다.

●── suggest, demand 뒤에 오는 that 절

suggest(~하도록 제안하다), demand(~하라고 요구하다), recommend(~하도록 권장하다) 등 '~하라, ~하자'라고 제안/요구/권유하는 동사 뒤에 'that+S+V ~'가 올 때, 영국 영어에서는 일반적으로 'that+S+should+동사원형~' 형태를 사용하나, 미국 영어에서는 'that+S+동사원형~' 형태를 사용한다. (참고로 미국 영어의 이러한 형태는 영어 문법 문제에 종종 등장한다.)

예문 I suggested to him that he should be nicer to Tom. 🇬🇧
예문 I suggested to him that he be nicer to Tom. 🇺🇸
나는 그가 톰에게 좀 더 친절하게 대하도록 제안했다.

예문 The doctor strongly recommended that my daughter should eat more. 🇬🇧

예문 The doctor strongly recommended that my daughter eat more. 🇺🇸
그 의사는 우리 딸에게 더 많이 먹으라고 강력히 권했다.

학교나 학원에서는 일반적으로 'S+should+동사원형~'이 원래 형태이나, 미국 영어에서 should가 생략된 것이라고 설명하기도 한다. 그 이유는 '미국 영어보다 영국 영어가 더 오래되었기 때문에 영국 영어의 형태가 본래의 영어이고 그것이 변화해서 미국 영어의 형태가 되었을 것이라는 잘못된 생각 때문인 것 같다.

실제로는 반대로 미국 영어의 'that+S+동사원형~' 형태가 원래의 형태로, 나중에 영국 영어에서 새롭게 should를 사용하게 되었다고 생각하는 것이 자연스럽다.

💎 valuable information

위와 같이 생각할 수 있는 이유는 3가지가 있다.
① should가 생략될 만한 이유가 없다(이 밖에 유사한 조동사 생략 현상을 찾을 수 없다).
② 미국 영어에서 사용되는 'that+S+동사원형~'에서 동사원형은 가정법 현재의 동사 활용에 의한 것이다. **가정법 자체는 영어에서 점점 쇠퇴해 가는 오래된 문법**인데, 그것이 보존되고 있는 이유는 오래된 미국 영어 때문이다.
③ 가정법은 '현실의 일이 아닌, 어디까지나 가상의 일을 상상해서 말하는 것'을 나타내는 문법이지만, 영어에서는 이것이 사라지고 대신에 **조동사를 사용해 '사실이 아닌, 머릿속으로만 생각할 뿐인 것' 을 표현**하게 된 역사적 경향이 있다. 그렇다면 should라는 조동사를 사용하는 영국 영어의 용법이 가정법을 사용하는 미국 영어의 용법보다 더 새로운 것일 가능성이 높다.

■ 가정법 현재란 무엇인가?

지금까지 설명한 것처럼, 가정법 과거란 '지금 사실은 그렇지 않지만, 만약 그렇다면'이라는 전제에서 '지금 가정하는 이야기'를 할 때, 동사를 과거형으로 한 것이다.

가정법 과거완료란 '그때 사실 그렇지 않았는데, 만약 그때 그랬더라면'이라고 '과거의 그때를 가정하는 이야기'를 할 때, 동사를 과거완료로 한 것이다.

여기에서 가정법 현재가 무엇인지 설명하자면, 이는 '**지금은 실제로 그렇지 않지만, 앞으로 만일 그렇게 된다면**'을 나타낸 것이다.

학교에서 미래의 일을 말하는 것이라도 if 뒤에 will을 붙이지 않고 동사를 현재형으로 사용하라고 배운 적이 있지 않은가?

예문 **If it rains tomorrow, I will not go out.**
만약 내일 비가 오면, 난 밖에 나가지 않을 거야.

셰익스피어가 살던 시대 정도의 옛날 영어에서는 현재형이 아니라 가정법 현재, 즉 동사원형이 쓰였다. '지금은 비가 오지 않지만, 만약 앞으로 비가 온다면'이라는 의미로 가정법 현재가 사용되었던 것이다.

If it rain tomorrow,

그리고 현대 영어에서는 이러한 가정법 현재가 사라지면서 직설법 현재형이 되었다.

가정법 현재는 '지금은 실제로 그렇지 않지만, 앞으로 만일 그렇게 된다면'이라는 의미뿐만 아니라 **'지금은 그렇지 않지만, 앞으로 그렇게 하라'**는 **명령이나 부탁**의 의미로도 사용되었다.

그래서 suggest, demand, recommend와 같이 '~하라, ~하자'라고 제안/요구/권유하는 동사 뒤에 오는 '~하라'의 내용을 나타내는 that 절에, 가정법 현재인 동사원형이 쓰이는 것이다. 명령문이 동사원형을 쓰는 것과 비슷한 느낌이라고 생각하면 된다.

이 구문은 문법 문제로 자주 다루어질 뿐만 아니라, 현대 미국 영어에서 일반적으로 사용되고 있다.

이 구문에서 동사원형을 쓰는 것이 서툰 학습자들은 반드시 **명령문에서 동사원형을 쓰는 것과 같은 느낌**으로 사용해 보기를 바란다. 이를 통해 이 구문을 더욱 능숙하게 사용할 수 있게 될 것이다.

Must 48
as if ~의 시제

▶ 가정법에서 시제 일치는 없다

■ 시제가 일치해야 할 때·일치하지 않아도 될 때

'마치 ~처럼'이라는 의미로, '사실은 그렇지 않지만, 비유해서 말하면 ~처럼'을 나타내는 'as if+가정법의 S+V ~' 표현이 있다.

예문 He talked about the accident as if he was(were) a victim.
그는 마치 자신이 피해자인 것처럼 그 사고에 대해 이야기했다.

예문에서 실제로는 피해자가 아니지만, 마치 피해자인 것처럼 이야기하기 때문에 '실제로는 아니다'라는 것을 나타내어 동사를 was(문어체에서는 were)로 사용했다.

여기에서 문제가 되는 부분은 '**가정법에서 시제가 일치하지 않아도 된다**'라는 규칙이다.

예를 들면, 위 예문을 본 학습자들이 아래와 같이 질문하는 경우가 있다.

"talked라는 동사 형태로 알 수 있듯이, 이 문장에 있었던 일은 과거의 일이죠? 그렇다면 과거를 돌이켜보는 가정법이니까, as if 뒤에는 가정법 과거완료가 되어야 하는 것은 아닌가요?"

일반적인 경우를 보았을 때, 이러한 질문 내용은 맞는 말이다.
여기에서 말하는 일반적인 경우는 '만약 그때 ~였다면, ~하고 있었을 것이다'를 나타내는 문장을 말한다.

🔴 **If I had known the truth, I would have been nicer to him.**
만약 내가 (그때) 진실을 알았더라면, 그에게 더 친절했을 거야.

하지만 as if의 경우는 그렇지 않다.
고등학교 영어 수업이나, 대입 입시 학원에서 '가정법에는 시제 일치가 없다'라는 설명을 들은 학습자들도 있을 것이다.
이 설명이 무엇을 뜻하는지 설명하도록 하겠다.

🔴── 시제 일치: 주절의 시점에서 본 시제

시제 일치란, '자동적으로 동사의 시제가 변화하는 규칙'이 아니다.

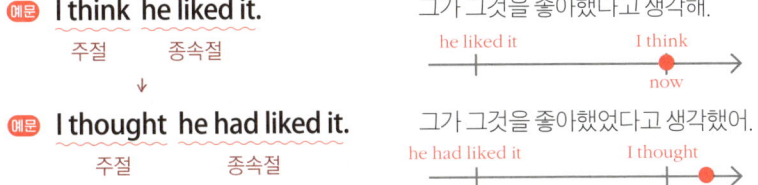

('절'은 전체 큰 문장 안에 포함된 작은 'S + V ~'를 말한다. 주절이란, 문장의 메인이 되는 'S + V ~'이다. 종속절은 작게 들어 있는 절로, 여기에서는 think/thought의 목적어 역할을 하는 'S + V ~'를 말한다.)

위 문장의 경우, 일반적으로 '주절 동사의 시제가 과거면, 종속절 동사는 이에 따라 주절보다 더 이전의 과거를 나타낸다'라는 느낌이 있다. 그래서 많은 학습자들이 주절 동사인 시제의 변화에 따라서 종속절 동사도 자동적으로 시제가 바뀐다고 생각하게 된다.

하지만 화자의 마음이 되어 시제 일치를 파악하다보면, 이러한 규칙을 생각하지 않고 더욱 자연스럽게 이해할 수 있다.

I think he liked it. 문장의 경우, 과거에 그(he)의 그때 모습에 대해 '그는 그것을 좋아했다(he liked it)'라고 지금 내가 판단하고 있는(I think) 것을 나타낸다.
I thought he had liked it. 문장의 경우, 지금의 자신이 '그때의 나는 그렇게 판단했다(I thought)'라고 돌이켜보는 것으로, 그 판단한 내용은 '내가 판단했던 과거의 그 시점에서, 그는 이미 그것을 좋아한 상태를 have하고 있었다(he had

liked it)'라는 것이 된다.

이렇게 생각해 보면, **시제 일치는 결코 기계적인 것이 아니라는 것**을 알 수 있다.

●── 가정법에 시제 일치는 없다

이제 본론으로 들어가 보자. 가정법에는 시제 일치가 없다. 정확하게는 '**직설법의 절과 가정법의 절 사이에 시제 일치가 없다**'라고 해야 할 것이다. 이번 학습에서 처음에 제시된 예문을 다시 한 번 보도록 하자.

> **He talked about the accident   as if he was(were) a victim.**
> <u>직설법의 절(현실 세계)</u>   <u>가정법의 절(상상의 세계·현실이 아닌 세계)</u>
> 그는 마치 자신이 피해자인 것처럼 그 사고에 대해 이야기했다.

2개의 절 사이에는 '시간적 연결'이 없다. 왜냐하면 한쪽은 현실 세계이고, 다른 한쪽은 현실이 아닌 가정의 세계이기 때문이다. **다른 세계이기 때문에 시간적인 연결이 없는** 것이다. 따라서 이른바 시제 일치가 필요하지 않다.

하지만 그렇다고 해서 as if 뒤의 가정법 동사 시제에 규칙이 없는 것은 아니다. 그리고 그 규칙은 단순하다.

직설법에 해당하는 절의 동사가 현재형인지 과거형인지는 상관이 없다.

> 1. 직설법 절의 사건과 가정법 절의 사건이 동시에 일어난다면 가정법의 절, 즉 as if 절의 동사는 가정법 과거이다.

> **He looked at me as if he saw a ghost.**
> 그는 마치 귀신을 보는 것처럼 나를 보았다.
> **He always looks at me as if he saw a ghost.**
> 그는 항상 마치 귀신을 보는 것처럼 나를 본다.
> → 그가 귀신을 보는 것 같은 눈빛을 하는 것과 고개를 돌려 나를 보는 것은 동시에 일어나는 일이다.

> 2. 가정법 절의 사건이 직설법 사건 이전에 일어난다면, 가정법 절인 as if절의 동사는 가정법 과거완료이다.

예문 He ran out of the room as if he had seen a ghost.
그는 마치 귀신을 본 것처럼 방에서 뛰쳐나왔다.

예문 He always comes out of the house as if he had seen a ghost.
그는 항상 마치 귀신을 본 것처럼 그 집에서 나온다.
→ '귀신을 본 것 같은 사건'이 먼저 발생하고, '(뛰어서) 나오다'라는 사건이 나중에 발생한다.

이 규칙은 '마치 ~처럼'이라는 의미를 나타내는 as if, as though, like와 같은 접속사 뒤에 나오는 가정법 절에 적용된다.

여기에서는 '시제의 일치'라기보다, **'어떤 일이 동시에 일어났는지, 시간차를 두고 일어났는지'**가 포인트이다.

Must 49
'혹시라도/만에 하나 ~하면'을 뜻하는 if + should

▶ 이 should는 '~해야 한다'라는 의미가 아니다!

예문 **If the flight should be canceled, we would have to find a hotel to stay at.**
혹시라도 비행기가 결항되면, 우리는 머물 호텔을 찾아야 할 거야.

'if + should'를 사용하면 **혹시라도/만에 하나 ~할 일이 생기면**이라는 뜻의 문장이 된다.

이번 학습에서는 'if + should'에 이러한 의미가 생기게 된 이유와 이 표현이 가진 이미지에 대해 살펴보자.

●── should = 당연히 ~하다

should는 shall의 과거형에서 나온 조동사로, 근본적인 의미는 '당연히 ~하다'이다. 따라서 ① '당연히 ~해야 한다', '상황을 보니, 당연히 ~하는 것이 좋다'라는 '조언'의 의미와 ② '당연히 ~할 것이다', '상황을 보니, 앞으로 ~한 일이 일어날 것이다'라는 '예측'의 의미가 생기게 되었다.

예문 ① **Your coughing is terrible. You should go see a doctor.**
 너 기침이 심하구나. 의사에게 진찰을 받는 것이 좋겠어.
 → 기침이 심한 상황으로 볼 때, 의사의 진찰을 받는 것이 당연하다.

예문 ② **He should arrive by eight.** 그는 8시에 도착할 거야.
 → 상황을 보면, 그가 8시에 도착한다는 것이 당연하다.

그렇다면 shall은 어떤 이미지를 가진 말일까?

●── shall = 운명

shall은 '**정해진 운명의 흐름에 있다**'라는 근본적인 뜻을 가진 조동사이다. 다만 미래를 나타내는 shall 용법은 현재 거의 사용되지 않고, 미국 영어에서는 will이 사용되는 것이 일반적이다. 미래를 나타내는 shall이 문장에서 쓰인다고 하더라도, 일반적이지 않은 매우 고풍스러운 느낌의 문장인 경우가 많다.

예문 **We Shall Overcome** 우리는 승리하리라
(미국 민권 운동의 상징으로 불리는 노래의 제목)
→ 우리는 반드시 극복한다.(그러한 운명의 흐름에 있다.)

예문 **I shall return.** 반드시 돌아오겠다. (맥아더 장군이 필리핀에서 철수할 때 했던 말)
→ 나는 반드시 돌아온다.(그러할 운명이다.)

위의 표현은 보통 회화에서 나오지 않으며, 연극에 나오는 대사 같은 느낌을 준다.

여기에서 말하고 싶은 것은, shall이 '운명의 흐름에 있다'라는 이미지를 가지고 있다는 점이다.

그리고 shall의 과거형은 should인데, 조동사의 과거형은 '현실에서 멀어지다'라는 의미로 사용되는 경우가 많다.(Must 51 내용 참조) 그러한 예시로, may와 might를 들 수 있으며, may보다 might가 현실성이 떨어지며 '불확실성'이 강해진다.

shall과 should도 마찬가지이다. shall은 '운명적으로 반드시 ~할 것이다'라는 강한 현실감이 있고, should는 shall에 비해 현실감이 떨어지며 **상황을 보았을 때, 일반적으로 ~하게 될 것이다**'라는 느낌이 있다.

그리고 이러한 점에서 should에 '**일반적으로 ~해야 한다**'와 '**일반적으로 ~하게 될 것이다**'라는 의미가 생긴다.

●── 'if + should'에 '혹시라도, 만에 하나'라는 뜻이 있는 이유

지금까지 should뿐만 아니라 shall의 의미까지 자세히 다룬 이유는 무엇일까?

사실 'if + should'의 '혹시라도, 만에 하나'라는 의미는 should가 아닌, shall에서 나온 것이라 할 수 있다. 다음 설명을 함께 보자.

예문 **It is raining now.**   지금 비가 오고 있어.   직설법의 현재 진행형
→ 100%의 현실에서, 지금 비가 오고 있는 중이다.

예문 **If it was(were) raining now, you wouldn't go out, would you?**
지금 비가 오고 있다면 너는 외출하지 않을 거야, 그렇지?   가정법 과거의 진행형
→ 실제로는 100% 비가 내리고 있지 않지만, 만약 지금 내리고 있다고 하면….

이렇게 **직설법과 가정법은 현실인지 아닌지가 정반대**가 된다. 이를 직설법의 shall과, shall을 가정법으로 한 should에 대입하면 다음과 같다.

참고로 다시 한 번 설명하자면, 이 should는 '~해야 한다'라는 의미의 should가 아니다. 이는 직설법인 shall을 가정법으로 사용하기 위해 shall의 과거형인 should를 사용한 것이다.

예문 **It shall rain tomorrow.**
내일은 틀림없이 비가 올 것이다.   직설법
→ shall은 '운명적으로 그렇게 흘러가다'라는 의미이다.
   98%는 현실로 그렇게 될 것이라는 생각을 나타낸다.

예문 **If it should rain tomorrow, the game would be canceled.**
만에 하나 내일 비가 온다면, 경기는 취소될 것이다.   가정법

shall을 직설법으로 사용하면 '98%는 현실로 그렇게 된다'라는 의미이다. 그리고 직설법과 가정법은 현실인지 아닌지가 정반대가 되므로 이 직설법의 shall을 가정법의 should로 해서 'if+should ~'의 형태로 사용

* 맑은 날씨를 불러온다는 일본 인형

하면, '**실제로는 98% 현실이 되지 않지만, 만에 하나 나머지 2%의 가능성으로 현실이 된다면**'이라는 발상이 생긴다. 이 '2%의 현실이 될 가능성'이 '만에 하나 ~하게 된다면'이라는 의미를 만들어 낸 것이다.

'if+should' 형태는 도치 형태에서도 자주 사용된다.

예문 **If he should call me, tell him I'm for the plan.**
→ **Should he call me, tell him I'm for the plan.**
(그럴 일이 없다고는 생각하지만) 만에 하나 그가 나에게 전화하는 일이 생기면, 내가 그 계획

에 찬성한다고 그에게 말해 줘.

'이것은 가정해서 하는 말이다'라는 것을 강조하기 위해서 이를 나타내는 should가 문두에 나와 있다. 이 가정절이 문장의 끝부분에 오는 경우를 조심해야 하는데, 이는 학습자들이 어려워하는 부분이다. 이를 주의하지 않으면, 구문의 형태를 읽고 이해하지 못할 수 있다.

Tell him I'm for the plan / should he call me.

if절이 문장의 끝에 올 때, 일반적으로 콤마가 사용되지 않는다. 그렇기 때문에 위 예문에서는 the plan과 should 사이에 끊김이 있다는 것을 파악하기 어렵다.

'if+should' 구문은 귀결절의 표현에도 특징이 있다. 위의 예문처럼 귀결절에 명령문이 사용되어, **'혹시라도 ~하게 되면, 이렇게 해 주어라.'**라는 표현이 되는 경우가 많다.

또한 **조심스럽게 부탁**하는 표현으로도 사용된다.

아래 예문에서는 if 대신에 'in case+S+V~'(S가 V하는 경우에 대비해서=혹시라도 S가 V한다면)를 사용해서 표현했다.

예문 **In case you should change your mind, here's my number.**
마음을 바꾸실 경우에 대비해서, 여기 제 전화번호가 있어요.

그리고 귀결절에 will 또는 would를 사용하는 경우가 있다. 이는 **화자가 얼마나 현실적인 예상을 하고 있는지**에 따라 구분해서 사용할 수 있다. '일단 말도 안 된다'라는 생각으로 말하면 귀결절에 would를 사용하고, '어쩌면 가능할지도 모른다'라는 생각이면 will을 사용한다.

제 8 장
동사 ⑦ 조동사: 사실을 말하는가, 생각을 말하는가?

Must 50
조동사란 무엇인가?

▶ 영어를 사용할 때 누락하기 쉬운 것

학교에서 will은 '~할 것이다', can은 '~할 수 있다', may는 '~일지도 모른다, ~해도 좋다', should는 '~해야 한다', must는 '~해야 한다' 등 조동사의 개별 의미를 배운다.

자, 그러면 영어의 조동사란 무엇인지 배운 적이 있는가? 조동사를 제대로 이해하지 못하면 부자연스러운 문장을 만들 수 있다.

■ 조동사 = 생각만 하는 것

이번 학습에서 말하는 조동사는 정확하게 법조동사*라고 하는데, 편의상 조동사라고 부르도록 하겠다.

조동사는 화자가 생각만 할뿐이지 현실의 이야기는 아니라는 것을 나타낸다.

예를 들어 "4월에는 많은 한국인들이 벚꽃놀이를 한다."라고 말하면, 항상 실제로 행해지는 것을 이야기하는 것이기 때문에, 조동사를 사용해서는 안 된다.

예문 **Many people in Korea celebrate cherry blossoms blooming in April.**

그러나 당신이 해외에 있다고 가정하고, "이제 4월이니까, 한국에서는 지금쯤 많은 사람들이 벚꽃놀이를 하고 있을지도 모른다."라고 말하면 '화자가 생각하는 것'을 말하는 것으로 조동사를 사용해야 한다.

🔵 **예문** It's April. They may be celebrating cherry blossoms blooming by now.
4월이야. 그들은 지금쯤 벚꽃놀이를 하고 있을지도 몰라.

어떤 조건이나 가정의 결과를 말할 때, 조동사를 쓰지 않으면 굉장히 어색한 문장이 된다.

❓ If we give up on finding the victims now, they don't survive tonight.

이 문장을 해석하면, "지금 우리가 그 피해자들을 발견하는 것을 포기하면, 그들이 오늘밤 살아남는 일은 없어."라고 할 수 있으므로 자연스러운 느낌이 들지만, 영어로 하면 위 문장은 조동사를 사용하지 않았기 때문에 '반복되는 계절이나, 과학 법칙처럼, 언제나 반드시 일어나는 일'이라는 느낌이 들어 부자연스럽다. 이 문장은 화자의 '생각'을 말하는 것이다.

⭕ If we give up on finding the victims now, they won't survive tonight.
지금 우리가 그 피해자들을 발견하는 것을 포기하면, 그들은 오늘밤 살아남지 않을 거야.

위 문장에서 will not의 축약형인 won't를 사용하고 있는데, 여기에서는 '미래'를 의미하기보다 '화자의 예상' 즉, '화자의 의견, 생각'을 나타낸다.

─── '힘의 용법'과 '판단의 용법'

조동사는 크게 2가지 용법이 있는데, 이는 바로 '힘의 용법'과 '판단의 용법'**이다.

	힘의 용법	판단의 용법
will	~할 생각이다, ~할 작정이다	~일 것이다
can	~할 수 있다	~일 수 있다
may	~해도 되다	~일지도 모른다
must	~해야 한다, ~하지 않으면 안 된다	~임에 틀림없다
should	~해야 한다, ~하는 게 좋다	~할 것이다

will의 '~할 생각이다, ~할 작정이다'라는 의미는 **의지**를 나타내고, '의지가 강하다, 의지가 약하다'라는 말이 있듯이 의지는 무엇을 해내고자 하는 '힘'이다. 한편으로 '~일 것이다'라는 의미는 **예상**을 나타내며, 이는 일종의 마음이 하는 판단이다.

can의 '~할 수 있다'라는 의미는 능력을 나타내고, 능력은 무언가를 실현시키는 일종의 '힘'이다. '~일 수 있다'라는 의미는 가능성에 관한 판단을 나타낸다.

may의 '~해도 되다'라는 의미는 **허가**를 나타내며, 이는 '허가를 낼 수 있는 권력이 있는 사람'이 '권력이 없는 사람'에게 행사하는 '힘'이다. '~일지도 모른다'라는 의미는 추측이라는 판단의 일종이다.

must의 '~해야 한다, ~하지 않으면 안 된다'라는 의미는 상대방에 대한 **강제력**을 나타낸다. '~임에 틀림없다'라는 의미는 **단정**이라는 판단의 일종이다.

should의 '~해야 한다, ~하는 게 좋다'라는 의미는 조언 수준에서 상대방을 **움직이려는** '힘'을 나타내며, '~할 것이다'라는 의미는 '일반적으로 ~하게 될 것이다'라고 화자가 가진 상식에 따라 내리는 **판단**이다.

이렇게 **조동사는 '힘'과 '판단'의 용법으로 나뉠 수 있다.**
'힘의 용법'은 대부분 **화자의 의견**(예: ~해야 한다), 즉 '화자가 생각하고 있는 것'을 나타낸다. 그리고 '판단의 용법'은 대부분 **화자의 판단**(예: ~일 것이다), 즉 '화자가 생각하고 있는 것'을 나타낸다.
이는 바로, 조동사가 **사실을 묘사하는 것이 아니라 마음속의 생각을 나타낸다**는 것을 의미한다. 조동사를 공부하는 데 보다 중요하고 까다로운 용법은 '판단의 용법'이다. 이는 다른 학습에서 설명할 예정이다.

◆ valuable information

영어에서 가정법이 쇠퇴하고 있는 이유

다른 유럽의 언어를 공부하는 학습자들은 알고 있을 수 있는데, 유럽의 언어들 중에서도 특히 영어는 조동사가 매우 발달해 있다.

말하는 사람이 마음속으로 생각하고 있는 것(예: ~하겠지, ~했겠지)을 포르투갈어 등에서 접속법(가정법의 일종)이라는 동사의 활용으로 나타내는 것이 보통이다. 영어에서는 가정법을 대신해서 조동사를 사용하여 화자의 의견이나 생각을 나타내기 때문에 가정법이 쇠퇴하게 되었다고 생각한다. 그러한 전형적인 예시는 다음과 같다. suggest나 demand처럼 '~해라, ~하자'라고 제안하거나 요구하는 의미를 가진 동사의 that 절이 원래는 가정법 현재(동사원형)를 사용했었는데, 나중에 영국에서 should를 사용하게 된 것이다.

---

* 법조동사

의문문에서 주어 앞에 오거나 부정문에서 not이 붙는 be동사 및 일반 동사의 do, does, 현재완료의 have, has 등도 문법상 '조동사'라고 한다. 그러나 법조동사란, 말하는 사람의 생각이나 의견을 나타내는 will, may, can, must, should 등을 나타낸다. '법(mood)'은 현실 세계를 나타내는 직설법이나 비현실 세계를 나타내는 가정법의 '법'이다. 조동사는 '화자의 의견을 말하는 것으로, 현실을 묘사하는 것이 아니라는 것'을 나타내므로, 이러한 '법'을 붙여 법조동사라고 한다.

** 힘의 용법, 판단의 용법

정식 명칭은 '의무 양태(deontic modality)'와 '인식 양태(epistemic modality)'인데, 여기에서는 이해를 돕기 위해 이러한 용법 이름을 직접 만들어 설명했다.

Must 51
판단 용법의 과거형이 나타내는 것

▶ 과거형이 나타내는 '현실과 마음' 사이의 거리

■ '판단 용법'의 과거형은 과거를 나타내지 않는다

앞에서 학습한 조동사는 '힘의 용법'과 '판단의 용법'이 있다고 설명했다. 문법적으로 좀 더 어려운 것은 '판단의 용법'이다.

조동사를 공부하다보면 **과거형의 형태이지만, 과거를 의미하지 않는** 용법을 자주 접하게 된다.

●● ── 형태는 과거형이나, '현재 판단하는 것'을 나타내는 조동사의 판단 용법

예문 **It would cost more than 1 million dollars a year.**
그것은 1년에 100만 달러 이상 비용이 (아마) 들 것입니다.
(조심스러운 예상)

예문 **I don't know, but I could be wrong.**
모르겠지만, 제가 틀릴 수 있어요.
(일어날 수 있는 가능성에 관한 조심스러운 판단)

예문 **This might not be good enough.**
이것만으로는 아마도 충분하지 않을지도 몰라요.
(일어날지 아닐지에 대해 매우 자신이 없는 추측)

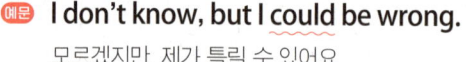
now

예문에서 설명하는 '조심스러운'이라는 의미를 '분명한 어조로 단언하는 것을 피하고 있는'이라고 바꿔 생각해도 좋다.

●● ── '과거'를 나타낼 때는 뒤에 'have + 과거분사'를 사용

예문 **It would have cost more than 1 million dollars a year.**

그것은 1년에 100만 달러 이상 비용이 (아마) 들었을 것입니다.

→ 과거의 일에 대한 조심스러운 예상을 나타낸다. 가정법 과거완료라고도 할 수 있다.

예문 **A: You got a call from a woman. She didn't give me her name.**

한 여자가 너에게 전화가 왔어. 그녀는 나에게 이름을 알려 주지 않았어.

B: It could(might) have been Jane.

제인이었을 수도 있어.(아마 제인이었을지도 모르겠다.)

→ could have + 과거분사: 과거의 일이 일어났을 가능성에 대해 조심스럽게 판단하는 것
  might have: 과거에 있었던 일에 대해 매우 자신 없게 추측하는 것

예문 **I don't know, but I could have been wrong.**

모르겠지만, 제가 틀렸을 수도 있어요.

→ 과거의 일이 일어났을 수 있다는 가능성에 대해 조심스럽게 판단하다.

예문 **I know a person who saw James near the school.**
He must have been at the school at that time.

난 제임스를 학교 근처에서 본 사람을 알아.
그는 그때 학교에 있었던 것이 분명해.

→ 과거의 일에 대해, '~임에 틀림없다'라고 단정하다.

판단 용법의 경우, 조동사의 과거형이 기본적으로 과거를 의미하지 않는다.

현재형을 사용한 판단 용법에 비해, 과거형은 **단언하는 정도를 약하게** 하고 싶은 경우에 사용한다. 즉, 단언이라는 것을 바꿔 말하면 '현실이라고 선언'하는 것으로, 자신이 없으면 쓸 수 없는 표현이다. 경험상 알 수 있듯이, 인간은 단언하는 것을 피하고 싶어 한다. 인간은 단언을 피하는 표현, 이른바 **'헤지(hedge) 표현'**을 사용하고 싶어 한다.

판단 용법에서 will은 would, can은 could, may는 might가 '단언을 회피하는 표현'이다. 그리고 시간상 과거를 나타내고 싶은 경우에는 'would have + 과거

분사', 'could have+과거분사', 'might have+과거분사'의 형태를 사용한다.

앞에서 여러 번 설명했듯이 판단 용법의 과거형이 나타내는 것은 과거(=현재에서 떨어져 있는 것)가 아니라 **단언을 피하는 것(=현실에서 떨어져 있는 것)**이다.

현재형은 '지금 자신이 있는 세계=현실'이고, 과거형은 '현재에서 떨어져 있다=현실에서 떨어져 있다'라는 의미가 있기 때문에, 현실이라고 선언하는 것을 에둘러서 '단언을 피하다'로 사용 방법이 응용된 것이다.

●● '판단 용법의 과거형'과 '가정법'의 경계선은 모호하다

'현실에서 떨어져 있다'라는 의미로, 조동사의 판단 용법에 사용되는 과거형과 가정법은 성질이 같기 때문에 비슷하게 사용된다. 어떤 표현이 가정법이고, 어떤 표현이 조동사의 판단 용법에 쓰이는 과거형인지 구별하기 어려울 때가 있고, 또 구별하는 것이 그만큼 의미가 없는 경우도 많다.

예문 **Who would(could) believe that story?**
누가 그 이야기를 믿겠어요(믿을 수가 있을까요)?
→ 조동사 would는 '누가 믿을 것인가?'라는 소극적인 예상(could의 경우, 가능성)으로 볼 수 있고, '(현실에서는 믿을 사람이 없는데 만약 있다면,) 누가 그 이야기를 믿겠는가?'라는 의미의 가정법 과거로도 볼 수 있다.

◆ valuable information

본래 과거형이 없는 조동사

should와 must는 원래 과거형이 없다. 이는 should가 shall의 과거형에서 파생된 조동사이기 때문이고, must도 지금은 사용하지 않는 옛 영어 단어인 motan이라는 동사('의무'를 의미함)의 과거형인 moste가 현대 영어의 must가 되었기 때문이다. 둘 다 원래는 과거형이었던 동사가 조동사가 되었다는 점이 매우 흥미롭다.

사람의 생각이나 의견을 말하기 위해 사용하는 것이 조동사이다. 동사의 과거형은 '현재(=현실)와의 거리'를 나타내기 위해 존재한다. 때때로 조동사를 과거형으로 써서 '현실과의 거리'를 두면서 생각을 나타내기 위해 사용하는 것을 보면, 사람이란 자신의 의견이나 생각을 에둘러서 부드럽게 말하고 싶은 욕구가 있다고 생각한다.

should는 '~할 것이다', must는 '~임에 틀림없다'와 같이 판단 용법으로 쓰이지만, **두 표현 모두 판단을 확신하는 정도를 약화시키는 표현은 따로 있지 않다.** 그리고 시간상 과거를 나타낼 때는 'should have+과거분사', 'must have+과거분사'의 형태를 취한다.

●● ── 부탁: '힘의 용법'이지만, 조동사의 과거형이 과거를 나타내지 않는 경우

can의 '허락'을 구하는 용법(~해도 되다)은 원래 '~할 수 있다(능력)'를 나타내는 can의 '힘의 용법'에서 왔다. can을 could로 하면, 과거를 나타내지 않고 공손하게 부탁하는 느낌을 준다.

예문 **Could you do me a favor?** 부탁을 들어 주시겠나요?
→ Can you do me a favor?보다 더 정중한 표현이다.

이는 시간상 과거를 나타내는 과거형이 '현재(=현실)로부터 거리를 두는 표현' → '거리를 두는 표현 = 정중한 표현'과 같이 응용되어 사용된 것이다.

참고로, 동일하게 부탁을 나타낼 수 있는 표현으로는 Will you ~?가 있는데, 이 또한 보다 정중하게 표현할 때는 Would you~?로 말한다. 이는 힘의 용법에서 will의 '의지'라는 의미를 사용하여 상대방의 의사를 물어봄으로써, 부탁과 의뢰를 표현하는 형식이 되었다.

예문 **Would you close the door?** 문 좀 닫아 주시겠어요?
→ Will you보다 더 공손한 표현이다.

●● ── '판단 용법'이지만, 조동사의 과거형이 과거를 나타내는 경우

조동사의 판단 용법에서 would, could와 같은 과거형이 시간상 과거의 의미로 사용될 때도 있다. 이는 시제 일치의 경우이다.

예문 **I thought he would come.** 난 그가 올 거라고 생각했어.
→ 과거의 thought했던 시점에서의 나의 예상(would)을 말한다.

예문 **He said that it could happen to anyone.**
그는 그 일이 누구에게나 일어날 수 있다고 말했어.
→ 과거의 said했던 시점에서 어떤 일이 일어날 가능성에 대해 그가 판단(could)하는 것을 말한다.

Must 52
will은 마음의 작용이다

▶ will은 '미래를 <u>나타내기도</u> 하는 조동사'

●── 'will=미래'라는 굴레에서 벗어나자

'will=미래'라고 배우기 때문에 여러 문제가 발생한다.

　will을 배울 때, 대부분의 학습자가 'will=미래'라는 공식이 머릿속에 각인되는 것을 경험한다. 이는 동사의 과거형에 -ed가 붙어야 하는 것처럼, 미래를 나타내고 싶으면 동사원형 앞에 will을 붙여야 한다고 생각하는 것과 같은 느낌이다. 즉, 'will+동사원형'을 현재형이나 과거형처럼 일종의 동사를 활용하는 방식으로 학습하는 것이다.

　이 때문에 미래를 말할 때는 모두 will을 붙여야 한다고 잘못 판단하게 된다.

　그리고 will이라는 단어를 미래를 나타내는 단순한 '기호'로 인식하게 되면서, 학습자는 will이 나타내는 미래와 be going to 또는 진행형이 나타내는 미래의 차이를 직감적으로 이해할 수 없게 된다.

　will이라는 말을 '미래형'이라는 기호로 인식하는 것이 아닌, 심리적 의미를 가진 말로 이해하는 것이 중요하다.

■ will: 마음이 기울다

　will의 뜻을 '**마음이 흔들리다가 기울다**'라고 설명할 수 있다.

　이 뜻에서 크게 ①'의지'와 ②'예상'이라는 2가지 의미가 생겨난다.

① 의지(힘의 용법): ~할 생각이다, ~할 작정이다

일반적으로 '의지 미래'라고 한다.

예를 들어, 오늘 수업이 갑자기 휴강이 되어 "이제 어떻게 할래?"라고 친구가 물었다고 가정하자. 그러자, '어떻게 하지?'라고 당신의 마음이 흔들린 뒤, Well, then, I'll go to the library.(그렇다면 난 도서관에 갈게.)로 '기울어지는' 것이다.

will을 '미리 정하지 않고 지금 결정한 것(예정)'이라고 설명하기도 한다. 이는 '**지금 마음이 기울면서 하게 된 의사 결정**'이라는 것을 나타낸다.

② 예상(판단의 용법): ~일 것이다

일반적으로 '단순 미래'라고 한다. 그러나 그 정체는 '예상'이다.

예를 들어, 친구가 "내일은 날씨 괜찮을까?"라고 묻고, 이에 당신의 마음이 '맑을까? 비가 올까?'라고 흔들리다가, 이 상황이라면 분명히 맑을 것이라고 마음이 기울어져서, It'll be sunny tomorrow.(내일은 맑을 거야.)로 말하는 것이다.

●── 시간, 조건을 나타내는 부사절: will을 사용하지 못하는 이유

will이 가지고 있는 2가지의 큰 의미가 '의지'와 '예상'이라는 것을 알게 되면, 이른바 '시간이나 조건을 나타내는 부사절'에서 '미래를 나타내지만 will을 사용하면 안 되는 이유'를 이해할 수 있게 된다.

앞에서 배운 가정법 부분에서 '시간이나 조건을 나타내는 부사절'에 사용되는 직설법 현재형의 동사가 원래는 가정법 현재(동사원형)라고 설명했다. 그리고 가정법이 쇠퇴하면서 직설법 현재형이 사용되었다고 했다.(Must 47 내용 참조) 여기에서는 미래의 일을 말하면서 왜 will을 사용하면 어색해지는지 설명하겠다.

will을 '미래'로 생각하지 않고 '의지' 또는 '예상'을 의미한다고 생각하면, 문장 구조를 제대로 잘 파악할 수 있다.

조건을 나타내는 문장을 아래와 같이 썼다고 가정해 보자.

✗ **If it will rain tomorrow, I will not go out.**
　　　①　　　　　　　　②
→ 말하고 싶은 내용: 만약 내일 비가 오면, 나는 밖에 나가지 않을 거야.

먼저 ①의 will에 '의지'의 의미를 넣어 해석해 보자. "만약 내일 비가 올 생각이라면, 난 밖에 나가지 않을 거야."라는 뜻이 된다. 날씨에 의지가 없기 때문에 의미가 어색하다.

이번에는 '예상'의 의미를 넣어 해석해 보자. "만약 내일 비가 올 것이라고 예상되는 상황이 된다면, 난 밖에 나가지 않을 거야."라는 뜻이 된다. 실제로 하고 싶은 말은 '만약 내일 진짜 비가 온다는 상황이 성립된다면'이기 때문에, '비가 올 것이다'라고 예상할 뿐인 will을 사용하면 의미가 어색해진다.

이처럼 '의지', '예상' 중 어느 쪽 의미를 적용해 봐도, 밑줄 친 ① will은 의미가 어색해진다는 것을 알 수 있다.

◯ **If it rains tomorrow, I will not go out.**

한편, ②의 I will not go out.는 어떤가?
'의지'의 의미로 생각해 보면 "난 밖에 나갈 생각이 없어."이고, '예상'의 의미로 생각해 보면 "난 밖에 나가지 않을 거야."라고 해석될 수 있다. 이는 if절(조건절)에 언급된 조건 하에, 나는 어떻게 할 것인가를 나타내는 '의지'나 '예상'을 말하는 것이다. 그렇기 때문에 **귀결절에 will을 쓰는 것은 자연스럽다.**

이번에는 조건이 아닌, 시간으로 생각해 보자.

✗ **After you will come back, come and see me.**
→ 말하고 싶은 내용: 돌아오면, 나를 보러 와.

will을 '의지'의 의미로 생각하면, "넌 돌아올 생각인데, 그 후에 나를 보러 와 줘."라는 뜻이 되어, '돌아온다는 상황이 성립된 후에'라는 의미와는 달라진다.

'예상'의 의미로 생각하면, "넌 돌아올 것인데, 그 후에 나를 보러 와 줘."라는 뜻이 되어, 마찬가지로 '돌아온다는 상황이 성립된 후에'라는 의미가 되지 않는다.

○ **After you come back, come and see me.**

한편, **if절에 will을 사용할 수 있는 경우도 있다.** '만약 ~할 생각이 있다면'이라는 의지를 나타내는 문장인 경우이다.

○ **If you will come back, I'll tell the manager to hire you.**
만약 당신이 돌아올 생각이 있다면, 나는 매니저에게 당신을 고용하라고 할 거야.

이 문장의 경우, will의 '의지'를 나타내는 의미가 자연스럽게 적용된다.

만약 if절에 will을 사용하지 않으면, '돌아온다는 상황이 성립되면'이라는 '조건의 실현'을 말하게 된다.

○ **If you come back, I'll tell the manager to hire you.**
만약 네가 돌아온다면, 난 매니저에게 너를 고용하라고 할 거야.

'will = 미래'라고 생각하게 되면, '시간과 조건을 나타내는 부사절에서 미래의 일을 말하더라도, will을 사용해서는 안 된다'와 같이 불필요한 '예외 규칙'을 만들게 된다.
하지만 will이 '의지'와 '예상'을 나타낸다고 이해하면, 그러한 쓸데없는 지식은 필요하지 않게 되어 will을 문장 안에서 좀 더 직감적으로 이해할 수 있게 된다.

Must 53
타인의 마음은 모른다

▶ 어떤 경우에 will이 '의지'를 나타내는가?

이번 학습에서는 '의지'를 나타내는 will에 대해 알아보자.

will은 '의지'와 '예상'을 나타내는데, 보통 어느 경우에 '의지'를 나타내는 것일까?

이에 앞서 알아 두어야 할 것이 있다. 사실상 **'타인의 심리는 모른다'는 인간의 심리가 문법에 영향을 준다**는 것이다.

이는 영어에 국한된 것이 아니다. 한국어에서도 이러한 심리는 문법에 영향을 준다.

다른 사람을 주어로 할 때, 감정을 나타내는 서술어를 바꾸는 것이 자연스럽다.

○ 난 기뻐.
✗ 오빠는 기뻐. → ○ 오빠는 기뻐하고 있어.
　　　　　　　　　　오빠는 기뻐 보여.

○ 난 잠시 수영을 하고 싶어.
✗ 여동생은 잠시 수영을 하고 싶어. → 여동생은 잠시 수영을 하고 싶어 해.

타인의 심리를 묘사할 때, '보거나 들은 느낌으로 미루어 보아 그렇다'라는 말투로 말해야 하는 이유는 '타인의 마음을 모르기 때문'이다.

이를 반대로 말하면, '내 마음은 안다'이기 때문에 will이 '의지(~할 생각이다, ~할 작정이다)'를 나타낼 때는 대부분 1인칭인 I나 we가 주어 자리에 온다. 타인(you, he, she, they)이 주어가 될 때, will은 보통 '타인의 행동이나 상태를 '예상'하기 위해 사용되어, '~일 것이다'라고 해석하는 것이 적절하다.(물론 일부 예외는 있다)

●● ── we가 주어일 때, will의 '의지'는 '다 함께 ~하자'가 된다

주어가 I일 때 '의지'를 나타내는 will은 내가 어떻게 하려 하는지를 나타내는데, 주어가 we가 되면 '우리는 모두 같은 의지로 ~할 생각이다'를 나타낸다. 따라서 최종적으로 '**다 함께 ~하자**'는 의미로 해석할 수 있다.

예문 I will take a break after I finish this.
저는 이것을 끝내면, 휴식에 들어가겠습니다.
→ 말하는 사람인 본인의 의지를 나타낸다.

예문 We will take a break after we finish this.
우리는 이것을 끝내면, 휴식에 들어갑시다.
→ 우리 모두의 동일한 의지 = '다 함께 ~하자'

●● ── 의지는 '지금'을 나타낼 수도 있다

반복해서 말하지만, will은 '미래를 나타내는 말'이라기보다는 '미래도 나타내는 말'이라고 하는 것이 더 정확하다. '의지'의 용법에서도, 말하는 사람의 현재 의지를 나타내는 용법이 있다.

예문 A: Remember you finish your assignment first.
넌 숙제를 먼저 끝내야 한다는 걸 기억해.
B: I know. I'll do it right now.
알고 있어요. 지금 바로 할게요.

예문 (전화벨이 울리고) **I'll get it.** 제가 받을게요.

이 문장을 보고, 일부 학습자들이 '지금부터 ~할게.'로 생각에서 '실제로 행동하는 것은 미래'이기 때문에, 결국 will은 미래를 나타내는 것이라고 생각하는 사람도 있을 것이다.

그러나 원래 영어의 조동사는 '마음속으로 생각하고 있는 것'을 나타내고자 하기 때문에, '생각하고 있는 것은 지금이고, 행동하는 것은 미래의 일'을 말한다. 이는 will에만 국한되는 것이 아니다.

예문 **It may rain tonight.** 오늘밤 비가 올지도 몰라.
→ 실제로 비가 내린다면, 그것은 미래의 일이다.

예문 **You should go see the doctor.** 너는 그 의사에게 가 보는 게 좋겠어.
→ 실제로 의사를 찾아간다면, 그것은 미래의 일이다.

또한 이전 페이지에 나왔던 "지금 바로 할게요."를 뜻하는 I'll do it right now. 표현이나 "제가 (전화를) 받을게요."라는 뜻의 I'll get it.와 같은 표현들은 will을 be going to의 미래 표현으로 대체해서 나타내지 않는다. 이 또한 'will이 미래를 나타내지 않는다'라는 것을 보여 주는 하나의 증거라고 할 수 있다.

부탁: ~해 주시겠습니까?

학교에서 will을 처음 배울 때 will은 미래를 나타낸다고 배우다가 Will you ~?, Would you ~?라는 표현은 '부탁'을 의미한다고 배워 당황했을 수 있다.

사실 이 '부탁'을 나타내는 Will(Would) you ~?는 '의지'를 나타내는 will이 응용된 것이다.

즉, 상대의 의사를 묻는 형태를 사용하여, 상대방에게 '~해 주었으면 하다'라고 마음을 알리는 것이다.

예문 **Will(Would) you open the door for me?**
나 대신 문 좀 열어 주겠니?

『로열 영문법』(왕문사) 도서에서 Will you ~?는 아주 친한 사이에 쓰이고, 그렇지 않은 경우에는 Could you ~?를 사용하는 것이 일반적이라고 쓰여 있다. 그리고 Would you ~?라는 표현도 Will you ~?보다는 공손한 표현이지만, 여전히 친한 사이에서 사용하는 표현이라고 쓰여 있다. 따라서 처음 보는 사람이나 윗사람에게는 사용하기 어려운 표현이라는 것을 알 수 있다.

그 이유는 무엇일까?

사실 영어에서 '상대방의 의지에 개입하는 말투는 실례'라고 생각한다.

예를 들어, 상대방이 무엇을 할 예정인지 물을 때 What will you do on Friday?라고 물으면, "무엇을 할 생각인가요?"처럼 상대방의 '의지'를 물었다고 해석될 위험이 있다.

이를 피하기 위해, What will you be doing on Friday?처럼 'will+진행형'의 형태를 일부러 사용함으로써 "무엇을 하고 있을까요?(무엇을 할 예정인가요?)"와 같이 명확하게 '예상'을 묻는 표현으로 말한다.

이러한 점을 생각하면, 상대방의 의사를 묻는 형식을 응용하여 '~해 주시겠어요?'라고 할 때 Will(Would) you ~? 표현은 '상대방의 의사를 물어도 괜찮을 정도의 친한 관계'인 경우에 사용하기 쉬운 표현이라는 것을 알 수 있다.

◆ **valuable information**

'will + 진행형'이 반드시 '예상'으로 해석되는 이유는 무엇인가

동명사를 설명한 학습에서 언급했던 내용을 떠올려 보자.

-ing는 '동작하는 도중'을 나타낸다. 머릿속에 떠오르는 영상은 반드시 동작 중인 영상일 것이다. 그렇기 때문에 '상상·기억'은 -ing으로 나타낸다.

예를 들어, remember 뒤에 -ing가 오면 과거의 기억을 나타낸다.(예: I remember seeing him. 난 그를 본 것을 기억해.) imagine은 '상상하다'라는 의미의 동사이기 때문에, 뒤에 -ing가 온다.(예: I imagined flying in the sky. 난 하늘을 나는 것을 상상했어.)

이제 will의 '예상'이라는 해석을 살펴보자. '예상'이란, 머릿속에서 생각하는 일종의 상상이다. 따라서 'will+진행형'은 will 뒤에 '~하고 있는 중인 영상'을 만드는 것으로, will의 해석은 '의지'가 아니라 '예상'이 된다.

Must 54
'예상'을 나타내는 will은 여러 의미로 확장된다
▶ '현재에 대한 추측'과 '정중함'을 나타낸다

●— will이 '예상'하는 것은 '미래'만이 아니다

will은 '의지'와 '예상'이라는 의미를 기본으로 하는 조동사이다. 가장 많이 접하는 will의 의미는 '예상'일 것이다.
기존 영어 교육에서 '단순 미래'라고 불리는 will의 용법이 있다. 사실상 이러한 용법이 나타내는 것은 '예상'이다.
'단순 미래'라고 말하면, 사람의 감정이나 마음이 들어가지 않은 기계적인 느낌이 들지만, 실제로 사람은 앞으로 미래에 일어날 일에 대해서는 마음속으로 생각해서 '예상'할 수밖에 없다.

'~일 것이다'라고 마음속으로 미래를 상상하다. 혹은 '~일 것이다'라고 **마음이 기울어' 판단하다.** 이러한 것이 will이 가진 '예상'이라는 의미이다.

예문 You won't be in time for the last train.
(마음이 기울어 (시간에 맞추지 못하고) 늦을 것이라 판단)
넌 막차 시간에 늦을 거야.

 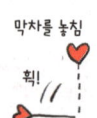

예문 I think he will win the tournament this time.
(마음이 기울어 우승할 것이라 판단)
난 이번에 그가 시합에서 우승할 것 같아.

'그래, 하겠어!'라는 의지는 미래의 행위를 나타내는 경우가 많고, '이렇게 되겠지.'라는 예상은 미래에 대한 상상을 나타내는 경우가 많다. 그래서 will은 '미래'를 나타내는 조동사로 사용할 수 있다.

그러나 실제로 will은 미래를 나타내는 것'도' 가능한 조동사라는 점을 염두에 두어야 한다. 꼭 미래의 일을 말하는 것이 아니더라도, **현재의 일에 대한 예상으로도 will을 사용할 수 있다.**

예를 들어, 저녁 4시에 제인이 온다는 것을 알고 있는 상태에서, 실제로 4시쯤에 초인종이 울렸다고 가정해 보자.

> **예문** **Oh, it'll be Jane.**   아, 제인일 거야.

미래의 이야기가 아니라, 지금 문 너머에 있는 사람이 제인일 것이라고 '예상'하고 있다.

또한, 이러한 '예상'을 나타내는 will은 '분명한 어조로 단언하는 것을 피하는 말투' 다시 말해, **'정중한 말투'로 응용**될 수 있다.

예를 들어, 파티에서 처음 보는 사람에게 "아, 당신은 케이건 씨입니다."라고 정확히 말하면 상대방이 다소 당황할 수 있다. 한국어에서도 처음 보는 사람에게 '혹시 케이건 씨인가요?'처럼 '어디까지나 추측·예상하건데,'라는 느낌을 주는 말투를 사용한다. 이러한 경우에 will이 쓰인다.

> **예문** **Ah…. You'll be Mr. Cagan, I presume?**
> 저기…. 혹시 케이건 씨인가요?

●── 안내 방송에서도 들을 수 있는 will

지하철을 타고 있으면 다음 역에서 어느 쪽의 문이 열리는지 안내하는 방송이 나온다. 다음 예문과 같이 안내 방송이 나온다고 가정해 보자.

> **예문** **The doors on the right side will open.**   오른쪽 문이 열릴 것입니다.

이 책에서 will의 설명을 읽고 이해했다면, 위 예문과 같은 표현이 어색하게 느껴질 것이다.

다음 역에서 오른쪽 문이 열린다는 것은 지금 하게 된 '예상', 또는 지금 결정하게 된 '의지'가 아닌, 이미 정해져 있는 것으로 항상 그렇게 하는 것이다. 제시된 예문의 경우, The doors on the right side open.(오른쪽 문이 열립니다.) 또는 The doors are on your right.(내리실 문은 오른쪽입니다.)와 같이, **일반적으로 '항상 그렇다'라는 의미의 현재형을 사용해야 한다.**

기차 안내 방송에도 동일한 will의 사용법이 등장하는 경우가 있다.

🔖 **We will soon be arriving at Yongsan Station.**
우리 열차는 잠시 후 용산역에 도착하겠습니다.

이 문장 또한 원래대로라면 '항상 행해지다'라고 정해진 것이기 때문에 The trains arrives at Yongsan Station.(그 기차는 용산역에 도착합니다.)과 같이 현재형을 사용해야 한다고 생각할 수 있다.

그러나 이 영어 방송은 틀리지 않았다.
그렇다면 여기에서 will은 무엇을 나타내는 것일까?
역시나 미래를 나타내는가?

물론 '미래'를 나타낸다는 의견도 괜찮다고 생각한다.
그러나 이는 분명한 어조로 단언하는 것을 피하고, '예상하건데'라는 의미를 포함시킴으로써 거리를 두고 **'정중함'을 나타내는 표현**이라고 볼 수 있다.

●━━ '정중함, 공손함'을 더하다

🔖 A: **How much do I owe you?**
  얼마를 드려야 하나요?

  B: **That'll be 20 dollars.**
  20달러입니다.

게이오대학의 다나카 시게노리 교수에 의하면, will은 상점에서 계산하는 상황에 자주 사용되는데 이 will을 통해 '분명한 어조의 단언이 아닌, 추측을 포함함으로써 그 표현에 정중함을 더할 수 있다'고 한다.

앞에서 언급한 기차 안내 방송에서 will을 사용하는 것과 같은 경우도 다나카 교수는 '고객을 의식하는 것으로 분명한 어조를 피하는 정중한 표현이 되었다고 생각할 수 있다.'라고 설명한다.*

---

* NHK TV 텍스트 『신감각☆이해 쏙쏙 사용 가능한 영문법(新感覚☆わかる使える英文法)』 2007년 5월호, 43쪽

Must 55
기타 will의 용법

▶ '현재의 습관 · 습성'을 나타내는 것은 '연상'하는 것이다

●── ~하려고 하지 않다: 의인화된 '의지'

- **This door won't open.** 이 문은 열리려고 하지를 않는다.
- **She wouldn't listen to me.** 그녀는 내 말을 들으려 하지 않았다.

이 경우는 보통 부정문에서 사용된다. '**결코 ~하려 하지 않다**'라는 완강한 거절 의사를 나타낸다.

첫 번째 예문처럼 무생물이 주어가 되는 경우가 많다. 이는 마치 문에 의지가 있는 것처럼 의인화된 표현이다.

●── ~란 보통 ~하기 마련이다, ~하는 법이다: 연상

- **Dogs will bark. It's their job.**
  개는 짖기 마련이야. 그것이 개가 할 일이야.
- **Babies will cry. We can't help it.**
  아기는 우는 법이다. 어쩔 수 없어.
- **Justin broke the window? Well, boys will be boys.**
  저스틴이 창문을 깼다고? 음, 남자애들이 다 그렇지 뭐.

상식처럼 '**보통 ~하는 법이다**'라는 것을 말하고 싶을 때 쓴다. 남을 납득시키거나 타이르고자 하는 맥락에서 사용하는 표현이다.

기존 영어 교육에서는 '현재의 습관'이나 '현재의 습성'을 나타내는 will이라고 소개하기도 한다.

이와 같은 경우에도 will이 쓰이기 때문에 will이란 도대체 무엇인지 혼란스러워하며 갈피를 잡지 못하는 학습자들이 있을 수 있다.

나는 이 용법을 '연상'이라고 불러야 한다고 생각한다.

will은 마음이 기울어져 의사 결정을 하거나, 예상을 하는 것을 나타내는 말이다. 연상의 용법 또한 동일하다.

인간은 살아가면서 수많은 학습을 한다. 그 과정에서 '~란 **보통 이런 것이다**'라는 백과사전적인 지식을 쌓는다. 그 지식을 바탕으로, 예를 들어 '개'라는 말을 듣는 순간, '짖다' 또는 '친숙하다'와 같은 전형적인 이미지를 떠올리며 연상한다. 즉, 그러한 이미지에 '마음이 기울어지며' 연상하는 것이다.

연상은 '**마음속에 관련된 영상을 떠올리는 것**'으로, 예상과 동일한 심리 작용을 하여 발생된다. will의 '연상' 용법은 예상을 나타내는 용법의 영향을 받아 생긴 것이라고 생각한다.

●── would (often): 예전에는 (자주) ~하곤 했다(회상)

이는 앞에서 언급한 '연상'하는 것의 시간적 배경을 과거로 가져왔을 뿐이다. '**그때를 회상하면, 마음에 떠오르는 영상**', 즉 '마음이 기울어지는 쪽에 있는 기억'이다. 이것이 would가 나타내는 회상의 내용이다.

예문 I would often go fishing in the lake when I was a kid.
난 어렸을 때, 그 호수에 낚시하러 자주 가곤 했어.

이 표현의 몇 가지 특징을 설명하도록 하겠다.

① '그때를 회상했을 때' 마음이 기울며 떠올리는 기억을 나타내는 표현이기 때문

에, 원칙적으로는 '그때의 이야기를 하자면'을 나타내는 표현이 필요하다.

예문에서는 when I was a kid가 그러한 표현이다. 물론 문맥상 '그때의 이야기를 하자면'이라고 하지 않더라도, 어딘가에 그러한 내용이 명시되어 있다면 일일이 말할 필요는 없다.

② often이 함께 사용되는 경우가 많다.
자주(often) 반복해서 행해진 행위이기 때문에, 강렬하게 기억으로 연결되어 '그때의 이야기를 하자면'으로 마음이 기울어지는 것이다.

③ 반복된 행위에만 사용할 수 있다.
과거의 '변하지 않는 상태'에는 사용할 수 없다. 예를 들어, "과거 이곳에는 병원이 있었다."라는 문장은 병원이 반복적으로 세워지고 무너지는 것이 아닌, 계속 변함없이 존재했다는 것을 나타내기 때문에 would는 적합하지 않다.
앞서 설명했듯이 '반복해서 행해지다 → 강렬하게 기억으로 연결되다 → 그때를 생각하면 떠오르는 기억'을 나타내는 would이기 때문에, 과거의 변하지 않은 상태를 나타내는 경우에는 사용할 수 없다.

위의 설명에서 알 수 있듯이, 이 would의 용법은 과거의 습관보다 **과거의 '회상'**이라고 말하는 것이 더 적합하다.

●─ used to와의 차이점

그렇다면 would와 마찬가지로 과거의 습관을 나타내는 'used to + 동사원형'은 어떤 점이 다른지 비교해 보자.

예문 I used to go fishing in the lake. 예전에는 그 호수에 낚시하러 가곤 했어.

used to의 특징을 살펴보자.
① when I was a kid처럼 **특정한 과거의 시점을 말하는 것은 아니다.** 왜냐하면 used to가 나타내고자 하는 것은 '**이것은 과거의 일이며 지금은 아니다**'이기

때문이다. 즉, '지금은 더 이상 ~하고 있지 않다'라고 말하고 싶은 것이며, 과거 언제의 일인지는 상관이 없는 것이다. 제시된 문장도 "예전에는 낚시하러 가곤 했지만, 지금은 더 이상 가지 않아."라고 말하는 것이다.

② 과거의 변하지 않는 상태도 나타낼 수 있다.

앞에서 would로는 나타낼 수 없다고 했던 "과거 여기에는 병원이 있었다."라는 문장도 used to를 사용해서 There used to be a hospital here.로 표현할 수 있다.

따라서 '예전에는 자주 ~하곤 했다'로, 과거에 자주 했던 일을 떠올려 말한다면 would (often)를 사용하고, '예전에는 ~하곤 했지만, 지금은 더 이상 ~하지 않는다'라고 말하고 싶다면 used to를 사용한다.

마지막으로 아래에 있는 will 용법의 계통도를 보도록 하자.

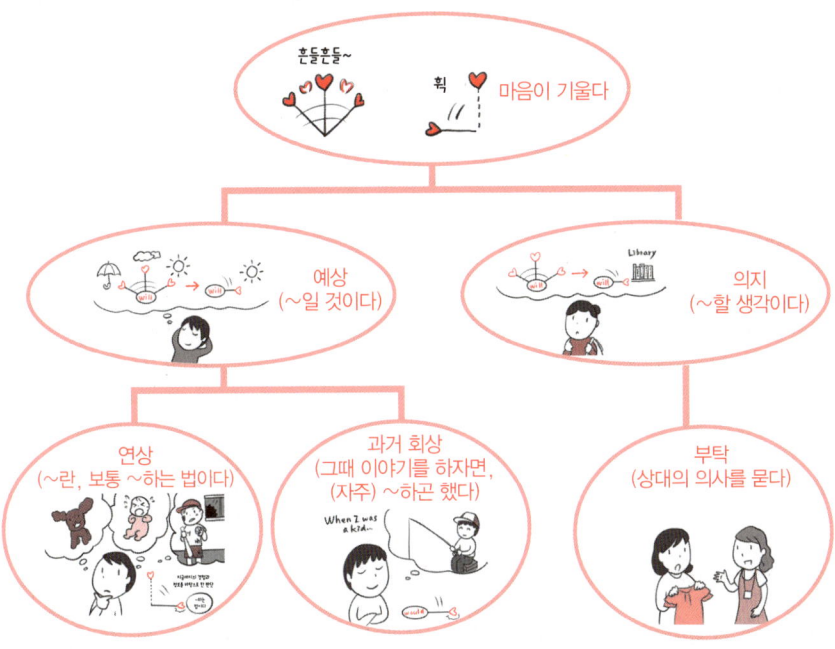

Must 56
will과 be going to의 차이점

▶ 생각만 하고 있는가? 앞으로 실행하기 위해 나아가고 있는 중인가?

우선 대략적으로 설명했을 때, will은 '마음의 작용'이므로 '~할 생각이다(의지)', '~일 것이라고 생각하다(예상)'의 **'생각하는' 느낌**이 강하게 든다.

반면에 be going to (do)는 직역하여 알 수 있듯이, '~하는 것을 향해 나아가고 있는 중에 있다'라고 미래를 향해 일이 진행 중이라는 느낌이 있다. 따라서 '생각하다'라는 느낌의 will보다는 일이 **객관적으로 미래를 향해 나아가고 있다는 느낌**이 든다.

여기에서는 will과 be going to를 '의지'와 '예상'의 용법으로 나누고, 각각의 차이를 설명하도록 하겠다.

■ will의 '의지'와 be going to의 '의지'

여기에서는 **'(미래에) ~할 것이다'**라고 선언하는 것을 '의지'라고 정의할 수 있다.

●──── will의 '의지': '지금 결정한' 느낌

will이 의지의 의미로 사용될 때는, 상대방이 하는 말에 마음이 흔들리다가 한 방향으로 기울어져서 '그래, 하겠어!'라고 결단하여 I will ~.로 말하는 경우가 대부분이다.

즉, 상대방의 말에 반응해서 '지금하기로 결정했다'는 느낌이 있다.

예문 A: Make sure you bring the ticket with you. 넌 티켓을 꼭 가져와.
B: I will. 그럴게.

I will.(그럴게.) 문장은 정확하게 I will bring the ticket with me.(내가 표를 가지고 올게.)라는 말로, 앞서 상대방이 말한 것을 하겠다는 뜻이다.
'그래, 하겠어.'라는 의미에는 **'지금 상대방의 말을 듣고 결정했다'**라는 느낌이 있다. 이는 '의지'를 나타내는 will의 중요한 점이다.

●— be going to의 '의지': '이미 정해져 있는' 느낌

be going to가 '의지'를 나타내는 의미로 쓰일 때, be going이 본래 가지고 있는 진행형의 의미에 의해 '나아가는 도중'이라는 느낌이 생긴다.

다시 말해, be going to는 '~한다는 것은 이미 정해져 있고, 그것이 실행되는 미래를 향해 지금 가고 있는 중이다'라는 것을 나타내며 **'이미 정해져 있다'**라는 느낌이 있다.

예문 A: What is your plan for the summer? 여름에 무엇을 할 계획이니?
B: I'm going to move to another apartment. 다른 아파트로 이사할 거야.

이미 이사는 정해져 있는 것으로, 그 일을 향해 나아가고 있는 중이라는 느낌이 있다.

이를 will로 표현하면, "여름에 무엇을 할 계획이니?"라는 질문에 "그러게, 다른 아파트로 이사할까 봐.(Well, I think I will move to another apartment.)"와 같이 '지금 상대의 말을 듣고, 이사할까 생각했다'는 느낌를 준다.

─── will의 '예상'과 be going to의 '예상'

will이 나타내는 '예상'은 '생각만 할 뿐이다'라는 느낌으로, '다급하지 않다'라는 느낌이 있다.

예문 **The storm will be turning more to the north.**
폭풍은 더욱 북쪽으로 진로를 바꿀 것입니다. (라고 생각합니다.)

지금 단계에서는 어디까지나 마음속으로 그렇게 생각하고 있을 뿐이라는 느낌이 든다. 여러 데이터를 참고해서 '진로를 바꾸다'라는 판단으로 마음이 기울어진 상황이다.

한편, be going to가 나타내는 '예상'은 '그 코스를 나아가는' 느낌으로, '확실히 ~하게 된다'는 느낌이 있다.

예문 **This storm is going to rapidly intensify.**
(확실히) 이 폭풍우는 급속히 세력이 강해질 것입니다.

폭풍이 세차게 몰아치는 상황을 향해 나아가고 있는 중을 나타내므로, will보다는 현실감이 있어 확실히 그렇게 될 것이라는 느낌이 있다.

─── Everything's gonna be all right.와 Everything'll be all right.

누군가가 큰일을 당해서 힘들어하고 있을 때, 위로하고 용기를 북돋워 주기 위해 쓰는 표현으로 다음과 같은 말이 있다.

> Everything's gonna be all right.
> Everything'll be all right.

(Everything)'s gonna는 (Everything) is going to의 축약형으로, 구어체에서 사용하는 패턴이다.

두 문장 모두 직역하면, "모든 것이 괜찮아질 거야."로 동일한 의미를 가진다.

그리고 be going to를 사용하든 will을 사용하든, 둘 다 틀린 말은 아니다. 그러나 전달되는 느낌이 달라진다.

"반드시 괜찮아질 거야."라고 상대방을 강하게 안심시키고 싶을 때, 두 문장 중 어느 문장을 사용할 것인가?

이미 알고 있겠지만, **will을 쓰면 좀 더 가벼운 느낌**이 든다. '어디까지나 생각만 하고 있을 뿐'이라는 느낌이 있기 때문이다. 이러한 것이 나쁘다는 것은 아니다. 매우 심각하지 않은 이야기를 할 때나 밝은 방향으로 대화를 나누고 싶을 때는 will을 사용해서 Everything'll be all right.(**다 괜찮아질 거야.**)라고 말하는 것이 적절하다고 생각한다.

한편, Everything's gonna be all right. 문장은 드라마나 영화에서 크게 다친 사람이나 사고로 어딘가에 갇힌 사람에게 이 대사를 하는 경우가 있다. be going to를 사용함으로써, '이제 곧 구조될 거야. 반드시 그렇게 될 거야!'라는 느낌이 전해지는 것이다. '**정신 차려! 반드시 괜찮아질 거야!**'라는 느낌이 있다.

Must 57
can은 '장애물이 없는' 세계

▶ '능력'만이 아닌, '가능성'에도 주목하자

can은 어원상 '알고 있다'를 의미하는 단어로, know와 어원이 동일하다.
'안다는 것'은 '~하는 방법을 안다는 것'이고, 그 의미에서 '**~할 수 있다**'라는 '**능력**'의 의미가 생기게 되었다.

이 '능력'이라는 의미가 현대 영어에서 can의 '힘의 용법'으로 생겨났고, 이 의미에서 '판단의 용법'으로서 '~이라고 판단할 수 있다' → '**~일 수 있다**'라는 '**가능성**'의 의미가 생겨났다.

can은 Can you ~? 형태로, Will you ~?와 같이 '**부탁**'의 의미를 나타낼 수도 있다. 그리고 will이나 may처럼 '**예상**'을 의미하거나, may처럼 '**허락**'을 나타낼 수도 있다.

그러나 당연하게도 의미가 완전히 동일하지는 않다. 이번 학습에서는 각각의 뉘앙스 차이를 설명하도록 하겠다.

●── 능력: 마음만 먹으면 ~할 수 있다

can은 '~할 수 있다'라는 능력의 의미를 가지고 있다.

단, 여기에서 주의해야 할 점은 정확히 말해서 can은 '**마음만 먹으면 ~할 수 있다**'라는 느낌이 있어, **실제로 해 보고서, 할 수 있었는지 없었는지를 판단하는 것은 관계가 없다**는 것이다.

조동사의 기본은 '마음속으로 생각하다'를 말한다. 예를 들어, 오바마 전 대통령의 Yes, we can!이라는 유명한 말도 "우리는 할 수 있다!"라는 의미로, "실제로는 아직 하고 있지 않지만, 이제부터 할 수 있도록 하자."라는 뜻을 담고 있다.

'실제로 했든 안 했든, 이러한 능력을 가지고 있다'라는 의미와, '실제로 해 보고 서, ~할 수 있었다/성공했다'라는 의미 사이에는 분명히 차이가 있다. 그러한 의미의 구분이 뚜렷한 것은 can의 과거형 could와 be able to의 과거형 was/were able to이다.

예문 I could swim across the river when I was a kid.
어렸을 때, 나는 그 강을 헤엄쳐 건널 수 있었다.
→ 그 능력을 가지고 있었다는 말로, 실제로 했는지 아닌지는 알 수 없다.

예문 On that day, I was able to swim across the river for the first time.
그날, 나는 난생 처음으로 그 강을 헤엄쳐 건널 수 있었다.
→ 실제로 해 보고 성공하여, 실현되었다는 말이다.

●── '부탁'과 '허락'

'마음만 먹으면 ~할 수 있다'라는 의미의 '능력'은 '부탁'의 의미로 다르게 사용되어 '~해도 될까요?'라는 뜻으로 쓰이고, '허락'의 의미로도 사용되어 '**~해도 되다**'라는 뜻으로 쓰인다. 그리고 "**~해도 된다. 그러니 빨리 하도록 해.**"라는 느낌의 '가벼운 명령'으로도 쓰인다.

예문 A: Can I come in? 들어가도 될까?
B: Sure you can. 물론이지.
→ can의 부탁과 허락은 상하 관계가 느껴지지 않는다는 것이 가장 큰 특징이다. may는 상하 관계가 느껴지고, Will/Would you ~?는 친한 사이에서 부탁할 때 주로 쓰인다. can과 could가 가장 중립적이다.

예문 We're done. You can go now. 끝났어. 넌 이제 돌아가도 좋아.
→ 가벼운 명령을 나타낸다. 명령문이나 You may ~.에 비해 거만하거나 위압적인 느낌 없이 소탈한 느낌이다.

●── '~일 수 있다'라는 판단 용법의 과거형: have + 과거분사

can이 판단 용법으로 '~일 수 있다'의 의미로 사용될 때, could는 can에 비해 '**실현될 가능성이 낮다**'라는 것을 나타낸다. 시간상 과거를 의미하지는 않는다.
시간상 과거를 나타낼 때는 can/could 뒤에 'have + 과거분사'를 붙인다.

예문 **This can happen to anyone.**　이건 누구에게나 일어날 수 있어.
→ could를 사용하면 단언하는 정도가 약해진다.

예문 **It could have been me.**　그건 나였을 수도 있어.

예문 **He cannot be there.**　그가 거기에 있을 리가 없어.
→ 가능성을 부정하고 있으므로, '~일 리가 없다'라는 뜻이다. '~일 리가 없다'라고 강하게 딱 잘라 말하는 것이기 때문에 could not보다는 cannot(can't)을 사용하는 경우가 많다.

● ─── **can을 남용하지 않도록 주의하기**

영어를 처음 배우는 학습자들은 can을 다양한 경우에 남용하는 실수를 하기도 한다.

✕ **He can do the math.**　　→　◯ **He is good at math.**
그는 수학을 잘해.
→ '능력'을 나타내는 문장은 맞으나, 여기에서 말하고자 하는 것은 "그는 수학을 잘해."이다. 참고로 do the math는 '수학을 하다'라는 의미가 아니라 '계산을 하다'이다.

위 예시와 같은 실수는 아니지만, 학습자들의 글쓰기를 보고 있으면, 'can을 남용'한다고 생각되는 경우가 있다.
그중 가장 많은 것은 '효능'을 나타내는 문장이다.

△ **A cold drink can refresh you.**
→ ◯ **A cold drink refreshes you.**
　　차가운 음료 한 병은 너의 기분을 상쾌하게 한다.

◯ **You can refresh yourself with a cold drink.**
　　차가운 음료 한 병으로 기분을 상쾌하게 할 수 있다.

주어가 a cold drink인 문장은 '성질'을 나타낸다. 차가운 음료가 사람의 기분을 상쾌하게 하는 것은 차가운 음료가 항상 가지고 있는 효능, 성질이다. 이러한 경우는 '**항상 그렇다**'를 나타내는 현재형을 사용하는 것이 자연스럽다.

한편, you가 주어로 된 문장을 살펴보면, 이 문장은 you의 기능이나 성질을 나타내고 있지 않다. 즉, 'you가 항상 하는 것이다'라는 느낌은 없다. 이러한 경우에는 can을 쓰는 것이 자연스럽다.

이러한 '효능'의 의미 외에도 '마음만 먹으면 ~할 수 있다'를 나타내는 can과 '항상 그렇다'라는 사실을 나타내는 현재형을 혼동해서 사용하는 경우를 볼 수 있다. 그 예시로 다음 문장을 살펴보자.

△ In April, we can celebrate cherry blossoms blooming.
→ ○ In April, we celebrate cherry blossoms blooming.
   4월에, 우리는 벚꽃놀이를 한다.

이 문장에서는 '손꼽아 기다리며 하고 싶었던 일/소망'을 실행하는 것으로, 소원이 이루어진다는 의미에서 '(드디어) ~할 수 있다'를 사용하는 것이 자연스럽다고 생각할 수 있다. 하지만 영어의 can은 '마음만 먹으면 ~할 수 있다'이기 때문에 **벚꽃놀이와 같은 '습관적 행위'에는 '항상 그렇다'라는 의미의 현재형**을 사용하는 것이 더 자연스럽다고 할 수 있다.

위 문장이 can을 사용했기 때문에 틀렸다고 할 수는 없다. 그러나 보다 자연스럽게 can을 사용하기 위해서는 이러한 설명을 염두에 두어야 할 필요가 있다.

Must 58
'무책임'을 나타내는 may와 might

▶ '마음이 흔들리는 상태'인 may와 might

● —— may 힘의 용법: 상하 관계

may의 어원은 '~할 능력이 있다, ~할 힘을 가지고 있다'로, 그 의미에서 '허락할 만큼의 권력을 가지고 있다'라는 의미가 되어 **'~해도 되다, ~해도 좋다'**라는 허락의 의미가 생기게 되었다.

즉, may가 가지는 '~해도 되다'라는 의미는, **'상하 관계에서 힘이 있는 윗사람이 아랫사람을 대하는'** 느낌을 준다.

예문 **You may play video games now.**   이제 비디오 게임을 해도 돼.
→ 엄마가 아이에게 명령할 때, 아이가 숙제나 식사 등을 끝낸 후에 이제 게임을 해도 된다고 허락하는 말이다.

상하 관계가 없는 상황, 또는 **상하 관계를 나타내고 싶지 않은** 마음으로 '~해도 좋아'라고 **허락을 표현할 때는 can**을 사용하는 것이 적절하다.

예문 **You can go to your room if you like.**   네가 원하면 네 방에 가도 좋아.

may를 사용하면, '내 허락이 없으면 ~할 수 없다'라는 느낌이 있지만, can을 사용하면, '허락받을 상황이 되었으니 ~해도 좋다', '~해도 좋은 상황이 되었다'라는 느낌이 있다. may는 '누가 허락해 줄 수 있는가'를 중시하고, can은 '~해도 되는 상황인지 아닌지'처럼 '어떤 상황인가'를 중시하는 차이가 있다.

이 '상하 관계'를 반대로 하여 May I ~?로 말하면, '상대를 (윗사람으로) 위에 세우다'라는 표현이 되어, 매우 **정중하게 허락을 구하는 표현**이 된다.

- **May I come in?** 들어가도 될까요?
- **May I have your name?** 이름을 여쭤 봐도 될까요?
- **May I have your attention, please?** 주목해 주시기 바랍니다.
  ↑ 기내 방송 표현으로, 직역하면 "여러분의 주의를 끌어도 될까요?"이다.

May I ~?라는 질문에 대해 "네, 좋아요."라고 대답하는 경우, **Yes, you may.**라고 말하면 윗사람이 아랫사람을 대하는 말투처럼 들린다.

만약 당신이 법정에서 재판장인 경우에나, 군대에서 상관이라고 하면, 당신은 Yes, you may.로 답할 만한 권위가 있다. 그러나 일반적으로는 **Yes, you can.**으로 답하거나, 더욱 상냥하고 친근하게 표현하려면, **Sure.**라고 답하는 것이 일반적이다.

● may not이 나타내는 '불허'와, must not이 나타내는 '금지'의 차이

- **You may not go out after dark.** 어두워진 후에는 외출을 허락하지 않습니다.
- **You must not go out after dark.** 어두워진 후에는 외출해서는 안 됩니다.

may not과 must not은 각각 '불허'와 '금지'로 둘 다 비슷한 느낌이 있으나, **기계적이고, 규칙과도 같은 느낌이 들며 관공서에서 사용될 법한 표현은 may not**이다. may not을 사용할 경우에는 허락하는 쪽, 즉 권위와 권력을 가지고 있는 쪽의 사정으로 허락하지 못한다는 느낌이 든다.

- **The information may not be used for commercial purposes.**
  그 정보는 상업적 목적으로 이용되어서는 안 됩니다. ← 규칙상 허락하지 않는다는 말

반면 **must not**은 '절대 안 되다'라는 '강한 의견'을 나타낸다. 물론 '출입 금지' 표지 등 규칙상 금지를 나타내는 경우에도 must not이 사용되지만, may not보다 강한 거절의 느낌이 있다. may의 '허락'은 권위를 가진 쪽의 사정으로 허락하거나 허락하지 못하는 것을 나타내지만, **must not의 '금지'는 어떤 경우에도 금지**라는 느낌이 있다.

📌 **Unauthorized staff must not enter this facility.**
　　허락을 받지 않은 직원들이 이 시설을 (절대) 출입해서는 안 됩니다.

must의 근본적인 의미는 '절대', '다른 선택지는 없다'이다.

■ may, might가 나타내는 '추측(~일지도 모른다)'

　　may와 might는 '추측(~일지도 모른다)'을 의미한다. 이는 will의 '예상'과 어떻게 다른지 살펴보자.
　　will은 **마음이 기울며 '~일 것이다'라고 판단**하는 것을 말한다. 마음이 완전히 기울어져 있기 때문에, 그 판단을 확신하는 정도가 높다고 할 수 있다.

　　한편, may와 might는 '마음이 흔들리는 상태', 즉 **'망설이는 상태여서 결정할 수 없다'**라는 심정을 나타낸다.
　　'확실하지 않은데, ~일지도 모른다'라는 마음으로 확신을 가지지 못한 상태에서 쓰는 표현이 바로 may와 might이다. 즉, may와 might는 '자신이 말한 것에 대해 책임지지 않겠다'라고 선언하는 것이다.

　　예를 들어, 논문에서 may나 might가 나오는 경우가 있다. 논문이라는 것은 실험 결과나 증거에 근거한 경우가 많기 때문에, 억측이나 즉흥적인 생각으로 작성하지 않는 것이 원칙이다. 그럼에도 불구하고 논문에서 may나 might를 사용한 표현을 발견하게 되면, 논문을 읽는 사람은 '여기에서부터는 증거가 없고 어디까지나 추측하여 이야기하고 있다'라고 이해하게 된다.
　　즉, may와 might를 사용하는 경우는 '필자가 자신의 말에 책임을 지지 않겠다고 선언'하는 것이다.

📌 **The story may or may not be true.**
　　그 이야기는 사실일 수도 있고 아닐 수도 있어.
　　→ 마음이 흔들려 판단을 정하지 않은 may, might의 느낌을 잘 나타내는 표현이다.

추측을 나타내는 may, might는 '판단 용법'이기 때문에, **시간상으로 과거를 나타내고 싶은 경우에는** 'may have + 과거분사', 'might have + 과거분사'의 형태를 사용한다.

🔴 **They might have thought it was okay.**
그들은 그것이 괜찮다고 생각했을지도 몰라.

● —— 기원을 나타내는 may(~이기를 빌다)란 무엇인가?

may가 '추측'의 의미라는 것에서 알 수 있듯이, 이는 **'생각만 하고 있을 뿐, 정말 그렇게 될지는 모르겠다'** 라는 마음을 강하게 나타내는 말이다. 따라서 문어체적인 표현으로 '생각만 하고 있을 뿐'을 나타내는 절에서 많이 쓰인다.

🔴 **Whatever may happen, I will not give it up.**
무슨 일이 일어날지라도, 난 그것을 포기하지 않을 거야.

🔴 **Say it louder so that everyone may hear you.**
모두에게 들리도록 그것을 더 크게 말해라.
→ 직역: 그것을 더 큰 소리로 말해라, 그러면 모두가 들을지도 몰라.
(↑ 말하는 사람이 생각하는 내용)

여기에서 '강하게 생각하다, 강하게 바라다'라는 의미로 may를 강조해서 문두에 놓으며, 기원 용법이 생겨났다고 추측할 수 있다.
may가 강조되어 문두에 나오기 때문에, 결과적으로 may를 사용한 의문문과 동일한 어순이 된다.
참고로, '허락'을 구하는 May I ~?와 같은 표현이 '신에게 허락을 구하는=기원'이라는 이미지와 겹쳐져 may 기원문의 성립을 뒷받침한 것으로 생각된다.

🔴 **May God bless you.**   당신에게 신의 은총이 있기를 빕니다.
🔴 **May you be very happy.**   당신이 매우 행복하기를 빕니다.

Must 59
'절대적 압력'을 나타내는 must

▶ must와 have to의 차이점

예전에 비하면 훨씬 좋아졌지만, 아직도 must와 have to의 차이를 정확히 이해하지 못하는 학습자들이 상당수 있다.

■ must: '절대, 반드시', have to: '~하지 않으면 방법이 없다'

must가 나타내는 근본적인 의미는 '절대, 반드시'이다. 이 의미로부터 '힘의 용법'에서는 **'반드시 ~해야 한다, 반드시 ~하지 않으면 안 된다'**라는 강제력, '판단의 용법'에서는 **'반드시 ~임에 틀림없다'**라는 단정의 의미가 나온다. 이번에는 must 힘의 용법과 have to를 비교해 보자.

●── must: 힘의 용법

예문 You must do it right now.
넌 지금 당장 그것을 해야 해.   명령

예문 You must buy one.
넌 꼭 하나 사는 게 좋겠어.   강한 추천

주어에 you를 써서 상대방에게 must를 사용할 때는, **반드시 ~하라고 상대방을 강하게 압박하는 것**을 의미한다. 그 압박하는 힘이 문맥에 따라 명령이 되기도 하고, 강한 추천이 되기도 한다.

예문 I must finish it by five.   난 그것을 반드시 5시까지 끝내야 해.
예문 We must abolish the old system.   우리는 그 오래된 시스템을 꼭 폐지해야 해.

주어가 I, we처럼 1인칭인 경우에는 **'반드시 ~하자', '반드시 ~해야 한다'**라는 '강한 의지나 결의'를 나타낸다.

또한, 주어가 he, she, they처럼 3인칭인 경우에는 그 3인칭의 사람들이 가지는 **의무를 나타내기도** 한다.

> **She must submit it tomorrow.** 그녀는 그것을 내일 제출해야 해.

must에 공통되는 느낌은 '말하는 사람이 나타내는 의견', 즉 **'반드시 ~해야 한다고, 나는 생각하다'**라는 느낌이다.

have to에 비해 must가 주관적인 표현이라고 말하기도 하는데, 이는 must가 '의견을 표명'하는 측면을 강하게 가지고 있기 때문이다. 원래 조동사는 '생각만 하고 있을 뿐, 실제로 실행하고 있는 것은 아니다'를 나타내는 말이기 때문에, must가 '생각하는 것'='의견'을 나타내는 것은 아주 자연스러운 일이다.

● have to의 '~하지 않으면 방법이 없다'라는 의미

> **You have to do it right now.**
> 넌 지금 당장 그것을 하지 않으면 안 돼.
> **You have to buy one.** 넌 그것을 1개 사지 않으면 안 돼.

위 예문이 must를 사용한 문장과 다른 점은, have to에 **'~하지 않으면 (달리) 방법이 없다'라는 느낌**이 있는 것이다.

have는 '가지고 있다'라는 의미이지만, 의무나 부담을 '지고 있다'라는 이미지도 있다. have to (do ~)는 '(~하다)라는 것을 향해 (의무·부담을) 지고 있어, 하지 않으면 안 된다'라는 의미이다.

have to를 must와 비교해 보자. must는 '너는 ~하지 않으면 안 된다, 반드시 ~해야 한다'라고 자신의 의견을 상대방에게 강요한다. 그리고 have to는 '네가 그러한 상황을 겪고 있으니, ~하지 않으면 달리 방법이 없다'라는 것을 나타낸다. 따라서 두 표현은 비슷한 것처럼 보이나, 느낌이 매우 다르다.

상대방을 설득할 때 '편하게' 사용할 수 있는 표현은 둘 중 어느 것일까?

매우 강한 감정을 드러내기 좋아하는 사람이 아닌 이상, 누구라도 **자신의 의견을 상대방에게 강요하는 것은 쉽지 않다.** "주변 상황으로 볼 때 어쩔 수 없이 해야 해."라고 말하는 것이 편할 것이다. 그렇기 때문에 '~해야 한다'라고 말할 때, **일반적으로 must보다 have to를 훨씬 더 많이 사용한다.**

주어를 1인칭으로 할 때 must에서 느껴졌던 강한 결의와 의지는 have to에서 느끼기 어렵다. 그 대신, have to는 "~하지 않는다면 달리 방법이 없어...."와 같이 약간 소극적인 느낌이 있다.

> **I have to finish it by five.**
> 난 그것을 5시까지 끝내지 않으면 안 돼.

> **We have to abolish the old system.**
> 우리는 그 오래된 시스템을 폐지하지 않으면 안 돼.
> → 두 문장 모두 '~하지 않으면 방법이 없다'라는 느낌으로, '하고 싶어서 ~하는 것은 아니다'라는 느낌을 주기 쉽다.

● ─ 부정문

이러한 must와 have to의 의미 차이는 부정문으로 확연히 드러난다. must not은 '절대적으로 not이다'라는 의견이나 결의를 나타내므로, '**~해서는 안 된다**'라는 금지의 뜻이 된다. 그러나 not have to는 '의무를 지지 않다'는 것을 나타내기 때문에 '**~하지 않아도 된다**', '**~할 필요는 없다**'라는 의미이다.

> **You must not be late.** 넌 지각하면 안 돼.
> **You don't have to come early.** 넌 빨리 올 필요는 없어.

● ─ 과거형

힘의 용법인 must는 과거형이 없다. 이는 must가 원래 옛날 영어에서 쓰던 동사 motan(의무)의 과거형 moste에서 온 것이기 때문이라고 할 수 있다. '~해야 했다'라고 과거를 나타낼 때는 have to의 과거형인 had to를 사용한다.

● ─ must: 판단의 용법

must를 판단 용법으로 사용하면, '**반드시 ~일 것이다, ~임에 틀림없다**'로 단정에 가깝게 추측하는 것을 말한다.

예문 He must be tired after a long day's work.
긴 하루 동안 일하고서 그는 피곤한 것임에 틀림없어.

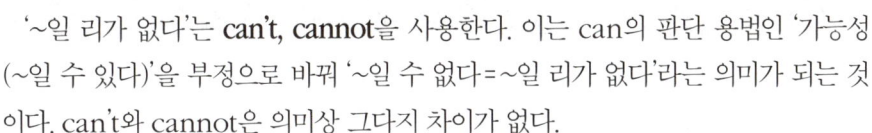

여기에서 주의해야 할 점은, **부정문으로 해서 '~일 리가 없다'라고 말할 때는 must를 쓰지 않는다**는 것이다.

'~일 리가 없다'는 can't, cannot을 사용한다. 이는 can의 판단 용법인 '가능성(~일 수 있다)'을 부정으로 바꿔 '~일 수 없다=~일 리가 없다'라는 의미가 되는 것이다. can't와 cannot은 의미상 그다지 차이가 없다.

예문 He cannot be so nice to her. 그가 그녀에게 그렇게 친절할 리가 없어.

'~임에 틀림없다'를 의미하는 must나, '~일 리가 없다'를 의미하는 cannot의 뒤에 오는 동사는 상태 동사의 대표적인 동사인 'be동사'가 압도적으로 많다. 동작 동사가 뒤에 오는 경우는 거의 없다.

주어의 상태에 대해서 추측하는 것이기 때문에 판단 용법에서 must나 cannot 뒤에 상태 동사가 함께 쓰인다. 동작 동사를 사용해서 **'~할 것임에 틀림없다'라고 표현할 때는**, sure 또는 no doubt와 같은 부사와 will을 같이 사용하는 경우를 자주 볼 수 있다.

예문 I'm sure I will miss these guys.
난 이 사람들을 그리워할 것임에 틀림없어.

예문 She will no doubt say the same thing again.
그녀가 같은 말을 다시 할 것임에 틀림없어.

Must 60
shall은 '운명'이다

▶ 좀처럼 이해하기 힘든 shall을 알기 쉽게 파악하자

현대 영어에서 shall은 일반적으로 널리 사용되는 조동사라고는 할 수 없다. 법률 용어나 다소 문어적인 표현, 또는 관용어처럼 정해진 표현으로 사용될 뿐이다.

그렇지만 현대 영어에서 shall을 무시해도 될 만큼 사용하지 않는 것은 아니고, 사용되는 것이 문어적인 표현이라고 해도, 그 표현에 대한 지식의 유무는 학습자의 이해에 대한 평가와 관련되어 있다. 따라서 이번 학습에서는 이해가 필요한 정도로만 shall을 설명할 예정이다.

■ shall의 기본적인 의미: 운명

shall의 기본 의미는 '운명'이라고 할 수 있다.
'분명히 이렇게 될 것이다. 이것은 운명이다.'라고 화자가 신념을 나타내는 것이 shall의 기본적인 의미이다.

미국 민권 운동의 상징이 된 We Shall Overcome(우리는 승리하리라)이라는 노래를 직역하면 '우리는 반드시 어려움을 극복한다'로 '극복하는 것이 우리의 운

명'이라는 강한 신념을 느끼게 한다.

제2차 세계 대전 중 더글러스 맥아더가 필리핀에서 철수하면서 했던 말인 I shall return.도 "반드시 돌아오겠다. 그것이 나의 운명이다."라는 신념이 표현되어 있다.

이러한 의미 때문에 shall은 '미래를 향한 강한 의지'를 나타낸다고 설명되기도 한다.

그러나 현대 영어에서는 shall이 아닌 will을 사용하는 것이 일반적이다.

◆ valuable information

연설 등에서 극적인 효과를 주기 위해 shall을 쓰는 경우가 있다. 그리고 shall은 고풍스러운 인상을 주기도 한다. shall이 사용된 예시로, 1865년에 나온 루이스 캐럴의 『이상한 나라의 앨리스』가 세상에 나온 것은 1865년의 일인데, 제1장에서 토끼가 Oh, dear! Oh, dear! I shall be late!(큰일이다! 큰일이야! 난 늦을 거야!)라고 말한다.

이번에는 색다른 shall 표현을 소개하도록 하겠다. 일상생활에서는 사용하지 않지만, 시대극에서 왕 등이 사용할 수 있는 표현이다. 학습자들 대부분이 아래와 같은 예문을 보았을 때, 이해하기 어려워한다.

1. You shall have this magic wand. 그대에게 이 마법의 지팡이를 주리라.
   (≒ I will give you this magic wand.)
2. Thomas shall contact you. 토마스가 너에게 연락하게 하겠다.
   (≒ I will have Thomas contact you.)

1번을 직역하면 "그대는 이 마법의 지팡이를 가지게 될 운명에 있다."가 된다. 의역하면 "그대는 이 마법의 지팡이를 반드시 가지게 될 것이다. 내가 그대에게 이것을 줄 것이기 때문이다."가 되어 "그대에게 이 마법의 지팡이를 주리라."가 된다. 2번을 직역하면 "토마스가 너에게 연락할 운명에 있다."가 된다. "토마스가 반드시 너에게 연락한다. 내가 그렇게 하도록 시키기 때문이다."라는 의미이다. 사람의 운명을 결정짓는 듯한 말투이기 때문에 윗사람이 아랫사람에게 쓰는 표현이다.

●── 상대방에게 제안: ~해 드릴까요?

Shall I ~?라는 표현은 현대 영어에서도 흔히 쓰이므로, 사용할 수 있어야 한다.

상대방에게 선의의 제안을 할 때 쓰는 표현이며, 다소 겸손하게 말하는 느낌도 있다. 따라서 정중한 인상을 주는 표현이다.

예문 ① **Shall I bring you a cup of tea?**   차 한 잔 가져다드릴까요?
예문 ② **Shall I do it for you?**   제가 그것을 해 드릴까요?

이 표현들을 직역하면 '제가 ~할 운명이겠죠?' 또는 '제가 반드시 ~하게 되겠죠?' 와 같은 느낌이다.

이것이 '제가 ~해 드릴까요?'라는 의미가 되는 이유는 언어학에서 말하는 '어용론(맥락과 관련하여 문장의 의미를 체계적으로 분석하려는 의미론의 한 분야)'이 작용하기 때문이다.

인간이란, 항상 상대방의 마음을 헤아리는 생물이다.
그렇기 때문에 상황이나 맥락에 따라 상대방의 말을 그대로 받아들이지 않고, **말 속에 숨어 있는 '참뜻'을 찾으려고 한다.**

예를 들어, 아이가 엄마에게 "엄마, 저 배고파요."라고 말할 때, 그것을 말 그대로 "얘가 배가 고프구나."라고 해석하고 그걸로 끝이라고 생각하는 엄마는 없을 것이다.

엄마는 아이가 "저 배고파요."라고 하는 표현을 "저는 무언가 먹고 싶어요. 무언가를 먹게 해 주세요."라는 뜻으로 해석하는 것이 보통이다.

이처럼 인간은 **상황을 포함하여 발화된 말의 참뜻을 해석**하는 능력을 가지고 있다.

인간이 어떻게 이런 식으로 말을 해석하는 것에 도달할 수 있는지를 연구하는 것이 어용론이라는 분야이다.

다시 Shall I ~? 표현으로 돌아오면, ①에서는 "제가 차 한 잔을 당신에게 가져다드리는 것이 필연적으로 일어나는 일인가요?"라고 에둘러서 말한 표현이 '제가 차 한 잔을 가져다드리는 것이 당연한데(자신을 낮추는 겸손한 태도), 차 한 잔 **어떠세요?**'라고 해석하게 되면서, 이러한 해석이 사회적으로 고정되게 된 결과, Shall I ~?는 '상대방을 향한 선의의 제안'이라는 표현으로 정착했다.

그리고 ②처럼 "(괜찮으시면) 제가 해 드리는 것이 당연한데, 어떠세요?"라고 묻는 상황에서도 사용하게 된 것이다.

　이를 Shall we ~?로 표현하면, '우리가 ~하는 것이 필연적인 흐름일까요?'가 직역이다. 이 의미가 '같이 ~하지 않겠나요?'라는 뜻으로 쓰이게 되었다.

　이렇게 무언가 같이 하는 것을 '흐름·상황' 때문으로, 그 원인을 돌리는 의미에서 **자신의 의지를 전면에 드러내는 것을 피할 수 있다**. '상황상 우리 이제 ~하는 것이 좋겠네요. 그렇게 할까요?'와 같은 느낌이다. 내가 즐겨 쓰는 표현 중 하나이다.

예문 **Hey, it's time. Shall we go?**
　　　이봐, 시간이 됐어. 이제 갈까?

　의문문으로 쓰이면서, 거의 같은 의미로 쓰이는 let's보다 더 정중한 느낌을 준다. let's의 표현을 부드럽게 하려고 부가 의문문에서 shall we를 사용하는 것도 그러한 이유이다.

예문 **Let's give it a try, shall we?**　시도해 봅시다, 할까요?

Must 61
should는 '당연함'

▶ 여러 의미를 가진 should를 풀어내다

should는 shall의 과거형에서 파생되어 만들어진 조동사이다.

과거형은 '현실로부터의 거리'를 나타내기 때문에 shall의 '운명적으로 반드시 그렇게 되다'라는 의미가, should에서는 '당연히 그렇게 되다, 보통 그렇게 되다'라는 의미를 가지며 shall보다 '실현성'이 약해진다. '당연히 그렇게 되다, 보통 그렇게 되다'라는 근본적인 의미는 힘의 용법에서 **'당연히 ~해야 한다, ~하는 것이 좋다'**라는 의무·조언의 뜻이 되고, 판단의 용법에서 **'당연히 ~일 것이다'**라는 예측·추측의 뜻이 된다.

예문 **You look very tired. You should take a few days off.**
많이 피곤해 보여요. 며칠 쉬는 것이 좋겠어.

예문 **It should take only two hours if we take this route.**
우리가 이 길로 가면 두 시간밖에 걸리지 않을 거에요.

그리고 should는 원래 shall의 과거형에서 파생된 것이기 때문에 과거형이 없다. 그래서 '~했어야 했다, ~할 것이었다'라는 의미의 과거 시제로 나타내고 싶을 때는 'should have + 과거분사' 형태로 사용할 수 있다. 이는 후회를 나타낼 때 많이 사용하는 말이다.

🔴 **I should have done that.** 난 그것을 <u>했어야 했어</u>.

조동사란 '마음속으로만 생각할 뿐, 실제로는 아직 하지 않았다'라는 것을 나타낸다.

조동사 중에서도 should는 '실제로 ~하는 것을 아직 실행하지 않았지만, ~해야 한다고 생각하다'라는 것을 나타내기 때문에 'should have + 과거분사'는 '**~했어야 했는데, 실제로 ~하지 못했다**'라는 후회를 나타내는 표현이다.

이 표현은 I should have known better than to (do ~): '**~하지 말았어야 했다**'라는 표현으로 응용된다.

🔴 **I should have known better than to expect you to do it.**
난 네가 그걸 할 거라고 기대하지 <u>말았어야 했어</u>.

I should have known better는 '나는 더 나은 것(선택지)을 알았어야 했는데'라는 뜻이므로, '나는 ~하지 말았어야 했어'라는 감정을 나타내게 되었다. 그리고 'than + to 부정사'는 '하지 말았어야 하는 것'을 나타낸다. '~을 기대했는데 지금 그런 일이 일어날 리는 없고, 좀 더 나은 생각을 했어야 했다'라고 후회하는 것이다.

■ '추측'의 should와 '감정'의 should

조동사 학습 부분의 마지막 부분으로, 다소 어렵지만 중요한 문법 사항들이 있다. 이는 '마음속으로만 생각할 뿐'을 나타내는 that 절과 그 절에 쓰이는 조동사에 관한 것이다.

may에서도 잠시 언급했으나, '**마음속으로만 생각할 뿐**'이라는 것을 나타내는 **that 절에서는 언뜻 보기에, 특별한 의미 없이 will, can, may, should 등의 조동사가 사용**되는 경우가 있다.(다만, 현대 영어에서는 고풍스러운 영어, 문어적 표현으로 인식된다.)

🔴 **Say it louder so that we may/will hear you.**
우리가 들을 수 있도록 더 큰 소리로 말하세요.
→ 'so that + S + 조동사 + 동사원형'은 'S가 ~하도록'이라는 '목적'을 나타내는 절을 만든다. so that 다음 내용은 '실제로 일어나고 있는

일'이 아니라 '일어나기를 바란다고 생각하는' 일이다. 여기에서의 may는 문장에서 '~해도 되다' 또는 '~일지도 모른다'라는 의미로는 적합하지 않으며, will의 경우도 '~할 생각이다' 또는 '~할 것이다'라는 의미는 문맥상 적합하지 않다.

예문 She came in quietly lest she should wake up her baby.
그녀는 자신의 아기를 깨우지 않으려고 조용히 들어왔다.
→ 'lest + S + should + 동사원형'은 'S가 ~하지 않도록'이라는 부정을 나타내는 관용 표현이다. lest 절은 '목적'을 나타내는 절이므로, '일어나길 원하지 않는다'라고 마음속으로 생각할 뿐인 정보를 나타낸다. 여기에서 should가 가진 '~해야 한다' 또는 '~할 것이다'라는 의미는 문맥상 적합하지 않다.

이처럼 '마음속으로 생각할 뿐인 정보'를 나타내는 절(전체 큰 문장 속에 포함되어 있는 작은 S+V ~)은, 아주 예전 영어에서 가정법의 동사로 표현되었다. 지금도 다른 많은 유럽의 언어에서, 이러한 절 안에 가정법의 일종인 접속법이라 불리는 활용 동사가 사용된다.

영어에서 가정법과 조동사는 '**마음속으로만 생각할 뿐, 실제로 아직 실행된 것은 아니다**'를 나타낸다는 공통점이 있다. 따라서 가정법이 쇠퇴하면서 조동사가 대신 사용되게 되었다.

위 예문의 may, will, should에 기존 해석을 넣어도 의미가 성립되기 어려운 이유는 다음과 같다고 생각된다. '이 that 절의 동작은 실제로 하고 있는 것이 아니라, 마음속으로 생각하고 있을 뿐인 것'으로 조동사의 기능이 의미보다 우선시되기 때문이다.

● ── 추측의 should

should 용법 중에 '추측을 나타내는 should'가 있다. '**It is 판단/평가 that + S + should + 동사원형 ~**'의 구문에서 사용된다.

예문 I don't know if the story is true, but it's a good thing that he should quit his job.
그 이야기가 사실인지는 몰라도, 그가 일을 그만둔다고 하면 그건 잘된 일이야.
→ that 절의 내용은 '추측하고 있는 내용'이다. 정말로 그만두는 것인지는 알 수 없다. 그가 일을 그만둔다는 소문을 듣고, 그 정보를 바탕으로 판단하고 있는 상태이다. 그만둔다는 것이 사실인 것을 알고서 말한다면, It's a good thing that he quit his job.(그가 일을 그만둔 것은 잘된 일이다.)이라고 할 것이다.

이 should는 '생각하고 있을 뿐'인 정보를 나타내는 that 절에서 should의 '당연한 흐름'이라는 근본적인 의미가 '만약 '그만두었다'라는 흐름으로 말하면'이라는 추측의 느낌 정도로 약화되어 사용되었을 수 있다.

● 감정의 should

또 하나의 용법으로는 '감정의 should'가 있다. 'It is 감정 that+S+should +동사원형 ~'의 구문에서 사용된다. '(의외로) ~하다니'라고 자주 해석된다.

It's surprising that many people should love a novel like this.

사람들이 (의외로) 이런 소설을 아주 좋아한다니 놀라워.
→ '의외다', '말도 안 된다'라는 감정이 강한 것을 나타낸다. 좀 더 담담하고 냉정하게, "사람들이 이런 소설을 아주 좋아한다는 사실에 놀랐다."와 같이 말한다면 should를 쓰지 않는다.

이 should는 that 이하의 내용을 **현실적으로 받아들일 수 없는** 마음이 강하게 작용하는 것을 나타낸다.

따라서 현실로 받아들이기 전에 그 일을 '자신에게는 뜻밖이고 믿기 어려운' 다른 세계의 일로 파악하고 있다는 것을 should가 나타낸다.

should 부분은 '조동사=생각만 하고 있는 세계'이므로 현실이 아닌 세계를 나타내고, 화자가 느끼는 '현실로 받아들일 수 없는 마음'을 나타내는 것이다.

제 9 장
명사: 동사가 '나무'라면, 명사는 '나무 열매'

Must 62
'가산 명사', '불가산 명사'로 명사 시작하기

▶ 만 5세 이상인 사람이라면 이해할 수 있는 문법

관사인 a나 가산 명사, 불가산 명사는 영어 학습에 있어서 '가장 생소한' 부분이라고 생각한다. 여기에서 가산 명사는 셀 수 있는 명사, 불가산 명사는 셀 수 없는 명사를 말한다.

이 문법은 한국어 화자에게 생소할 수 밖에 없다. 어떤 명사를 '셀 수 있다'거나 '셀 수 없다'는 등의 구별은 한국어뿐만 아니라 적어도 동아시아의 언어에는 존재하지 않는다.

한국어로는, '빵 1개', '분필 1자루' 등으로 보통 말할 수 있는데, 영어로는 펜을 셀 수 있지만, 빵이나 분필은 셀 수 없다고 배워, 의문을 가진 학습자도 많을 것이다.

이 문법 사항은 모국어와 달라 이해하기 어렵지만, 사실 영어를 말하거나 쓰려면 기본적으로 알아야 하는 영어 학습의 첫걸음이 되는 지식이다.

제대로 사용하지 못하면, 영어로 다른 사람을 설득할 수 없는 것은 물론이고, 뜻이 통하지 않는 영어 문장을 만들게 된다.

과연 이 가산 명사, 불가산 명사를 잘 이해할 수 있을 것인가?

물론 할 수 있다.

사실 이는 **'사람이 대략 만 5세가 될 때까지 익히는 인지 능력'이 바탕이 되어 만들어진 문법 형식**이다. 따라서 만 5세 이상인 사람이라면 누구나 이해할 수 있도록 만들어져 있다.

■ 어떤 인지 능력을 말하는가?

인간은 사물을 두 종류의 견해로 인식한다. 그 2가지는 아래와 같다.

> · '형태'로 사물을 인식한다.
> · '성질·재질'로 사물을 인식한다.

●●── 형태로 사물을 인식하다

예를 들어, 눈앞에 책상이 있다고 가정해 보자.
그 책상을 전기톱으로 조각조각 자르기 시작한다.
그 파편을 보고, 그것을 '책상'이라고 부를 것인가?
물론 그렇게 부르지는 않을 것이다.
다음으로는, 눈앞에 있는 스마트폰을 산산조각 분해했다고 가정해 보자.
분해된 부품의 집합체를 보고, 그것을 '스마트폰'이라고 부르지는 않을 것이다.
나무로 만든 '판'을 '판'이라고 인식하는 것은, 그것이 얇고 평평하면서 어느 정도의 면적을 가지고 있기 때문이다. 같은 나무로 되어 있어도, 그것이 가늘고 긴 것이라면 '판'이 아닌 '막대'로 인식할 것이다.

이와 같이 인간은 **사물을 '형태'로 인식하고 분류**하는 능력을 가지고 있다.

또한 인간은 물건을 '성질·재질'로 인식하는 능력도 가지고 있다.
예를 들어, '얼음'의 경우를 생각해 보자.
얼음을 깨 보자. 깨져서 산산조각이 난 파편을 보고, 그것을 '얼음'이라고 부를 것인가?
산산조각이 났더라도 당연히 얼음이라고 부를 것이다.

빵이나, 피자, 케이크를 잘라 보면, 반으로 자르거나 4분의 1로 잘라도 그것들은 여전히 빵, 피자, 케이크이다.
이러한 사물을 우리는 '형태'로 인식하지 않고, '어떤 소재로 만들어진 것', 즉 **'성질·재질'로 인식하고 분류한다**는 것을 알 수 있다.

인간은 이처럼 사물을 '형태'와 '성질·재질'의 2가지로 인식하는 능력을 대략 만 5세까지 습득한다고 한다.

●── 영어의 세계에서 '1개'의 정체

이제까지의 내용을 통해 알 수 있다시피, 기본적으로 **'형태'로 인식하는 것을 셀 수 있는 명사**, 즉 가산 명사, **'성질·재질'로 인식하는 것을 셀 수 없는 명사**, 즉 불가산 명사라고 한다.

따라서 영어의 세계에서 **'one', 즉 '셀 수 있는 1개'의 정체**는 아래와 같이 정의할 수 있다.

> '형태'를 무너뜨리면,
> 더는 그것이라고 부를 수 없는 사물

이 기준에 맞추면 '책상'이나 '스마트폰'은 형태를 무너뜨렸을 때, 책상이나 스마트폰이라고 부를 수 없게 되어, '형태'로 인식되는 사물을 말한다. 이러한 사물들은 '하나의 책상', '하나의 스마트폰'으로 셀 수 있다.

그런데 빵은 아무리 잘라도 빵이다. 펜은 부러뜨리면 더는 펜이라고 부를 수 없지만, 분필은 아무리 부러뜨려도 분필이다.

이렇게 **'무너뜨렸을 때, 더는 그것이라고 부를 수 없는 형태'를 가지고 있지 않은 사물**은, 영어의 세계에서 '1개'로 부르기 위해 필요한 '형태'를 가지고 있지 않은 것이다. 따라서 셀 수 없는 명사이다.

　이것으로 우리가 말하는 '1개'에 대한 사고방식과 영어에서 말하는 '1개'에 대한 사고방식 자체가 다르다는 것을 알 수 있다.
　'무너뜨렸을 때, 더는 그것이라고 부를 수 없는 형태'가 영어 세계의 '1개'라는 것을 알게 되면, 관사 a의 정체가 보이게 된다.

　이제, 이 개념에 관사 a가 어떻게 관련되어 있는지를 다음 학습에서 살펴보도록 하자.

※ 게이오대학 이마이 무쓰미 교수의 연구가 유명하다. 교수의 저서 『말과 사고』(이와나미 신서)를 언어를 통한 인간 세계의 인식 방법에 흥미가 있는 학습자들에게 추천한다.

Must 63
가산, 불가산을 알면, 관사 'a'를 알 수 있다

▶ I like dog.라는 문장이 어색한 이유

    이전 학습에서 '형태를 무너뜨리면, 더는 그것이라고 부를 수 없는 것'을 셀 수 있는 명사, 즉 가산 명사라고 했다.
    즉, **영어의 세계에서 말하는 '1개'의 정체는 '형태'이다.** 이 개념을 시작으로 관사의 'a'란 무엇인지 살펴보자.

    a fish라는 표현에 대해 생각해 보자.
    해석하면 '1마리의 물고기'이다.
    그러나 a는 '영어 세계의 1'을 나타낸다. 즉, '더는 무너뜨릴 수 없는 형태가 1개 있다'라는 것을 의미한다. **단순한 '1'이 아니라 '1개의 형태가 갖추어져 있다'라는 것을 의미**한다.

    따라서 a fish는 '머리부터 꼬리까지 통째로 갖추어져 있는 물고기 1마리의 전체'를 의미하는 것이다.

    그렇다면 슈퍼마켓에서 파는 '생선 토막'은 어떻게 부를까?
    생선 토막이 1개면 a fish일까? 그렇지 않다. '1개'이기 때문에 'a'가 아니라, '1개의 모양이 통째로 갖추어져 있기' 때문에 'a'이다. 생선 토막은 통째로 된 생선 1마리가 아니다. 따라서 생선 토막은 a fish가 아닌, (some) fish이다.

    그렇다면 이 (some) fish는 무엇을 의미하는가?
    통째로 된 1마리의 생선을 손질해서 토막을 내면, '생선'이 가지는 형태는 무너진다.

그리고 '생선이라는 성질'만을 가진 살점이 된다. 생선살은 아무리 잘라도 생선살이다. 즉, 생선 토막은 불가산 명사이다. 그러므로 a fish의 a가 빠진 것이다.

a가 없어졌다는 것은 통째로 된 1개의 형태가 무너져 없어졌다는 의미이기도 하다. **'형태가 아닌, 재질로 인식하다'라는 선언**이기도 하다. some fish는 '어느 정도 양(개수가 아님을 주의)의 생선살'을 말한다.

●── 가산 명사 암기 리스트는 필요 없다

이쯤에서 깨닫기를 바라는 것이 있다. 'A라는 명사는 가산 명사, B라는 명사는 불가산 명사'라는 식으로 **'가산 명사의 리스트', '불가산 명사의 리스트'를 모두 암기하는 것은 합리적이지 않다**는 것이다.

동일한 사물이라도, 인간이 어떻게 보느냐에 따라서 가산 명사로 볼 수 있고, 불가산 명사로도 볼 수 있다.

가산, 불가산은 인간의 인지 능력을 반영한 문법이다. 사물에 가산, 불가산의 속성이 있는 것이 아니라, 그 '사물'을 인간이 어떻게 인식하는지가 가산, 불가산을 결정한다.

다르게 말하면, '동일한 모양을 가진 부류'인가, 아니면 '동일한 재질을 가진 부류'인가를 생각하여 사물을 인식하는 것이다. 이는 '형태가 같은 부류', '재질이 같은 부류' 중 어느 쪽에 주목하는가를 의미한다.

'형태'와 '재질'에 대해 좀 더 이야기해 보자.

'돌'은 영어로 stone이다.

예를 들어, "그가 나에게 돌을 던졌다."라는 문장의 장면을 떠올릴 때, 하나의 윤곽이 드러나는 통째로 된 '돌'이 날아오는 것을 떠올릴 것이다.

이는 돌을 '형태'로 파악한다는 것을 의미하여, 아래와 같은 문장을 완성할 수 있다.

예문 **He threw a stone at me.**

한편, "이 건물은 돌로 만들어져 있어."라는 문장의 장면을 떠올릴 때, 건물의 윤곽은 떠올릴 수 있지만, 건축 재료가 되는 돌의 윤곽은 떠올리지 않을 것이다. 돌의 온전한 형태보다는, 돌에 얼굴을 바짝 대면 느낄 수 있는 돌 표면의 까칠까칠한 느낌을 떠올릴 것이다. 이는 돌의 '재질·소재'를 떠올리고 있는 것일 뿐, 하나의 동글동글한 돌의 윤곽을 떠올리는 것은 아니라는 의미이다.

따라서 이 문장에서 '돌'을 불가산 명사로, 즉 재질로 인식한다는 것을 알 수 있다. 이를 토대로 아래와 같은 문장을 완성할 수 있다.

예문 **This building is made of stone.**

● 명사를 취급하는 방식에 따라 문장의 의미가 바뀔 수 있다

'명사 앞에 a가 있든지 없든지 뜻은 통하지 않는가?'라고 생각하면, 문장을 대충 읽을 수는 있다. 하지만 말할 때는 어떨까?

만약 당신이 애견가로 자기소개를 할 때, 아래 예문처럼 말하면 어떻게 될까?

예문 **I like dog.**

알다시피, a dog에서 a가 사라지면 '한 마리의 개라는 형태'가 사라지고 '개라는 재질을 가진 고깃덩어리'가 된다. 보통 상대방은 그렇게 해석해서, '아, 이 사람 개고기를 먹는구나. 그래서 개를 좋아하는 거야.'라고 생각할 것이다.

당신이 애견가이고 개라는 종류의 동물을 좋아한다면, 아래 문장처럼 말하는 것이 자연스럽다.

예문 **I like dogs.**

a dog가 아닌 dogs인 이유는 Must 65 학습 내용에서 자세히 설명하겠다. 여기에서는 문장에서 dog라고 말하는 것이 어떤 의미를 전달하는지 이해하는 것만으로도 충분하다.

●── 명사만 있으면 '재질', 명사에 a나 복수형 어미가 붙으면 '형태'

이처럼 a라는 관사는 단순히 '1개의'라는 의미를 나타내는 것이 아니라, 책상, 스마트폰처럼 우리가 재질이 아닌 형태로 인식하는 것이 하나의 '형태'를 갖춘 상태로 존재한다는 것을 나타낸다.

그 형태가 복사된 것처럼 같은 형태로 여러 개(복수) 존재할 때, 복수형을 사용한다.

다시 한 번 설명하면, a는 '온전하게 갖추어진 형태가 1개 존재하다', 복수형은 '온전하게 갖추어진 형태가 동일하게 복사된 것처럼 여러 개 존재하다'를 나타낸다.

이것이 가산 명사의 세계이다.

반대로 말하면, 형태가 아닌 재질로 인식되는 사물인 불가산 명사는 하나의 온전한 형태가 있는 것을 의미하는 관사 a가 붙지 않고, 그 형태가 **복사된 것처럼 여러 개 존재하는 것을 나타내는 복수형 어미가 붙지 않는다.**

water, bread처럼 관사 a나 복수형 어미가 붙지 않는 그대로의 명사를 말한다.

조금 더 깊이 학습하면, 명사는 **아무것도 붙지 않고 그대로인 상태에서** dog가 '개고기'를 나타내는 것처럼, **재질에 주목**하는 표현이다. 반대로, 명사 앞에 a가 붙기 때문에 형태에 주목하게 되는 것이다. a dog를 생각하면, 한 마리의 개 모양을 떠올리게 된다. 그리고 dogs는 형태가 여러 개 있다는 것을 의미한다.

Must 64
존재의 명사 · 개념의 명사 ①

▶ a와 some의 주요 기능

이번 학습에서는 명사의 2가지 사용법인, '존재'를 나타내는 사용법과 '개념'을 나타내는 사용법을 설명할 것이다.

이 2가지는 영어의 명사를 다루는 데 매우 중요하지만, 이를 체계적으로 가르치는 교육 현장은 거의 없다고 해도 과언이 아니다.

이러한 명사의 사용법에 대한 개념 자체는 어렵지 않다.

아래 문장을 보며, '고기(meat)'를 예로 들어 보자.

> 아빠는 고기를 아주 좋아하세요.
> 아빠는 슈퍼에서 고기를 사 오셨어요.

위에 제시된 2가지의 '고기' 중, 어느 쪽이 개념을 나타내고, 존재를 나타내는지 알 수 있는가?

"고기를 좋아하세요."라고 말할 때의 '고기'는, 머릿속으로 '(채소나 쌀이 아니라) 고기란 무엇인가'라는 지식을 이끌어 낸 상태이다. 즉, **고기란 무엇인지를 나타내는** '개념'이다.

한편, "고기를 사 오셨어요."라고 말할 때의 '고기'는, '**구입한 후 가져와서 그곳에 있다**'라는 느낌이다. 이 문장의 '고기'는 '존재'를 나타낸다.

한국어에서는 명사의 '존재'와 '개념'을 구별해서 나타낼 필요가 없다. 그러나 영어나 중국어 등 문법적으로 이러한 구별을 나타내는 것이 의무인 언어는 상당수 존재한다.

■ a의 또 다른 역할

a는 크게 2가지 역할이 있다.

이전 학습에서 설명했듯이, '온전히 갖추어진 형태가 1개 존재하다'라는 의미 외에 '**상자에서 무작위로 하나를 꺼내다**'라는 의미가 있다.

예를 들어, 상자 안에 여러 명의 나이 많은 남자가 들어 있다고 가정하자. 거기에서 무작위로 꺼낸 1명의 나이 많은 남자가 an old man이다.

여기에서 주목해야 할 측면이 2가지 있다.

---

① 무작위로 선택하여 꺼내다
② 꺼내어 그곳에 존재하다

●● ── ① 무작위, 랜덤

예를 들어, 상자 안에 'day'라는 공이 아주 많이 들어 있다고 가정하자. 그중에서 아무 공이나 한 개를 꺼내면, 그것이 'a day'가 된다. a day는 <u>'말하는 사람이 무작위로 어느 하나의 날을 이야기 소재로 꺼내서, 듣는 사람에게 보여 주는'</u> 심리를 나타낸다.

이것을 응용하면 '하루에 ~시간' 또는 '하루에 ~회'라는 표현이 성립된다. 어느 day를 무작위로 하나 꺼내더라도, 거기에 an hour라고 적혀 있는 것이 an hour a day(하루에 1시간)이다.

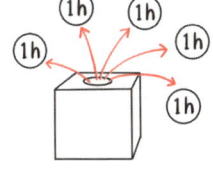

●● ── ② 꺼내어 그곳에 존재하다

다음으로 ②를 설명하도록 하겠다. 이는 매우 중요한 부분이다.
아무도 없는 무대를 상상해 보자.

상자 안에서 무작위로 나이 많은 남자(old man) 1명을 꺼내서 무대에 올리도록 하자. 이는 an old man이 되는데, 여기에서 중요한 점은 '**아무것도 없던 곳에, 무언가를 하나 꺼내어 존재하게 하다**'라는 '존재'의 의미가 a에 있다는 것이다.

이야기에서 처음 등장한 인물에게는 a를 붙이고, 두 번째 등장부터는 the를 붙이는 규칙인 '첫 등장에 붙이는 a'를 기억하는 사람도 있을 것이다.

🔲 **Once upon a time, there was an old man in a village. The old man was a farmer....**
　옛날 옛적에, 한 마을에 나이 많은 남자 한 명 있었어요. 그 할아버지는 농부였어요....

an old man과 a village는 아무것도 없는 무대에 한 명의 나이 많은 남자와 하나의 마을을 꺼내어 출현시키는 이미지가 있다.

이와 같이, a는 '형태로 인식하는 명사를 동일한 종류의 형태가 많이 들어 있는 상자 안에서 무작위로 1개를 꺼내어 존재하게 하다'라는 이미지가 있다.

이를 응용한 표현이 few((수가) 거의 없는)와 a few((수가) 약간 있는), 혹은 little((양이) 거의 없는)과 a little((양이) 약간 있는)이다. a를 사용하여 존재의 의미를 나타내는 것이다.

🔲 **We still have a few days before leaving Japan.**
　우리가 일본을 떠날 때까지 아직 며칠 남아 있어.

🔲 **We have few days before leaving Japan.**
　우리가 일본을 떠날 때까지 남은 날이 거의 없어.

🔲 **There remains a little milk in the bottle.**
　병에 우유가 조금 남아 있어.

🔲 **There remains little milk in the bottle.**
　병에 우유가 거의 남아 있지 않아.

■ some은 '없어도 되는 말'이 아니다

　some을 잘 구사하는 학생들은 영어 학습자들 중에서도 수준이 상당히 높다고 할 수 있다.
　'읽기를 위한 영어'에서 some은 '없어도 되는' 표현으로 취급을 받는다.
　우리가 학교에서 처음 some이라는 단어를 배울 때, 'some은 '몇 개의, 약간의'라는 뜻인데, 이를 번역하지 않아도 된다'라고 배우기도 한다. 영어 단어를 모국어로 바꿔 해석하는 것을 '학습'이라고 생각하는 현재의 영어 교육에서는, 왜 some을 사용하거나 사용하지 않을 때가 있는지에 대해 주의를 기울이지 않는다.
　그러나 **영어 원어민들이 어떤 마음으로 'some을 쓰고 싶다'고 생각하는지**를 모르는 한, some을 제대로 구사해서 영어를 말하거나 쓰는 것은 불가능하다.

　some은 '**존재하여 그곳에 있다**'라는 것을 나타내기 위한 말이다. 즉, '개념'이 아닌 '**존재**'의 의미로 명사를 사용할 때 some을 사용해야 한다.
　먼저 some이 '존재를 나타내는 말'임을 보여 주는 구체적인 예시를 보자. 이는 다음 학습에서 계속된다.

Must 65
존재의 명사 · 개념의 명사 ②

▶ some과 총칭 용법

■ 국자로 꺼내는 'some'

some이 '존재'를 의미하는 구체적인 예시를 보도록 하자.

학교에서 some은 긍정문에 사용하고, 부정문과 의문문에는 any를 사용한다고 배운다. 이러한 가르침은 아래의 설명처럼 일부 정정할 필요가 있다.

> some은 '존재를 긍정하는' 문장에서 사용하고,
> '존재를 의문시하는' 문장이나 '존재를 부정하는' 문장에는 any를 사용한다.

some은 'a의 복수형'이라고도 할 수 있다.

a와 동일하게 '상자 안에서 적당한 개수, 혹은 적당한 양을 무작위로 꺼내는 것'을 의미한다. 이는 '꺼내서 그곳에 존재하게 하다' 즉, '있다, 존재하다'를 나타내는 말이다.

따라서 some은 '존재를 긍정하는' 문장에 쓸 수 있고, 존재를 의문시하는 문장이나 존재를 부정하는 문장에는 쓸 수 없다.

아래 문장은 형식적으로 부정문이지만, some을 사용해도 틀린 것은 아니다.

예문 **Some students don't respect their teachers.**

이 문장이 말하고자 하는 것은 "전체 학생 중에 몇몇의 학생, 즉 일부 학생을 뽑아보면, 그들은 선생님을 존경하지 않는다."이다. 제대로 해석하면 "학생들 중에는 선생님을 존경하지 않는 학생들도 있다."라는 뜻이다. 다시 말해, "그러한 학생들이 존재한다."라는 것을 말하고자 한 문장이기 때문에 some을 사용하는 데 아무런 문제가 없는 것이다.

some은 '국자'의 이미지를 가진 말이다.

용기 안에 국자를 넣고, 적당한 양이나 개수의 무언가를 꺼내는 이미지이다.

형태로 인식되는 셀 수 있는 것을 무작위로 1개 꺼내는 것이 a의 역할이었다. 한편, **2개 이상의 셀 수 있는 것의 적당한 개수**를 꺼내거나, **재질로 인식되는 셀 수 없는 것의 적당한 양**을 꺼내는 것이 some이다.

some은 국자의 이미지이기 때문에 공처럼 셀 수 있는 것뿐만 아니라 물처럼 셀 수 없는 것도 꺼낼 수 있다. 그러므로 가산, 불가산 명사에 모두 사용할 수 있다.

이번에는 존재의 명사와 개념의 명사 이야기를 해 보자. 이전 학습에 나온 문장을 다시 보자.

아빠는 고기를 아주 좋아하세요.   **개념**
아빠는 슈퍼에서 고기를 사 오셨어요.   **존재**

'존재'를 나타내는 경우, **some은 문장 안에서 의무적으로 쓰인다.**

🔖 **예문** My dad bought some meat at the supermarket.

반대로, '개념'을 나타내는 명사에 some을 사용하면, 부자연스러운 느낌이 든다.

❓ My dad loves some meat.

"아빠는 고기를 아주 좋아하세요."라고 말하고 싶다면, My dad loves meat.라고 하는 것이 더 자연스럽다.

이 문장에서는 '야채, 쌀, 생선이 아니라, 고기를 좋아하다'로 '고기라는 지식'을 이끌어 내는 것으로 충분하고, '고기가 얼마만큼의 양이 있다'라는 것을 밝힐 필요가 없기 때문에 some이 필요하지 않다. 그러나 '슈퍼에서 고기를 사 와서 아빠에게 고기가 있다'는 것을 말하고 싶다면, '꺼내서 그곳에 있다'라는 느낌을 내는 some

을 써서 My dad bought some meat.라고 한다.

물론 some을 쓰지 않고 My dad bought meat.라고 해도 틀린 말은 아니지만, 느낌이 달라진다. some이 붙지 않는 meat의 경우, 'meat란 무엇인가'라는 지식의 이야기가 된다. 즉, 위의 문장은 "아빠가 사 온 것은 (야채, 쌀, 생선 등이 아닌) 고기이다."라는 의미가 되어, 듣는 사람에게 '고기라는 지식'을 머리에 떠올리게 한다.

이를 구분하여 사용할 수 있도록 나는 학생들에게 '무엇을 가지고 있다'라고 말하거나, '무엇이 있다'라는 의미로, '존재'를 나타낼 때는 some을 붙이지만, 'A나 B가 아니고, C이다.'라는 '종류의 대립'을 나타낼 때는 아무것도 붙이지 않는다고 설명한다.

목이 말라서 물이 필요한 상황으로, 물이 있었으면 좋겠다고 말하고자 할 때
→ I need (water / some water). 물의 존재를 상기
차, 커피, 물 중 어느 것이 필요한지에 대해 답할 때
→ I need (water / some water). 종류의 대립

"난 빵집에 가서 빵을 조금 사 왔어."
→ I went to the bakery and bought (bread / some bread). 빵의 존재를 상기
"난 아침 식사로 쌀이 아니라 빵을 먹어."
→ I eat (bread/some bread) for breakfast, not (rice/some rice). 종류의 대립

● ── 총칭 용법: '~라고 불리는 것'의 전체

'종류의 대립'을 통해 '개념·지식을 나타내는 명사'를 볼 수 있는데, 사실상 이는 명사에서 총칭 용법을 말한다. 그 형태로는 **가산 명사의 경우, 아무것도 붙이지 않은 복수형을 사용하고, 불가산 명사의 경우, 아무것도 붙이지 않은 단수형**을 사용한다.

예를 들어, 애견가가 "저는 개를 아주 좋아해요."라고 말할 때, I love a dog.라

고 하게 되면, 어떤 개인지는 잘 모르겠지만, 우선 개 한 마리를 좋아한다는 느낌을 준다. "저는 어떤 개 한 마리를 좋아해."라고 말하는 느낌이다. 듣는 사람은 "그게 무슨 개인가요?"라고 되물을 것이다.

I love some dogs.라고 하면, 어떤 개인지는 모르겠지만 전체가 아니라 일부 개들을 좋아하는 것이지, 개라고 불리는 모든 종류를 좋아하는 것은 아니라는 의미가 된다.

I love the dog(s).라고 하면, 방금 말한 그 개(들)를 말하는 것이지, 다른 개를 좋아하는 것은 아니라는 의미가 된다.

a, some, the는 모두 범위를 일정 부분에 한정하는 작용을 한다.

'개'라는 생물 전체를 표현하고 싶다면, 아무것도 붙이지 않아야 하고, 세상의 모든 개를 말하는 것이기 때문에 복수형으로 해서 I love dogs.(저는 개를 아주 좋아해요.)라고 해야 자연스럽다. 아무것도 붙이지 않는 복수형(불가산 명사라면 단수형)이 가장 단순하고 전형적인 총칭 용법이다. 이는 '개라는 것은 무엇인가?'라는 '종류·범주에 대한 지식을 나타내는 것', 즉 '개념의 명사'를 나타낼 때 사용하는 형태이다.

예를 들어, "저는 독서를 좋아해요."라고 말하고 싶을 때는, 아래와 같이 나타낼 수 있다.

예문 I like reading books.

이는 모든 '책'을 읽기 좋아한다는 것을 뜻한다. 다음 예문의 경우, 의미가 달라진다.

예문 I like reading some books when I'm on the train.
　　이 문장은 기차에서 책 몇 권을 놓고 독서를 즐기는 느낌이 준다.

여기에서는 **책의 존재감이 사실적으로 다가온다.**

학습자들은 글쓰기를 할 때, 명사의 총칭 용법을 잘 구사하지 못하고, some을 사용하여 사실적인 존재감을 주는 문장을 만드는 것에도 서툴다. 이러한 명사의 용법은 영어다운 영어를 사용하기 위한 중요한 지식이므로, 잘 구사할 수 있도록 노력할 필요가 있다.

Must 66
any란 무엇인가

▶ an에서 파생된 표현

온라인 어원사전(Online Etymology Dictionary)에 따르면, 약 11세기까지 사용하던 영어에서는 1을 나타내는 말이 an이었다. 이는 형용사, 명사, 대명사의 역할을 모두 하던 말이었던 것으로 보인다. 이 말이 나뉘게 되며, 명사는 one, 관사는 an이 된 것이다.

또한 단어 첫머리가 자음으로 시작하는 단어 앞에 an의 어미 n이 탈락되는 현상이 정착한 것은 14세기 중반이라고 한다. an으로부터 a가 탄생한 것이다.

an은 또 다른 말을 만들어 냈다. 그것이 바로 any이다. any는 an·one의 특징을 내포한 말이다. 구체적으로 말하면, any는 **'상자 안에서 무언가를 무작위로 1개 꺼내다'**라는 느낌이 있다.

예문 **He saw an old cat lying on the sofa.**
그는 늙은 고양이 한 마리가 소파에 누워 있는 것을 보았다.
→ 구체적으로 어떤 고양이인지는 알 수 없지만, 늙은 고양이 한 마리가 소파 위에 나타나 있는 느낌이다.

예문 **My camera is broken. I'll have to buy a new one.**
내 카메라는 고장 났어. 난 새것을 하나 사야겠어.
→ 이 문장의 one을 it로 바꾸면, '고장이 난 카메라를 돈을 주고 살 것이다'라는 의미가 된다. 물론 new it라는 말은 존재하지 않는다. one을 사용함으로써, '같은 종류의 것이면 어느 것이든 좋으니, 1개를 살 것이다'라는 의미가 된다. 따라서 많은 카메라가 들어 있는 상자 안에서 무작위로 카메라 하나를 꺼내는 느낌이 있다.

any는 '상자 안에서 무작위로 1개를 꺼내다'라는 느낌이 강하다. 이 특징을 머릿속에 잘 새겨 넣은 후, any의 구체적인 기능에 대한 설명을 살펴보자.

any에는 크게 2가지 기능이 있다. 하나는 '수·양의 무작위성', 다른 하나는 '종류의 무작위성'을 나타내는 것이다. 전자는 보통 중학교에서 some과 함께 배우고, 후자는 고등학교에서 배운다.

① 수·양의 무작위성

'수·양의 무작위성'이란 다음과 같다. 수의 경우, '**1개든 2개든, 몇 개가 되었든 좋으니**'라는 의미를 나타내고, 양의 경우, '**1리터든 2리터든, 어느 정도의 양이라도 좋으니**'라는 의미를 나타낸다.

이를 중학교에서 some과 함께 배우고, 의문문과 부정문에 'any + 복수형 명사 (불가산 명사의 경우, 단수형)'의 패턴으로 사용한다. 이 패턴은 have 또는 there is/are 등과 같이 존재를 나타내는 문장에서 사용된다.

예문 **Do you have any pens?** 넌 펜을 가지고 있니?
→ '수의 무작위성'을 나타내어 몇 자루든 상관이 없다는 느낌을 준다. 개수를 특정해서, "넌 펜 1자루를 가지고 있니?"로, Do you have a pen?이라고 말해도 된다. 그러나 인간은 애매함을 매우 좋아하기 때문에, any를 사용하고 싶은 심리가 작용하기 쉽다.

위 문장에서는 '1자루(단수)든 2자루(복수)든, 몇 자루라도 좋으니' 펜을 가지고 있는지 묻고 있으므로, any 뒤에 복수형 pens를 사용한다.

예문 **Is there any water in the bottle?**
병 안에 물이 있니?
→ '양의 무작위성'을 나타낸다. 어느 정도의 양이라도 상관없으니, 물이 병 안에 있는지 묻고 있다.

② 종류의 무작위성

긍정문에 쓰이는 any는 '같은 종류면 어느 것이든 다 좋다'라는 것을 나타낸다. 다만, '**같은 것이라면 어느 것이든 좋지만, 전부가 아닌 하나**'를 말한다는 느낌이 잠재해 있다.

이는 어원이 an인 점과 관련이 있다. 따라서 'any + 단수형 명사'의 형태를 취한다.

- **Any seat will do.** 아무 자리나 상관없어요.
  - → Any+단수 명사+will do.는 "어떤 (명사)든 상관없다."라는 의미이다. do는 자동사로 '적절하다, 충분하다'라는 뜻이 있으므로, '그것으로 좋다, 상관없다'라는 의미가 된다.

- **She sings better than any student in this school.**
  그녀는 이 학교에서 어느 학생보다도 노래를 잘한다.
  - → '어느 학생보다도'라고 말했을 때, 무심코 머릿속에 '여러 명의 학생'이 떠오르지만, 여기에서는 any에 의해 '어느 1명의 (학생과 비교해도)'라는 의미가 생겨나므로, student는 단수형을 사용한다.

——'수·양의 무작위성'을 나타내는 any가 의문문과 부정문에 사용되는 방법

①에서 다룬 '수·양의 무작위성'을 나타내는 any는 존재를 의문시하는 의문문과 존재를 부정하는 부정문에 쓰인다.

'존재를 의문시하는 의문문'이란, '있는 걸까? 없는 걸까?'와 같이 '답이 정해져 있지 않다'라는 것을 뜻하는 문장이다. 정해져 있지 않다는 것은 '몇 개든 좋은데', '어느 정도의 양이라도 좋은데'라는 '무작위성'과 어울린다.

- **Do you have any money with you today?**
  오늘은 얼마라도 좋으니 돈 가져왔어?
  - → 100원이든 200원이든 얼마가 되었든 돈을 가지고 있는지 묻는 말이다.

또한 **존재를 부정하는 문장에 쓰이는 any**는 'zero, 0'을 의미한다. '1개든, 2개든, 몇 개든, 아니다(not)'라는 것을 말하므로, '0'을 의미하는 것이 된다.

- **He doesn't have any books with him today.**
  그는 오늘 책을 한 권도 가져오지 않았어.
  - → 한 권이든 두 권이든 몇 권이든, '가지고 있지 않다'는 의미이다.

● —— '무작위, 랜덤'을 의미하는 any는 can과 잘 쓰인다

예를 들어, You can take any bus to get there.(거기에 가려면 아무 버스나 타도 돼요.)는 지극히 자연스러운 표현이다.

can은 '(마음만 먹으면) ~할 수 있다'라는 '가능성'을 나타내는 말이다. '가능성'이란 '아직 정해지지 않은 것'이기 때문에 무작위, 랜덤을 뜻하는 any와 can을 함께 사용하는 것은 자연스럽다.

한편, 실제로 행한 구체적인 한 번의 행위를 가리켜, I took any bus to get there yesterday morning.(난 어제 아침에 그곳에 가기 위해 아무 버스나 탔어.)이라고 말하는 것은 부자연스럽다. 무작위라는 것은 '정해져 있지 않은' 것이다. 구체적으로 한 번 실제 실행했다는 것은 '결정했다'라는 것을 의미하기 때문에 any를 사용할 수 없다.

일단 아무 버스나 오는 버스를 탔다면, I took a bus to get there yesterday morning.이라고 말할 수 있다. a가 가진, '아무 것이든 1개를 (실제로) 꺼내는' 느낌이 여기에서 나타난다.

Must 67
the의 세계를 이해하다

▶ '다른 것이 아닌 그것'으로 시작하는 다양한 세계

■ 이미 알려진 정보를 나타내는 the

the는 that과 동일한 어원을 가진 말로, 원래는 무언가를 '그것'이라고 지칭하는 뜻이었다. 따라서 the는 '**(방금 말한) 그**'라는 이미 알려진 정보를 뜻하는 관사가 되었다.

예문 **There is a bar near my house. The bartender is a nice-looking man and ....**

집 근처에 바가 있다. 그곳 바텐더는 잘생긴 남자이고 ....

→ 문장에서 처음으로 등장한 bartender에 the가 붙어 있는데, 이는 앞에서 말한 bar에서 근무하고 있는 바텐더라는 의미를 가지고 있기 때문에 the가 붙게 되었다. 참고로, a bar, a nice-looking man 의 a는 '아무것도 없었던 듣는 이의 머릿속에, 하나의 bar와 1명의 nice-looking man을 꺼내어 놓는' 역할을 한다.

the의 '알려진 정보'(이미 알고 있는 정보)를 나타내는 특징을 통해, 여러 가지 사용법을 만들어 낸다.

예를 들어, the moon(달), the sun(해)의 the는 '**말하지 않아도 다 알고 있는, 이른바** 그 달, 그 해라는 느낌이 있다. 만약 the를 없애고 a moon이라고 하면, 화성의 달이나 목성의 달 등 다른 행성의 하나의 위성을 뜻하고, a sun이라고 하면 우주에 있는 여러 항성 중 하나를 뜻하게 된다.

●── 항상 이용하여 잘 아는 것을 나타내는 the

또한 '**항상 이용하는** 그'라는 의미로 the를 자주 사용한다. a의 '어느 것이든 상관없으니 1개의', '무엇이든 좋으니 1개의'라는 느낌과는 대조적이다.

예를 들어, "난 방금 역에 다녀왔어."라고 말할 때도, 영어로는 아래와 같이 station에 the를 붙인다.

🔴 예문 **I've just been to the station.**

이는 말하는 사람과 듣는 사람이 '역이라고 하면, 바로 그 역이지.'라고 서로 알고 있기 때문이다. 만약 I've just been to a station.이라고 말하면, 듣는 사람의 머릿속에 '어느 역인지 모르겠지만, 역이 하나 머릿속에 들어오는' 것이기 때문에 듣는 사람은 "어느 역을 말하는 거야?"라고 물어볼 수 있다.

하지만 한편으로 이렇게 두 사람이 무엇을 말하는지 알고 있지 않은 상황에도, 관용적으로 the를 붙이는 경우가 흔한 것으로 보인다.

🔴 예문 **I caught a bad cold and went to the doctor.**
난 지독한 감기에 걸려서 의사에게 갔어.

위 예문의 경우, 말하는 사람의 마음속에 '항상 찾아가는 의사가 정해져 있다'라는 것을 의미할 수 있다. 하지만 단순히 **관용적으로 doctor 앞에 the를 붙이는 경우가 많은** 것으로 보인다.

그 밖에도 church, beach, mountains, supermarket 등의 경우, 말하는 사람과 듣는 사람이 모두 구체적으로 알고 있지 않더라도, 기계적으로 the를 붙이는 것이 일반적이라고 한다. 한 영국인의 블로그*에 의하면, 옛날 사람들이 살던 지역 사회가 지금보다 매우 작았기 때문에, 마을 안에 교회, 해변, 산이라고는 각각 한 곳씩 밖에 없어서 그러한 생각이 기원이 되어 관용적으로 the를 붙이게 된 것 같다고 설명한다. 이는 매우 흥미로운 설이다.

그룹을 나타내는 the

---

* Eigo with Luke: 'The' 사용법 - 영국 시골 팁
  https://www.eigowithluke.com/the-1/

영어 학습자가 익혀 두어야 할 the의 사용법에는 '그룹을 나타내는 the'가 있다. 이는, 한데 모인 그룹이나 하나의 정리된 시스템·체계에 the를 붙이는 것을 말한다.

오른쪽 그림과 같이, **the는 기본적으로 '다른 것이 아닌 바로 그것'**이라고 지정하는 기능을 한다.

다른 각도에서 보면, 지정된 것들을 하나의 그룹으로 묶어 놓는 작용을 한다는 것을 알 수 있다. 따라서 **the는 '그룹을 하나로 묶는'** 기능을 한다. 이 기능을 나타내는 전형적인 형태는 'the + 복수형 명사'이다.

① 지정한 물건을 한데 모으고, 그 외의 것을 배제하는 기능
② 함께 모인 것들을 하나의 그룹으로 묶는 기능

- the Beatles: 4명의 멤버가 모여, 비틀즈라는 하나의 그룹을 이룬다. 옛날 밴드 이름은 'the + 복수형' 패턴이 많다.
- the Simpsons: '심슨 일가'를 뜻한다. 가족의 여러 구성원이 모여서 한 가족이라는 그룹을 이룬다.
- the Alps, the Philippines: '알프스 산맥, 필리핀 (제도)'을 뜻한다. 여러 산과 섬이 모여 하나의 그룹을 이룬다.
- the United States of America, the United Nations, the United Kingdom of Great Britain and Northern Ireland 등: '미합중국, 국제연합, 그레이트 브리튼 및 북아일랜드 연합 왕국'을 뜻한다. 여러 주와 국가, 왕국이 모여 하나의 그룹을 이룬다.

복수 명사가 아니더라도, 한 그룹을 뜻할 때는 the가 붙는다. the music industry(음악 산업) 등이 그러한 경우이다.

또한 **하나로 정리된 시스템**에도 the를 붙인다. 예를 들어, '경제'라는 것은 언뜻 보기에 개인이 따로 돈을 벌거나 쓰는 것으로 보이나, 전체적으로 보면 각각 유기적으로 연결되어 하나의 시스템을 만든다. 그래서 막연하게 '경제'라고 할 때, 영어로는 보통 the economy라고 하여 the를 붙인다. 환경, 태양계 등도 마찬가지로, 모두 개별적인 요소들이 제각각 모여 있는 것이 아니라, 유기적으로 연결되어 하나의 시스템을 만든다. 따라서 각각 the environment, the solar system과 같이

the를 붙인다.

'동일한 속성을 가진 사람들을 모아 놓은 것'을 'the+형용사'로 나타내는 경우도 많다.

예를 들어, the rich(부유층, 부자들), the poor(빈곤층, 가난한 사람들), the young(젊은층, 젊은 사람들) 등이 있다. police 또한, "경찰이 현장에 발을 들였다.", "범인을 확보했다고 경찰이 발표했다." 등의 문장에서처럼 '조직으로서의 경찰'을 나타낼 때는 the police로 표현한다. 이 또한 그룹을 나타내는 the라고 볼 수 있다.

●── 왜 인터넷은 'the Internet'일까?

인터넷은 영어로 the Internet이라고 한다.

처음부터 이런 식으로 표현하여 고정되어 있던 것이 아니라, 그 표현이 고정되고 세상에 널리 받아들여지기 전까지, 단어 첫 글자 i를 소문자로 쓰거나, the를 붙이지 않는 등, 여러 가지 표기법이 혼재되어 있었다. 현재는 the Internet이라는 표현으로 정해졌고, the가 붙은 이유는 그 자체가 전체적으로 정리된 하나의 시스템이기 때문이다. 인터넷 개별 사용자와, 여러 프로바이더들이 유기적으로 연결되어 **전체로 된 하나의 시스템을 만든다**. 그리고 단어 첫 글자가 대문자 I가 된 이유는 인터넷이라는 시스템이 이 세상에 하나밖에 없기 때문이다. 즉, 고유 명사이기 때문이다.

Must 68
others, another, the other

▶ '다른'이라는 해석만으로는 알 수 없는 세계

others, another, the other는 문맥에 따라서 각각 '다른 사람들(것들)', '또 다른 사람(것)', '(둘 중) 다른 하나'로 해석될 수 있다. 영작 첨삭을 할 때, 많은 영어 학습자들이 이 표현들을 구분해서 사용하는 데 어려움을 겪는다는 것을 알 수 있다.

■ others: 두 번째 some

others는 '두 번째 some'이라고 이해하는 것이 가장 정확하다고 할 수 있다.

예문 **Some students go to school by bus, while others go by train.**
몇몇 학생들이 버스로 학교에 가는 반면, 다른 몇몇 학생들은 열차로 간다.

상자 안에 많은 학생들이 있다고 가정해 보자.
상자에 손을 넣고, 적당히 몇몇 학생들을 꺼내 보자. 이것이 some students이다.
그렇다면 그 학생들을 상자 밖으로 꺼낸 다음, 다시 한 번 같은 상자에 손을 넣고, 다시 대략 몇몇 학생들을 꺼내 보자. 이것이 '두 번째 some', 즉 other students(혹은 students를 생략하고, others)이다.
위 예문 속에 이러한 느낌이 포함되어 있는 것이다.
'두 번째 some'이기 때문에, **가산 명사와 함께 사용할 때는 반드시 복수형**으로 사용해야 한다. some students와 마찬가지로 other students가 되어야 한다.

other student라는 말은 있을 수 없다. 또한 others는 some과 마찬가지로 '대략 적당한 정도'를 나타내는 말이다. 이는 '대충 몇 개 꺼내는' 느낌이다. 따라서 자신이 화제로 삼고 있는 사람들 외의 사람들을 적당히 몇 명 꺼내서 막연히 '**타인**', '**다른 사람들**'이라고 말하고 싶을 때에도, others(=other people)를 사용한다.

> **We don't care about what other people think.**
> 우리는 다른 사람들이 어떻게 생각하든 상관하지 않는다.

■ another: 같은 종류의 다른 것을 한 번 더, 리필

another는 'an+other'이다.

an은 '상자에 같은 종류의 물건이 많이 들어 있는 상황에서, 그 물건들 중 무작위로 1개를 꺼내는 것'이라고 했다.(Must 64 내용 참고) an에 '다른'을 뜻하는 other를 더해서, '같은 종류의 다른 것을 한 번 더, 리필'을 나타내는 것이 another이다.

예를 들어, 상자 안에 차가 들어 있는 잔이 많이 있다고 상상해 보자. 상자에서 무작위로 차가 들어 있는 잔 하나를 꺼내면, 그것이 a cup of tea이다.

이제, 당신은 그 차를 다 마셨다. 그래서 다시 상자 안에 손을 넣어 이전의 a cup of tea와는 '다른(other)' 또 한 잔의(a/an) 차를 꺼낸다. 이것이 another cup of tea이다. 이렇게 another는 '**리필**'의 이미지가 있다.

another를 배울 때, 'another는 'an+other'이기 때문에 뒤에 붙는 명사는 단수형'이라는 설명을 자주 듣는다. 그러나 반드시 그러한 것은 아니다.

> **We waited for another two hours.** 우리는 2시간을 더 기다렸다.
> **Another 4 lives were claimed.** 4명의 또 다른 목숨이 희생되었다.

이와 같이 'another+복수형'을 흔히 볼 수 있다.
이는 규칙의 예외인 것일까? 그렇지 않다.

another의 '같은 종류의 다른 것을 한 번 더, 리필'이라는 의미는 바뀌지 않는다. 단지, 한 번 리필이 되는 '용기' 안에 무엇이 얼마나 들어있는지를 설명하는 **부분에 복수형이 사용**될 뿐이다.

첫 번째 예문에서 '한 번 더 기다렸다'라는 '한 번 더'의 느낌은 동일하다. 단지 그 사람을 기다리는 '용기' 안에 들어 있는 시간의 양이 2시간이라는 것을 나타낸다. 그리고 두 번째 예문에서 '한 번 더 사망자가 생겼다'라는 '한 번 더'의 느낌은 같은데, 그 사망자가 든 '용기' 안에 들어 있는 사망자 수가 4명이라는 것을 나타낸다.

◆ valuable information

이쯤에서 another의 관용 표현을 살펴보자.

To know is one thing, (and) to teach is another.
아는 것과 가르치는 것은 별개 문제다.

A is one thing, (and) B is another.는 "A와 B는 비슷하지만 다르다."라는 의미로, "A가 된다고 해서 B가 될 수 있다고 생각하지 마라."라는 느낌의 표현이다. 여기에서 '다르다'라는 의미는 another의 '리필'이라는 의미에서 온 것으로, '리필'이 뜻하는 **동일한 종류이지만, 동일한 것은 아니다**에서 생겨났다고 볼 수 있다. 첫 잔의 차와 리필한 차는 같은 종류의 차이긴 하지만, 동일한 차는 아니다. Another 4 lives were claimed. 문장의 경우, 최초의 사망자들과 다음 4명의 사망자들은 당연히 다른 사람들일 것이다. 따라서 '**비슷해 보이지만, 다른 것이다**'라는 표현이 생겨났다고 생각된다.

■ the other: 둘 중 나머지 한쪽
the others: 두 그룹 중 나머지 전부

others를 써야 하는 부분에 the others를 쓰는 학습자들을 많이 볼 수 있다. 두 표현은 전달되는 의미가 상당히 다르다. the가 어떤 기능을 하는지 살펴보도록 하자.

예문 There are two balls. One is white and the other is red.
2개의 공이 있다. 하나는 흰색이고 다른 하나는 빨간색이다.

'다른 하나'라는 해석에 이끌려 '리필의 이미지'를 떠올리는 사람이 있을지도 모르나, 여기에서의 이미지는 조금 다르다.

일단 There are two balls. 문장을 보면, 머릿속에 2개의 공이 떠오른다. 그다음에 One is white.를 보면, 두 개의 공들 중 하나가 흰색이라는 것을 알 수 있다. 여기에서 흰색 공의 역할은 끝이 나고 머릿속에서 퇴장하게 된다. 2개의 공 중 하나가 사라진 것이기 때문에, 나머지는 1개 밖에 없다. 즉, '그 공밖에 없다. 그 외에는 없다.'라는 느낌이 생기는데, 이는 the를 붙이게 하는 원인이 된다. the other에는 중요한 전제가 있는데, 이는 바로 '**둘 중의**'이다. 둘 중에 하나가 사라지면, 나머지는 '그것밖에 없다'가 되고 **방금 말한 것과는 다른(other) 그것뿐인(the) 나머지 하나**'가 the other이다.

> 예문 I have three brothers. One of them lives in Okinawa, and the others live in Yamaguchi.
> 나에게는 3명의 남자 형제가 있다. 그들 중 한 명은 오키나와에 살고 있고, 나머지 두 명은 야마구치에 살고 있다.

3개 이상을 이야기하는 경우에도, 그것을 2개의 그룹으로 나눈다면 the others를 사용한다. **남은 한쪽 그룹 안에 존재하는 것이 여러 개 있다**면 the others인 것이다.

나는 에세이 글쓰기에서 부주의하게 the others를 쓰는 사람에게 "이 표현을 단지 '다른 사람들(것들)'이라는 의미로 썼습니까? 아니면 '나머지 전원'이라는 의미로 썼습니까?"라고 질문한다.

막연히 '다른 사람들(것들)'을 말할 때는 others, '나머지 전원'을 말할 때는 the others를 써야 한다.

Must 69
부분 부정과 전체 부정

▶ 100% + 바늘구멍을 나타내는 not

■ 부분 부정: 전체가 그렇지는 않다

'전체가 ~는 아니다' 또는 '반드시 ~인 것은 아니다'라고 부정하는 방법을, '부분 부정'이라고 한다. 부분 부정이 어떤 이미지를 가진 표현인지 알아보자.

- 예문 **This is not necessarily evil.** 이것이 반드시 사악하다고는 할 수 없다.
- 예문 **Life is not always easy.** 인생이 항상 쉬운 것은 아니다.
- 예문 **Not all the people were against the plan.**
  그 사람들 모두가 그 계획에 반대했던 것은 아니다.

밑줄 친 부분에 주목하면 알 수 있듯이, 부분 부정의 형태는 'not + 100%를 의미하는 말'이다. 그리고 의미상으로 '전부가 그렇다고는 할 수 없고, 예외가 존재한다'라는 것을 나타낸다. 다시 말해, 부분 부정이란 '예외도 있다'라는 것을 나타내는 표현이다.

부분 부정에서 not의 이미지는 '작은 구멍을 뚫는 바늘'이다. not은 100% 부풀어 있는 봉투에 작은 구멍을 뚫어 바람이 나가게 하는 느낌이다.

이번에는 not의 위치에 주목하도록 하자. 다음에 제시되는 어순상의 중요한 규칙을 살펴보자.

> 부정어는 뒤에 오는 말을 부정한다.

예를 들어, I don't like dogs.(난 개를 좋아하지 않아.)라는 문장에서 not이 부정하고 있는 것은 like dogs(개를 좋아하다) 부분이지, I를 부정하는 것은 아니다. 즉, '개를 좋아하는 사람이 자신이 아니라고' 부정하는 말은 아니다.

not의 위치가 부사의 앞인지, 뒤인지에 따라 의미가 매우 달라진다.

really [not]: 정말 아니다 → not이라는 것은 진실이다
not [really]: 그 정도는 아니다 → 정말로 그런지 묻는다면 그 정도는 아니다

그렇기 때문에 '명확히 이것은 부분 부정이다'라고 나타내려면 not always, not necessarily 등 not을 '100%를 의미하는 말'의 앞에 놓고 '100%를 의미하는 말'을 부정하는 것이 알맞다.

💎 valuable information

사실 이 어순이 엄격하게 지켜지지 않는 경우도 있다.
All that glitters is not gold. 빛난다고 해서 모두 금은 아니다.
→ 속담으로, not이 all보다 뒤에 와 있다.
그러나 우리는 '알기 쉽고, 전달하기 쉬운' 명확한 표현을 유념해서 사용해야 하기 때문에, 'not + 100%'의 어순에 유의하는 것이 알맞다고 생각한다.

●● —— both 부정

부분 부정을 학습할 때, 많은 학습자들이 쉽게 이해하기 어려운 부분이 both 부정이다. not both로 나타내며, 기본적으로는 '양쪽 모두가 ~인 것은 아니다'라는 의미이지만, 이러한 의미를 잘 이해하기 어려워한다.

A: Did you buy both of them? 그것들 둘 다 샀어?
B: No, not both. 아니, 둘 다 사지는 않았어.

학습자들 중에는 '둘 다 모두 사지 않았다'라고 이해하는 사람도 있다. 사실상 영어 원어민 중에서도 그렇게 의미를 파악하는 사람도 있어, 까다로운 부분이라고 할 수 있다. 그러나 기본적으로 not both는 부분 부정이라

고 인식해야 한다.

all이 셋 이상의 여럿 전체를 말하면, both는 둘인 경우로 '둘 다 모두'를 뜻하는 말이다. 즉, **(둘뿐인 상황에서) 둘 다 모두**를 뜻한다. not all이 '전부가 ~인 것은 아니다'라는 부분 부정이듯이, not both는 '둘 다 ~인 것은 아니다', 다시 말해 '**한 쪽은 ~이다**'라는 뜻이 된다.

'**둘 다 ~이 아니다**'라고 전체 부정을 나타내고자 할 때는 not either를 사용한다. either는 '(둘 중) 어느 하나의'로 해석되는데, 조금 더 자세히 말하면 '**둘 중 어느 한쪽으로 눈을 돌리다**'라는 이미지가 있다. 아래 3개의 예문은 모두 미묘하게 의미가 달라 보이지만, 오른쪽 그림을 참고하면서 읽어 보면, 모두 공통된 이미지에서 나온 의미인 것을 알 수 있다.

- **Take either one.** (둘 중) 어느 하나를 가져라.
- **Either one is OK.** 둘 중 아무거나 괜찮아요.
- **Either side of the street was full of people.**
  길 양쪽이 사람들로 가득했다.

한쪽씩 눈을 돌리는 either의 이미지를 알게 되면, 결과적으로 이 표현이 '어느 쪽이든'을 나타내며 both와 같은 '(두 개) 양쪽의'라는 의미도 나타낼 수 있음을 알 수 있다. 이제, 이 either에 not을 붙이면 '어느 쪽으로 눈을 돌려도 not'이라는 의미가 되고, '**둘 다 not**'이라는 전체 부정의 의미가 된다.

- **I don't like either of them.** 난 둘 다 좋아하지 않아.

'~도 역시 그렇다'라고 말할 때, 긍정문에는 문장 끝에 too를 붙이는데, **부정문의 경우에는 문장 끝에 either를 붙인다.** 이 또한 '어느 한쪽을 봐도 not'이라는 not either의 느낌을 알 수 있는 부분이다.

- **I don't like broccoli and my brother doesn't, either.**
  난 브로콜리를 좋아하지 않고 우리 형도 그렇다.
  → '내' 쪽을 봐도 not like이고, '우리 형' 쪽을 봐도 not이다.

■ 전체 부정: not at all

'전혀 ~아니다'라는 전체 부정을 나타내는 말에는 not at all이 있다. not과 all이 조합되면 부분 부정이 될 것이라고 생각되지만, 이 표현은 전체 부정을 나타낸다. 이 표현의 구조는 어떻게 되어 있는 것일까?

사실 at이라는 말에 열쇠가 있다. at은 '움직이고 있는 한 점을 가리키다'라는 근본적인 의미를 가지고 있다. 움직이는 가운데, '지금 여기'를 나타내는 느낌이다.(Must 77 내용 참조) 따라서 **눈금 위를 움직이는 한 점을 가리키다**라는 의미로 자주 쓰인다. 구체적으로는 각도, 온도, 속도, 거리를 나타내는 점 등이 있다.

예문 Water freezes at zero degrees.   물은 0도에서 언다.

not at all의 at은 '이 not이 나타내는 '부정'이 어느 정도 수준의 부정인지'를 나타낸다. 즉, not의 부정 수준을 나타내는 '0~100'의 저울이 있고, not at all은 **not이 나타내는 부정이 all(100%) 수준에 있다**는 의미라고 생각하면 된다. 그렇기 때문에 '완전히 not이다'라는 의미가 생기게 되었다고 생각할 수 있다.

예문 I'm not disappointed at all.
난 전혀 실망하지 않았어.

Must 70
존재문 ①:
there is 구문의 의미상 주어

▶ '새로운 정보'의 존재를 나타내는 문장

■ there is 구문을 어순으로 생각하다

'~이 있다'라는 존재를 의미하는 there is/are 구문은 어순이 독특하다는 특징이 있고, 의미상의 주어에 a나 some이 붙은 명사가 오는 점, 즉 '어느 것이든 상관없는 1개의 것', '어느 것이든 상관없는 몇 개의/약간의 것'을 나타내는 명사가 오는 점(이에 대해서는 나중에 설명할 예정이다.)이 특징이다.

사실 이 구문은 새로운 정보의 존재를 나타내는 문장이다.

하지만 이것만으로는 무슨 의미인지 알 수 없기 때문에, 새로운 정보와 이미 알려진 정보의 '어순'에 대해 잠시 생각해 보자.

아래 예시 문장을 읽어 보자.

> 옛날에 숲 근처에 오래된 저택이 있었어요.

이 문장 뒤에, 아래 문장 중 어느 것이 이어지는 것이 더 자연스러운가?

> ① 그 저택에는 늙은 신사가 하인과 함께 살고 있었어요.
> ② 늙은 신사가 하인과 함께 그 저택에 살고 있었어요.

개인차나 취향이 있을 수 있고 정답이 있는 것도 아니지만, ①을 선택하는 사람이 대다수일 것이라고 생각된다.

포인트는 '저택'이라는 단어의 위치이다.

앞 문장에서 '오래된 저택'은 이미 소개되어 있어 알고 있는 정보이다. 즉, '이미 알려진 정보'이다. 한편, '늙은 신사와 하인'은 ①, ② 문장 각각에서 처음으로 나오는 정보, 즉 '새로운 정보'이다.

뇌의 정보 처리 능력을 생각해 보면, 이미 알려진 정보는 알고 있는 정보이기 때문에 처리가 편하지만, 새로운 정보는 처음 알게 된 정보이기 때문에 처리하는 데 많은 노력이 필요하다. 거의 모든 인류의 언어에서 정도의 차이가 있을 수는 있지만, **문장 안에서 이미 알려진 정보를 먼저 이야기하고, 새로운 정보는 나중에 이야기**하려는 경향이 있다. '편하게 처리할 수 있는 정보가 먼저'이기 때문이다.

따라서 ①의 "그 저택에는 …." 문장이 이어지는 것이 자연스럽다.

한국어에는 문법적 관계를 표시해 주는 '조사'가 있기 때문에, 어순에 크게 구애받지 않아도 문장의 의미가 통한다. 하지만 영어나 중국어 등, 어순 자체가 의미의 차이를 가져오는 언어에서는 이 부분이 엄격하다. 영어 어순의 기본 규칙은 '**가벼운 정보를 먼저, 무거운 정보를 나중에** 말하는 것'이지만, 그 규칙에서 '이미 알려진 정보를 먼저(정보 처리가 편리=가볍다), 새로운 정보는 나중(정보 처리가 비교적 어렵다=무겁다)에 말하는' 규칙도 포함된다.(Must 03 내용 참고)

●●── there is/are 구문에서 의미상의 주어가 뒤에 오는 이유

아래 두 개의 대화문을 비교해 보자. 특히 답변 문장에 주목하자.

1. A: 현관 앞에 뭐가 있었니?
   B: 현관 앞에 고양이가 있었어.(There was a cat on the front porch.)
2. A: 검은색에 흰 무늬를 가진 몸집이 큰 고양이는 어디 있었니?
   B: 그 고양이는 현관 앞에 있었어.(The cat was on the front porch.)

대화 1은 '현관 앞에 무엇이 있는지 알 수 없는' 상황이다. 그 무엇이 고양이라는 것은 답변 문장을 통해 처음 밝혀지는 새로운 정보이다. 영어 문장에서는 a cat로 되어 있는데, 이는 '아무것도 없었던 머릿속에, 새롭게 고양이 1마리를 꺼내는' 이미지이다. a가 있기 때문에 처음 등장한 느낌이 있다.

한편, 대화 2에서는 "방금 당신이 말한 그 고양이는 현관 앞에 있어"라는 의미로, 영어 문장에서는 the cat라고 표시되어 있다. 따라서 여기에서 '고양이'는 이미 알려진 정보이다.

대화 1의 영어 문장에서는 there is/are 구문이 사용되었다. **이 구문은 '새로운 정보의 사람이나 물건이 존재한다'라는 것을 나타낸다.** 의미상의 주어인 a cat는 was라는 be동사 뒤에 온다.

there is/are 구문에서 이러한 어순이 생겨난 이유는 'a cat가 새로운 정보이므로 나중에 이야기하려는' 경향이 있기 때문이다.

문장 첫머리의 there는 '무언가가 어떤 장소에 있다'라는 말을 이제부터 할 것이라는 사인 정도의 의미일 뿐이다. 따라서 **부사로 '거기에'라는 장소를 뜻하는 there와 비교했을 때, 굉장히 가볍고 짧게 발음**된다. there에 이어지는 be동사는 '~라는 상태로 존재하다'라는 의미를 바탕에 두고 있기 때문에 여기에서는 '존재하다'라는 뜻을 가지고 있다.

참고로, 많은 학습자들이 there가 '있다'라는 의미를 나타낸다고 착각하는 경우가 있는데, 실제로 there에는 그러한 의미가 없고, be동사가 그 의미를 나타낸다.

대화 2에서 the cat는 '그 고양이'를 말하며, 이는 이미 알고 있는 정보에 속한다. 그렇기 때문에 정보 처리가 편해서, the cat를 문장 앞쪽에 두고 이야기해도 문제가 없는 것이다.

한국어로 말했을 때에도, 답변으로 "현관 앞에 그 고양이가 있었어."보다는 "그 고양이는 현관 앞에 있었어."가 자연스럽고 편하게 들린다. 그 이유는 앞에서 말한 그 고양이, 즉 이미 알려진 정보의 존재를 먼저 소개하기 때문이다.

●── a/some을 붙이지 않는 명사도 there is/are 구문에서 사용할 수 있다

지금까지의 설명을 통해, there is/are 구문은 새로운 정보의 사물이나 사람의 존재를 설명하는 구문이라는 것을 알 수 있을 것이다. 이 구문의 의미상 주어에 a나 some이 붙는 경우가 많은 이유는, '아무것도 없었던 머릿속에, 새롭게 1개 또는 몇 개의 무언가를 꺼내어 존재하게 하다'라는 의미처럼, **a와 some**이 '첫 등장의 기능'을 하기 때문이다.

그리고 there is/are 구문에서는 **is** 대신에 '**존재**'를 의미하는 동사도 다양하게 사용할 수 있다.

예문 **There lived an old gentleman in the mansion.**
그 저택에는 한 늙은 신사가 살고 있었다.

예문 **There remains some beer in the glass.**
잔에는 약간의 맥주가 남아 있다.

there is/are 구문의 의미상 주어에 대해 배울 때, 일부 오해를 불러일으키는 설명을 찾아볼 수 있다. 이는 a나 some처럼 '어느 것이든 좋으니 1개의/몇 개의, 약간의'를 나타내는 불특정한 표현이 붙은 명사만이 의미상의 주어로 올 수 있다는 설명이다.

there is/are 구문의 의미상 주어에 a나 some이 오는 이유는, a나 some이 '아무것도 없던 머릿속에 무언가를 새롭게 꺼내어 존재하게 하다'라는 새로운 정보를 이끄는 성질을 가지고 있기 때문이다. 실제로 **새로운 정보라는 전제만 있으면, 대명사, 고유 명사, the가 붙은 명사도 의미상의 주어로 올 수 있다.**

예문 **A: We are done for today, aren't we?** 오늘은 이것으로 끝이야, 그렇지?
B: No, there is still the issue of pricing. 아니, 아직 가격 책정 문제가 남아 있어.
→ 앞에서 언급한 이미 알려진 정보와는 달리 "그러고 보니, 그 문제가 또 있었어."라고, 새로운 정보를 제시하고 있다.

예문 **A: We can't make it.** 우리는 그걸 해내지 못할 거야.
B: No, there is still Tom/you. I'm sure he/you can.
아니야, 아직 톰/네가 있어. 그/너는 반드시 해낼 수 있어.
→ "그러고 보니, 톰/네가 있어."라고, 새로운 정보를 제시하고 있다.

Must 71
존재문 ②:
have 언어와 be 언어

▶ have의 '있다'와 there is의 '있다'를 구분하여 사용하자

이전 학습에서 설명한 there is/are 구문에 대해 이야기해 보자. 학습자들이 영어로 대화하거나 글쓰기를 할 때, 이 구문을 '과용'하는 것을 흔히 볼 수 있다. '~이 있다'라는 해석이 떠오르면, 해석대로 there is/are 구문을 사용하려는 경향이 있다.

하지만 **실제로는 한국어의 '있다'와 영어의 '있다'는 약간 다르다.**

'영어는 have 언어이며 한국어는 be 언어'라고 할 수 있다.

be동사의 근본적인 의미는 '~라는 상태로 존재하다'이며, There is a cup of tea on the table.(탁자 위에 차 한 잔이 있다.) 또는 He is in Seoul.(그는 서울에 있다.)과 같이 be동사로 '있다'를 나타낸다. **한국어에서는 존재하는 것을 '있다'라는 동사로 표현한다.**

그러나 **영어는 존재하는 것을 have, 즉 '가지고 있다'로 나타내는 경우가 많다.**

- 예문 **I'm sorry. I have a party tomorrow.**
  미안해. 난 내일 파티가 있어.
- 예문 **She has a younger brother and a younger sister.**
  그녀에게는 남동생 1명과 여동생 1명이 있어.

there is/are 구문은 새로운 정보의 존재를 나타내는 구문이다. 위 have 예문 역시 새로운 정보를 나타낸다.

- 예문 **A: Why don't we play tennis tomorrow?** 우리 내일 테니스 치는 게 어때?
  B: I'm sorry. I have a party tomorrow. 미안해. 난 내일 파티가 있어.

예문 A: Does Kate have any siblings?   케이트에게는 형제자매가 있니?
B: She has <u>a younger brother and a younger sister</u>.
그녀에게는 남동생 1명과 여동생 1명이 있어.

위 문장에서 파티가 있는 것과, 남동생과 여동생이 있는 것은 모두 응답으로 처음 알려지는 사실이기 때문에 새로운 정보이다. 하지만 케이트에게 남동생과 여동생이 있다는 것을 There are a younger brother and a younger sister.라고 말하게 되면 확실히 부자연스럽다. 그러나 내일 파티가 있다는 것을 There is a party tomorrow.라고 말하는 것은 자연스럽다.
이러한 느낌의 차이를 가져오는 것은 도대체 무엇 때문일까?

●● ── 'S+have ~'가 나타내는 것은 'S의 영역 안에서의 일'

'S+have+O' 구문은 'S가 O를 가지고 있다'라는 의미를 나타낸다.
원래 'S가 물리적으로 O를 손에 들고 있다'라는 뜻이었는데, 이것이 확장되어 물리적으로 손에 들고 있지 않아도 'S가 O의 소유권을 가지고 있다'가 되었고, 나아가 'S에게 O라는 일이 있다, S가 O라는 상황에 있다'라는 의미로 확장되었다.
have가 나타내는 '있다'는, 주어 S에게 있는 일이나 상황을 나타낼 때 사용한다.
Kate has a younger brother and a younger sister.는 "케이트에게 남동생과 여동생이 있다."라는 것을 나타내는 말이지, 다른 누군가에게 있는 상황을 말하는 것이 아니다. 한편, <u>there is/are 구문</u>의 경우, <u>특정한 누군가가 처해 있는 상황을 나타내는 표현이 아니라는 것을 알 수 있다</u>.

예문 <u>There were some toys in the box.</u>   상자 안에는 장난감 몇 개가 있었다.
예문 <u>There is a nice park near my school.</u>
우리 학교 근처에 멋진 공원이 있다.

이처럼 there is/are 구문은 누구에게나 동일한 상황이 존재한다는 것을 나타낸다.

이제, 앞에서 나왔던 I have a party tomorrow.라는 문장과 There is a party tomorrow.라는 문장을 한 번

비교해 보자.

I have a party.는 '나'에게 있는 상황으로, 내일 있는 파티를 나타낸다.

해석하면, "난 내일 파티가 있어."로 '나'의 예정이지, 다른 사람의 예정이 아니라는 것을 나타낸다.

그렇다면 There is a party tomorrow. 문장의 경우, 어떤 차이가 있을까?

내일 파티가 열리는 것이 **객관적인 사실**이자 현실이라는 느낌을 준다. 비록 여기에 있는 누구에게도 관계없는 일일지라도, 단지 파티가 존재하는 것은 사실인 것이다.

이 문장은 have나 there is로 모두 표현할 수 있는데, '특정한 누군가에게 있는 상황을 이야기하는 것'과 '단지 객관적으로 존재하는 것'을 나타내는 차이가 있음을 알 수 있다.

이번에는 Kate has a younger brother and a younger sister.라는 문장을 살펴보자.

이는 Kate에게 있는 상황을 말하는 것이지, 다른 사람의 상황이 아니다. 그리고 이 문장은 there is/are 구문으로 나타낼 수 없다. 형제, 자매, 부모 등은 '누군가의 형제, 자매, 부모'를 나타내는 말이고, '객관적으로 누구에게나 있는 형제, 자매, 부모'라는 존재는 없기 때문이다.

따라서 위 문장을 there are를 사용하여 나타낼 수 없다.

○ **There is a boy in the room.** 그 방에는 한 남자아이가 있다.
? **There is a brother in the room.** 그 방에는 한 남동생(형/오빠)이 있다.
　　→ 누구의 남동생(형/오빠)을 말하는가?

이렇게 '**누군가에게 있는 상황이나 일에 대한 이야기**'는 **have**가 담당하고, 만약 같은 내용을 **there is/are**로 나타내면, '객관적으로 존재하는 이야기'로 파악하면 된다.

아래 두 문장에서 그 차이가 많이 드러나지는 않지만, 그래도 뉘앙스 차이를 확인할 수 있다.

예문 **There are four windows in this room.** → 객관적 사실로서 창의 존재
예문 **This room has four windows.** → 이 방에게 있는 상황
이 방에는 창문이 4개가 있다.

예를 들어, "이 근처에는 곰이 많이 있어."라는 문장을 There are a lot of bears around here.와 We have a lot of bears around here.로 구문을 다르게 표현하면, 어떤 차이가 있을까?

there are를 사용하면, 단순히 곰이 존재한다는 것을 의미하지만, we have를 사용하면, '이곳은 우리가 살고 있는 지역이고 이 부근에 곰이 많이 있다'라는 것을 나타낸다. 이는 실제로 우리가 곰을 발견하는 일이 있거나 곰과 마주칠 위험에 대비해 조심한다는 등 여기에 살고 있는 '우리'와 '곰'의 관계성까지 말하는 것이다.

제 10 장
형용사와 부사: '수식하다'의 진실

Must 72
'다른 것이 아닌, 바로 이것'을 나타내는 형용사

▶ 한정적 용법: '수식하다'란 무엇인지 반드시 알 수 있다

이번 학습에서 다룰 내용은 '형용사의 한정적 용법'이다.

이러한 용어를 보기만 해도 책을 덮고 싶어지는 학습자들도 있을 수 있다. 문법 용어가 싫어서 가능한 한 용어를 몰라도 내용만 알 수 있기를 바라는 학습자들도 많을 것이다.

그러나 걱정하지 않아도 된다.

그 '용어'의 의미를 반드시 알 수 있도록 설명할 것이다.

그리고 문법 용어는 일단 그 뜻을 알게 되면, 매우 편리하다.

이참에 문법 용어를 이해해 두면 좋다. 그렇게 되면, 지금까지 어려워서 모르겠다고 생각했던 다른 문법책이나 다른 훌륭한 선생님들의 설명을 더 쉽게 이해할 수 있게 될 것이다. 그리고 명확하게 알지 못하여 지금까지 머릿속에서 흐릿하던 안개가 이번 학습을 통해 걷히게 되면 이는 기분 좋은 경험이 될 것이다. 여기에서 특히 형용사나 부사와 같이 수식 관계를 나타내는 용어나 그 개념을 이해하는 것은 어렵다. 제대로 이해할 수 있도록, 여기에서는 '수식', '형용사', '한정적 용법'이란 무엇인지 설명하도록 하겠다.

●── '수식하다'란 무엇인가

'수식하다'란 '모습, 상태를 설명하다'로 바꿔도 되는 말이다.

명사의 모습이나 상태를 설명하는 것이 형용사이다. 그리고 명사 외의 말(주로 동사)이 어떤 모습이나 상태인지를 설명하는 것이 부사이다.

먼저 형용사가 명사를 수식하는 개념을 살펴보자.

형용사란, 명사의 모습을 설명하는 말이다.
예를 들어, 책상은 사물 이름이기 때문에 명사이다.
'오래된 책상', '큰 책상', '나무로 만든 책상', '아버지가 쓰시던 책상'은 모두 '책상'의 모습을 설명하고 있다. 이 표현들이 형용사이다. 엄밀히 말해서, 한 단어이면 '형용사', 여러 개의 단어가 모여서 이루어진 한 덩어리가 명사의 모양을 설명하고 있으면 '형용사구', '주어+동사' 덩어리가 형용사의 역할을 하면 '형용사절'이다.

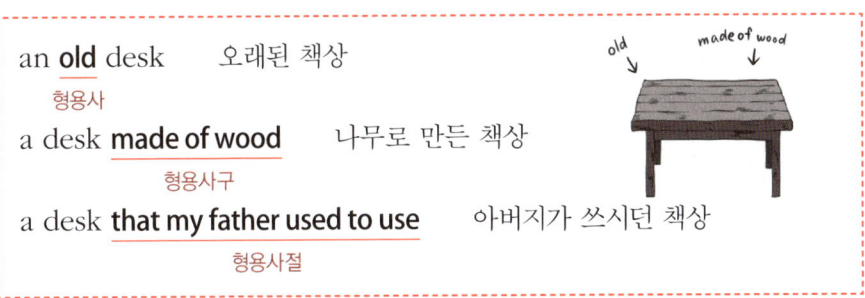

영어에는 '가벼운 정보를 먼저, 무거운 정보를 나중에 두는' 어순 규칙이 있기 때문에 긴 덩어리의 **두 단어 이상으로 수식하는 경우, 명사 뒤에 형용사 덩어리가 온다.** 학교에서 배우는 관계 대명사절은 선행사인 명사의 모습을 설명하는 일종의 형용사절이다.

●── 형용사의 한정적 용법

'수식하다'를 영어로 하면, 'to modify'이다. 이 표현은 '수정하다', '한정하다'라는 의미도 가지고 있는 말로, 어원상으로는 '크기에 맞춰 여분의 부분을 깎고 다듬다'라는 이미지를 가진 말이다.

형용사의 수식에는 '한정적 용법'이라는 것이 있다. 이는 **명사에 형용사가 직접 붙는 형태**를 취한다. 한정적 용법의 기능은 **막연한 정보를 '다듬는'** 것으로 명사에 **대한 정보를 좀 더 구체적이고 명확하게** 나타내 준다.

예문 **I need a red pen, not a black one.** 나는 검은색 펜이 아닌, 빨간색 펜이 필요해.
　　　　형용사 명사　　　　형용사 명사
→ 다른 색이 아닌 '빨강', '검정'과 같이, 형용사가 펜의 종류를 한정적으로 설명하고 있다.

🔵 **a girl who speaks French**   프랑스어를 말하는 한 여자아이
    명사   형용사절

→ a girl만 있는 경우, 세상에 존재하는 모든 여자아이들 중 '어떤 한 여자아이'라는 아주 막연한 의미가 된다. 그러나 여기에 프랑스어를 말한다는 수식어를 붙임으로써, 프랑스어를 하지 못하는 여자아이들은 후보에서 제외된다.

한정적 용법의 수식에 의해서, **정보를 좀 더 구체적으로 나타낼 수 있다**는 것을 알 수 있다.

●── 셀 수 있는 것으로 나타내어 구체적인 파악이 가능해진다

이 한정적 용법의 수식은 의외의 문법적 효과를 발휘하는 경우가 있다. 아래와 같은 규칙을 본 적이 있는가?

> 규칙: lunch, breakfast, dinner는 원칙적으로 불가산 명사이나,
>   형용사와 함께 사용될 때는 가산 명사가 된다.

🔵 **I've already had lunch.**   난 이미 점심을 먹었어.
              ↑ lunch는 불가산
🔵 **I had a big lunch today.**   난 오늘 푸짐한 점심 한 끼를 먹었어.
         ↑ a big lunch는 가산

breakfast, lunch, dinner는 모두 불가산 명사이다.

한편, '식사'를 의미하는 meal은 가산 명사이다. a meal은 '한 끼 식사'라는 하나의 '형태'이고, 다르게 말하면 하나씩 '구분되어 나뉘는 것'이기 때문에 가산 명사가 된다.

그러나 breakfast, lunch, dinner는 그 meal을 아침용, 점심용, 저녁용 중에 어느 용도로 먹는지를 나타내는 말이다. 즉, 형태가 아니라 '용도·기능'을 말하는 것이다. 이처럼 형태를 설명하는 말이 아니기 때문에 breakfast, lunch, dinner는 불가산 명사이다.

그런데 여기에 형용사가 붙으면 breakfast, lunch, dinner가 실체를 가진 것, 즉 meal의 이미지로 구체화된다. 기능으로서 '점심용'이라는 용도가, '낮에 먹은 푸

짐한 한 끼의 식사'처럼 구체적인 형태가 되는 것이다.

여기에서 big이라는 형용사에 의해 lunch가 구체적으로 meal처럼 변하여 a big lunch라는 가산 명사로 바뀐다. 이러한 것이 한정적 용법의 수식이 가지는 구체화의 힘이다.

이 현상은 breakfast, lunch, dinner에 그치지 않고, 좀 더 광범위하고 추상적인 의미를 가진 명사에도 일어난다.

예를 들어, '효과, 영향'을 뜻하는 influence, effect를 사전에서 찾아보면. 이 명사들은 원칙적으로 불가산 명사이다. 그러나 사전에는 "구체적인 예시를 나타낼 때는 an ~(단수), ~s(복수)가 붙고 종종 수식어를 수반한다."(위즈덤 영일사전)라고 쓰여 있다.

예문 The herbal medicine had a beneficial effect on my health.
한약이 내 건강에 이로운 효과가 있었다.(위즈덤 사전)
→ beneficial이라는 형용사가 붙음으로써, '한 번의 구체적인 이로운 효과'가 실제로 몸 안에 발휘되었다는 것을 나타낸다.

그 밖에도 expectation, improvement, adjustment 등, 여러 추상 명사에서도 동일한 현상이 발생한다. 그 발생 원리는 모두 같고, 형용사가 한정적 용법으로 명사를 수식함으로써, **추상적이고 셀 수 없는 개념의 명사가 한 번·하나의 구체적이고 셀 수 있는 현상으로 파악되는 것이다.**

이번 학습에서는 형용사의 한정적 용법에 대해 이야기해 보았다. 다음 학습에서는 또 하나의 용법인 서술적 용법에 대해 설명할 것이다. 한정적 용법과 서술적 용법의 차이점을 이해하게 되면, 관계 대명사의 제한적 용법과 계속적 용법의 차이점을 직감적으로 알 수 있게 된다.

Must 73
'단순히 모습을 설명하는' 형용사

▶ 서술적 용법을 이해하면, 관계 대명사의 계속적 용법을 알 수 있다

형용사는 명사의 모습을 설명하는데, 이 형용사에는 한정적 용법외에 서술적 용법이 있다.

서술을 다르게 말하면 '설명하는 것'이라고 할 수 있다.

한정적 용법에서 말했던 '수식'도 '모습을 설명하는 것'이라고 했기 때문에 헷갈려 하는 학습자들이 있을 수 있다.

구체적인 예를 들어 설명해 보겠다.

서술적 용법의 전형적인 형태는 **보어 자리에 오는 형용사**이다.

예문 **I bought an old paint.** 난 오래된 그림을 샀어.
　　　　　　　　　한정적 용법　세상에 여러 가지 그림이 있지만, 여기에서는 '오래된' 그림을 샀다고 정보를 좁혀 구체화한다.

예문 **This paint is very old.** 이 그림은 아주 오래되었어.
　　　　　　　서술적 용법　'이 그림'이 어떤 것인지 정보를 설명하고 있다.

서술적 용법과 다른 점을 알아보기 위해, 한정적 용법의 특징을 다시 확인해 보자. 한정적 용법의 요점은 아래 2가지이다.

한정적 용법의 특징

① 세상에 ○○라는 것은 많이 있다.

② ○○라는 것들 중에서, 여기에서 말하는 것은 '~라는 성질'을 가진 것으로 그 외의 성질을 가진 것을 제외하여 정보의 범위를 좁힌다.

I bought an old paint.의 경우, ①은 '세상에는 그림이란 것이 많이 있지만'을 나타낸다. old가 붙음으로써, ②는 '여기에서 말하는 그림은 '오래된' 성질을 가진 것으로, 새것을 말하는 것이 아니라는 것'을 나타내며, 그림의 정보를 구체적으로 한정하는 기능을 한다.

한편, 서술적 용법의 특징은 아래와 같다.

> 서술적 용법이란, 명사(여기에서는 this paint)의 모습을 단지 묘사한 것이다.

'다른 것이 아닌, 이것을 말하다'라고 정보의 범위를 '좁히는' 기능은 없다.

제시된 예문으로는 이해하기 어려울 수 있다. 사실 학교에서 배우는 영어 문법에서 학생들이 어려워하는 것 중 하나인, 관계 대명사의 계속적 용법을 예로 들면, 이를 파악하는 것이 상당히 쉬워진다.

●── 관계 대명사의 제한적 용법

우선 '어제 빨간 옷을 입고 있던 여자'라는 문구를 생각해 보자.

'어제 빨간 옷을 입고 있던 여자'라는 문구에서, '어제 빨간 옷을 입고 있던'이라는 부분은 어떤 '여자'인지를 설명하는 형용사의 덩어리이다. 그리고 이는 한정하는 기능을 한다.

먼저 ①에 적용해 보면, 세상에는 '여자'라는 인간이 많이 있다. 그리고 ②에서 보면, '어제 빨간 옷을 입고 있던'이라는 형용사 덩어리가, 세상에 있는 여자들 중에 '지금 이야기하는 여성은 어제 빨간 옷을 입고 있던 여자를 말하고, 다른 색상의 옷을 입은 여자를 말하는 것이 아니라는 것'을 나타낸다. 즉, 여자라는 정보의 범위를 구체적으로 좁혀서 말하고 있다.

이를 영어로 하면, 다음과 같다.

예문 a woman who wore a red dress yesterday
　　　　명사　　　　형용사절(= 관계 대명사절)

이와 같이 **한정적 용법의 기능을 하는 관계 대명사절**을 제한적 용법이라고 한다. 여기에서 '제한'은 바로 '한정'과 같은 의미로, 표현이 다를 뿐이다.

● 관계 대명사의 계속적 용법

다음으로는 '가고시마 출신의 우리 어머니'라는 문구를 생각해 보자.

먼저 '우리 어머니'를 보면, 한정적 용법(관계 대명사의 경우, 제한적 용법)처럼 ① 의 '이 세상에 '우리 어머니'는 많이 있지만'이라는 생각이 성립될까?

상식적으로 '우리 어머니'란 '여자'나 '고양이'와 같이 '종류를 나타내는 이름'이 아니다. 다시 말해, '이 세상에 많이 있는 '우리 어머니'라고 불리는 생물 중 어느 한 사람'이라고 할 수 없는 것이다.

만약 이것이 한정적 용법이라면, ② '이 세상에 '우리 어머니'는 많이 있지만, 그중에서 지금 내가 말하고 있는 사람은 '가고시마 출신의' 우리 어머니이고, 다른 지역 출신의 우리 어머니를 말하는 것이 아니라는' 뜻이 된다. 이렇게 보면 의미가 확실히 이상해진다.

즉, '가고시마 출신의'라는 문구는 '우리 어머니'를 한정하거나 구분하는 것이 아니라, '우리 어머니'에 '가고시마 출신의'라는 정보를 추가하는 것일 뿐이다. 이는 형용사의 서술적 용법이 작용한 것이다.

관계 대명사를 사용해서 이 문구를 영어로 만들어 보자. 형용사의 서술적 용법을 관계 대명사에서 계속적 용법이라고 부른다. 제한하는 것, 즉 정보를 한정하는 것이 아니라 정보를 단순히 이어서 추가하는 것이기 때문에 이러한 명칭으로 불린다.

❓ **my mother who is from Kagoshima**
　한정적 용법 관계 대명사로 말하면, 제한적 용법이라고 한다. '다른 지역 출신의 '우리 어머니'가 아닌, 가고시마 출신의 우리 어머니'라는 의미가 되어 부자연스럽다.

📝 **My mother, who is from Kagoshima, visited her hometown last month.**
　우리 어머니는 가고시마 출신이신데, 지난달에 고향을 방문하셨다.

서술적 용법 관계 대명사로 말하면, 계속적 용법이라고 한다. 콤마로 구분하는 것이 특징이다. "우리 어머니가 있고, 덧붙여서 그녀는 가고시마 출신인데..."라고 '정보를 추가'하는 것이다.

만약 설명하고 있는 명사(선행사)가 '이 세상에 하나/1명뿐인 것'이라면, 여기에서 사용되는 관계 대명사는 기본적으로 계속적 용법이다.

'우리 어머니'는 일반적으로 한 명밖에 없을 것이다. '고양이'나 '남자아이'처럼 '이 세상에 많이 있는 종류 전체'에 대한 이야기를 하는 것이 아니다.

그렇다면 당연히 많이 있는 것 중에서, 정보의 범위를 좁히는 일이 불필요해진다. 따라서 제한적 용법의 관계 대명사절은 사용하지 않는다. 대신에 '정보의 추가'를 나타내는 계속적 용법의 관계 대명사를 사용하는 것이다.

예문 Bill Clinton, who is the former president of the United States, made a speech at the ceremony.

빌 클린턴은 미국의 전 대통령인데, 이 기념식에서 연설을 했다.

→ '이 세상에 있는 많은 빌 클린턴 중 전직 대통령인 빌 클린턴'이라는 의미는 이상하다. 따라서 관계 대명사에 콤마를 붙여 계속적 용법으로 '정보의 추가'를 나타낸다. 발음할 때는 콤마 부분을 확실하게 구분하여 끊어서 읽는다.

이러한 느낌을 이해하면, 글쓰기에서 더욱 격식을 갖춘 문장을 만들 수 있게 된다.

관계 대명사의 계속적 용법도 마찬가지로 독해를 위해서만이 아닌, 글쓰기와 말하기에서도 사용하는 것을 목표로 하는 것이 바람직하다.

Must 74
부사를 이해하다

▶ '명사 외의 것을 수식하다'란 구체적으로 무엇을 말하는가?

명사란, 매우 간단히 말하면 사물, 사람, 또는 개념의 이름을 의미하고, 동사를 간단히 말하면 동작을 나타낸다.

이와 달리, 형용사와 부사는 '모습'을 나타내는 말이다. 형용사는 명사를 수식하여, 명사의 모습을 설명하는 말이라고 했다.

그렇다면 부사란 무엇일까?

단적으로 말하면, **'명사 외의 말들을 수식하는 말'**이다.

이 설명은 사실이지만, 그 말의 범위가 너무 넓다고 생각할 수 있어서 좀 더 범위를 좁혀 구체적인 이미지를 파악하기 쉽도록 설명하겠다.

● ── 부사의 가장 일반적인 기능: 동작의 모습을 설명

부사의 주된 기능은 동사의 수식, 즉 **동작의 모습이나 목적을 설명하는 것**이다.

예를 들어, '달리다'라는 동사를 보자. 어떤 식으로 '달리다'인가? '빨리 달리다', '느리게 달리다', '공원에서 달리다', '친구와 달리다', '내일 달리다' 등은 모두 '언제, 어디서, 어떻게 달리다'인가를 구체적으로 설명하는 부사이다. 또한 '막차를 타기 위해 달리다', '건강을 위해 달리다', '살을 빼려고 달리다' 등도 달리는 이유를 설명하는 부사이다.

영어로 표현하면 다음과 같다.

- **예문** He ran fast.　　그는 빨리 달렸다.　　부사
- **예문** He ran with his friend.　　그는 친구와 달렸다.　　부사구
- **예문** He will run tomorrow.　　그는 내일 달릴 것이다.　　부사
- **예문** He ran in order to catch the last train.
  그는 마지막 열차를 타기 위해 달렸다.　부사구　부정사의 부사적 용법

●● 부사는 정도의 범위가 있는 형용사와 부사의 '정도'를 나타내기도 한다

다음으로 부사의 기능은 '형용사와 부사를 수식'하는 것이다.

단, 모든 형용사와 부사를 부사가 수식하는 것이 아니라 **'정도의 범위가 있는'** 형용사와 부사의 **'정도'를 부사가 설명한다**고 볼 수 있다.

예를 들어, '빨리 달리다'라고 할 때 '빨리'는 '달리다'라는 동사의 모습을 설명하는 부사인데 '빨리'라고 했을 때 '얼마나 빨리'를 나타내는 정도의 범위가 있다. 이 정도를 설명하는 것 또한 부사의 역할이다.

여기에서는 '매우 빨리 (달리다)', '그럭저럭 빨리 (달리다)', 또는 '세계에서 가장 빨리 (달리다)' 등이 있다.

- **예문** He runs very fast.　　그는 매우 빨리 달린다.
- **예문** He ran fast like never before.　　그는 전에 없이 빨리 달렸다.
  → 둘 다 부사 fast의 정도를 설명한다.

형용사도 마찬가지이다. 예를 들어, '아름다운 경치'라고 하면 '경치'라는 명사의 모습을 '아름다운'이라고 형용사가 설명하는데, 이 '아름다운'은 '얼마나 아름다운지'를 나타내는 정도의 범위가 있다. 그 정도를 설명하는 것이 '매우 아름다운 (경치)', '지금까지 본 적이 없을 정도로 아름다운 (경치)'와 같은 말이고, 이들도 부사이다.

- **예문** The city is known for its very beautiful scenery.
  그 도시는 매우 아름다운 경관으로 알려져 있다.
  (얼마나 아름다운지에 대한 설명)

🔴 **The hotel is surrounded by some of the most beautiful scenery in the area.** 그 호텔은 그 지역에서 가장 아름다운 경치에 둘러싸여 있다.
　　　　　　　　　(얼마나 아름다운지에 대한 설명)

●──── 부사적 용법의 기능

　부정사의 부사적 용법이나 분사구문 등, 문법에서 많은 부사적 용법들이 **동사의 모습을 설명한다**고 보면 된다.

• 부정사의 부사적 용법
🔴 **My daughter grew up to be a doctor.** 우리 딸은 커서 의사가 되었다.
　→ grew up해서 어떻게 되었는지 '동작의 결과'를 설명한다.
🔴 **I am happy to hear the news.** 난 그 소식을 들으니 기뻐.
　→ 무엇을 한 결과, (기쁘다는) 상태가 되었는지 '상태(be동사)의 원인'을 설명한다.

• 분사구문(=분사의 부사적 용법)
🔴 **Hearing her voice, I was relieved.** 그녀의 목소리를 듣고서, 나는 안심했다.
　→ 어떤 일을 하고, was relieved했는지 '동작의 원인'을 설명한다.

　다만, 형용사나 부사의 정도를 나타내는 부정사의 부사적 용법도 있다. 대표적인 표현이 'too ~ to 구문'과, 'enough to 구문'이다.

🔴 **He was too afraid to go there by himself.**
　그는 너무 두려워서 그곳에 혼자 갈 수 없었다.
　→ 직역하면 "그는 그곳에 혼자 가는 것이 너무 두려웠다."이다. 얼마나 두려웠는지 정도를 나타낸다.
🔴 **You're smart enough to know that.**
　너는 그것을 알 만큼 똑똑하잖아.
　→ 직역하면 "너는 그것을 알 정도로 충분히 똑똑해."이다. 얼마나 똑똑한지 정도를 나타낸다.

●──── 부사절의 기능

　부사의 기능을 하는 'S+V~' 덩어리를 부사절이라고 한다. 대부분의 경우, **주절에 있는 동사의 동작 원인과 조건, 결과** 등을 나타낸다.

예문 **If you come earlier, we'll show you around.**
만약 네가 더 일찍 온다면, 우리가 이 근처를 안내할게.
→ show around라는 동작을 실현하기 위한 조건을, 부사절인 if절이 설명한다.

예문 **When the ambulance arrived, he was unconscious.**
구급차가 도착했을 때, 그는 의식이 없었다.
→ unconscious라는 상태에 있던(= was) 일이, 어느 때의 일인지를 부사절인 when절이 설명한다.

형용사나 부사의 정도를 나타내는 부사절도 있다. 그러한 예시로 전형적인 표현은 'so ~ that 구문'이다.

예문 **I laughed so hard that I could hardly breathe.**
난 너무 웃어서 숨쉬기가 힘들었어.
→ that I could hardly breathe는 얼마나 hard하게 웃었는지 정도를 나타낸다.

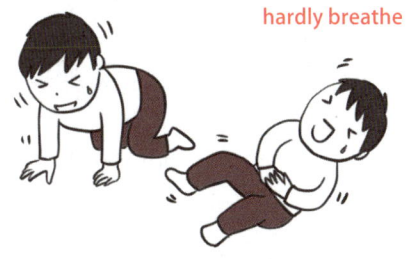

Must 75
관계 부사와 관계 대명사의 차이

▶ '전치사 + 명사' → 부사

관계 대명사와 관계 부사의 차이를 명확히 구분하지 않은 채로, 비즈니스 상황에서 영어를 사용하는 직장인들을 많이 볼 수 있다. 대화에서는 피할 수도 있는 표현이지만(그러나 실제로는 많이 사용된다.), 격식을 차린 프레젠테이션이나 글쓰기에서는 사용할 필요가 있다.

관계 부사를 숙지하기 위해 한 가지 기억해 두면 편리한 지식이 있다. 이는 '전치사+명사' → 부사라는 규칙이다.

부사의 주된 기능은 동사의 모습을 설명(=수식)하는 것이라고 했다.

> 나는 학교에서 친구들과 이야기했다.

예를 들어, 위 문장의 경우에 동사 '이야기하다'의 모습을 설명하는 말은 '학교에서'와 '친구들과'라는 2개의 표현이다. 어디에서 누구와 이야기한 것인지를 설명하고 있다. 다시 말해, '학교에서'와 '친구들과'는 모두 부사의 역할을 하는 것이다.

이 말들을 분해해 보면, '학교에서'는 '학교'라는 명사와 '에서'라는 조사가 결합된 것이고, '친구들과'는 '친구들'이라는 명사와 '과'라는 조사가 결합된 것이다. 영어에서도 이와 동일한 현상이 발생한다.

I talked with friends at school.

with friends와 at school은 동사 talked를 수식하는 부사인데, 각각 '전치사+명사'로 구성되어 있다.

학교에서 here와 there를 배울 때, 원칙적으로 이 단어들 앞에 전치사를 붙이면 안 된다고 배운다. 각각 '여기에(서), 여기로', '거기에(서), 거기로'라고 해석할 수 있기 때문에, to here나 at here로 쓰고 싶을 수 있으나, 일부 표현을 제외하고 그렇게 사용해서는 안 된다.

그 이유는, here와 there는 부사이고, 각각 다음과 같이 구성되어 있기 때문이다.

here ≒ in this place, to this place, at this place
there ≒ in that place, to that place, at that place

즉, **here와 there는 전치사를 포함하는 말**이다.
이는 '관계 대명사와 관계 부사'의 관계에도 해당된다.

where ≒ in which (place), to which (place), at which (place)
→ 사실상 place는 생략된다.
when ≒ at which (time), on which (day), in which (month)
→ 사실상 time, day, month는 생략된다.
why ≒ for which (reason)
→ 사실상 reason은 생략된다.
how ≒ in which (way)
→ 사실상 way는 생략된다.

이와 같이 '전치사+관계 대명사' → 관계 부사'의 구성으로 이루어져 있다.

● ── 관계 부사는 어떤 경우에 사용하는가?

관계 대명사가 아니라 관계 부사를 사용하는 경우 '**관계사절 안에 선행사를 넣어 봤을 때, 전치사 없이 그 선행사를 넣을 수 없는 경우**'이다.

선행사라는 것은 '그것만으로 정보가 부족하여, 설명을 필요로 하는 명사'라고 할 수 있다. 선행사의 위치는 관계사절 바로 앞에 온다.

관계사절이란, 관계 대명사나 관계 부사를 사용해서 선행사를 자세히 설명하기 위한 'S+V~ 절'이다. 다음에 제시되는 구체적인 예시를 살펴보자.

예문 I visited the city [where my mother spent some years in her youth].
　　　　　　선행사　　　　관계사절
나는 어머니가 젊었을 때 몇 년을 보낸 도시를 방문했다.

위 문장의 경우, the city는 '어떤 도시인지' 설명이 필요한 명사이고, where my mother spent some years in her youth가 설명의 내용인, 관계 부사를 사용한 관계사절이다.

이 my mother ~ in her youth라는 절 안에 선행사인 the city를 넣어 보자. the city 앞에 전치사 in을 붙여서 in the city라고 해야 한다. 즉, 만약 이 절을 관계 부사 where 대신에 관계 대명사 which로 쓰면 다음과 같다.

I visited the city. + My mother spent some years in the city in her youth.
→ I visited the city in which my mother spent some years in her youth.

'전치사 + 관계 대명사' → 관계 부사의 원칙에 따라서 in which는 where가 된다.

I visited the city where my mother spent some years in her youth.

하지만 관계사절 안에 선행사를 넣어 봤을 때, 전치사가 불필요한 경우에는 관계 대명사를 사용한다. 예를 들어, 아래 문장에서 사용하는 동사 visit는 타동사인데, 전치사를 사용하지 않고 직접 목적어가 뒤에 온다.

This is the city. + My mother visited the city several times in her youth.
→ This is the city which my mother visited several times in her youth.
　　이곳이 어머니가 젊었을 때 몇 번 방문했던 도시이다.

이처럼 '전치사+관계대명사'로 사용할 필요가 없을 때에는, 관계부사(여기에서는 where)로 쓰지 않고 그대로 관계대명사(여기에서는 which)를 사용하면 된다.

● 관계부사 how 사용 시 주의 사항

관계 부사 how를 사용할 때는 **선행사를 붙이면 안 된다**. 다시 말해, the way how로 나타내면 안 된다.

✗ This is the way how he successfully started his business.

how와 the way 중 하나만 써야 한다.

○ This is the way he successfully started his business.
○ This is how he successfully started his business.
이렇게 해서 그는 자신의 사업을 성공적으로 시작했다.

●● 관계 부사의 선행사는 생략되는 경우가 많다

관계 부사의 선행사가 분명하게 장소, 시간 또는 이유를 나타낸다면, **일반적으로 생략된다**. 이는 선행사와 관계 부사가 동일한 의미를 가지고 있어 중복되기 때문이다.

예문 This is ~~the place~~ where he was hit by a car.
이곳이 그가 차에 치였던 곳이다.
→ the place와 where 모두 '장소'를 나타내므로, 반복할 필요가 없다.

예문 This is ~~the time~~ when challenges began.   이때 도전이 시작되었다.

예문 I don't understand ~~the reason~~ why he complains about me.
난 그가 왜 나에게 불만이 있는지 이해가 되지 않아.

이러한 문장을 말할 때, 선행사가 아닌 관계 부사를 생략하는 사람도 있다. 틀린 것은 아니지만, 영어 원어민이 아닌 사람들에게는 **선행사를 생략하는 것이 더 간단하여 사용하기 쉽고 전달하기 쉽다.**

Must 76
명사 뒤에 오는 수식어

▶ 수식어로도 나오는 '~하는 중(-ing)'과 '앞으로 향하다(to)'

영어의 어순은 받아들이기 쉬운 정보부터 먼저 제시하기 때문에 '**가벼운 정보가 먼저, 무거운 정보는 나중에**' 온다.

명사와 그 명사를 설명하는 형용사로 구성된 형태에서, 명사의 설명을 담당하는 형용사가 길어지는 경우가 종종 있다. 이처럼 **정보량이 커진 형용사 덩어리는 명사 뒤로** 이동한다.

> 예문 **a running man** → **a man running along the river**
> 달리고 있는 남자   강가를 따라 달리고 있는 남자
> → man이라는 명사의 모습을 설명하는 형용사가 running처럼 한 단어일 때는 '가벼운 정보'이므로 man 앞에 오는데, running along the river처럼 두 단어 이상이면 '정보가 무거워지며' man 뒤로 이동된다.

분사의 형용사적 용법, to 부정사의 형용사적 용법, 관계 대명사절의 경우는, 보통 길고 무거운 정보이므로 설명하는 명사 뒤에 온다. 이를 '**후치 수식**'이라고 한다. 영어를 말하거나 쓸 때, '가벼운 정보부터 먼저 제시하는 점'을 의식하는 것이 영어 문장을 직감적으로 만드는 데 필요하다.

> 예문 **a cat lying on the sofa** 소파에 누워 있는 고양이 분사의 형용사적 용법
> 예문 **a room to study** 공부하기 위한 방 to 부정사의 형용사적 용법
> 예문 **the man who I thought just an ordinary businessman**
> 내가 단지 평범한 회사원이라고 생각했던 남자 관계 대명사절

위 예문의 a cat, a room, the man과 같이 **가벼운 정보를 일단 먼저 말하고, 그 설명은 나중에 생각한다**는 마음으로 문장을 만드는 것이다.

■ 각각의 수식어를 구분해서 사용하기

이번 주제는 여기에서 나오는 분사의 형용사적 용법, to 부정사의 형용사적 용법 및 관계 대명사절을 구분해서 사용하는 방법에 관한 내용이다.

예를 들어, '내일 묵을 호텔'은 the hotel staying in tomorrow일까, the hotel to stay in tomorrow일까, 혹은 the hotel I'm staying in tomorrow일까? 문맥에 좌우되어 쉽게 파악하기 어려울 수 있으므로, 함께 생각해 보자.

●── '분사의 형용사적 용법' vs 'to 부정사의 형용사적 용법'

분사의 형용사적 용법과 to 부정사의 형용사적 용법을 구분하는 데 관건이 되는 점은 **'하고 있는 중(-ing)'**과 **'앞으로 할 일을 향하다(to)'** 중 어느 것을 나타내는 가이다.

예를 들어, '햄버거를 먹고 있는 사람'이라는 표현은 '먹고 있는 중인 사람'이라는 의미이다. 따라서 여기에는 -ing가 어울리기 때문에, the guy eating a hamburger라는 표현이 알맞다.(참고로 여기에서 a guy가 아닌 the guy가 되는 이유는 다른 사람이 아니라 햄버거를 먹고 있는 그 남자를 가리키기 때문이다.)

> **예문** Hey, look at the guy eating a hamburger.
> 이 봐, 햄버거 하나를 먹고 있는 남자 좀 봐.

이 표현은 명사의 **'모습을 묘사'**하기 위한 것이고, 이는 마치 **실황 중계**와 같은 느낌이다.

참고로 분사의 형용사적 용법에는 과거분사도 포함된다. 이는 명사가 '~당하는 입장'일 때 사용한다. 예를 들어, '프랑스어로 쓰인 편지'라는 표현은 a letter written in French이다. 어떤 편지인지를 written in French가 묘사하고 있다. -ing와 마찬가지로 묘사의 역할은 바뀌지 않는다.

> **예문** I received a letter written in French.
> 난 프랑스어로 쓰인 편지 한 통을 받았어.

한편, to 부정사의 형용사적 용법은 to가 가진 '→'의 이미지가 있어 '앞으로 향하다'라는 의미를 지니며, **'목적·기능'**을 나타낸다. '~하기 위한', '~해야 하는'이라는 의미에는 '앞으로 ~하다, 앞으로 향하다'라는 이미지가 있다. 예를 들어, a room to study in(공부하기 위한 방)이라는 표현이 있다. 이를 a room studying in이라고 하면, '공부하는 중인 방'이 되어, '공부하기 위한'이라는 목적과 기능의 의미는 사라진다.

🔴예문 **In this dormitory, there are some rooms to study in.**
　이 기숙사에는 공부방이 몇 개 있다.

따라서 -ing나 과거분사와 같은 분사는 명사의 모습을 묘사하고, to 부정사는 명사의 기능이나 목적을 나타낸다.

🔴── 관계 대명사절은 언제 사용할까?

그렇다면 관계 대명사절은 어느 경우에 사용하는 것일까?
여기에서는 분사의 형용사적 용법과 비교해 보자.
분사의 형용사적 용법의 중요한 특징은 어순에 있다. 이는 **분사 앞에 붙는 명사가 분사의 의미상 주어 역할을 한다**는 점이다.

🔴예문 **The man standing still on the front porch is Jim.**
　현관 앞에 가만히 서 있는 남자가 짐이다.
　→ The man is standing still on the front porch.로 바꾸면 알 수 있듯이, the man과 standing은 의미상으로 주어와 동사의 관계가 있다.

🔴예문 **What is the language spoken in Chile?**
　칠레에서 사용되는 언어는 무엇인가요?
　→ The language is spoken in Chile.로 바꾸면 알 수 있듯이, the language와 spoken은 의미상으로 주어와 동사의 관계에 있다.

그렇다면 형용사 앞에 오는 명사가 주어 역할을 하지 않는 경우는 어떻게 해야 할까? 그때는 관계 대명사를 사용할 차례이다.

❌ **The hotel staying in yesterday is a good one.**
　→ stay는 '사람 + stay in a hotel'이라는 구문을 취하는 동사이다. 사람이 아닌 hotel은 의미상의 주어가 될 수 없다.

🔵 **The hotel (that/which) I'm staying in is a good one.**
내가 지금 묵고 있는 호텔은 좋은 호텔이다.
→ '명사 + 관계 대명사 + S + V ~'에서 관계 대명사를 생략하는 것이 일반적이다.
(참고로 the hotel to stay in으로 바꾸면 목적, 기능을 나타낸다.(예: We must find a better hotel to stay in. 우리는 숙박을 위한 좀 더 나은 호텔을 찾아야 한다.))

반대로 관계 대명사 앞에 오는 명사가 의미상 주어의 역할을 하는 경우, 분사의 형용사적 용법과 의미상 차이는 거의 없어진다.

예문 **The factory producing a lot of pollution is going to be closed soon.**
예문 **The factory that/which is producing a lot of pollution is going to be closed soon.**
많은 오염 물질을 만들어 내고 있는 그 공장은 곧 폐쇄될 것이다.

하지만 이는 어디까지나 '관계 대명사 + be동사 + -ing/과거분사'인 경우에만 해당되는 것으로, 관계 대명사절의 동사가 진행형이 아니면 이러한 이치는 통하지 않는다.

예문 **A woman who just got off the train dropped her wallet in front of me.**
방금 열차에서 내린 한 여자가 내 앞에서 지갑을 떨어뜨렸다.
→ a woman getting off the train으로 바꾸면, '지금 열차에서 내리는 중인 여자'라는 말이 되어 의미가 달라진다. 이러한 경우에는 -ing를 쓰지 않고, 관계 대명사절을 사용한다.

제 11 장
전치사:
전치사를 파악하면 숙어를
공략할 수 있다

Must 77
전치사 at

▶ 다양한 용법에 적용되는 공통된 이미지

■ 이동 중인 점

전치사는 영어 학습자들이 몹시 싫어하는 부분이다. 단어 하나에 상당히 많은 의미와 용법이 있어, 파악하기 어렵다고 생각한다. 그래서 일부 학습자들은 독해에서 전치사의 의미를 무시하고 읽거나, 전치사를 사용하려고 외우더라도 각 전치사의 의미는 무시한 채, 숙어 통째로 암기하기도 한다.

숙어로 암기하려는 자세가 틀렸다는 것은 아니지만, 각각의 전치사가 지니는 의미를 무시하고 학습하는 것은 바람직하지 않다. 의미를 모르고 외우면, 외우기 쉽지 않고 비효율적이기 때문이다.

전치사에는 여러 의미와 용법이 있지만, 그것을 추상화한 '공통된 이미지'가 있다. 예를 들어 '양파, 당근, 피망, 양배추 등'은 '채소'라는 공통점이 있다. 이처럼 다양한 의미를 지닌 전치사의 공통된 이미지를 파악하도록 하자.

이번에 다룰 내용은 전치사 at이다.
장소, 시간, 방향, 상황 등 사전에서 at를 찾으면 여러 가지 의미를 볼 수 있다. 그 여러 의미의 공통된 이미지는 '**이동하고 있는 한 점을 가리키는 모습**'이다.

●── '장소'를 나타내는 at

'장소'에 대해 생각해 보자. 당신과 친구가 휴대 전화로 대화를 하고 있다고 가정하자. 당신의 친구가 약속 장소에 좀처럼 나타나지 않고 있는 상황이다.

> A: 지금 어디야? B: 미안해. 나 아직 집이야. (Sorry. I'm still at home.)
> (5분 뒤)
> A: 지금 어디야? B: 나 지금 버스 정류장이야. (I'm at the bus stop now.)
> (다시 5분 뒤)
> A: 지금 어디야? B: 나 방금 역에 도착했어. 지금 바로 너에게 갈게.
> (I've just arrived at the station. I'm coming to you right now.)

대화에서처럼, 계속 이동하면서 지금 어디에 '점'이 있는지를 나타내는 것이 at가 지니는 '장소'의 느낌이다.

"난 역에 있어."라는 말을 I'm at the station.이나, I'm in the station.으로 둘 다 나타낼 수 있지만, in은 '테두리 안에 있다'='테두리에서 벗어나지 않다'='움직이지 않다, 머물고 있다'라는 이미지이다.

따라서 비교해 보면, at the station은 '이동하는 중에 지금은 우연히 역에 있고, 조금 있으면 다시 이동하는' 이미지이고, in the station은 '역이라는 공간 안에 있고, 밖이 아니며 그 공간 밖으로 나가지 않는' 이미지이다.

흔히 'at'는 '좁은 장소'에, 'in'은 '넓은 장소'에 사용된다고 설명하는데, 그렇게 좋은 설명이라고는 생각하지 않는다. 굳이 말하자면, at는 '이동하고 있는 점'을 나타내기 때문에, 좁게 느껴지는 것일지 모른다. at에 비해 in은 '테두리를 가진 공간'이므로, '점'에 비해 넓게 느껴질 수 있다.

●── '시간'을 나타내는 at

'시간'을 나타내는 at는 어떤 이미지일까?

이미 시제 학습 부분에서, 인간은 시간을 '장소'로 이해하고 있다고 설명했다.

앞에서 '장소를 나타내는 at'를 '공간과 공간 사이를 이동하는' 이미지로 설명했는데, 시간을 나타내는 at도 이와 매우 비슷하다.

'우선 역에서 ~하고, 다음에는 역 근처 카페에서 ~하고, 그 후에 더 멀리 이동하여 도서관에서 ~했다.'라는 장소의 이동과 마찬가지로 '7시에서 ~하고, 다음에는 8시 10분에 ~하고, 그 후에 9시에 ~했다.(I did ~ at seven, and then did ~ at eight ten, and after that, did ~ at nine.)'와 같이 **시간과 시간 사이를 이동하는 이미지**로 at가 사용된다.

● ─── '눈금'을 나타내는 at

시간을 나타내는 at의 이미지는 '시시각각으로 바뀌는 시간에서, 어느 시점에 무엇을 하는지'를 말하며, **시간이라는 눈금 위를 이동하고 있는 점**의 이미지이기도 하다. 따라서 at는 '눈금 위를 이동하는 점'이라는 이미지로도 자주 사용되어, 속도, 각도, 온도 등을 나타낼 때에도 쓰인다.

예문 **The car was running at the speed of 50 kilometers per hour.**
그 차는 시속 50킬로미터로 달리고 있었다.

예문 **The temperature was kept at around 30 degrees.**
온도는 약 30도로 유지되었다.

예문 **I don't want to keep on working at the expense of my health.**
난 내 건강을 희생하면서까지 계속 일하고 싶지 않아.
→ at the expense[cost] of one's health는 '~의 건강을 희생하면서'라는 뜻이다. 눈금 위에 'expense, cost의 (희생을 나타내는) 수준'이 그려져 있어, 그 수준이 health에 이르는 이미지이다.

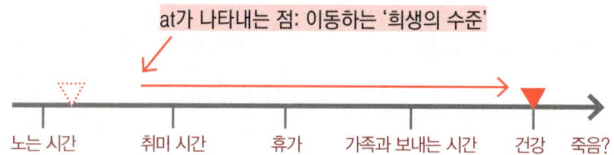

● ─── '방향'을 나타내는 at

이동하고 있는 점을 가리키는 at의 이미지는, '이동하는 대상을 조준하는' 이미지로도 이어진다.

예문 **He shot at the bird.** 그는 새를 향해 총을 쏘았다.
예문 **They threw stones at him.** 그들은 그를 향해 돌을 던졌다.
예문 **He looked at me.** 그는 나를 보았다.(나를 향해 눈을 돌렸다)

예문 **She smiled at me.** 그녀는 나에게 미소를 지었다.

'점을 가리키다' → '**대상을 향해 조준하다**'라는 at의 이미지는 be surprised at 에도 있다. 예를 들어, 방에서 멍하니 있을 때, 갑자기 큰 소리가 나면 깜짝 놀라 소리가 나는 쪽을 향해 의식을 조준할 것이다. 이것이 be surprised at 에 있는 at의 이미지이다.

예문 **My mom was surprised at the news.**
엄마는 그 소식에 놀랐다.

── '상황'을 나타내는 at

사람은 하루 종일 계속해서 여러 가지 활동을 한다. 회사에 가고, 거래처에 가고, 회의하러 가는 등, 이는 마치 장소를 이동하는 느낌이며, 하루 동안 시간의 눈금 위에 여러 스케줄이 기록되어 있는 것 같기도 하다. 여기에서 사용될 수 있는 표현이 '상황'의 at이다.

예문 **He is at the meeting now.** 그는 지금 회의 중이에요.
예문 **I was at school at that time.** 난 그때 학교에 있었어.
  ↑ 여기에서 school에 the나 a가 붙지 않는 이유는, 이 문장의 school이 학교라는 건물이 아닌, 수업이라는 학교의 '기능'을 나타내기 때문이다. 기능을 나타내므로, 불가산 명사이다.

예문 **I can't go out. I'm at work.** 나는 밖에 못 나가. 일하는 중이야.
  ↑ work는 불가산 명사이다. work와 대립되는 말은 play로, work는 '이것은 놀이가 아니라, 일'이라는 '하고 있는 일의 성질'을 나타낸 것이다. 참고로 구체적인 '하나의 일'로 잘라 나타낸 것이 a job인데, 이는 가산 명사이다.

위 예문들은 모두 '하루의 스케줄 속에서, 지금 이러한 행사 상황 중에 있다'라는 느낌을 준다.

Must 78
in을 '테두리 안'으로 이해하자

▶ 영어의 세계에서 '테두리'를 인지하는 경우

in의 대표적인 뜻은 '~ 안에'이지만, in의 다양한 의미를 통합적으로 이해하려면, in을 '테두리 안'이라고 생각하는 것이 좋다.

이전 학습에서 배운 at에서 at the station과 in the station을 비교했다. at의 경우, 역을 다른 여러 장소 중 하나로 보고, in의 경우, 역을 하나의 경계선을 가진 공간으로 보고 있음을 알 수 있었다.

두 표현에 나오는 역 자체는 물리적으로 동일한 건물이고, 동일한 넓이를 가진 공간이지만, 지도상의 한 점으로 역을 파악하면 '이동하는 중에 들르는 한 지점'으로 보게 된다. 이는 at의 이미지이다.

그러나 '테두리 안'의 개념으로 역을 파악하면, 그 안에서 여러 가지 활동을 하고, **외부로부터 분리되어 있으며, 밖으로 나오지 않고 이동하지 않는다**는 느낌이 생긴다. 이것이 in의 이미지이다.

live는 '살다, 거주하다'라는 의미를 가지고 있는데, 여기에는 '정착'이라는 이동하지 않는 이미지가 있다. 그렇기 때문에 live와 in은 함께 잘 쓰이며 live in ~(~에 살고 있다)이라는 표현이 사용된다.

참고로 'live at + 번지'라는 표현도 있는데, 번지는 점의 이미지가 강하고, 번지를 떠올릴 때, '마음속의 지도상에서 시선을 '움직여' 먼저 발견하는 점'이라는 이미지가 있어, at를 사용하게 되었다고 할 수 있다.

다시 in에 대해 이야기해 보자.

in을 '테두리 안'으로 파악하여 다음 예문을 읽어 보자.

> She speaks English.
> She speaks in English.

두 문장은 의미상 어떤 차이가 있을까?

그녀가 영어 원어민일 경우, She speaks English.라고 말하는 것이 일반적이다. "그녀는 영어를 말한다."로 해석된다.

하지만 She speaks in English.라고 말하면, 그녀는 영어 외의 다른 언어도 말할 수 있지만, 지금은 영어를 선택해서 말한다는 뜻이 된다. 해석하면, "그녀는 영어로 말한다."라는 느낌에 가까워진다.*

오른쪽에 있는 그림은 This letter is written in English.를 표현하고 있는데, 이 그림에 나와 있는 것처럼 **여러 언어의 테두리 중에서 영어라는 테두리를 선택하는** 느낌이다. 이 테두리는 '영어의 세계'이며, 이 세계의 테두리 안에서는 무엇을 해도 영어라는 느낌이다. 말 그대로 "편지가 영어 세계의 테두리 안에서 쓰였다."라는 의미이다.

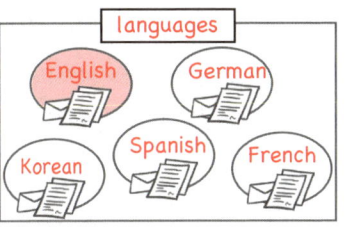

● ─── '분야'를 나타내는 in: '칼로리가 높다'는 영어로 어떻게 말할까?

"S는 칼로리가 높다."라는 문장은 건강에 대한 글쓰기에서 꼭 나온다고 해도 될 만큼 자주 쓰이는 표현인데, 이 문장을 영어로 어떻게 나타내면 좋을까? 다음에 제시되는 4개의 선택지를 보며 생각해 보자.

> 1. S is high calorie.
> 2. S is high calories.
> 3. S is high in calorie.
> 4. S is high in calories.

가장 자연스럽고 많이 쓰이는 것은 4번 문장이다.

'칼로리가 높다'를 '고칼로리이다'라고도 표현할 수 있지만, 영어로 high calorie라고 표현할 때는 high calorie diet(고칼로리의 식사), high fat and high calorie food(고지방과 고칼로리의 음식)처럼 뒤에 명사가 붙는 것이 일반적이다. 즉, '고칼로리의 (명사)'처럼 한정적 용법의 형용사로 쓰이는 것이 high calorie이다.

참고로 형용사에는 복수형이 없기 때문에 high calories food는 틀린 표현이다. 이는 '다섯 살 남자아이'를 영어로 표현할 때, a five-years-old boy라고 말하지 않고, a five-year-old boy로 말하는 것과 같은 구조이다.

이제 4번 문장의 high in calories에서 in이 의미하는 것을 살펴보면, 여기에서의 in은 분야의 테두리'이다.

'가벼운 정보를 먼저, 무거운 정보는 나중에' 두는 영어의 어순과 연관되어 있다. 간결하면서 결론을 나타내는 'high(높은)'를 앞에 먼저 두고, 길게 설명하는 말인 'in calories(칼로리라는 분야의 테두리 안에서)'를 뒤에 두는 것이다. 복수형 calories로 나타내는 것은 미터나 킬로그램을 각각 meters, kilograms의 복수형으로 나타내는 방식과 같다.

이처럼 '평가를 나타내는 형용사+in+분야'는 하나의 세트로 된 문구라고 생각해도 좋다.

'A라는 분야에서 평가가 ~한'의 의미로, 이 패턴을 이용하여 '품질이 높은/낮은'은 high/low in quality, '비타민 C가 풍부한/부족한'은 rich/poor in vitamin C, '나이가 비슷한'은 close in age, '지방이 많은/적은'은 high/low in fat, '수가 많은/적은'은 high/low in number, '역사가 풍부한'은 rich in history와 같이 표현한다.

● ──── '방향'을 나타내는 in

"해는 동쪽에서 떠서 서쪽으로 진다."는 영어로 The sun rises in the east and sets in the west.라고 한다.

대부분의 학습자들은 여기에서 in을 사용하는 이유를

정확히 알지 못한다. 이 문장에서 in은 어떤 이미지일까?

in은 테두리 안을 나타내기 때문에 보통 둥근 테두리의 공간을 떠올리게 되는데, 가늘고 긴 공간을 나타내기도 한다.

왼쪽 그림은 People are waiting in line.(사람들이 줄 서 있다.)을 나타낸다.

line(줄) 앞에 in을 사용하는 것은, **줄을 '선'이 아닌 '테두리'로 보아 그 테두리에서 벗어나지 않도록 하는** 느낌을 나타내기 위해서이다.

이와 같은 의미의 in이 사용된 표현은 in the course of ~(~의 과정에서)이다. 테두리에서 벗어나지 않고 코스를 따라가는 느낌이다.

비슷한 이미지를 가진 표현으로는 in that way(그런 식으로)가 있다. way는 원래 '길'을 뜻하지만, street와 road가 '도로라는 시설'을 나타내는 것과 달리 **way는 '목적지에 도달하기 위한 경로'**라는 뜻을 가지고 있다. 다시 말해, 경로에서 벗어나게 되면 목적지에 도달할 수 없기 때문에 '벗어나서는 안 되는 테두리'라는 의미로 in이 사용된다.

in the direction(그 방향으로)이라는 표현에도 같은 이미지가 있다. 이와 비슷한 것으로는 앞에서 언급한 in the east나 in the west가 있다.

---

*한국어에서 '~로'는 수단·도구를 나타내는 이미지의 조사이며, 그 의미는 '~을 도구로 사용하여', '~을 이용하여'이다.(예: 고기를 칼로 썰다(도구)) 한편, in English의 in은 '영어의 세계('세계'라는 테두리)를 선택하다'라는 느낌으로, '그 테두리 안에 존재하다'라는 이미지이다.

Must 79
'접촉'을 나타내는 on의 의미 확장

▶ 우리는 중력 속에 살고 있다

■ '접촉'을 나타내는 on

on의 근본적인 의미는 '접촉'이다.

식탁 위에 올라가 있거나 천장에 붙어 있거나 벽에 붙어 있는 것 등이 모두 on 이다.

- **There is a cup on the table.** 식탁 위에 컵이 있다.
- **There were two fans revolving on the ceiling.**
  천장에는 두 대의 선풍기가 돌아가고 있었다.
- **There was a crucifix hanging on the wall.**
  벽에는 그리스도의 십자가상이 걸려 있었다.

There is a cup on the table.

이 표현들은 on이 '접촉하고 있다'라는 의미를 지니면서 생겨난 용법이다. 그럼에도 불구하고 on은 '~ 위에'라는 의미로 많이 쓰인다.
이는 우리가 중력 속에 살고 있는 것과 연관이 있다.
물건이 어떻게 하면 평면에 붙을까?
생각해 보면, 아무것도 하지 않고 달라붙는 경우는 '위에 놓을 때'이다. 접착제로 붙이거나 못으로 박지 않으면, 보통 천장이나 벽에 물건이 붙지 않는다. 이 때문에 '접촉을 나타내는 on'이 '~ 위에'라는 의미로 가장 많이 사용되는 것이다.

●── '접촉하고 있다'에서 의미 확장

'접촉하고 있다'는 것은 '떨어져 있지 않다'라는 것을 말한다. 부사의 on 용법에서 '계속'이라는 용법이 있는데, keep on, go on, carry on, 등과 같이 **계속되는 움직임**을 나타내는 동사와 자주 쓰인다. '**~하는 것을 계속하다**'라는 뜻이 되는 이유는, '~라는 계속되는 동작에서 벗어나지(떨어지지) 않고 있다'라는 것을 나타내기 때문이다.

- We kept on running.   우리는 계속 달렸다.
- She went on talking.   그녀는 계속 말했다.

이와 같이 '떨어져 있지 않다'라는 이미지는 on time의 '**제시간에**', '시간에 맞춰'라는 의미로도 응용된다. 이는 '정해진 시간에서 벗어나지 않다'라는 뜻이다.

- Our flight departed on time.   우리 비행기는 제시간에 출발했다.

'인접'이라는 뜻으로도 응용된다. 아래 예문의 on the river라는 표현은 강 위에 건물이 떠 있다는 의미가 아니다.

- The building is on the river.   그 건물은 강가에 있다.

'강을 덮듯이, 강 위로'를 뜻하면, over the river로 표현한다.

'~하자마자'라는 표현이 있는데, 이 또한 접촉을 나타내는 on에서 의미가 확장된 것으로, 'A라는 행위와 붙어서 B라는 행위가 일어나다'를 나타낸다.

- Many TV shows are available on demand.
  많은 TV 프로그램을 보고 싶을 때 바로 볼 수 있어요.
  → on demand를 직역하면, '요구/수요와 붙어'이다.
- On getting on the train, she became sick.
  열차에 타자마자, 그녀는 몸이 아팠다.

● ——— '~ 위에'에서 의미 확장

'위에 놓여 있다'라는 의미에서, '위에서 눌러 압력을 가하다'라는 이미지가 생긴다.

예문 **Just focus on driving.** 좀 운전에 집중해.
→ focus는 초점을 맞추는 것이다. 한 점에 집중하면 집중된 곳에 강한 압력이 가해진다.

다소 독특하게 '다른 사람에게 분노를 표출'하는 의미로 '압력'이 쓰인다.

예문 **She slammed the door on me.**
그녀는 (나에게 화를 내며) 문을 쾅 닫고 나갔다.
→ 문이 쾅 하는 소리는 나를 향한 압력이다.

'위에 놓여 있다'라는 것은 아래에서 무언가가 받쳐 준다는 의미이기도 하다. 여기에서 '**의존하다**'라는 의미가 나온다. depend on, rely on, live on과 같이 의존을 뜻하는 숙어는 대부분 on이 붙는다.

예문 **It depends on how you define the word.**
그것은 네가 그 말을 어떻게 정의하느냐에 달려 있어.
→ depend의 de는 '아래로', pend는 '매달리다'(예: pendant(펜던트))라는 어원이 있다. '매달리는' 이미지로 인해, '의지하다'라는 의미가 되었다.

예문 **In the near future, more people will have to rely on care-givers.**
가까운 미래에, 더 많은 사람들이 간병인들에게 의지해야 할 것이다.
→ rely의 re는 '다시 → 강하게', ly는 '묶다'라는 어원이 있다. '강하게 묶다' = '항상 함께, 그것 없이는 안 된다'는 이미지가 되어 '의지하다'라는 의미가 되었다.

예문 **The eight kids lived on their mother's income.**
그 여덟 명의 아이들은 어머니의 수입에 의존하여 살았다.

예문 **Asian people live on rice.** 아시아 사람들은 쌀을 주식으로 한다.
→ 무언가를 바탕으로 그 위에 삶을 꾸리는 것이 live on이고, 여기에서는 특정한 종류의 식량에 의존해 사는 것을 나타낸다.

예문 **We don't want to spend much time on this subject.**
이 주제에 대해 너무 많은 시간을 할애하고 싶지 않다.
→ 'spend + 시간·돈 + on + 대상'의 표현으로, 돈이나 시간을 대상 위에 집중해서 투하하는 느낌이다.

예문 **A tax on gasoline is a big part of the government's revenue.**
휘발유세는 정부 수입의 큰 부분을 차지한다.
→ 세금은 무언가의 위에서 누르는 부담의 이미지이다.

시간을 나타내는 on, in, at 비교

이번에는 시간을 나타내는 on, in, at을 비교해 보자. at은 '계속해서 움직이는 점을 가리키다'라는 이미지에서, '7시에 ~하고, 10시에는 ~하고 ….'를 나타내어, '각 시점에 무엇을 하는지'를 말할 때 사용된다.

in의 경우, '테두리 안'을 나타내기 때문에 시간을 테두리, 범위로 파악하여 사용된다. 예를 들어, '2023년에'는 in 2023, '5월에'는 in May로 나타낸다. 이 또한 1년을 365일 동안, 한 달을 31일 동안이라는 '넓이를 가진 테두리'의 이미지로 파악하여 나타낸 표현이다.

그리고 '어느 기간 내에서'라는 '테두리 안'의 이미지도 in으로 나타낸다.

예문 He improved a lot in a short period of time. 그는 단기간에 매우 향상되었다.

'지금부터 시간을 계산해서 ~ 후'를 말할 때도 in을 사용한다. '지금부터'라는 시작점이 있다는 것이 포인트이다.

예문 I'll see you in two weeks. (지금으로부터) 2주 뒤에 만나.

말 그대로라면 '2주간의 범위 내에'지만, 범위의 안이 아닌 바깥 테두리를 가리키는 의미이다. 참고로 '어느 시점부터 ~ 후'의 경우, later를 사용한다.

예문 I saw him two weeks later. 난 그를 2주 뒤에 봤어.

on은 on the stage(무대 위에)라는 이미지로 시간을 나타낸다. 'on + 날짜' 또는 'on + 요일'의 형태로 쓰인다. 예를 들어 on Tuesday는 '화요일이라는 무대 위에서'라는 느낌이다. in the morning이나 in the afternoon 등은 '오전 중에, 오후 중에'처럼 시간의 테두리라는 이미지를 가졌으나, '화요일 아침'처럼 요일과 함께 나타낼 경우, on Tuesday morning으로 on이 우선시된다. 역사적으로 원래 시간을 나타내는 전치사는 on이었던 것으로 생각된다. 시간을 무대(장소)로 파악했다고 볼 수 있다.

Must 80
'~에 대한'을 나타내는 전치사

▶ 약간의 차이일지라도, 의미가 달라지므로 구분해서 사용해야 한다

on의 용법 중에 '~에 대한', '~에 관한'이라는 의미의 용법이 있다.

- **예문** **a lecture on economics**   경제학에 관한 강의
- **예문** **a TV show on biology**   생물학에 대한 TV 프로그램

이는 about와 어떤 차이점이 있을까?

●── about의 어원은 '주변(around)'

about의 어원은 **'주변'**이다. about에는 '약, 대략'이라는 의미가 있는데, 예를 들어, '약 100'이라는 것은 '100 주변의 수'라는 의미이다. 또한 around와 같은 의미로 쓰일 수 있는데, 이 역시 about가 주변이라는 의미를 어원으로 가지고 있기 때문이다.

- **예문** **She walked about the campus.** ≒ **She walked around the campus.**
  그녀는 캠퍼스 주변을 걸어 다녔다.

●── '위에서 내려다보는 점'처럼 파악하는 on

about와 on의 '~에 대한'이라는 의미를 비교해 보자.

on은 흔히 전문적이고 한정적인 정보를 다룬다. '~에 관한' 예를 들어, '경제에 대한'이라고 할 때 on economics로 나타내면, '다른 것들이 아닌, (한정하여) 경제라는 점에 대해서는'과 같은 느낌이 있다.

이는 장소를 나타내는 at와 비슷하다. 장소를 '안에서' 보는 in과 달리, at은 장소는 위에서 내려다보며 '점'으로 파악한다. 'on+화제·주제'에서도, 화제를 조금 떨어진 장소에서 전체로 파악하여 점처럼 본다.

실제 사용되는 예시로 COCA라는 코퍼스에서 채취한 예문을 살펴보자.

🔴 **예문** ... it's part of a growing effort to reach out these voters not only on economics but on health care, on education.

... 그것은 이 유권자들에게 경제에 관한 것뿐만 아니라, 의료 문제와 교육 문제에 대해서도 호소하려고 더욱 더 노력하는 점의 일부입니다.

→ 선거를 위해 유권자들에게 호소하고 있는 점으로, 경제, 의료, 교육 문제를 꼽고 있다. on economics에서 '경제 문제 전체', on health care에서 '의료 문제 전체', on education에서 '교육 문제 전체'를 나타낸다.

🔴 **예문** He translates Russian literature into English and writes fiction, as well as articles on economics, business, and finance, in both languages.

그는 러시아어와 영어의 두 언어로, 경제와 비즈니스, 금융에 관한 기사를 쓸 뿐만 아니라, 러시아 문학을 영어로 번역하고 소설도 쓴다.

→ 책장 위에 책을 나열하는 것처럼, '경제 분야 전체', '비즈니스 분야 전체', '금융 분야 전체'를 나타내는 공을 각각 나열하는 느낌이다.

on은 '접촉하고 있다'='떨어져 있지 않다'를 나타내므로, '직접 붙는' 것을 말할 때 사용된다. 즉, '**다른 주제로 벗어나지 않고 엄밀하게 그것에 관해서만**'을 나타내어, 전문적이고 딱딱한 주제에 관한 것이라는 인상을 줄 수 있다.

about의 경우, 그림에서처럼 나열되어 있는 공을 하나하나 풀어내어, 주제의 주변에 있는 여러 가지 화제를 다루는 느낌이 있다. about economics는 '경제를 둘러싼 여러 가지 이야기'를 말한다. about는 '주변'을 나타내기 때문에 이처럼 '둘러싼' 이미지가 있다. 앞서 언급한 COCA에서 실제 사용 예시를 보자.

예문 **They don't know two things about economics.**
그들은 경제에 대해 2가지를 알지 못한다.
→ 경제를 둘러싼 여러 이야기 중 2가지를 모른다는 말이다.

예문 **Wherever people talk about economics and economic policy, Karl Brunner is known and respected.**
사람들이 경제와 경제 정책에 대해 이야기하는 곳마다, 칼 브루너는 명성이 알려져 있고 존경도 받는다.
→ '경제나 경제 정책에 관한 여러 가지 이야기'라는 느낌이다.

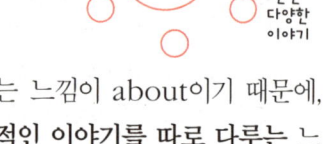

이렇게 '그 주제를 둘러싼 여러 가지 이야기'라는 느낌이 about이기 때문에, about가 사용될 때는 그 주제 전체라기보다 **부분적인 이야기를 따로 다루는** 느낌이 있다.

●── '마음이 초조하고 불안할 때'는 about

be worried about, be concerned about, be anxious about, feel uneasy about라는 표현은 모두 '~에 대해 걱정하다'라는 뜻이다.

이 표현들에 about가 붙는 것은 우연이 아니다. about는 '주변'을 뜻하며, around에 가깝게 사용되기도 한다는 것을 앞에서 소개했다. '**마음이 걱정거리 주변을 맴도는**' 느낌이 있어, about를 쓴다.

이는 think about와 think of의 차이를 생각할 때에도 도움이 된다. think about는 '이러지도 저러지도 못하는' 상태로, 주변을 맴돌며 여러 생각을 하거나 고민하는 느낌을 준다. 실제로 사용된 아래 예문을 보자.

예문 **Law schools would probably be wise to think about being two years instead of three years ....**
로스쿨을 3년제가 아닌 2년제로 하는 것에 대해 생각하는 편이 아마 현명할 것이다....
→ 3년제가 아닌, 2년제로 하면 어떻게 될지, 다양하게 시뮬레이션을 해 보면서 검토하는 느낌이다.

'~하면 어떻게 될지'를 시뮬레이션하면서 생각하는 think about의 느낌은

consider와 비슷하다.

con은 '함께', sider는 '별, 별자리'를 뜻하는 말로, 점성술사가 '별을 한데 모아 바라보며 미래의 일이 어떻게 될지 점치며 숙고하다'가 어원이다. 시뮬레이션은 일종의 상상이며, 머릿속에 상상할 때는 동작 중인 영상을 떠올리므로, consider 뒤에 동사의 -ing형이 붙는다.

예문 **I considered going with him.** 난 그와 함께 갈지 말지 곰곰이 생각했어.
→ 그와 함께 가면 어떻게 될지를 시뮬레이션하면서 검토했다.

한편, think of의 of는 '전체에서 구성 요소를 일부 꺼내다'라는 근본적인 의미가 있다. 예를 들어, a piece of cake의 경우, 케이크 전체에서 구성 요소인 한 조각을 꺼내는 느낌이다. think of는 '마음속으로 생각하는 내용을 꺼내 그 내용이 갑자기 떠오르는' 느낌이다. '**문득 떠오르다**' 또는 '(**문득**) **생각나다**'라는 의미로 사용된다.

예문 **I can't think of anything truer than that.**
그 이상으로 진실된 이야기는 아무것도 생각나지 않아.

또한 전체가 아닌 일부분을 꺼내는 of의 성질 때문에 '전체에 대해 잘 생각하는 것이 아니라 부분적인 인상으로 생각하다'라는 의미로도 쓰인다.

예문 **What do you think of him?** 그를 어떻게 생각해?
→ 얼핏 본 인상 등, 부분적인 데이터에 근거한 판단이나 감상을 묻는 것이다.

예문 **'Cause when I think of you, baby, nothin' else seems to matter.**
왜냐하면 네 생각을 하면 다른 건 아무것도 상관없는 것 같아.
→ Janet Jackson의 When I Think of You 노래 가사 중에서. 마음속에 플래시처럼 you의 이미지가 확 떠오르는 느낌을 나타낸다.

Must 81
with: 항상 사이좋은 '함께'를 나타내지는 않는다

▶ with에는 '갈등'의 의미도 있다

■ with의 어원을 통해 파악하다

with는 with you가 '당신과 함께'라는 뜻인 것처럼, '**함께**'라는 의미가 대표적이다.

그러나 약 8~12세기에 사용되던 고대 영어에서는 against에 가까운 의미로 사용되었고, 약 12~16세기가 되어 '함께'라는 의미로 전환되었다고 한다.(출처: ONLINE ETYMOLOGY DICTIONARY) with가 가지고 있던 against의 의미는 현대 영어에서도 다음 표현과 같이 찾아볼 수 있다.

---

withstand (열과 충격 등에) 견뎌 내다, 버티다
with(반대하여) + stand(서다)

withhold 보류하다, 알리지 않고 숨기다
with(반대 측에) + hold(가지다)

withdraw 철회하다, 철수하다, (예금을) 인출하다
with(반대로) + draw(당기다, 끌다)

'함께'라는 의미와 '**반대하여**'라는 의미처럼 반대되는 의미가 전환되어 사용되는 과정은, 스포츠나 게임의 예를 생각하면 이해하기 쉬워진다.

예문 **I played tennis with Jeff.**
나는 제프와 함께 테니스를 쳤다.

예문 **He played cards with me.**
그는 나와 함께 카드 게임을 했다.

우호   대립

with를 '~와 함께'라고 해석할 수 있지만, 잘 생각해 보면 각 예문의 Jeff와 me는 대전 상대이다. 즉, '대립'의 관계에 있다. 상대라는 것은 대립 관계이든, 우호 관계이든, 함께 있기 때문에 '상대'인 것이다.

현재에서도, with에는 against의 의미와 together의 의미가 혼재된 경우가 있다. fight with라는 표현은 때때로 2가지 해석이 가능하다.

예문 **Japan fought with the US in World War II.**
제2차 세계 대전에서 일본은 미국과 (대립하여) 싸웠다.

예문 **Britain fought with France against Germany.**
영국은 독일에 대항하여 프랑스와 함께 싸웠다.
→ 위 예문은 '지니어스 영일대사전'에서 발췌했다. 첫 번째 예문에서 대립의 의미를 명확히 하고 싶다면 with보다는 against를 사용하는 것이 좋다.

● '함께 있다'를 나타내는 with

현대 영어의 with에서는 '**함께, 같이**'가 기본 의미이다. with는 '**감정의 대상**'이나 '**상황의 좋고 나쁨**'을 나타낼 때도 사용된다. 예를 들어, I'm angry with him. (나는 그에게 화가 나 있다.)은 I'm with him.(나는 그와 함께 있다.)이라는 정보에 angry를 넣으며, '어떤 심정으로 그와 함께 있는지'를 나타내는 정보를 더하는 형태로 발전된 구문이라 할 수 있다.

비슷한 패턴으로는, 아래와 같은 예시를 볼 수 있다.

예문 **Are you with the way you're doing your job?**
당신은 자신의 일하는 방식과 함께 있나요?
→ **Are you happy with the way you're doing your job?**
당신은 행복한 상태로 자신의 일하는 방식과 함께 있나요?
= 당신은 자신의 일에 만족하나요?

예문 **I am with that.**   나는 그것과 함께 있다.
→ **I have no problem with that.**
나는 문제가 없는 상태로 그것과 함께 있다. = 그 일에 관해서, 나는 문제가 없다.

예문 **There is a situation with my ears.**   어떤 상황이 내 귀와 함께 존재한다.
→ **There is nothing wrong with my ears.**
문제가 없다는 상황이 나의 귀와 함께 있다. = 내 귀는 문제가 없다.

● 'have'의 의미를 가진 with

with는 '함께 있다'라는 뜻에서, have에 가까운 뜻인 '가지고 있다'라는 의미가 있다.

예를 들어, a girl with long hair(긴 머리를 가진 여자아이)라는 표현을 보자. 여자아이가 긴 머리와 함께 있다는 것은 긴 머리를 가지고 있다는 것이다. A man with a big black bag talked to me.는 "커다란 검은 가방을 가진 한 남자가 나에게 말을 걸었다."라고 해석된다.

with는 때때로 have나 bring, carry와 같은 동사와 함께 사용되며, **'지금 이 자리에서 몸에 지니고 있다'라는 것을 강조한다.** 예를 들어, I have a camera.는 '나는 카메라를 하나 소유하고 있지만, 현재 집에 두고 왔다'라고 이해될 수 있다. 하지만 I have a camera with me.의 경우, '지금 이 자리에 나는 카메라를 가지고 왔다'라는 뜻이 된다.

"우산을 가져가세요."라고 말할 때, Bring an umbrella.라고만 하기보다, Bring an umbrella with you.라고 말하는 것이 일반적이다.

● '도구'를 나타내는 with

have의 의미를 가진 with에서 '도구를 나타내는 with'라는 용법이 파생되었다. 원칙적으로 사람은 도구를 손에 '가지고' 다룬다. 여기에서부터 '도구를 사용하여', '도구로'라고 말할 때 with를 사용하게 되었다.

예문 **I cut the meat with a new knife.** 난 그 고기를 새 칼로 잘랐어.

'~에 의해'를 나타내는 by는 '동작하는 주체'와 함께 쓰고, with는 '도구'와 함께 쓴다.

✗ **I was hit by a bat.**
→ '난 방망이에 의해 맞았어.'로, 방망이가 의지를 가지고 때린 것이다.
○ **I was hit with a bat.** 난 방망이로 맞았어.
○ **I was hit by Mike with a bat.** 난 마이크에게 방망이로 맞았어.
(마이크가 '동작하는 주체'이고, 방망이는 동작에 사용된 '도구'이다.)

예문 **He pulled at my jacket with all his strength.** 그는 힘껏 내 재킷을 잡아당겼다.
↑ 그가 내 재킷을 his strength를 사용해 잡아당겼다는 의미이다.

—— with [O=C]: 부대 상황을 나타내는 with

마지막으로 매우 자주 사용되는 용법인, 부대 상황을 나타내는 with를 설명하도록 하겠다. with 뒤에 5형식처럼 '목적어+목적 보어'의 형태가 오는 것이 특징이다.

예문 **He listened to me with his eyes closed.** 그는 눈을 감고 내 이야기를 들었다.
　　　　　　　　　　　목적어　　　보어

이 '목적어와 목적 보어'의 관계는 '목적어=목적 보어'처럼 동등한 관계로 His eyes are closed. 문장에서 are를 뺀 것과 같은 형태이다.

이러한 문장을 만들 때 잘 판단해야 하는 부분은 목적 보어를 -ing로 할지, 과거분사로 할지 정하는 것이다. 목적어가 '~하는 입장'이면 목적 보어는 -ing를 사용하고, '~당하는 입장'이면 목적 보어는 과거분사를 사용한다. 위 문장에서 그의 눈은 그의 의지에 의해 닫히는 입장이기 때문에 목적 보어가 과거분사로 되어 있다.

그렇다면 다음 예시는 -ing와 과거분사 중 무엇이 맞는가?

> **He was angry with his shoulders [shaking/shaken].**
> 그는 분노로 어깨를 떨고 있었다.

그가 자신의 의지로 어깨를 떨고 있는지 아닌지가 포인트이다. 일부러 어깨를 떠는 것은 의미상 어색하다. 무의식적으로 어깨가 제멋대로 떨리고 있는 상황이다.

✗ **He shakes his shoulders.** 그는 자신의 어깨를 (자신의 의지로) 떤다.
→ His shoulders are shaken by him.

○ **His shoulders shake.** 그의 어깨가 (제멋대로) 떨린다.

정답은 He was angry with his shoulders shaking.이다. 이처럼 eyes 또는 shoulders와 같은 신체 부위를 나타내는 단어가 목적어 자리에 올 때, 어떤 행위가 **의식적으로 행해지고 있다면 목적 보어는 과거분사**(의지에 의해 ~당하다)가 되고, **무의식적으로 행해지는 행위라면 목적 보어는 -ing**(몸이 제멋대로 ~하고 있다)가 된다.

Must 82
for의 전체적인 의미 ①

▶ '목표'를 나타내는 for

■ for의 어원은 '~ 앞에'이다

for는 고대 영어를 사용하던 시점(약 8~12세기)에서 이미 많은 의미를 가지고 있던 말이었다. 그 조상인 게르만 조어까지 거슬러 올라가면 '~ 앞에'라는 의미를 가지고 있었을 것으로 추측된다. 인간은 앞쪽에 있는 목표를 향해 나아가기 때문에 for는 '목표'라는 의미를 가지게 된다.

예문 **A super-computer was used for the research.**
그 연구를 위해 슈퍼컴퓨터가 사용되었다.
→ '그 연구를 목표로 하여'라는 의미이다.

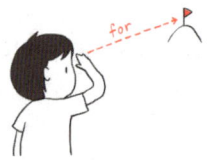

● —— 'for -ing'와 목적을 나타내는 to 부정사

참고로 목적을 나타내는 표현으로는, to 부정사의 부사적 용법이 있다.

예문 **I need a box to store DVDs.** DVD를 수납할 상자가 1개 필요하다.
→ 'DVD를 수납하기 위한'이라는 의미이다.

for -ing로도 동일한 문장을 만들 수 있다.

예문 **I need a box for storing DVDs.** DVD를 수납할 상자가 1개 필요하다.

2가지 문장 모두 사용할 수 있는 경우도 많지만, 그렇지 않은 경우도 있다.

이 두 표현의 차이를 잘 알지 못하는 사람들이 상당히 많고, 글쓰기에서도 가끔 둘 중에 잘못 선택하여 문장이 부자연스러워지는 경우가 있다.

for -ing와 to 부정사는 모두 '~을 위해, ~을 위한'이라는 의미를 나타낼 수 있지만, 엄밀하게 말해서 **for -ing는 '기능'을 나타내고, to 부정사는 '목적'을 나타내는** 차이점이 있다.

a box for storing DVDs(DVD를 수납하기 위한 상자)로 말하는 경우, 그 상자는 DVD를 수납하는 기능을 가지고 있다는 의미이다. 기능이란, 어떤 것이 항상 발휘할 수 있는 작용이라고 생각하면 된다. 그 상자는 항상 수납이라는 기능을 발휘할 수 있는 물건이다.

한편, '목적'이라는 것은 달성하고 싶은 것, 즉 '~하고 싶다, ~하자'라고 생각하는 내용을 말한다.

> **예문** I'm going to Hong Kong to visit my friends.
> 난 친구들을 만나러 홍콩에 가는 중이야.

위 예문에서 to visit my friends는 홍콩에 갈 목적이기는 하나, 기능을 말하는 것은 아니다. 다시 말해, 홍콩이라는 도시는 '친구를 만나는' 기능을 발휘하는 장치나 도구는 아닌 것이다. 따라서 다음 문장처럼 말할 수 없다.

> ✗ I'm going to Hong Kong for visiting my friends.

글쓰기에서 실수하기 쉬운 부분이 이러한 패턴이다.

for -ing와 to 부정사를 모두 사용할 수 있는 경우는, 기능과 목적의 의미로 모두 서술할 수 있는 경우이다.

앞에서 언급한 문장 I need a box for storing DVDs.는 "DVD 수납 기능을 가진 상자가 1개 필요하다.(I need a box that can store DVDs.)"는 것을 나타낸다. 이 문장을 I need a box to store DVDs.로 말하면, "DVD를 수납하고 싶어서 상자가 1개 필요하다.(I need a box because I want to store my DVDs.)"라는 의미가 된다. 두 문장 모두 의미가 통하기 때문에 여기에서는 for -ing와 to 부정사를 둘 중 어느 것이든 사용해도 된다.

🔴 목표·목적을 나타내는 for: '용산행'은 왜 for Yongsan일까?

목표나 행선지라는 뜻을 나타낼 때, for와 to를 혼동해서 사용하는 경우를 흔히 볼 수 있다. 두 표현은 'for: 도달하지 않았다', 'to: 도달해 있다'라는 의미 차이가 있다.

to 부정사 학습 부분(Must 36 내용)에서 설명했듯이, to는 '앞으로 향하다'와 '도달하다'의 2가지 의미를 지닌다. 전치사로 to가 사용될 때는 대부분 '도달하다'의 의미이다.

예문 **I went to Yongsan.**   나는 용산에 갔다.
→ 도착해 있다.

예문 **I'll go to Yongsan tomorrow.**   나는 내일 용산에 갈 것이다.
→ '용산에 도착하는 것'을 내일 할 생각이다.

이처럼 'to + 장소'는 **장소에 도달해 있는 것**을 나타낸다.

한편 for는 '목표'를 말한다.
예를 들어, "금메달이 목표입니다."라고 말하는 사람은 아직 금메달을 따지 못한 사람이다. 다시 말해, 목표에는 '**도달하지 않았다**'라는 의미가 담겨 있다.

예문 **I left my house for Yongsan.**   나는 용산으로 가기 위해 집을 나섰다.

위 예문에서는 집을 나왔을 뿐, 용산에는 아직 도착하지 않았다는 의미가 담겨 있다.

기차에 표시되는 '~행'이 'to + 목적지'가 아니라 'for + 목적지'인 이유는 여기에 있다.

예를 들어, '용산행' 열차는 용산을 향해 달리고 있는 것이고, 용산에는 아직 도착하지 않았다. 도착하면 '용산행'의 목적은 끝나고, 그 표시는 사라지게 된다. 그렇기 때문에 '용산행'은 for Yongsan인 것이다.

'go to ~(~로 가다)'와 'head for ~(~로 향하다)'는 비슷한 의미로 들릴 수 있다.

그러나 옥스퍼드 영영사전을 찾아보면, go는 'to move or travel from one place to another(어느 한 장소에서 다른 어느 장소로 움직이거나 이동하다)'로 쓰여 있다. 즉, '도착'이라는 의미가 포함되어 있다. 따라서 go 뒤에는 to가 온다.

한편 동사의 head를 찾아보면, 'to move in a particular direction(어느 특정 방향으로 움직이다)'으로 쓰여 있다. 방향만 표시되어 있을 뿐, '도착'의 의미는 포함되어 있지 않다.

따라서 She headed for the door.(그녀는 문으로 향했다.)처럼 head 뒤에는 for가 온다.

head for의 예시에서 알 수 있듯이, 목표는 '방향'이라는 이미지와 밀접하게 결합된다. 한국어로 "저쪽에 목표가 있으니, 그쪽을 향해라."라고 말할 때에도, '(목표가 있는) 저쪽 방향으로(for)'라고 할 수 있다. 이 의미에서 for는 '~(전)용'이라는 의미로 확장된다.

📌 **This book is for children under 10.** 이 책은 10세 미만의 어린이용입니다.
　→ 책의 내용이 '어느 방향을 향해' 쓰인 것인가를 설명하고 있다.

📌 **For your eyes only.** (기밀이기 때문에) 당신만 보세요.
　→ 당신의 눈만을 '향한' 것으로, 당신만 읽을 수 있는 편지나 기밀문서를 말한다.

Must 83
for의 전체적인 의미 ②

▶ '기간'을 나타내는 for와 during의 차이점

for의 '~ 앞에'라는 어원에서 '앞에 있는 목표, 목적지'라는 의미가 나타난다는 사실을 이전 학습에서 설명했다. 이번에는 '교환·대리' 그리고 '균형'을 나타내는 for를 살펴보자.

●── '교환·대리'를 나타내는 for

Must 08 학습 '4형식에서 3형식 문장으로 바꿔 쓰기'에서 설명한 바와 같이, for에는 '교환·대리'의 이미지가 있다.

예문 **She brought a cup of coffee for me.**
그녀는 나를 위해(나를 대신해서) 커피 한 잔을 가져다주었다.
→ '나를 위해'라는 것은 '내가 마실 커피는 원래 내가 가져와야 하는데, 그것을 그녀가 대신 가져다주었다'라는 의미이다.

예를 들어, 이 문장에서 for를 to로 바꾸면, '대신 ~해 주다'라는 느낌은 없어지고 단지 물리적으로 커피를 이동했다는 의미가 된다. to의 목적어를 '사람'이 아닌 '물건'으로 바꾸면 그 느낌을 쉽게 알 수 있다.

✗ **She brought a cup of coffee for the table.**
→ "그녀가 테이블을 대신해서 커피 한 잔을 가져다주었다?"라는 의미로 부자연스럽다.

○ **She brought a cup of coffee to the table.** → 커피의 물리적인 이동
그녀는 그 테이블에 커피를 한 잔 가져갔다.

이러한 '교환'의 이미지가 강하게 드러나는 for의 예시를 소개하겠다.

예문 I'd like to change this jacket for a smaller one, please.

이 재킷을 작은 것으로 교환하고 싶어요.
→ change A for B는 'A를 B로 교환하다'를 의미한다.

예문 Can you attend the meeting for me? 나를 대신해서 회의에 참석해 주겠니?
→ '나를 위해'로 해석할 수 있는 경우도 있지만, 문맥상 '대리'의 의미로 쓰이는 경우가 많다.

●— '교환'에서 '균형'으로 의미 확장

대리나 교환이라는 것은 필연적으로 '등가 교환'의 이미지를 가진다.

예를 들어, 1만 원은 1만 원의 가치가 있는 물건으로만 교환할 수 있다. 이러한 의미에서 **균형이 잡히다, 균형을 이루다**로 의미가 확장되어 for가 사용되었다. 아래 표현은 '교환·대리'가 '균형'의 의미로 발전한 전형적인 예시이다.

• **A make up for B / A compensate for B**
(A가 B를 보상하다 · A가 B를 보충하다)

예문 Let me make up for being late.
내가 지각한 걸 보상해 줄 수 있게 해 줘.

예문 He worked very hard to compensate for his lack of experience.
그는 자신의 경험 부족을 보완하기 위해 매우 열심히 일했다.
→ make up은 '움푹 파인 곳을 올려(up) 형태를 만들다', 즉 '메우다'라는 의미이다. compensate의 어원은 'com(함께) + pensate(매달다: pendant와 동일한 어원)'로, 함께 매달아 저울이 평형을 이루도록 하는 것이다. 다시 말해, '보충하는' 것은 '균형을 잡을 수 있도록 (보충)하는' 것이다.

• **take A for granted** (A를 당연한 것으로 여기다)

예문 She took my love for granted. 그녀는 내 사랑을 당연하게 여겼어.
→ take는 '잡다'라는 의미에서 '~라고 여기다, 파악하다'라는 뜻이 되었다. granted는 '승인된 것', 즉 '인정된 것'이라는 이미지이다. 'A의 가치'를 '이미 인정된 것'과 균형을 이루는 것으로 생각하여, '노력하지 않아도 당연한 것으로 받아들일 수 있는 것이라고 이해하다'라는 의미가 된다.

• **give up A for dead/lost**
(A를 죽은(잃은) 것으로 생각하고 단념하다)

예문 His family gave him up for dead.

그의 가족은 그를 죽었다고 생각하고 단념했다.
→ '그의 상태'와 '죽은 상태'가 균형을 이룬 동등한 상태이다. A가 대명사인 경우, 대명사는 알려진 정보로 '가벼운 정보(이미 알고 있는 정보여서 뇌가 처리하기 쉬움)'이기 때문에 up 앞에 온다.

그 밖에 다음과 같은 표현이 있다.

예문 **It's cold for this time of the year.** (한 해의) 이 시기치고는 춥다.
→ 평상시 이 기간과 오늘의 추위를 비교하고 있다.

● ─── '기간'을 나타내는 for와 during의 차이

for는 '기간'의 의미가 있다. during이라는 전치사도 '기간'을 나타낸다.
두 표현의 차이점을 살펴보면, for가 나타내는 '기간'의 이미지가 무엇인지 알 수 있게 된다.
형식적인 특징으로는 **for 뒤에 오는 기간에는 the 등의 한정을 나타내는 말이 붙지 않는**데, during의 경우는 일반적으로 한정을 나타내는 말이 붙는다.

예문 **I stayed at the hotel for two months.** 나는 그 호텔에 두 달 동안 머물렀다.
예문 **I stayed at the hotel during the two months.**
나는 그 2개월간 그 호텔에 머물렀다.

during은 during summer vacation(여름휴가 동안에)처럼 '그것이 '어느' 기간에 행해졌는지'를 설명하는 말이다.
따라서 '다른 2개월을 말하는 것이 아닌, 그때 당시의 2개월'처럼 한정하는 말이 있어야 한다.

그렇다면 for가 나타내는 기간에는 왜 한정하는 말이 붙지 않는 것일까?

for가 나타내는 '기간'은 '교환'에서 파생된 것이라고 할 수 있다. 즉, '**어떤 행위를 하는 것과 그만큼의 기간을 맞바꿔, 그 기간을 소비했다**'라는 감각을 바탕으로 한다.

예문 **He has been practicing taekwondo for 8 years.**
그는 태권도를 8년째 연습하고 있다.

→ 태권도 연습과 맞바꿔 8년을 소비한 것이다.

이 때문에 행위와 맞바꿔 '얼마만큼의 기간을 소비했는지'를 말하면 되고, '그것이 행해진 기간이 언제인지'를 설명할 필요는 없어진다.

이와 같이 for 뒤에 오는 기간을 나타내는 말에 last, next, the와 같이 한정하는 말을 쓸 필요는 없다.

그러나 예외로, 'for the past+기간'이라는 말도 있다. '지금부터 시간을 계산해서 과거 ~동안의 기간'이라는 뜻이다.

예문 **We have hardly seen him for the past two weeks.**
지난 2주 동안 우리는 그를 거의 보지 못했다.

단, 이 또한 '어느 기간에 했는지'보다는 '현재에 이르기까지, 그 행위와 맞바꿔 어느 정도의 기간을 소비했는지'를 나타내는 것에는 변함이 없다.

Must 84
of는 '~의'가 아니다

▶ '미국의 쌀'은 American rice? rice of America?

■ '꺼내다'를 나타내는 of

지금까지 여러 번 of에 대해 언급했다.
of의 근본적인 의미는 '**전체에서 그것을 구성하는 일부를 꺼내다**'이다.
a piece of cake는 케이크 전체에서 케이크를 구성하는 일부인 '한 조각'을 꺼내는 이미지이고, students of the school은 학교 전체에서 학교를 구성하는 학생들을 일부 꺼내는 것으로, '그 학교의 학생들'이라는 의미를 만들어 낸다.

of를 '~의'라는 의미로 해석해서 문장에 적용할 수 있는 경우는 그다지 많지 않다. 영어를 학습하면서 학습자들은 이 사실을 빠르게 깨닫고 of의 매우 다양한 쓰임에 힘들어하게 된다.

사실 of는 영어 전치사 중 가장 다양한 의미를 파생하는 말로, 단 하나의 이미지로 of의 의미를 모두 이해할 수 있는 것은 아니라고 생각한다. 그럼에도 불구하고 어느 정도 통일된 이미지로 이해하면, 좀 더 쉽게 직관적으로 of를 사용할 수 있다.

이번 학습에서는 '**전체에서 그것을 구성하는 일부를 꺼내다**', 즉 '**꺼내다**'라는 관점에서 of를 파악하고자 한다.

●── 실체화: 형태로 만들어 꺼내는 패턴

앞서 언급한 a piece of cake는 수많은 '**구체적인 형태+of 불가산 명사**' 패턴

중 하나이다.

형태가 없는 것(불가산 명사)에서 일부 형태(a piece)를 부여하여 꺼내는 표현이다.

a piece에는 a가 붙어 있다는 점에 주목하자. a는 '**형태가 1개 있다**'라는 것을 의미한다. 그 밖에 a bag of potatoes(한 봉지의 감자)나, a bottle of tea(한 병의 차)도 마찬가지이다.

무한하게 많은 감자나 차 전체에서 감자 한 봉지, 차 한 병을 **꺼내어 실체화하는** 느낌이 있다.

재료·요소·구성

'꺼내어 실체화하는' 느낌은 재료나 구성을 나타내는 표현에도 이어진다.

This table is made of wood.(이 식탁은 나무로 만들어져 있다.)의 경우, 목재에서 식탁 형태를 실체화하여 꺼내는 느낌이다.

'A는 B로 구성되어 있다'를 의미하는 A consist of B 또는 A is composed of B에 of가 사용되는 이유도 '재료·구성원으로부터 합성물이나 조직이 나오다'라는 이미지 때문이다.

예문 The board of directors consists of 6 members.

이사회는 6명의 멤버로 구성되어 있다.

→ con(함께) + sist(서다) = '기둥이 함께 서고, 하나의 건물을 구성하는 이미지'이다. of는 6명의 멤버에서 이사회라는 조직이 나오는 이미지를 나타낸다.

예문 The comparison group was composed of student volunteers.

(실험을 위한) 대조군은 학생 자원봉사자들로 구성되어 있었다.

→ com(함께) + pose(놓다) = '재료를 함께 놓다 → 조립하다 → 구성하다'이다. consist와 달리 A compose B에서는 A가 구성 요소, B가 집합체이다. 수동태로 나타내면, B is composed of A처럼 of가 사용된다.

원인

죽은 원인을 나타내는 표현에 A die of B(A가 B로 죽다)가 있다. 이 표현 또한 B로부터 A의 죽음이 나온다는 의미로 of가 사용된다.

예문 **My father died of cancer.** 우리 아버지는 암으로 돌아가셨다.
→ 암에서 죽음이 나오는 이미지이다.

원인을 나타내는 of는 of 단독으로 쓰이기보다는, out of의 형태로 자주 사용된다.

예문 **She hid herself out of fear.** 그녀는 두려움에 몸을 숨겼다.
→ '공포'라는 원인에서 '몸을 숨기는 행위'가 나온다.

최상급 표현에서 사용되는 in과 of의 차이

최상급 표현에 나오는 in과 of를 구분해서 사용할 수 있도록 설명하겠다. 결론부터 말하면 in은 '테두리의 이미지'이고, of는 '알의 이미지'이다.

예문 **He is the most famous movie star in China.**
그는 중국에서 제일 유명한 영화배우이다.
→ the world, 나라, 거리, 학교, 등, 테두리의 이미지가 있으면 in을 쓴다.

예문 **He is the most popular of the three.**
3명 중에서 그가 가장 인기가 있다.
→ '3명'은 '3개의 알'과 같이 각 구성 요소의 이미지이다.

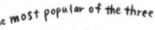

'알'의 이미지로 of가 사용되는 이유는 '알'이 구성 요소의 이미지를 지녔기 때문이고, 그 이미지에서 '가장 ~한 것'을 '꺼내는' 행위가 최상급의 문장으로 나타나기 때문이다.

be동사+of+추상 명사=be동사+형용사

조금 딱딱한 표현이지만, This is not important.를 This is of no importance.와 같이 말할 때가 있다.

형용사를 'of+추상 명사(실체가 없는 추상 개념을 나타내는 명사)'로 바꿈으로써, 표현에 약간 **'멋을 부린' 느낌**을 낼 수 있다. of는 여기에서도 '꺼내다, 나오다'라는 뜻으로 쓰인다.

위 예문의 경우, 'this는 no importance에서 나온 것이다'="이것은 전혀 중요하지 않다."가 된다.

●──'미국의 쌀'은 American rice인가, rice of America인가?

of의 '구성 요소'를 나타내는 이미지가, 일본 대학 시험 문제에 나왔던 적이 있다. 정답은 2번 American rice이다.

> Can you tell the difference between rice grown in Japan and (　　)?
> 1. American one　　　　2. American rice
> 3. one of America　　　　4. rice of America
>
> (1994년 시험)

일단 1번과 3번은 one이 쓰였기 때문에 틀렸다. **one이 대명사로 사용될 경우, 가산 명사만 지칭할 수 있다.** 그 이유는 one이 숫자 '1'을 나타내고, 숫자는 셀 수 있는 것이기 때문이다. rice는 불가산 명사이다.

그렇다면 4번 rice of America가 오답인 이유는 무엇일까? of는 '전체에서 그것을 구성하는 일부를 꺼내다'라는 근본적인 의미가 있다. A of B란, 'A는 B의 구성 요소'로, 다시 말해 **A는 B를 구성하는 '없어서는 안 되는 요소'**를 말한다.

예를 들어, 그 해를 대표하는 차를 car of the year라고 하는데, 그 차 없이는 그 해를 말할 수 없을 정도로 그 해에 화제가 되는 중요한 한 부분에 해당하는 차라는 의미에서 of가 사용되었다. rice는 rice라는 요소 없이 미국을 말할 수 없을 정도로 중요한 부분인가?

그렇지 않다. 예를 들어, the people of America는 '미국 국민(그룹을 나타내는 the가 앞에 있기 때문에 국민 전체를 말한다)'을 뜻하는데, 이는 미국을 구성하기 위해 없어서는 안 되는 요소이기 때문에 of가 합당한 것이다. American people이라고 할 수도 있지만, '미국을 **구성하다**, 미국에 **없어서는 안 된다**'라는 이미지가 있는 of가 더욱 진지하고 엄숙한 느낌이 든다.

그러나 '미국의 쌀'은 단지 '미국산 쌀'인 것을 나타내면 되므로, American rice가 자연스러운 표현이다.

Must 85
over의 이미지

▶ 한 가지 이미지에서 '넘어서'와 '덮어서'라는 2가지의 의미가 나온다

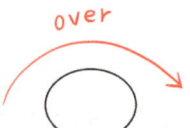

왼쪽 그림은 over가 지닌 기본적인 이미지이다.
이 그림이 나타내고자 하는 것은 over가 '**넘어서**'와 '**건너서**'라는 의미와, '**덮어서**'라는 의미도 있다는 것이다.

하나의 단어나 구문에 여러 개의 의미가 있을 때, 그 원인이 되는 것 중 하나는 '한 개의 현상을 다른 측면에서 보는' 것이다. 이 그림에 있는 '→'는 바로 그 '한 개념에 대한 여러 가지 해석'을 의미한다.
그림을 참고하면서, 아래 예문의 이미지를 상상해 보자.

●── 덮어서

예문 **She spread a map over the table.** 그녀는 식탁 위에 지도를 펼쳤다.

예문 **The actor is famous all over the world.**
그 배우는 전 세계적으로 유명하다.

예문 **We need to have the tree cut that hangs over the road.**
도로에 늘어져 뻗어 있는 그 나무를 벨 필요가 있다.
→ 나뭇가지가 도로를 완전히 덮고 있는지, 반쯤 또는 3분의 1정도 덮고 있는지는, 이 over만으로 표현할 수 없다. 알 수 있는 것은 단지 통행에 방해가 될 정도 나무가 도로에 뻗어 있다는 것이다.

예문 **The ball flew over my head.** 그 공은 내 머리 위로 날아갔다.
→ 단순히 '머리 위를 넘어서'가 아닌, '머리 위를 덮듯이 넘어서'라는 의미로, 자칫 공에 머리를 맞을 뻔한 영향이 있는 이미지이다. 덮는 것에 의한 영향이 없이, 단지 '~ 위에, ~위로'를 나타내면 above가 쓰인다.

예문 **He raised the flag high above his head.**
그는 깃발을 머리 위로 높이 들었다.
→ 어느 정도의 높이인지가 아닌 덮는 느낌이 있는지를 보았을 때, above에는 덮는 느낌이 없다.

예문 I want you to take over this job.

난 네가 이 일을 이어받았으면 해.
→ '덮어서'라는 것은 모든 것을 커버하는 것이다. take over A는 A를 모두 커버하여 '이어받다, 계승하다', '장악하다'를 뜻한다.

예문 I'll stay in Egypt for the project over the next six months.

앞으로 6개월에 걸쳐, 저는 그 프로젝트를 위해 이집트에 머물 거예요.
→ '기간'을 나타내는 over이다. for의 기간은 '어떤 행위와 맞바꿔 그만큼의 기간을 소비하는' 이미지이고, over의 기간은 '그만큼의 기간을 덮는' 이미지로 '~의 기간에 걸쳐'라는 의미이다.

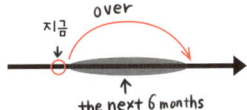

● ── 넘어서

예문 There is a bridge over the river.

그 강을 가로지르는 다리가 하나 있다.
→ 여기에서 over는 '(강을) 덮어서'라고 해석할 수 있고, '(강을) 건너서, 가로질러'라고도 해석할 수 있다.

예문 He lives over the river.   그는 그 강 건너에 살고 있다.

→ 강을 건너서(over) 다른 곳에 그가 살고 있다는 의미이다.

예문 It's all over!   끝났어!

→ 격투기 경기에서 녹아웃이나 한판으로 경기가 결정되는 순간, 아나운서가 외치는 말이다. 경기라는 고비를 넘긴 끝에, 종료라는 점이 있는 이미지이다. '종료'를 나타내는 over의 예시로는, game over(게임 종료), Our love is over.(우리의 사랑은 끝났다.), I must get over her.(난 그녀를 잊어야겠어. → get over: 극복하다, (불행 등을) 잊다) 등이 있다.

● ── come over, go over

예문 Come over here.   이리 와.

→ Come here.에는 '둘 사이의 거리를 넘어서'라는 over의 의미가 있다. '움직이기 귀찮겠지만, 힘을 내서 와 달라는' 느낌이 있다. over there(저쪽으로, 저쪽에)도 같은 느낌으로 '여기에서의 공간적 거리를 넘어, 저쪽으로'라는 심리적 이미지가 있다.

예문 He went over to the headquarters.

그는 본사로 넘어갔다.
→ over의 '넘어서'라는 이미지에 의해 go to보다는 '힘내서 가다'라는 느낌이 있다. over에는 '둘 사이의 거리를 넘어서' 또는 '우울한 기분을 넘어서(극복해서)'라는 의미가 있다.

● ── 회전

over의 '넘어서'라는 움직임을 '반회전의 이동'으로 파악하면 '**회전**'이 된다.

예문 **She tried to persuade Ben over and over again.**
그녀는 벤을 설득하려고 여러 번 시도했다.
→ 반복적으로 빙빙 도는 이미지

예문 **I saw a plastic bag rolling over the sidewalk.**
나는 비닐봉지가 보도를 굴러가는 것을 보았다.
→ roll over + 장소: (장소)를 굴러가다

예문 **You can roll over the remaining amount to the next month.**
잔액은 다음 달로 이월할 수 있습니다.
→ roll over A to B: A를 B까지 굴러 이동하게 하다 = 이월하다

예문 **OK. Now turn over a card.** 좋아. 이제 카드 한 장을 뒤집어.
→ 뒤집다(turn) + 회전하게 하다(over)

예문 **He turned the issue over and over again in his mind.**
그는 머릿속으로 그 문제를 여러 번 곰곰이 생각했다.
→ 고기나 생선을 구울 때 여러 번 뒤집는 이미지로, 문제를 여러 번 뒤집어 생각해 보다.

● ── 문제: ~을 둘러싼, ~에 대한

over는 다툼의 이미지를 가지고 있으며, '**~을 둘러싼, ~에 대한**'이라는 의미가 있다.

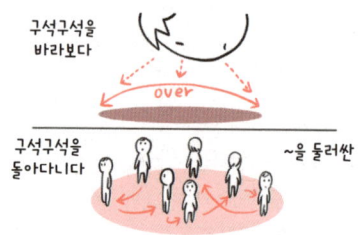

그림에서처럼 '돌아다니다'라는 말은 어떤 공간 안을 구석구석 빠짐없이 이동하는 이미지가 있는데, 영어의 over도 '덮어서'라는 의미에서 공간을 전부 커버하는 이미지가 있다.

여기에서는 어떤 '문제'를 공간으로 보고 판단하여, 그 공간 안의 여러 지점(=별

개의 문제점)에 대해 '이게 아니야! 저게 아니야!'라고 서로 다투는 느낌이 있다고 생각된다.

예문 **The two countries started a war over territorial disputes.**
그 두 나라는 영토 분쟁을 둘러싼 전쟁을 시작했다.

또한, over가 지닌 '문제의 구석구석까지 바라보며 커버하다'라는 느낌으로 인해, 'go over + 문제'가 **문제를 자세히 살펴보다(검토하다)**라는 의미를 가지게 되었다. go over는 문제의 구석구석까지 시선을 움직인다는 의미로 사용된다. 그리고 look over A의 경우, 'A의 구석구석까지 시선을 움직이다'라는 이미지로, '훑어보다'라는 뜻이 생긴다.

예문 **We want to go over his story.**   우리는 그의 이야기를 검토하고 싶다.
예문 **She looked over the report.**   그녀는 그 보고서를 훑어보았다.

한편 이러한 over가 '넘어서'라는 의미로 사용되어, overlook이라는 단어에 '못 보고 넘어가다, 간과하다'라는 의미가 생긴다. 시선이 목표 위를 넘어서 벗어나는 것을 말한다.

예문 **Did I overlook anything?**   내가 무언가를 간과했니?

overlook은 문맥에 따라 '바라보다, 내려다보다(내려다보이다)'라는 뜻으로도 사용된다.

예문 **The hotel room overlooks the beach and ocean.**
그 호텔 객실에서는 해변과 바다가 내려다보인다.
→ '간과하다'로 해석하기보다는 '내려다보이다'로 해석하는 것이 자연스럽다.

Must 86
up과 down

▶ 영어 화자가 인식하는 '위'와 '아래'는 어떤 세계일까?

■ 방향성을 통해 마음속을 볼 수 있다

알다시피 **up**은 '**위**', **down**은 '**아래**'를 나타낸다. 그러한 의미에서 한국어와 영어의 위, 아래를 나타내는 이미지가 겹치는 부분도 많이 있다.

동시에 영어 화자는 다른 언어를 사용하는 화자에게는 없는 감각으로 up과 down을 파악하기도 한다. 단순히 방향을 나타낼 뿐인 것으로 보이는 이 표현들은, 인간이 추상적 개념을 어떻게 이해하고 있는지를 보여 주는 거울이 되기도 한다.

up과 down을 통해서 영어 화자의 마음속을 들여다보자.

●── 동작이나 감정의 방향을 나타낸다

up과 down은 기본적으로 **동사에 붙어서 '동작의 방향'을 나타내는** 데 사용된다. 동작의 모습을 설명하기 때문에 부사의 역할을 한다.

- 예문 **He picked up a coin.** 그는 동전 한 닢을 들어 올렸다.
- 예문 **Jeff walked down to the basement.** 제프는 지하실로 걸어 내려갔다.
  → pick, walk라는 동작의 방향을 나타내고 있다.

이처럼 물리적인 동작의 방향을 나타내는 것 외에, **인간의 감정 상태도 방향**으로 나타낸다. 건강하거나 기분이 좋으면 '위'를 사용하고, 아프거나 우울하면 '아래'를 사용한다.

본래 인간의 정서에 물리적인 방향성은 없기 마련인데, **인간이 감정을 '방향'으로**

이해하고 있다는 것은 매우 흥미로운 일이다.

He's feeling down. We need to cheer him up.
그는 기분이 우울해. 우리가 그를 기운이 나도록 다독여 줘야 해.

─ '다가오다', '멀어지다'

한국어에는 없는 감각으로, '다가오는 up', '멀어지는 down'이 있다.

up은 상승을 나타내는데, 이는 모습이 커지는 것도 의미한다. 원근법의 관계에서 가까워질수록 물건이나 사람이 상승하며 커 보인다. 여기에서 up에 '다가오다'라는 의미가 나타나게 되었다. 또한 down은 하강을 나타내지만, 모습이 작아지는 것도 의미한다. 따라서 멀리 떨어지면서 모습이 작아짐에 따라 down은 '멀어지다'라는 의미를 가지게 된다.

He walked up to me and tried to give me something.
그는 나에게 다가와 무언가를 건네주려고 했다.
→ 'walk to ~'뿐이라면, 단지 '걸어서 ~에 도달하다'라는 의미가 된다. up 이 함께 쓰이면서 '모습이 가까이 클로즈업되어 보이다'라는 느낌이 생긴다.

Mike was further down on the beach.
마이크는 해변에서 더 멀리 간 곳에 있었어.
→ 머릿속에 자신의 위치에서 출발한 시선이 아래로 떨어진 곳을 향하며, 점점 멀리 작게 보이는 느낌이 든다.

─ 종료·완료를 나타내는 up과 down

up에는 '**종료·완료**'의 의미도 있다. 이는 수위가 상승한 결과, 물이 가득 찬 모습에서 온 것이다. '가득 찬 상태에서 이대로 종료'라는 느낌이다.

I must finish this up by tomorrow. 난 내일까지 이걸 끝내야 해.

Don't give up on me. 날 버리지 마.
→ give up on A는, 'A를 포기하다·단념하다'를 뜻한다.
give up은 '완전히 내어 주다' = '포기하다'를 뜻하고, on은 'me를 누르는 압력'을 나타낸다.

Time is up. 시간이 다 되었다.

한편 down의 경우, '**숨통을 끊다**'라는 의미에서 '종료', '완료'의 느낌이 생긴다. 사람과 동물의 숨통을 끊는다는 것은 바닥에 쓰러뜨린다는 것이기 때문에 거기에서 나온 이미지라고 생각된다. 또한 '가장 아래까지 내려가서 더 이상 떨어지지 않다'라는 의미에서 '완료'의 느낌도 생긴다.

🔴 **The police tracked down the terrorist.** 경찰은 그 테러리스트를 찾아냈다.
→ 명사 track은 '흔적'이고, 동사로는 '흔적을 쫓다'라는 뜻이다. 추적해서 숨통을 끊는 느낌이다.

🔴 **No one can tie me down.** 아무도 나를 속박할 수 없다.
→ tie는 '묶다'라는 의미이고, down은 '세우지 않'는 이미지이다. 즉, '묶고 서지 못하게 하다, 움직일 수 없게 하다' = '속박하다'라는 뜻이다.

🔴 **The panic has settled down.** 그 패닉 상황은 진정되었다.
→ settle의 어원은 seat나 sit과 같다. settle down은 공중에 날아다니던 먼지가 가라앉는 이미지이다.

🔴 **down to the last detail** 아주 사소한 세부 사항에 이르기까지
→ 추상적인 것은 up, 구체적인 것은 down이라는 생각과 관련이 있는 표현이다. 더 이상 아래(구체적인 것)는 없다는 뜻으로, '완전함'을 나타낸다.

●— 파괴를 나타내는 up과 down

up은 아마도 '산산조각이 나서 위로 흩날리다'라는 느낌에서 파괴의 의미가 생긴 것으로 보인다. 반면 down은 '망가지면서 무너지다'라는 느낌에서 파괴의 의미가 생겼다.

🔴 **Jim and Kate broke up last month.** 짐과 케이트는 지난달 헤어졌다.
🔴 **My car has broken down.** 내 차는 고장이 났다.
🔴 **She is cutting up some vegetables.** 그녀는 야채를 썰고 있는 중이다.

●— 긴장·노력을 나타내는 up, 이완·휴식을 나타내는 down

몸을 펴고 계속해서 손을 위로 뻗는 것이 힘든 것처럼 up에는 '**노력**'의 이미지가 나타날 때가 있다.

🔴 **Keep it up!** 계속 그렇게 열심히 해!
🔴 **I don't think I can catch up with others in my class.**
난 반에 있는 다른 사람들을 따라잡을 수 있을 것 같지 않아.

예문 It's hard to live up to one's parents' expectations.
부모님의 기대에 부응하는 것은 힘들다.
→ live up to ~의 뜻은 '~의 기대에 부응하도록 열심히 살다'이다. live up은 '위에 계속 있을 수 있도록 열심히 살다'란 이미지이다. to는 '도착하다, 도달하다'의 이미지이다.

한편으로 down은 '떠내려가서 아래로 가는' 느낌이 있어, **동네, 자신이 사는 지역** 또는 **시내, 번화가**처럼 편안한 이미지의 이완, 휴식을 나타내는 의미로 사용되는 경우가 있다.

예문 We went downtown to do some shopping.
우리는 쇼핑을 좀 하러 시내에 갔다.

예문 She is an uptown girl. 그녀는 부유층 지역에 사는 아가씨야.

예문 We had dinner down at the restaurant.
우리는 근처 동네 식당에서 저녁을 먹었다.
→ down at the restaurant는 '동네 식당, 근처 식당'이라는 뜻이다.

── 출현을 나타내는 up

up은 '떠오르다'라는 뜻으로 출현의 의미를 지닌다.

예문 I came up with a great idea. 나에게 멋진 생각이 떠올랐어.
→ come up with ~는 '~을 생각해 내다'라는 뜻이다. 바다 밑에서 아이디어를 주워, 그것을 가지고(with) 해수면 위로 떠오르는(come up) 이미지이다.

예문 He showed up at the party. 그는 그 파티에 나타났다.
→ show up은 '(장소에) 나타나다, 모습을 보이다'라는 의미이다.

예문 What's up? 요즘 어때?
→ 직역하면, "무엇이 출현하고 있어?(무슨 일이 있어?)"라는 말이다. 이는 "요즘 어때?"라는 친근한 인사로도 사용된다. 전형적인 대답으로는 Not much.(별일 없어.) 등이 있다.

마지막으로, 인터넷에 사용되는 upload, download라는 표현에서 **up은 추상적인 세계, down은 구체적인 세계**라는 것을 알 수 있다. 이는 '하늘=천국'이라는 up의 세계와 '하계=현실'이라는 down의 세계가 그 토대가 되었다고 생각된다. 인간은 위아래라는 방향을 이용해서, 다양한 추상적 개념을 이해하고 있다는 것을 알 수 있다.

Must 87
by는 '경유'가 중요하다

▶ '~ 옆에'로 시작하는 다양한 의미

by의 어원은 게르만 조어까지 거슬러 올라가면 '그 근방, 주변'이라는 의미의 단어였다고 한다. 그때부터 고대 영어에서 '옆·주변·가운데·~ 기간'이라는 의미로 쓰였던 bi라는 말이 되었다. 1300년경까지는 부사로 '~ 옆에'라는 뜻을 가졌던 것으로 보인다.

by는 다양한 의미를 가지기 때문에 그 전부를 하나하나 이해하기 힘들지만, by의 주요 의미로 **경유**의 개념을 이해해 두면 상당 부분을 이해하기 쉬워진다.

따라서 이번 학습에서는 '경유'의 시점에서 다양한 by의 용법을 설명할 것이다.

먼저 by는 '**~ 옆에**'라는 의미부터 시작된다.

예문 **I found a convenience store by the station.**
　　　나는 역 옆에 편의점 하나를 찾았다.

'옆에' 있기 때문에 '**지나가다**', '**가는 길에 (잠깐) 들르다**'라는 의미가 파생된다.

예문 **We pass by a big construction site every morning.**
　　　우리는 매일 아침 큰 건설 현장 옆을 지나간다.
　　　→ pass by A는 'A 옆을 지나가다'라는 의미이다.

예문 **I stopped by the convenience store.**　나는 그 편의점에 들렀다.
　　　→ stop by A는 'A에 (잠깐) 들르다'라는 의미이다.

또한 '거쳐서 (가다)', 즉 '**~을 경유해서 (가다)**'라는 의미가 파생된다.

예문 I came to the station by way of the convenience store.
　　난 편의점을 거쳐서 역에 왔어. → by way of A: A를 거쳐서, A를 경유해서

■ '경유'는 by의 의미에서 상당 부분을 차지한다

　이 '경유'라는 의미는 by의 여러 의미 중에서도 상당히 큰 부분을 차지하여 중요하다고 생각한다.

● '교통수단'의 by

　by train 또는 by bus 등 수단을 나타내는 by는 '목적지에 도착하는 데 어떤 교통수단을 경유했는지'를 나타낸다고 생각된다. 목적지에 도착하기 위해서 '**수단을 경유해**' 왔다고 생각하는 것이다. by air, by sea는 각각 '하늘로·비행기로', '바다로·배로'라는 '수단'이자 '경유'라고도 할 수 있는 표현이다.

　주의해야 할 점은 무심코 by a train이나 by the train이라고 말하지 않아야 하는 것이다. 이는 '기차 옆에서'라는 '기차의 실체'를 의미하고, by the sea의 경우 '바다 옆에서'라는 의미로 실체화되는 것이다.
　수단을 나타내는 by 뒤에 붙는 명사는 '실체'가 아니라 '기능'을 의미한다.
　이 개념은 Must 72 내용에 설명되어 있다. 예를 들어, a meal은 실체가 있는 한 끼의 식사를 의미하는데, breakfast, lunch, dinner는 a meal을 아침용, 점심용, 저녁용 중 어느 용도로 먹을 것인지 기능을 나타내므로 실체와 달리 불가산 명사이다.
　이와 마찬가지로 수단의 by 뒤에 오는 train, air, sea 등은 '**이동·교통의 기능**'을 의미하기 때문에 관사가 붙지 않고, 복수형도 될 수 없는 불가산 명사라는 것을 이해할 필요가 있다.

　실체를 나타내는 탈것의 경우, 탈것의 공간 관계를 나타내는 다른 전치사를 사용한다.

예문 Shall we go in my car? 내 차로 갈까?
　→ '내 차'를 나타내므로 기능이 아닌 실체이다. 자동차는 그 공간 안에 타는 것이므로 in이 온다.

예문 **I came here on my bicycle.** 난 내 자전거로 왔어.
→ '내 자전거'이므로 기능이 아닌 실체이다. 자전거는 위에 타는 것이므로 on이 온다.

● '동작하는 주체'의 by

주로 수동태로 사용되는 '~에 의해'를 뜻하는 by는, 마찬가지로 '누구를 경유하여 그 힘이 발휘되었는지'를 나타낸다고 할 수 있다.

예문 **Those fish are polluted by mercury.**
그 물고기들은 수은에 의해 오염되어 있다.
→ 수은을 경유해서 오염된 것으로, 수은이라는 경로로 인해 발생된 오염을 말한다.

by를 사용하지 않는 수동태에서는 '무언가를 경유하여 힘이 발휘되는' 이미지가 아닌, 다른 이미지가 우선시된다.

예문 **The mountain was covered with snow.** 그 산은 눈으로 덮여 있었다.
→ 눈을 '힘이 발휘되는 경로'가 아닌, '산이 have하고 있는 것'으로 파악하고 있다.

예문 **I was caught in a shower.** 나는 소나기를 만났다.
→ 소나기를 '힘이 발휘되는 경로'로 보지 않는다. 소나기의 범위 안에 있다'라고 파악하고 있다.

예문 **The ball was hit with a bat by Tom.**
톰이 방망이로 그 공을 쳤다.(직역: 그 공은 톰에 의해 방망이로 맞았다.)
→ '치다'라는 행위의 힘은 톰에 의해 발휘되었다. 방망이는 사용된 '도구'이다.

● '동작의 매개'를 나타내는 by

신체 부위를 통해서 대상에게 영향을 주는 것을 나타내는 구문이다.

예문 **I pulled him by the arm.**
나는 그의 팔을 잡아당겼다.

이 문장은 '팔'을 경유해서 그를 잡아당기는 행위를 했다는 것을 의미한다.
그렇다면 I pulled his arm.으로 나타내도 괜찮지 않을까라고 생각할 수도 있다. 하지만 의미가 미묘하게 달라진다.
I pulled his arm.의 경우, 당기는 힘은 '그의 팔'에만 작용한다. I pulled him

by the arm.으로 나타냄으로써, '팔을 잡아당기며, 결과적으로 그의 몸 전체를 잡아당기는' 것을 의미한다.

참고로 신체 부위 앞에는 the가 붙는 것이 일반적이다. 이 문장에서 arm은 다른 사람의 arm이 아니라 방금 말한 him의 arm이라는 것을 나타낸다. 흔히 by the arm이 아니라 by his arm으로 표현하는 사람들도 있다. 이러한 실수를 하지 않도록 조심해야 한다.

●── '정도'의 by와 '단위'의 by

앞에서 학습한 '동작의 매개'를 나타내는 by는 문장의 내용이 진행됨에 따라 '**넓은 정보에서 좁은 정보**'로 흘러간다.

pull him처럼 '사람 전체를 당기다'에서 by the arm처럼 '구체적으로 어느 부분을 당길 것인지'를 나타내는 흐름으로 정보가 좁아진다. 이와 같은 정보의 흐름을 다른 용법에서도 볼 수 있다.

예문 **Sales have increased by 5%.** 매출은 5% 증가했다. 정도의 by
→ '증가했다'에서 '구체적으로 얼마나 증가했는지'를 나타내는 좁은 정보로 흘러간다.

예문 **I'm paid by the year.** 나는 연봉으로 급여를 받는다. 단위의 by
→ '지불되다'에서 '구체적으로 어떤 방식으로 지불되는지'를 나타내는 좁은 정보로 흘러간다. the year의 the는 'week나 month와 같은 다른 단위가 아니라, year라는 단위라고 한정'하여 나타내는 것이다.

위 문장들에서도 '증가했기는 하나, 구체적으로 몇 %를 거쳐서(경유) 증가했는지', '지불되기는 하나, 구체적으로 어느 단위를 거쳐서(경유) 지불되는지'를 설명하는 것으로 보아, by는 '경유'의 이미지를 가진다.

제 12 장
어순:
어순 자체가 나타내는 '심리'를 이해하라

Must 88
Is ~, Do ~로 시작한다고 해서 반드시 의문문이라고는 할 수 없다

▶ '의문문의 어순'으로 도치의 수수께끼를 풀자

■ 어디에 스포트라이트를 비추는가를 생각하다

1장의 Must 02 내용에서 언급한 '의문문의 어순'이 의문문 외에도 다양하게 사용되는 이유를 알아보자.

● ― ① 부정 도치문

예문 I have never thought of such a thing.
　　 난 그런 것을 한 번도 생각해 본 적이 없어.

이 문장에서 '한 번도 없다'는 것을 강조하고 싶다면, **우선 어느 단어에 마음의 스포트라이트를 비춰야 할까?** 즉, 어느 단어를 강조해야 할까?
바로 never이다. 그래서 일단 never가 문두에 온다.

예문 Never ....

다음으로, never가 부정하는 말이 무엇일까? '나', '그런 것', 혹은 '생각해 본 적'일까? '한 번도 없다'는 것이 무엇인지를 말할 때, '생각해 본 적이 한 번도 없다'가 되어야 한다. '생각해 본 적이 한 번도 없다'라는 것은 하나의 세트로 된 의미이다.
이는 never가 강조될 때, never가 부정하는 have thought라는 동사도 함께 강조되는 것을 말한다. 따라서 동사가 강조되기 때문에 의문문의 어순이 나타나게 된다.

예문 Never have I thought of such a thing.

② may 기원문

'~이기를 빌다'라고 신에게 비는 문장을 '기원문'이라고 한다. may가 문두에 나오며 의문문의 어순을 취한다.

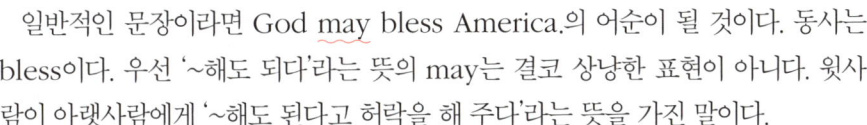

예문 **May God bless America.**
미국에 신의 가호가 있기를.

일반적인 문장이라면 God may bless America.의 어순이 될 것이다. 동사는 bless이다. 우선 '~해도 되다'라는 뜻의 may는 결코 상냥한 표현이 아니다. 윗사람이 아랫사람에게 '~해도 된다고 허락을 해 주다'라는 뜻을 가진 말이다.

예문 **You may have a seat.** 넌 앉아도 돼.

윗사람이 아랫사람에게 반쯤 명령하는 것처럼 말하는 '허가, 허락'을 나타낸다.
위의 may 기원문을 다시 보자. 기독교의 세계에서 '가장 위에 있는 입장'은 '하느님'이다. 기원문에서 may가 문두에 나오는 것은 '하느님에게 허락(may)을 구하는' 것을 강조하기 위함이고, 이것이 '~이기를 빌다'라고 하느님에게 부탁하는 표현이 된 것이라고 생각된다.
허락을 강조하기 때문에 **may가 강조되어 문두에 온다.**
따라서 God may bless America.와 같은 '주어+동사~'의 어순이 May God bless America.처럼 의문문 어순이 되는 것이다.
영화 '스타워즈'에 나오는 대사인 "May the Force be with you."(포스가 당신과 함께하기를.)도 이와 같은 구문이다.

③ 가정법 도치문

가정법 학습(Must 44)에서 자세히 설명한 부분으로, "실제로 일어나지 않았지만, 만일 그렇다면 이렇게 될 거야."라고 **'상상의 이야기'를 할 때 사용하는 동사의 활용이 가정법**이다.
가정법에서는 동사를 일부러 과거형이나 과거완료로 함으로써, '현실의 이야기가 아니라는' 것을 나타낸다.

예문 **If it were raining now,** (지금 실제로 내리지 않지만)
　　가정법 과거형　　　　　　만일 지금 비가 내린다면,
→ 현실에서는 100% 비가 오지 않는다. 100% 가정하는 이야기이다.

'상상의 이야기'라는 것을 나타내기 위해서 일부러 동사의 과거형이나 과거완료형을 사용하기 때문에 '어디까지나 가정해서 하는 이야기'라는 것을 강조하고 싶다면, 동사의 과거형이나 과거완료형 부분을 강조하면 된다.

동사를 강조하기 때문에 의문문의 어순이 나타나게 되는 것이다.

예문 ~~If~~ **Were it raining now,**
→ 가정하는 이야기라는 것이 강조되므로, if는 불필요하게 되어 사라진다고 생각하면 된다.

● ── ④ So do I., Neither do I. 등의 '동의 표현'

예문 **A: I'm hungry.**　배고파.　　**B: So am I.**　나도.

여기에서 So am I.는 So am I ~~hungry~~.의 hungry를 생략한 표현이다. 상대방이 이미 hungry라고 말했기 때문에, '같은 말을 두 번 반복하지 않는' 영어의 규칙이 작용해서 생략이 일어난다. 참고로 이를 통해 원래는 이러한 표현이 존재했었다는 것을 짐작할 수 있다.

예문 **I am so hungry.**　나도 그만큼 배가 고프파.

현대 영어에서 so를 '너무, 매우'라는 뜻으로 사용하는 경우가 많은데, 원래 **so는 한국어의 '그렇게'에 가까운 의미의 말**로, '그렇게', '그 정도(만큼)'라는 뜻을 가진 말이다.

예를 들어, He was so hungry that he couldn't sleep. 문장의 경우, 학교에서 배운 것처럼 "그는 너무 배가 고파서 잠을 잘 수가 없었다."라고 해석할 수 있지만, 다음과 같이 해석할 수도 있다.

예문 **He was so hungry/that he couldn't sleep.**
　　　그는 그만큼 배고팠다　　잠을 잘 수 없을 정도로
　　　　　　　　　(얼마나?)
→ 그는 잠을 잘 수 없을 정도로 배가 고팠다.

so의 '그 정도'가 '어느 정도'인지에 대한 자세한 설명을, that이 가리켜 나타내고 있다. **that**은 원래 '**그것**'이라는 '**정보를 가리키기**' 위한 말이기 때문이다.

이번에는 대화 상대가 I'm hungry.라고 했을 때, "나도 마찬가지야."라고 말하는 So am I. 표현을 보자. 이를 다음과 같이 생각할 수 있다.

I am so hungry.
⬇ '그 정도', 즉 '너와 같은 정도'라는 것을 강조하고자 해서, so가 문두에 온다.
So ....
⬇ '(배가 고픈) 상태이다'라는 것을 강조하고자, '상태이다'를 뜻하는 be동사가 다음으로 강조되어 의문문의 어순이 된다.
So am I ~~hungry~~**.**
➡ hungry는 상대방이 이미 한 말이기 때문에 생략된다.

부정어 neither는 neither = not + either이다. either는 '어느 한쪽'이라는 뜻이고, not either, 즉 neither는 '**어느 한쪽을 봐도 not**', '**둘 다 not**'이라는 뜻이다.

예문 A: I don't like him.   난 그를 좋아하지 않아.
B: Neither do I.   나도 그래.

어느 한쪽만을 보는 것으로, 양쪽을 한꺼번에 볼 수는 없다

따라서 '상대방 A와, 화자인 B 자신 중, 어느 쪽을 봐도 not이다'라는 의미로 neither를 사용한다.

①의 부정 도치문과 마찬가지로 '(나도) not이다'라는 것을 강조하고자 하므로, neither가 문두에 온다.

Neither ....
⬇ neither가 부정하는 동사인 like도 함께 강조되어, 의문문의 어순이 된다.
Neither do I ~~like him~~**.**
➡ like와 him은 이미 언급되어 있으므로 생략된다.

Must 89
의문사가 문장 첫머리에 오는 이유

▶ 하고 싶은 말을 '먼저' 하다

■ 의문사: 가장 묻고 싶은 정보

의문사를 사용한 의문문의 어순이 까다롭다고 느낄 수 있다. 하지만 **'하고 싶은 말부터 먼저 한다'는 원칙은 바뀌지 않는다.**

질문할 때 제일 물어보고 싶은 내용이 '동사'인 경우, 의문문 어순에서는 동사가 주어 앞에 온다. 의문사를 사용한 의문문에서는 의문사가 가장 묻고 싶은 정보이다. **의문문을 만든 후에, 의문사를 문두에 둔다.** 예시를 몇 가지 살펴보자. 색깔 표시가 된 내용은 각각 의문사와 의문사로 대체된 정보이다.

예문 Do you live in Busan ?　→ Where do you live ?
부산에 살고 있나요?　　　　　어디에 살고 있나요?

예문 Did he do it for that reason ?　→ Why did he do it ?
그런 이유로 그가 그것을 했나요?　그가 왜 그것을 했나요?

예문 Do you like it ?　→ Which do you like ?
그것을 좋아하나요?　　당신은 어느 것을 좋아하나요?

이처럼 의문사로 대체된 정보는 가장 말하고 싶은 내용으로, 의문사가 되어 문두에 온다는 것을 알 수 있다.

의문사를 사용한 의문문에서는, 이러한 현상이 응용되어 나타나는 것을 볼 수 있다. 이는 간접 의문문이라는 형식에서 일어나는 현상이다.

■ 간접 의문문에서 도치가 일어날 때 · 일어나지 않을 때

문장 안에 들어 있는 작은 의문문을 간접 의문문이라고 한다.

> 직접 의문문(일반적인 의문문): Where is he? 그는 어디에 있니?
> 간접 의문문: I don't know where he is. 난 그가 어디에 있는지 몰라.
> → 문장 속에 where he is라는 작은 의문문이 들어 있다.

만드는 방법은 단순하다. 위 문장의 경우,
'나는 모른다' + **'모르는 내용'**의 순서로 나열하면 된다.

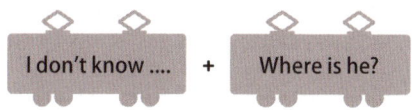

작은 의문문을 문장 안에 넣을 때, '동사+주어'(Where is he?)의 의문문 어순을 원래대로인 '주어+동사'(where he is)로 고치면 된다. '어디에 있니?'를 '어디에 있는지(를)'로 고치는 것과 같은 작업이다.

● 간접 의문문임에도 불구하고 의문사가 문장의 첫머리에 오는 경우

이번에는 아래 예문을 읽어 보자.

예문 **Do you know ...? + Where is he? → Do you know where he is?**
당신은 그가 어디에 있는지 알고 있나요?

예문 **Do you think ...? + Where is he? → Where do you think he is?**
당신은 그가 어디에 있다고 생각하나요?

일반적으로는 Do you know where he is?처럼 Do you think where he is?로 말해도 괜찮은 것처럼 보인다. 그러나 do you think의 경우, 그렇게 표현하지 않는다.

✕ **Do you think where he is?**

do you ~? 앞에 의문사(이 문장에서는 where)가 와서 다음과 같이 나타낸다.

● Where do you think he is?

이 패턴에서는 do you 뒤에 think(생각하다), hope(바라다, 희망하다), believe(믿다), expect(기대하다), imagine(상상하다) 등, '마음속으로 생각하는' 것을 나타내는 동사가 사용되는 경우가 많다.

'왜 그렇게 되는지는 모르겠지만, 그 동사들의 목록을 외워 두고, 이 패턴의 문장을 만들 때 조심하면 되려나?'라고 생각하는 학습자들도 있을 것이다. 그러나 문법은 암기 과목이 아니다. 이러한 현상이 일어나는 데는 확실한 이유가 있다.

여기에서도 '말하고 싶은 것부터 먼저 말하는' 영어 어순의 원칙이 작용한다. 질문에 예상되는 답변을 살펴보면, 왜 그러한 어순이 되는지 알 수 있다.

예문 A: Do you know where he is? 그가 어디에 있는지 알고 있니?
B: Yes, I do(= I know). / No, I don't (know).
응, 알아./아니, 몰라.
→ 답변을 보면, 이 질문에서 가장 물어보고 싶은 것이 '(그가 있는 곳을) 알고 있는가'이다. 즉, Do you know가 가장 물어보고 싶은 내용이다.

✗ A: Do you think where he is? 그가 어디에 있다고 생각하니?
B: Yes, I do(= I think)./No, I don't (think).
네, 생각해요. / 아니요, 생각하지 않아요.
→ '생각하다', '생각하지 않다'라고 답해도 질문에 대한 답이 되지 않는다. 즉, 가장 묻고 싶은 정보는 Do you think가 아니라는 것을 알 수 있다.

예문 A: **Where** do you think he is?
그는 어디에 있을 것 같니?
B: He may be in the bathroom.
그는 화장실에 있을지도 몰라.
→ 그가 어디에 있는지 장소를 대답해 주면 이 대화는 성립된다. 즉, 가장 묻고 싶은 정보는 '어디?'이다. 따라서 의문사 where부터 먼저 말해야 한다.

앞서 언급했듯이, 도치가 일어날 때는 think, hope, expect, believe, imagine

과 같이 '마음속으로 생각하는' 것을 나타내는 동사가 쓰인다.

　이러한 동사들을 사용할 때 '생각하는지', '믿고 있는지', '바라고 있는지'를 묻는 것이 아니라, **'생각하는 내용', '믿고 있는 내용', '바라고 있는 내용'** 등을 묻는 것이 일반적이다. 따라서 '내용' 부분에 오는 의문사가 가장 말하고 싶은 부분이므로, 의문사부터 먼저 오는 것이다.

● 예문　Do you think …? + Who are you? → **Who** do you think ● you are?
　　　너 스스로를 누구라고 생각하는 거니?(네가 무슨 대단한 사람이라고 생각하는 거니?)
대답: **This time, I'm your boss.**　이번에는 내가 너의 상사야.
　→ Who are you?에 대한 대답으로 알맞다.

● 예문　Do you hope …? + Which team will win the game?
　→ **Which team** do you hope ● will win the game?
　　　당신은 어느 팀이 이기기를 바라나요?
대답: **I hope the Yankees will win.**　저는 양키스가 이겼으면 좋겠어요.
　→ Which team will win the game?에 대한 대답으로 알맞다.

● 예문　Do you believe …? + When did it happen?
　→ **When** do you believe ● it happened?
　　　당신은 언제 그 일이 일어났다고 생각하나요?
대답: **I believe it happened this morning, not yesterday.**
　　　저는 어제가 아니라, 오늘 아침에 그 일이 일어났다고 생각해요.
　→ When did it happen?에 대한 대답으로 알맞다.

Must 90
어순의 2가지 주요 규칙으로 도치 마스터하기

▶ '하고 싶은 말부터 먼저 하기', '가벼운 정보를 먼저 말하기'로 도치 마스터

■ 하고 싶은 말부터 먼저 하기

●── what의 감탄문과 how의 감탄문

'하고 싶은 말부터 먼저 하는' 규칙을 따르는 도치문은, 의문문 외에도 찾아볼 수 있다.

먼저 how의 감탄문부터 살펴보자.

how는 '모양이나 정도를 묻다'라는 의미를 바탕으로 한다. '어떤 식인지', '얼마나, 어느 정도인지'를 묻는 느낌이다. '얼마나'라는 의미로 인해, **'얼마나 ~한지!'라는 감탄문에 how가 사용된다.** 그리고 감탄문의 어순에서 중요한 점은 아래와 같다.

how는 very가 다시 태어난 것이다.

이와 같이 생각하면서 이제 예문을 통해 살펴보자.

예문 **That girl is very beautiful!** 저 소녀는 매우 아름다워!

이 문장에서 very beautiful(매우 아름다운)을 '얼마나 아름다운지!'라고 강조하고 싶으면 **very를 how로 바꾸면 된다.**

→ **That girl is how beautiful!**

여기에서 강조되는 것은 how뿐만 아니라 how beautiful이라는 한 덩어리로

된 의미의 말이라는 것에 주의하도록 한다. '하고 싶은 말부터 먼저 하는' 규칙이 작용하여, **how beautiful**이라는 **덩어리부터 먼저** 말하면 다음과 같은 문장이 완성된다.

예문 **How beautiful that girl is**! 저 소녀는 얼마나 아름다운가!

실제 대화에서 하고 싶은 말은 How beautiful!만으로 충분하기 때문에 that girl is는 생략되는 경우가 많다.

다음에 배울 내용은 what의 감탄문이다. 감탄문에 쓰이는 what도 very가 다시 태어난 것이라고 할 수 있다.

그런데 여기에서 조금 독특한 점이 있다. how는 부사로, 감탄문에서 형용사(또는 부사)를 강조하는데, 이와 달리 what은 명사로, 감탄문에서 '(형용사+) 명사'를 강조한다.

즉, **how는 모양을 나타내는 말(형용사, 부사)과 잘 쓰이고, what은 명사와 잘 쓰인다.**

그러한 점에서 what을 사용하는 감탄문의 원래 문장은 다음과 같다.

예문 **She is a very beautiful girl!** 그녀는 매우 아름다운 소녀야!
→ very 뒤에 beautiful girl과 같이 '형용사+명사'가 온다는 것에 주의하자. what은 형용사뿐만이 아니라 명사도 필요하다.

이제 very를 **what**으로 바꿔서 **강조를 나타내도록** 한다. 여기에서 강조되는 덩어리를 먼저 말한다.

예문 **She is a what beautiful girl! → A what beautiful girl she is!**
→ a what beautiful girl 중에서 가장 하고 싶은 말은 what이다. 따라서 아래 예문처럼 what부터 먼저 말한다.

예문 **What a beautiful girl she is!**

이 또한 how를 사용한 감탄문처럼, 일반 대화에서는 she is가 생략되어 흔히 What a beautiful girl!이 되는 경우가 많다.

앞에서 what은 명사와 잘 쓰인다고 했다. 형용사가 없어도, 'What a + 명사!'만 으로 '정말 대단한 ~구나!'라고 감탄하는 말이 될 수 있다.

예문 **What a man!** 정말 대단한 남자야!

── I don't think he is kind.가 맞을까?, I think he is not kind.가 맞을까?

부정이라는 것은 중요한 정보이다. 부정을 나타내는 표현의 유무에 따라서 문장의 의미가 정반대가 되기 때문이다.

그래서 **영어에서는 부정 표현을 가급적 앞에 둔다**. 이 또한 '하고 싶은 말을 먼저 하는' 규칙의 일종이다.

한국어로 "나는 그가 친절하지 않다고 생각한다." 또는 "나는 그가 친절하다고 생각하지 않는다."라고 말해도 두 문장 모두 문제가 없다. 그러나 영어로 I don't think he is kind.라는 문장은 자연스럽지만, I think he is not kind.라

는 문장의 경우, 틀렸다고는 할 수 없지만, 상당히 매끄럽지 않은 표현이어서 첨삭이 필요하다.

마찬가지로 Nobody was there.(거기에는 아무도 없었다.)는 자연스럽지만, Anybody was not there.라는 문장은 부자연스럽다.

또한 not과 no뿐만 아니라, **부정적인 의미를 가진 표현도 가급적 먼저 말하는** 경향이 있다.

The budget will be likely to be denied.
↓
The budget will be unlikely to be approved.

한국어의 경우, "예산은 아마 부결될 것이다." 혹은 "예산은 아마 승인되지 않을 것이다." 중 어느 것으로 말해도 자연스럽다.

그렇지만 영어의 경우, likely(~할 것 같은)라는 긍정적인 정보를 먼저 말하고 deny(거부하다)라는 부정적인 정보를 나중에 말하는 것보다, unlikely(~할 것 같지 않은)라는 **부정어를 앞에 두고**, deny 대신에 approve(승인하다)와 같이 **긍정적인 표현을 사용하는 형태**를 선호한다.

■ 가벼운 정보를 먼저, 무거운 정보는 나중에

긴 영어 문장을 읽다 보면, 가끔 '이 동사는 보통 S+V+O 어순을 취하는데, 왜 맨 뒤쪽으로 O 덩어리가 이동되어 있는 거지?'라고 의문을 가지게 되는 문장들을 발견한다.

그러한 문장 대부분은 '**짧은 정보는 앞, 길고 무거운 목적어(O) 덩어리는 뒤**'에 배치되어 있다.

단순하고 전형적인 예로는 suggest나 explain 구문이 있는데, 이 동사들은 보통 아래와 같은 구문 형태를 취한다.

- suggest+제안 내용(O)+to 사람 (사람에게 ~을 제안하다)
  예문 He suggested the plan to me.

- explain+설명 내용(O)+to 사람 (사람에게 ~을 설명하다)
  예문 I explained the reason to her.

그러나 O의 부분인 '제안의 내용'이나 '설명의 내용'이 길고 무거운 정보인 경우, 뒤로 이동한다.

예문 He suggested to me that the plan should be put off.
그는 계획을 연기하는 것이 어떨지 나에게 제안했다.

예문 I explained to her the reason why we had put off the plan.
나는 우리가 그 계획을 연기한 이유를 그녀에게 설명했다.

Must 91
수학의 수식과 영어의 어순은 같다

▶ '~의 ○○배'라는 표현을 쉽게 이해할 수 있게 된다

학창 시절에 배운 문자식을 떠올려 보자. 곱셈에서는 글자를 다음과 같이 옆으로 나열한다.

$$a \times b = ab$$

영어 표현에서도 같은 형태가 나타난다. 예를 들어 '30분'은 1/2시간으로,

1/2 × 1시간 = half an hour

로 나타낼 수 있다.
이번에는 덧셈 문자식을 떠올려 보자.

$$a+b = a+b$$

즉, '+' 기호는 생략할 수 없다. 영어 표현에서도 같은 형태가 있다. 예를 들어, '1시간 반'은 1시간+1/2시간으로,

1시간 + 1/2시간 = an hour and a half

처럼 '+'를 나타내는 and를 표시한다.

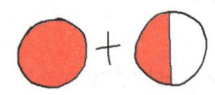

이는 우연이 아니라 필연이다. 수식이란 숫자를 사용해 세상의 현상을 설명하는 것으로, 일종의 언어이다. 그리고 학창 시절에 배우는(방정식 이후의) 수학은 고대 그리스에서 발생하여 유럽에서 성장한 것이다. 따라서 유럽에서 성장한 수식은, 유럽어의 영향을 많이 받았다.

그 밖에도, 이미 앞에서 1/2이라고 쓴 것처럼 분수는 분자를 먼저, 분모를 뒤에 쓴다. a half(1/2)나 a quarter(1/4)는 조금 특수한 표현이다. 예를 들어 2/3는 two thirds, 3/5은 three fifths와 같이 분자를 먼저 쓰고, 분모는 뒤에 쓴다.

이를 이용하면, 이른바 '배수 표현'을 쉽게 만들 수 있다. as ~ as 구문에서 자주 나오는 표현이다.

예문 He is twice as rich as I.
그는 내 두 배만큼 부자다.(나보다 두 배 부자다.)

이러한 문장이 있을 수 있다. 배수 표현이란, 글자 그대로 '곱셈'을 나타내는 문장이다. 그래서 표현을 '나란히 배열'하면 '~배'를 나타낼 수 있다. 위 예문을 만드는 방법을 생각해 보자. 그리고 as ~ as 구문을 쉽게 만드는 방법도 함께 알아보자.

■ as ~ as 구문을 매우 간단하게 만드는 방법

as ~ as 표현이나 비교급을 사용한 문장은 읽고 이해하기 어렵고, 만드는 것도 힘들다.

그 이유는 '비교하는 쪽'과 '비교를 당하는 쪽'의 2가지 정보, 즉 일반적인 문장의 두 배에 달하는 정보를 다루어야 하기 때문이다. 이러한 문장을 한꺼번에 만들려면 머리가 혼란스러워진다. **단순한 문장부터 시작해서, 점차 표현을 늘려 간다**면 쉽게 만들 수 있을 뿐만 아니라, 긴 비교 문장을 아주 쉽게 읽는 것도 가능할 것이다.

① **He has many books.**
그는 많은 책을 가지고 있다.

일단 이처럼 단순한 문장을 만든다. 그리고 문장을 만들었다면, 그 다음에는 문장 안에서 '**모습을 나타내는 말**(문법적으로 말하면, 형용사나 부사)'을 찾는다. 이 문장에서는 many(많은)가 그러한 단어이다.

② **He has as many books.**
그는 똑같이 많은(=같은 개수) 책을 가지고 있다.

모양을 나타내는 말 앞에 첫 번째 as를 놓는다. as ~ as 구문에서 첫 번째 as와 두 번째 as는 뜻이 같지 않다. **첫 번째 as의 의미는 '똑같은 정도의 ~'이다.** as many books라면 '똑같이 많은 책', 즉 '같은 권수의 책'이라는 뜻이 된다.

③ **He has as many books as I.**
　그는 나와 같은 권수의 책을 가지고 있다.

"같은 권수의 책을 가지고 있다."라고 말하면, 듣는 사람은 당연히 "누구와 같은 권수?"라고 물으며 설명을 듣고 싶어 할 것이다.
　이 부분에서 두 번째 as가 나온다. **두 번째 as는 '누구와 같은 정도인지'를 설명하는 '기준'이 되는 역할**을 한다.

여기에서 주의해야 할 중요한 포인트가 하나 있다. 이는 **두 번째 as가 문장 끝머리에 온다**는 점이다.
　학교에서 이 구문을 배울 때, 기계적으로 'as+형용사+as'로 암기하는 학습자들이 많아서, 아래 문장과 같이 말하는 경우를 자주 볼 수 있다.

✗　**He has as many as books ....**
　원래 문장을 생각해 보면, He has many books.였기 때문에, 두 번째의 as가 오는 위치는 문장의 끝머리인 books의 뒤가 되어야 한다.

이제부터는 이를 배수 표현으로 만드는 방법을 설명하겠다. 예를 들어, "그는 내 두 배만큼의 책을 가지고 있다."라는 문장을 만들어 보자.

① **He has as many books as I.**
　→ 직역하면 '그는 가지고 있다, 같은 권수의 책을. 비교하는 기준은 나'가 된다. 이 문장에서 '2배'를 나타내고 싶다면, 수식과 같이 생각하여 표현한다.

② 그는 가지고 있다, 2×[같은 권수의 책을]+비교 기준은 나'가 되는 것 이다.
　영어로는 He has 2×[as many books] as I.가 된다. '2배'는 영어로

twice이다.

③ **He has twice as many books as I.**

앞 과정을 거쳐 이와 같은 문장이 완성된다.

●● ── 비교급도 수식의 사고방식을 적용

비교급 문장도 같은 패턴으로 만들 수 있다.

예를 들어, "이 탑은 저 탑보다 3배 높다."라는 문장을 만들고 싶다면, 다음과 같은 단계를 생각해 보자.

① **This tower is tall.**   이 탑은 높다.
  ↓ 형용사 tall을 비교급으로 나타낸다.
② **This tower is taller.**   이 탑은 더 높다.
  ↓ 무엇보다 높은지의 기준을 나타내는 than을 문장 끝에 둔다.
③ **This tower is taller than that one.**   이 탑은 저 탑보다 높다.
  ↓ 3 × [taller]의 형태로 하여, '3배 높다'는 것을 나타낸다.
④ **This tower is three times taller than that one.**
  이 탑은 저 탑보다 3배 높다.

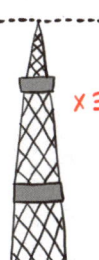

제 13장
설득을 위한 영어: '형식'을 만들어 영어로 사고하는 훈련

Must 92
영어 학습을 시작하기 전에 목표를 먼저 정하자

▶ '설득하는 것'을 영어 학습의 목표로 하라

■ '일상 회화'라는 말의 함정

영어로 유창하게 말할 수 있으면 좋겠다고 생각하는 사람들이 많다.

그러한 사람들에게 "영어로 무슨 말을 하고 싶나요?"라고 물으면 대부분의 사람들이 '일상 회화(생활 영어)를 잘 말하고 싶다고 대답한다.

그러나 조금만 생각해 보면 쇼핑하는 것, 길을 묻는 것, 친구와 이야기하는 것, 취미로 애니메이션 이야기를 하는 것, 스포츠 이야기를 하는 것, 혹은 우주항공연구개발기구에 견학을 가서 우주 로켓에 대한 이야기를 하는 것도, 일상 회화에 속하기는 한다.

즉, '영어로 일상 회화를 말하고 싶다'라는 것은 모든 말을 영어로 하고 싶다는 것과 마찬가지이다.

외국어로 유창하게 말할 수 있을 만큼 학습하고 훈련할 수 있는 시간은 한정되어 있고, 실제로 외국어로 말할 기회는 더욱 한정되어 있다.

이와 같은 상황에서 '영어로 일상 회화를 유창하게 구사하고 싶다'라는 목표 설정은 매우 주먹구구식의 비현실적인 목표라고 생각한다.

이 책을 읽고 있는 당신은 영어를 제대로 다시 공부하고 싶어 하는 사람일 것이다. 그리고 이러한 당신의 목표가 '일상 회화' 수준은 아닐 것이라고 생각한다. 그러한 목표보다는 '다른 사람을 설득하는 데 배운 문법을 사용할 수 있도록' 현실에서 구체적인 목표를 설정해 보도록 하자.

● 목표 설정에 있어서 무엇에 초점을 두어야 하는가

사실 영어 교육이 한창이었던 90년대 중반에는 영어 원어민 강사가 특별한 목적 없이 학생들과 '일상 회화'만 영어로 하여 학습 효과가 전혀 오르지 않았던 상황이 계속된 적이 있다.

이러한 문제점을 인지한 어느 대학 교수가 대학과 기업을 돌며 현장에서 필요한 영어 아웃풋 능력이 무엇인지를 조사했다.

조사 결과는 다음과 같다.

> • 대학원에서 필요로 하는 것은 프레젠테이션 능력과 글쓰기(논문, 리포트) 능력이다.
> • 기업에서 필요로 하는 것은 프레젠테이션 능력과 협상 능력이다.

이번에는 TOEFL의 영어 Essay Writing이나 IELTS의 영어 writing처럼 영어 능력 시험의 글쓰기에 대해 이야기해 보겠다. 문제의 형식은 '자신의 의견에 대해 이유를 붙여서 논하는' 것이다.

이 모든 것에 공통적으로 존재하는 단 하나의 공통 미션이 있다. 바로 '영어를 사용해서 다른 사람을 설득하는' 것이다.

● 할 일을 한정하다 보면 학습 계획이 명확해진다

한정된 시간 내에 영어를 쓰고 말할 수 있으려면, 해야 할 일을 한정해야 한다.

예를 들어, '기념품 가게에서 쇼핑하기 위해 사용하는 영어'는 천천히 해도 1~2주 안에 마스터할 수 있다. 양이 적기 때문만은 아니다. 공부할 내용을 한정하면, 해야 할 일이 정해지고 명확한 학습 계획을 세울 수 있기 때문이다.

영어를 쓰고 말하는 것에 있어서, 우리는 '영어를 사용해서 사람을 설득하는 것'으로 범위를 한정하여 훈련해야 한다. 그리고 그것을 실현하기 위해서는 효율적인 프로그램이 필요하다. 그렇다면 그 프로그램에는 어떤 것이 있는지, 다음 학습에서 설명하도록 하겠다.

Must 93
형식을 만들어라

▶ how를 자동으로 나올 수 있게 하고, what에 집중해라

말하고 쓰는 행위는, 말하는 사람과 쓰는 사람만으로 성립되지 않는다. 이 행위에는 듣는 사람과 읽는 사람이 필요하다. 스포츠로 따지면 '대전 상대'가 필요하다. 그리고 스포츠 경기에서는 다음에 제시되는 2가지를 할 수 있어야 한다.

무엇을 할까(what)
그것을 어떻게 할까(how)

경기 때마다 대전 상대는 달라지고, 그 상대가 어떻게 움직일지는 예측 불가능이다. 상황에 따라 무엇을 할지(what)는 임기응변으로 대처해야 한다. 그리고 몸을 어떻게 움직일지(how)에 대해서는 일일이 생각하지 않아야 한다. 경기 때 몸이 알아서 움직여 줄 수 있도록, 평소에 움직임이 몸에 제대로 배게 훈련할 필요가 있다.

한국어나 다른 언어도 마찬가지로, 누구와 무엇에 대해 이야기할 것인지를 나타내는 **what은 그때그때 다르게 대응해야 한다.** 예상 질문에 대한 답변을 만들어서 달달 외워도 소용없는 이유는 이 때문이다. 그러나 어떻게 말할지를 나타내는 **how의 경우, 사실상 형식이 그다지 많지 않다.** 그래서 그 한정된 수의 형식이 자동으로 입 밖에 나올 때까지 평소에 연습을 해 두면 실전에 도움이 된다.

이는 무엇보다 실전에 대비해서 강한 자신감을 가지게 하고, 불안감을 덜어 주는 큰 장점이 있다. '무슨 말을 할까, 그리고 그것을 어떻게 말할까?'라는 2가지 작업을 동시에 하게 되면 사람은 패닉 상태에 빠지기 쉽다. 패닉 상태를 피하기 위해, 실전에서는 how가 자동으로 나올 수 있게 자동화하고, what에 집중할 수 있는 환경을 만들어야 한다.

여기에서 말하고 쓰기 위한 언어 학습 시에 중요한 것은 **how**, 즉 **형식을 만들고 그것을 몸에 배게 하는 것**이다.

그 형식을 크게 4가지로 나눌 수 있다.

> **언어에 관계없이 필요한 형식**
> - '설득에 필요한 논리적 사고'의 형식
> - '알기 쉽게 상대방에게 정보를 전달하기 위해 필요한 이야기 구성 방법'을 위한 형식
>
> **영어에 필요한 형식**
> - 하나의 '문장'을 만들기 위해 필요한 동사 중심의 구문 형식
> - 설득을 위한 '문장'을 만드는 에세이 글쓰기의 형식

이러한 형식에 단어와 문법 지식을 더하면, '다른 사람을 설득하기 위한 영어'가 완성된다.

이 장에서는 주로 '형식'을 만드는 것에 대해 설명하고, 1장에서 이야기했던 '영어 뇌'를 가지기 위한 훈련 방법에 대해 이야기할 것이다.

아무리 영문법을 공부해도, 여기에서 말하는 '형식'을 익히지 않고서는 영어를 말하거나 쓸 수 없다. 하물며 '다른 사람을 설득하기 위해' 영어로 이야기를 구성하는 것은 불가능하다. '형식'을 만들어 두면, 영어 활용 능력이 매우 빠르게 상승한다.(실제 영어 능력 시험에서, 많은 수강생이 단기간에 좋은 결과를 보여 주었다.) 그러한 의미에서 이번 학습도 매우 중요하므로, 모두 잘 따라와 주기를 바란다.

"실전에서는 해야 할 일을 최대한 줄인다. 이를 위해 자동으로 나올 수 있을 만큼 평상시에 연습하고 익힌다."

내가 존경하는 격투기 선수가 한 말이다. 다른 언어도 마찬가지인데, 실제로 말하고 쓸 때에는 what에 집중하고 how는 자동으로 나올 수 있게 하는 것이 중요하다. 이 책을 읽고 가능한 한 많은 how, 즉 실전에 대비해서 평소에 해야 할 형식을 익히고, 그 형식에 영문법을 적용해 보자.

Must 94
이유를 말해라

▶ '이유'는 일종의 연상한 것을 말하는 게임(Comparison Game)이다

■ 영어의 '말하기 문법' 이해하기

사실 언어에 따라 '**말하기 문법**'이 다를 수 있다. '말하기 문법'이란, **일반적으로 대화가 어떤 흐름으로 진행된다는 약속**이다.

보통 한국어 회화는 아래 예시와 같이 '<u>동조</u>'를 중시한다.

A: 무슨 음식 좋아하세요?
B: 초밥을 좋아해요
A: 저도요.

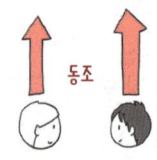

이와 같이 한국어는 '상대방과 같은 의견'이라는 점을 나타내는 것이 대화 상대방에 대한 배려이자 친밀감의 표현이다. 그런데 **영어 회화에서는, '<u>이유를 묻는 것</u>' 이 중요한 약속**이다.

한국인의 경우, 일반적인 일상 회화에서 상대방에게 이유를 묻는 것을 주저하는

A: What kind of food do you like?
B: I like sushi.
A: Oh, you like sushi? Why do you like sushi?
B: Because it's healthy.

경향이 있다. 위와 같은 경우에도 화자가 이유를 물으면, 상대방이 당황할 수 있다. 그러한 반응을 예상하여 특별한 경우가 아닌 이상, 보통 상대방에게 이유를 묻지

않는다.

　이러한 '회화의 형식'이 성립하는 사회에서 살고 있기 때문에, 한국인은 의견을 말할 때 이유를 함께 생각하는 습관이 형성되어 있지 않다.

　한편, 영어에서는 왜 이유를 묻고 싶어 하는 것일까?
　모든 언어에서 일상 회화의 목표는, 공통적으로 '상대방과 사이가 좋아지기 위함'이다. 한국어에서는 상대방과 같은 의견임을 보여 줌으로써, 친밀감을 보이려는 것이고, 이에 반해 **영어에서는 '상대방에게 흥미가 있기 때문에, 더욱 상대방에 대해 알고 싶어서 질문하는' 자세를 보이는 것으로, 친밀감을 나타낸다.**
　영어로 대화하는 학습자들을 보고 있으면, 자신이 말한 것에 대해 원어민 강사가 그 이유를 물었을 때 대답하지 못해 횡설수설하면서 영어 말하기를 어려워하는 경우를 종종 볼 수 있다. 그러나 영어로 말할 수 없다기보다는 단순히 이유가 생각나지 않는 경우도 많다. 평소에 하지 않는 '이유를 생각하는 것'을 갑자기 생각해서 영어로 대답해야 하니 어려운 것이 당연하다.

●── 이유를 생각하라. 단, 진지하게 생각하지 않는다.

　이러한 이유로, 나는 게임을 통해서 '이유를 많이 말하는' 훈련을 하고 있다.
　이 훈련에서 중요한 점은, **이유를 진지하게 생각하지 않는** 것이다.
　영어 회화에서 **'이유를 묻고 답하는'** 것은 인사와도 같다.
　예를 들어, 여름에 화자가 "오늘은 날씨가 덥네요."라고 말하고, 상대방이 "네, 그러네요."라고 답하는 대화는 실질적으로 아무런 의미도 없는 그냥 인사말이다. "날씨가 덥네요."라는 말을 듣고, 진지하게 "큰 태평양 고기압의 영향으로, 앞으로 며칠은 더운 날이 계속될 것입니다."라고 대답하면 상대방이 당황할 것이다.
　영어 회화에서 상대방이 이유를 묻는 것도, 대부분 진지하게 이유를 알고 싶어서가 아니다.

　일반적으로는 단지 대화를 계속 이어 나가기 위함이다.
　너무 깊이 생각하지 말고, 적당한 이유를 생각해서 대답하자.

　이를 위해서는 '이유'를 생각한다기보다, '연상'을 하면 된다. 예를 들어, '축구'를 생각하면 무엇이 연상되는가? '월드컵', '리오넬 메시 선수', '손흥민 선수', 등, 여러 가지가 있다.

A: What sports do you like?   넌 무슨 스포츠를 좋아하니?
B: I like soccer.   축구를 좋아해. 의견
A: Why?   왜?
B: I like Son Heung-min.   손흥민 선수를 좋아해서. 이유

생각의 순서는 다음과 같다.

① '축구'와 **관련된 것을 떠올린다**. (예: 손흥민 선수)
② 떠올린 **명사를 사용하여 문장을 만들기 위해 동사를 생각해 낸다**. 새로운 동사를 생각해 내는 것이 번거로우면, 앞에서 언급한 동사를 활용한다. 여기에서는 What sports do you like?, I like soccer.라고 했으므로, like를 사용한다. (예: I like Son Heung-min.)

●── 게임으로 익히는 '연상'

이유를 생각해 내는 훈련으로 내가 하고 있는 것은 Comparison Game(비교 게임)이다.

2명이 짝을 지어, A vs B라는 주제를 제시한다. 가위바위보를 하여 이긴 쪽이 A와 B 중에서 좋아하는 주제를 고른다. 그리고 **약 2분 동안 계속해서 서로에게 이유를 말하는** 게임이다.

말하기 형식은 '**A/B is better because ~**'이다.

예를 들어서 ice cream vs cake의 경우, 다음과 같이 말할 수 있다.

A: Ice cream is better because it's cold.
B: Cake is better because it's sweet.
A: Ice cream is better because you can finish eating it quickly.
B: Cake is better because it's a special food.
A: Ice cream is better because it's cheap.

B : Cake is better because it's expensive ....

이와 같이 아이스크림이나 케이크를 생각했을 때 연상되는 것을 이유의 형태로 말하는 것이다.

여기에서 사용하는 동사는, 아이스크림과 케이크의 성질을 나타내는 경우가 많기 때문에 'A is B' 구문이 제일 많이 쓰인다. '아이스크림이 좋다, 왜냐하면 차가워서.'라는 것은 별다른 이유는 아니지만, **연상한 것을 말하는 것**만으로 충분하다. 무엇이 되었든 떠오르는 것을 이유로 말하는 것이다.

혼자서 이 게임을 하는 경우에, 익숙해지지 않을 때는 생각나는 대로 이유를 노트에 쓴 후에 말해 보고, 익숙해지면 1분의 제한 시간 내에 생각나는 대로 말해 보자.

이 게임의 목적은 설득력 있는 이유를 떠올리는 것이 아니라, **그것이 무엇이 되었든 기계적으로 빠르게 이유를 많이 떠올리는** 것이다.

'괜찮은 이유', '사용할 만한 타당한 이유'를 떠올리려고 노력하는 것보다는, 여러 가지를 떠올리다가 의외로 좋은 이유를 생각해 내는 것이 현실적인 방법이다.

비즈니스에서 상대방의 의견을 요구했을 때, 순간적으로 무엇인가를 말할 수 있도록 한다. 그리고 영어 글쓰기 테스트에서는 의견을 지지하는 이유를 2가지 내지 3가지 정도 요구하므로 그 이유를 빨리 떠올릴 수 있도록 한다.

가령 터무니없어 보이는 이유라고 해도, 그 이유에 설득력을 부여하는 것은 나중에라도 할 수 있다(그 방식은 Must 96 학습에서 소개한다). 먼저 **이유를 떠올리는 '생각의 회로'를 영어로 만들자.**

Must 95
알기 쉽게 설명하는 능력을 기르자

▶ 이야기 구성 방법을 익히는 Guessing Game

이해하기 쉬운 이야기는 설득력이 있다.
알기 쉽게 이야기를 하려면, 이야기를 어떻게 구성해야 할까?
이번 학습에서는 알기 쉽게 이야기를 구성하기 위한 3가지 전략과 이러한 능력을 기르기 위한 게임을 소개할 것이다.

●── Guessing Game: 알기 쉽게 설명하는 기술

Guessing Game은 아래와 같은 게임이다.

> ① 2명이 짝을 지어, 서로 다른 영어 단어가 적힌 목록을 나누어 가진다. 목록에는 cat, eraser, convenience store 등과 같은 명사들이 있다.
> ② 다음으로, 2명 중 한 명이 그 목록 중에서 무작위로 영어 단어를 선택하고, 그것을 상대방이 맞출 수 있도록 영어로 설명한다.
> ③ 설명을 들은 상대방이 단어를 맞추면, 이번에는 역할을 바꿔 단어를 영어로 설명한다.

물론 이 게임의 콘셉트 자체는 혼자 해도 좋은 훈련이 된다. 이 게임을 잘하기 위해서는 상대방이 쉽게 알 수 있게 단어를 빠르고 효율적으로 설명해야 한다.

예를 들어, '고양이'라는 말을 사용하지 않고, 고양이란 무엇인지 모국어로 말해 보자.(머릿속에 생각하는 것만으로는 실감이 나지 않기 때문에, 소리 내어 말해 보자.)

의외로 무엇을 먼저 설명해야 할지 당황할 수 있다.

시험 삼아 실제로 누군가에게 설명해 보자. '고양이' 하면 떠오르는 말들을 열심히 말해 봐도, 듣는 사람이 이해하지 못하여 제대로 순서를 정해서 설명해 달라고 요청하는 경우도 적지 않다.

이러한 문제를 해결해 줄 방법이 '형식(일종의 순서 정하기)'이다. '형식'이 몸에 배어 있으면, 언제 어디서나 순간적으로 설명을 능숙하게 할 수 있게 된다.

여기에서는 이를 위한 3가지 형식을 소개하겠다.

① 넓은 범위에서 좁은 범위로(general to specific)

'넓은 범위'는 '상위 카테고리'를 말한다.

고양이의 경우, 상위 카테고리는 '동물'이다. 이는 일반적이고(general) 추상적인 정보이다. '좁은 범위'는 개별적이고 구체적인(specific) 특징에 대한 정보이다.

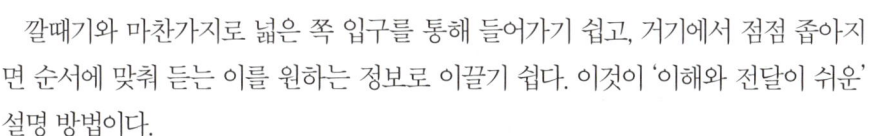

고양이의 경우, '몸이 유연함', '점프력이 좋음', '야옹 소리를 냄' 등의 특징이 있다.

이러한 **정보를 단계별로 정하여, 넓은 범위에서 좁은 범위로 순서에 맞게 이야기**하는 것이다.

깔때기와 마찬가지로 넓은 쪽 입구를 통해 들어가기 쉽고, 거기에서 점점 좁아지면 순서에 맞춰 듣는 이를 원하는 정보로 이끌기 쉽다. 이것이 '이해와 전달이 쉬운' 설명 방법이다.

📑 A: It's an animal. Many people have the animal as a pet, but it's not a dog. It has a flexible body and it likes to get in boxes.
그것은 동물이야. 많은 사람들이 그것을 애완동물로 키우는데, 개는 아니야. 몸이 유연하고 상자에 들어가는 걸 좋아해.

B: Oh, a cat? 어, 고양이?

A: Correct! 맞았어!

② 구체적인 예시 나열하기(a list of examples)

단순하면서 효과적인 또 다른 방법으로는, **단순히 구체적인 예시를 나열하는 것**

이 있다.

　예를 들어, convenience store를 상대방에서 설명할 때, GS25, CU, Seven Eleven 등으로 편의점의 이름을 나열하는 것이다. 물론 ①의 '넓은 범위에서 좁은 범위로'라는 설명 방법과 함께 조합해서 설명하면 더 좋다.

> **예문** **They are stores. They are open 24 hours a day. Stores such as GS25, CU, Seven Eleven ....**
> 그것은 상점이다. 하루에 24시간 열려 있다. GS25, CU, 세븐일레븐과 같은 상점이 ....

③ 백과사전적 지식 활용하기(a script)

　예를 들면, '지우개란 무엇인가'를 떠올릴 때 우리는 '지우개'만을 순수하게 떠올리지 않는다. 연필과 종이, 연필로 쓴 글씨, 지우개 등 지우개와 관련된 체험적 정보를 함께 연상한다.

　이와 같이 '**A에서 연상되는 지식**'을 언어학에서는 'A에 대한 백과사전적 지식'이라고 한다.

　A에 대한 설명을 할 때, 순간적으로 A라는 단어가 말로 나오지 않으면 이 백과사전적 지식을 사용하게 된다. 예를 들어서 지우개의 경우, 다음과 같이 말할 수 있다.

> **예문** **OK, you're writing with a pencil and you make a mistake. You want to delete it. Then, what will you use?**
> 자, 네가 연필로 글씨를 쓰다가 틀렸어. 그것을 지우고 싶어 해. 그렇다면 넌 뭘 사용하겠니?

　조금 난이도가 높기는 하나, 이 전략을 다음과 같이 응용할 수 있다. 예를 들어, 회사의 신제품을 홍보하기 위한 매체로, Facebook이 가장 우수하다고 가정해 보자.

　이 매체가 채택되도록 상대방에게 설득하기 위해, 지금까지 설명한 3가지 전략을 사용하면 다음과 같이 말할 수 있다.

① 넓은 곳에서 좁은
  곳으로

① 이번 프로젝트의 목적은 가능한 한 많은 사람들에게 이 신제품을 알리는 것입니다. 그러나 제품의 특성상 타깃 고객의 연령대는 30대에서 40대의 고객으로 한정될 것이라고 예상됩니다. ② 광고 매체에는 텔레비전, 라디오, 신문, 웹 사이트, 그리고 SNS 등이 있습니다. ③ 그중에서 Facebook은 실명으로 등록하는 만큼, 투고된 의견의 신뢰도가 더욱 높은 경향이 있고, 사용자의 대부분이 30대에서 40대이기 때문에 Facebook에 이 제품을 광고하는 것이 가장 적합하다고 생각합니다.

② 구체적 예시

③ 백과사전적 지식을 이용하여, 결론으로 유도하기

① The goal of this project is to let as many people as possible know our new product. Due to the nature of the product, however, the target customers are expected to be in their 30s and 40s. ② There are advertising options such as TV, radio, newspapers, websites and social media. ③ Considering that opinions in posts tend to be more trusted because of the real name registration, and most users are in their 30s and 40s, it is the best for us to put ads on Facebook.

Must 96
터무니없는 이유를 설득력 있는 의견으로 바꿔라

▶ 문제를 파고드는 Why Game

   Must 94 학습에서 이유를 진지하게 생각하지 말라고 설명했다. 그리고 이유라기보다는 연상을 하라고 설명했다. 예를 들어, 아이스크림과 케이크 중 어느 것을 좋아하는지 묻는 말에 대한 답변으로 아이스크림을 좋아하는 이유를 말할 때, '지금까지의 인생에서 아이스크림과 나에 관한 것'을 떠올리게 되면 시간이 많이 걸리며, 내용도 추상적이고 어려워진다. 이를 모국어로 설명하는 것조차 힘든데, 하물며 그것을 영어로 말하려고 하면 더욱 더 힘들어진다

   나는 종종 **'먼저 입을 열어 무엇이 되었든 말하고, 그 후의 일은 나중에 생각하라'** 고 지도한다.
   예를 들어, "아이스크림이 좋아요. 왜냐하면 차가워서요."라고 먼저 말하면 된다. 앞으로 어떻게 말할지는 나중에 생각하도록 하자.
   차가워서 좋다는 이유가 아무래도 너무 단순하다고 생각될 수도 있다. 그러나 이를 하나의 문단으로 만들어 제대로 된 의견으로 완성하는 기술이 있다. **우리 안에 면접관을 한 명 만들어서, 그 사람에게 질문하게 하자.** 영어로 자주 나오는 질문은 <u>why</u>이다.

A: 왜 차가운 아이스크림이 좋나요?
B: 몸이 차가워져서요.
A: 왜 몸이 차가워지는 게 좋나요?
B: 열사병을 예방할 수 있어서요.

why를 반복하다보면, **문제를 깊이 파고드는** 효과가 있다. '이야기의 깊이가 얕은' 경우, 그 이유 중 하나는 why의 질문 횟수가 적은 것에 있다. 하지만 why만으로는 대화가 끊길 수도 있기 때문에, 나는 다음 3가지 질문 중에 선택해서 묻고 답하도록 지도한다.

> 예를 들면? (For example?)
> 그것이 무슨 의미인가? (What does it mean?)
> 그러면 어떻게 되는가? (Then, what will happen?)

자, 그러면 위의 질문을 활용한 대화를 살펴보자.

> A: 예를 들면요?
> B: 예를 들어, 일부 어르신들은 에어컨을 켜기 싫어해서 열사병에 걸리는 경우가 있는데, 아이스크림을 먹으면 에어컨을 사용하지 않아도 체온을 낮출 수 있어요. 그래서 열사병을 예방하는 효과가 있어요.
> A: 그러면 어떻게 되나요?
> B: 고령자가 열사병으로 사망하는 사고를 예방하게 되어, 열사병으로 인해 발생할 수 있는 건강 피해를 예방하는 것도 가능해요.

자, 이번에는 이것을 하나의 문단으로 만들어 보자.

> 아이스크림이 케이크보다 더 좋아요. 왜냐하면 차갑기 때문이에요. 차가운 음식을 먹으면 체온이 내려가요. 일부 어르신들은 여름에 에어컨 사용을 기피하여 열사병에 걸릴 수 있어요. 어르신들이 아이스크림을 먹으면 에어컨 사용 없이 체온이 떨어져서 열사병을 예방할 수 있어요. 이를 통해 열사병에 의한 노인의 사망 사고를 방지할 수 있을 뿐만 아니라, 열사병으로 인해 발생할 수 있는 건강 피해를 예방하는 것도 가능해요.

> Ice cream is better than cake because it is cold. Cold food lowers your body temperature. Some old people don't want to use air conditioners and get heatstroke. If they eat ice cream, it lowers their body temperature without using air conditioners and prevents them from getting heatstroke. This will not only prevent old people from dying of heatstroke but also avoid health problems as a result of heatstroke.

요점은, **적절한 질문을 스스로에게 던지면서 이야기를 파고드는 사고 회로를 만드는 것**이다.

깊이 파고들 수 있다면, **연상해서 무심코 생각해 낸 이유를 어느 정도 제대로 된 의견**으로 만들어 낼 수 있다.

'왜?·예를 들면?·그것이 무슨 의미인가?·그러면 어떻게 되는가?'라는 4가지 질문 형식을 통해 훈련하면, 자신의 안에 잠들어 있던 생각과 영감을 이끌어 낼 수 있다.

만약 두 명이 짝을 이루어 이 훈련을 실시할 수 있다면, 한 사람이 면접관이 되어 적절히 '왜?·예를 들면?·그것이 무슨 의미인가?·그러면 어떻게 되는가?'라는 질문을 하자. 그러면 상대방의 의견에 깊이를 더해 줄 수 있다. 질문을 잘할 수 있는 사람일수록, 상대방의 의견에 깊이를 더해 줄 수 있고, 혼자서 이 훈련을 할 때에도 자신의 의견을 깊이 있게 만들 수 있다.

이 책은 '영어로 다른 사람을 설득하는 것'을 주제로 삼고 있으며, 영어로 무언가를 전달하기 위해 필요한 다양한 문법 내용을 설명했다.

하지만 이러한 것보다, 마지막으로 강하게 전달하고 싶은 말이 한 가지 있다. 그것은 다음과 같다.

"영어로 어떻게 말할지에 대해 생각하기 전에, 할 말 자체가 떠오르지 않으면 아무것도 할 수 없다."

내가 생각하는 실전에 강한 말하기 실력은 '어떤 주제에 관해서든 어느 정도 이야기할 수 있는 것'이라고 생각한다.

좋아하는 것, 잘 알고 있는 분야, 평소에 생각하고 있던 것은 당연히 쉽게 말할 수 있을 것이다. 그러나 그 외의 것에 대해서는 아무런 생각이 나지 않아서 말할 수 없는 사람도 있다. 그러한 경우, 그 사람은 비즈니스의 세계에서 '쓸모없고 무능력한 사람'이 된다. 왜냐하면 비즈니스에서 다루어야 하는 사안은 자신이 좋아하는 일이나 자신 있는 분야만이 아니기 때문이다.

누구나 자세히는 아니어도, 머릿속으로 막연히 생각하는 주제들이 있을 것이다. 하지만 그것을 말로 잘 표현하는 것은 매우 힘든 일이다.

이 책이 '형식'에 초점을 맞추고 있는 이유는 '형식'이라는 일종의 '수로'를 머릿속에 만들어, 마음에 떠오르는 막연한 생각을 막힘없이 입 밖으로 흘러나오게 하기 위함이다.

어떤 주제가 되었든 기계적으로 의견을 낼 수 있도록 하자.

기계적으로 의견을 낼 수 있게 되면, 그 자체로 상당한 안정감과 자신감을 얻을 수 있다.

게다가 지금까지 자신이 닦아 온 문장을 만드는 실력이나, 여러 문제에 대해 검색한 지식 및 정보를 더하면, 악마가 가진 강력한 힘과 같은 설득력을 얻을 수 있다.

Must 97
설득에 효과적인 5가지 구문

▶ 5가지 구문으로, because를 사용하는 것보다 인과 관계를 잘 파고들 수 있다

남을 설득하기 위해서는 '의견+이유'가 필요하다. 하지만 그것만으로는 부족하다.

아래 2개의 글 중에서 어느 것이 더 설득력이 있는지와 그 글을 택한 이유를 생각해 보자.

> 주제 : 여름은 경제에 좋다 - 찬성 vs 반대
> ① 여름은 경제에 좋다. 왜냐하면 기온이 높기 때문이다. 여름에는 많은 사람들이 바다를 찾으면서 해변이 북적인다. 서핑이나 해양 스포츠를 하는 사람이 많이 있다. 여름에는 캠핑을 가는 사람도 많다. 여름을 만끽하며 밖으로 놀러 다니고, 마음도 개방적이 되어 애인이 생기기 쉽다. 따라서 여름에는 사람들로 붐비기 때문에 경제에 좋다.
>
> ② 여름은 경제에 좋다. 왜냐하면 기온이 높기 때문이다. 기온이 높으면 수영을 하고 싶어져서 바다를 찾는다. 이 때문에 해안가 상점과 식당의 손님이 늘고 일자리가 늘어난다. 해안가 주민의 수입이 늘면 지자체의 세수도 오르고 지자체의 재정이 넉넉해지면 주민들은 더 알찬 행정 서비스를 받을 수 있다. 이렇게 많은 사람들에게 경제적 혜택이 돌아가므로 여름은 경제에 좋다.

②가 더 설득력이 있다. 그렇다면 ①은 왜 설득력이 부족할까?

①, ② 모두 의견뿐만 아니라 이유도 설명하고 있다. 그러나 ①에서는 단지 병렬적으로 이유를 늘어놓았을 뿐, 그 이유를 깊이 있게 제시하고 있지 않다. 왜 서핑이

나 해양 스포츠를 하는 사람이 많으면 좋은지, 캠핑을 가는 사람이 많으면 어떻게 되는지, 애인이 생기기 쉬우면 경제적으로 어떤 장점이 있는지, 이러한 것들에 대한 아무런 설명이 없다. 듣는 사람은 내용에 의문을 가지게 되고 더 많은 설명을 원하게 된다.

한편 ②에서는 'A 때문에 B가 일어나, B가 C를 불러일으켜, C가 D를 발생하게 하는' 방식을 통해, **의견을 수직적으로 파고든다**. 이는 이전 학습에서 배웠던 Why Game의 감각이 나타나는 부분이다.

영어에서는 이러한 논리의 전개를 나타내는 구문 형태가 있다. 바로 '원인을 주어로 하는 문장'이다.

한국어에서는 이유를 부사구, 부사절로 나타내는 것이 일반적이다.

태풍 때문에 전철이 지연되었다.
→ 주어는 '전철', 동사는 '지연되었다'로, '태풍 때문에'는 동사 '지연되었다'의 이유를 설명하는 부사구이다.(부사의 역할: 동사의 모습을 설명)

영어에서는 **원인을 주어로 나타낼 수 있다**. 이는 한국어에서 일반적이지 않다.

예문 **The typhoon delayed the train.**
→ 직역하면 "태풍이 전철을 지연시켰다."라는 말이다. 물론 해석했을 때 의미는 통하지만, 한국어로 자연스럽지는 않다.

앞서 제시한 문장인 "태풍 때문에 전철이 지연되었다."를 그대로 영어로 바꾸면 Because of the typhoon, the train was delayed.가 된다. 물론 올바른 영어 문장이지만, 이는 앞에서 말한 ①번 글의 패턴인, 단순히 이유를 병렬적으로 늘어놓는 단락을 만들어 낼 수 있는 문장 형태이다. 지금까지 학습을 지도한 경험상, 설득력이 약한 에세이를 쓰는 수강생들은 대체로 because를 사용해서 이유를 나타내는 문장을 나열하는 패턴을 사용했다.

한편 원인을 주어로 하는 문장에서, 주어의 내용에 직전 문장의 내용을 넣으면 필연적으로 '**직전에 제시된 문장 내용의 결과로, 이러한 일이 발생되었다**'와 같이 내용을 수직적으로 파고들 수 있다.

이번에는 다음의 예시를 살펴보자.

> Summer is good for the economy because the temperature is high. The high temperature makes people want to go swimming and encourages them to go to the beach.

직역: 여름은 경제에 좋다. 왜냐하면 기온이 높기 때문이다. 높은 기온은 사람들이 수영을 하고 싶어지게 하고, 그들을 해변으로 가게 한다.

'높은 기온'이 원인이 되어, 그 결과 '사람들이 수영을 하고 싶어지고', '해변으로 가게 되는 것'이다.

원인을 주어로 하는 구문을 사용하면, 필연적으로 ①이 아니라 ②의 패턴이 된다.

이러한 패턴으로 글쓰기를 할 때, 쓸 수 있는 구문들이 많은데 나는 특히 5가지 구문을 사용하라고 지도한다. 이 구문을 쓰게 되면서, 신기하게도 수강생들이 쓴 에세이의 논리적 설득력이 향상되었다.

주어(원인) +	allow enable encourage cause	+A+to 동사원형~	원인 덕분에 A가 ~하다 원인 덕분에 A가 ~할 수 있게 되다 원인이 A가 ~하도록 장려하다(부추기다) 원인 때문에 A가 ~하게 되다
주어(원인) +	make	+A+동사원형~	원인 때문에 A가 ~하다

allow는 원래 뜻이 '허락하다'로, 그 의미에서 '~해 주다'라고 베푸는 느낌이 생겼다.

📌 **This custom allows people to make friends easily.**
직역: 이 관습은 사람들이 쉽게 친구를 사귈 수 있게 해 준다.
의역: 이 관습 덕분에 사람들은 쉽게 친구를 사귈 수 있다.

enable은 원인 덕분에 무언가가 **실현될 수 있다**는 것을 말한다.

> **The scholarship enabled many students to keep on studying.**
> 직역: 그 장학금은 많은 학생이 계속 공부하는 것을 가능하게 했다.
> 의역: 그 장학금 덕분에 많은 학생이 공부를 계속할 수 있었다.

encourage는 '용기를 북돋우다'라는 뜻으로 기억하는 사람들이 많지만, 실제로는 '**지지하다, 장려하다**' 또는 '**부추기다**'라는 느낌이 강한 말이다.

> **The new policy will encourage more people to spend money.**
> 직역: 새로운 정책은 더 많은 사람들이 돈을 쓰도록 장려할 것이다.
> 의역: 새로운 정책 덕분에 더 많은 사람이 돈을 쓰려고 할 것이다.

여기에서 소개하는 cause 구문에는 '**부정적인 원인**'이 오는 경우가 많고, 동사 뒤의 목적어는 '**피해를 입은 대상**', 그리고 목적 보어인 to 부정사는 '**피해의 내용**'을 나타낸다.

> **The flood caused many people to abandon their village.**
> 직역: 그 홍수는 많은 사람들이 마을을 버리게 했다.
> 의역: 그 홍수 때문에 많은 사람들이 자신의 마을을 버리게 되었다.

make는 원인이 강제로 어떤 형태를 만드는 것을 말한다.

> **The low temperature makes people wear more clothes.**
> 직역: 낮은 기온은 사람들이 더 많은 옷을 껴입게 한다.
> 의역: 낮은 기온 때문에 사람들은 더 많은 옷을 껴입는다.

우선 앞에 제시된 5가지 구문을 사용하는 습관을 들이도록 하자. 그리고 이 5개의 동사를 사용한 구문 외에 다른 구문도 알아 두자.

> **This creates more jobs.**   이는 더 많은 일자리를 창출해 낸다.
>   원인   결과

위 예문과 같이 일반적으로 타동사의 구조를 취하는 구문으로, **원인을 주어로 하는 타동사 구문을 많이 사용하는 것이 좋다.**

Must 98
에세이 글쓰기의 형식
① 도입부

▶ 거의 모든 영어 능력 시험에서 사용 가능한 형식

이미 이번 장의 도입 부분에서 언급했듯이, '영어로 유창하게 말하는 것'이 목표인 경우, '영어로 일상 회화를 잘하는 것'이라는 막연한 목표보다는 '영어로 남을 설득할 수 있는 것'을 목표로 하고, 다음 훈련을 진행하는 것이 가장 효율적이다.

그리고 다른 사람을 설득할 수 있는 말을 하기 위해서는, 각 문장의 표현 방법뿐만 아니라 **설득력 있는 문장들을 조합해서 구성하는 기술**이 필요하다. 그러한 기술이 필요한 완성된 형태의 글 중의 하나가, 바로 영어 소논문인 에세이 글쓰기이다.

영어 능력 시험 등의 에세이에서 요구되는 것은 '특정 주제에 대한 의견과 그 의견에 대한 이유를 말하는 것'으로 항상 동일하다. 즉, '제시되는 주제에 대해 자신의 의견을 표명하고, 왜 그 의견이 타당한지를 읽는 사람이 납득할 수 있게 하는' 점이 요구된다.

이는 바로 설득이라는 작업이다. 영어로 에세이를 잘 쓰는 '형식'을 익히면, 영어로 사람을 설득할 수 있는 '형식'을 익히게 되는 것이다.

본격적으로 설득하는 글을 쓸 때, 이 에세이의 '형식'을 사용할 수 있다. 구두로 다른 사람과 논의하거나, 의견을 묻고 이에 반응하는 것뿐이라면, 이 에세이의 형식 중에서 필요한 부분(대화나 면접의 경우, 2~3문장 정도면 충분하다)을 발췌해서 사용하면 된다.

처음에는 **독창성을 버리고 매번 같은 형식을 사용해서, 다양한 주제를 다루고 에세이를 많이 써서, 몸에 그 형식을 배게 하자.** 그렇게 하면, 어떤 경우에도 즉각적으로 의견을 영어로 제시할 수 있게 된다. 아는 단어의 양이 많아지고, 표현의 지식이 늘어나면, 그 형식을 바탕으로 다양한 표현을 바꿔 사용하며 다채로운 문장을 만들어 나가자. 이제 다음으로는 '매우 예외적인 경우를 제외하고, 어떤 주제의 에세이에도 사용 가능한 형식'을 소개하겠다.

●● 에세이의 3가지 파트

에세이의 '형식'은 introduction(도입부, 서론), main body(본론), conclusion (결론)의 3가지 파트로 구성되어 있다.

TOEIC Speaking & Writing Test, TOEFL, IELTS 등의 다양한 영어 시험에서 위의 3가지 구성 요소로 에세이를 쓰는 것이 일반적이다.

이번에는 "Which do you think is better, working at the office or working from home?"(사무실에서 일하는 것과 집에서 일하는 것 중 어느 것이 더 좋다고 생각하는가?)이라는 주제로 글을 작성해 보자. 먼저 도입부의 형식을 소개하겠다.

도입부의 형식

단락의 시작은 4자 정도 띄운다.

1. 더욱 더 많은 사람들이 화제로 삼아 논의하고 있다.=읽는 이에게 '이 주제는 읽을 만한 가치가 있다'는 것을 어필(넓은 곳(general))

● More and more people are discussing 주제를 추상화한 문구. Some people think 의견 A is better, while others think 의견 B is better. Considering that 이유 ① S+V ~, 이유 ② S+V ~, and 이유 ③ S+V ~, 자신의 의견(의견 A 또는 B 중 어느 쪽인지).

2. 이야기의 초점이다. 의견 A와 의견 B에 사용하는 표현은 문제에 주어진 주제의 영어 표현을 그대로 사용하면 실수를 줄일 수 있다.

3. 자신의 의견과 그렇게 생각하는 이유이다.(좁은 범위 (specific)) '자신의 의견'은 문제에 주어진 주제 표현을 가능한 한 그대로 사용하면 실수가 줄어든다.

4. 이유 3가지를 빠르게 떠올리는 것이 중요하다. Comparison Game으로 그 힘을 단련하자.

> More and more people are discussing how they should work. Some people think working at the office is better, while others think working from home is better. Considering that you can save time, you can take better care of your children, and you can go see the doctor more easily, working from home is better.

이를 실제 문장으로 만들면 다음과 같다.

해석: 일하는 방법에 대해 논의하는 사람들이 늘고 있다. 사무실에서 일하는 것이 좋다고 생각하는 사람들이 있는가 하면, 집에서 일하는 것이 좋다고 생각하는 사람들도 있다. 시간을 절약할 수 있고, 아이들을 더 잘 돌볼 수 있고, 병원에 더 쉽게 갈 수 있는 것을 고려하면, 집에서 일하는 것이 더 좋다.

도입부를 작성해 보니 어떤가? 만약 글을 쓰는 것이 아니라 면접을 보는 상황인 경우, 이 정도면 충분히 자신의 의견과 그 이유를 밝힌 것이다.

도입부의 대략적인 흐름은 다음과 같다.

> 요즘에는 이러한 이야기가 이목을 끄는 화제이다. **주제 소개**
> → A가 좋다는 사람들도 있고, B가 좋다는 사람들도 있다.
>   **주제에서 무엇이 초점이 되는가?**
> → ①, ②, ③의 이유로, 나는 B가 좋다.
>   **자신의 의견과 그렇게 생각하는 이유**

이와 같이, '넓은 범위에서 좁은 범위로 깊이 들어가며 이야기를 구체화하는' 것이다. 이는 Must 95 학습의 Guessing Game과 동일한 사고방식이다.

그리고 도입부를 빨리 쓸 수 있는지는 이유 3가지를 생각해 내는 속도에 달려 있다. 이를 단련하는 것이 Must 94 학습에서 했던 Comparison Game이다. 이유만 생각해 내면, 나머지 각각의 이유를 주제로 본론에 해당하는 단락도 쓸 수 있다.

도입부의 특징은 '**이 에세이에서 말하고자 하는 내용 전체의 줄거리를 간결하게 줄여서 이야기하는 것**'이다.

나는 흔히 도입부를 택배에 비유해서 설명한다. 택배로 짐을 보낼 때, 내용물을 펼쳐서 보내는 경우는 없다. 먼저 펼쳐진 내용물을 모아, 상자에 담아서 전달한다. 이것이 도입부의 역할이다. **간결하게 요약한 형태로 정보 전체를 먼저 전달한다.**

어순 학습에서 이야기했지만, 가벼운 정보가 먼저 오고 무거운 정보가 나중에 온다는 것은 영어의 정보가 구성되는 구조의 근간으로, 이는 에세이 구조에서도 동일하게 적용된다. 도입부의 내용을 자세하게 펼쳐 놓은(구체적인 정보를 제시하는) 것이, 이후 설명할 본론이다.

Must 99
에세이 글쓰기의 형식
② 본론과 결론

▶ 일단 쓸 줄 알면, 말하는 것도 가능하다

●── 본론이란

　본론은 보통 3개의 단락으로 구성된다. 도입부에서 언급한 **자신의 의견을 뒷받침하는 3가지 이유를 깊이 있게 제시하는** 파트이다.

　다시 한 번 택배에 비유하면, 도입부에서 상자에 모아 읽는 이에게 전달했던 정보를, 본론에서는 상자에서 하나하나 꺼내듯이 구체적으로 펼친다. 도입부의 마지막에 작성한 내용을 다시 보자.

> Considering that 이유 ① S + V ~, 이유 ② S + V ~, and 이유 ③ S + V ~, 자신의 의견(의견 A 또는 B 중 어느 쪽인지).

　본론에서는 이유 ①, ②, ③에 관해서 각 하나씩 단락을 만들어, 총 3개의 단락을 작성한다.

　에세이 글쓰기에서는 보통 300 words 이상의 분량이 요구된다. 그렇게 되면, 본론에서 단락을 하나만 쓰는 것으로는 그 분량을 채우기 힘들고, 하나의 이유를 가지고 한 단락을 길게 쓰면 쓸 내용이 고갈될 수 있으며, 내용이 지루해진다.

　그래서 **3가지 이유를 들어, 3개의 단락에서 각기 다른 논의를 하는 것을 권**한다.

　본론의 단락 형태는 다음과 같다.

> 단락의 시작은
> 4자 정도 띄운다.

● 자신의 의견 because 이유. _____
_____
_____ (Why Game에서 터득한 요령으로, '이유'에 대한 논의를 심화한다.) _____
_____
_____ Since 이유, 자신의 의견.

이번에는 이전에 학습한 Must 98 내용의 예시 글에서 언급한 이유인 ① you can save time을 사용하여 단락을 하나 써 보자.

　　　Working from home is better because you can save time. It takes a lot of time for workers to commute. Some people even spend a fifth of their work time on the commute. This makes people very exhausted and prevents them from working efficiently. If people work from home, they do not have to worry about having a bad time on the crowded train, and they can sleep more at home. This allows workers to stay healthy. Since you can save time, working from home is better.

해석: 시간을 절약할 수 있기 때문에 집에서 일하는 것이 더 좋다. 근로자들은 통근하는 데 많은 시간이 걸린다. 심지어 근무 시간의 5분의 1을 통근하는 데 소비하는 사람들도 있다. 이 때문에 사람들은 매우 지치고 효율적으로 일하지 못한다. 만약 집에서 일을 하면, 붐비는 전철에서 힘든 시간을 보낼 염려도 없고 집에서 잠을 더 많이 잘 수 있다. 이는 근로자들이 건강을 유지할 수 있게 한다. 시간을 절약할 수 있으므로, 집에서 일하는 것이 더 좋다.

단락의 첫 줄에 의견을 제시하는 것뿐만 아니라, 마지막 줄에도 'Since 이유, 자신의 의견.'을 쓰도록 한다.

해석하면 장황해 보일 수 있으나, 이것을 쓰도록 지도하는 데에는 이유가 있다.

글을 쓰다 보면, 내용이 주제에서 벗어나거나 결론이 흐지부지되어, 결국에는 무슨 이야기를 하고자 하는지 파악하기 어려운 경우가 있다. 영어로 글을 쓰면, 더욱 더 그러할 가능성이 높아진다. 그렇게 어중간한 상태에서 다음 단락으로 넘어가면, 읽는 이에게 큰 스트레스를 주게 된다. 시험이라면 그러한 부분에서 감점될 것이다.

그래서 '더 이상 쓸 말이 없다'라고 판단되면, 이처럼 'Since 이유, 자신의 의견.'을 쓰고 단락을 마무리하면 된다. 이것이 안전망이 되어, 비록 단락의 중반 내용이 어중간하더라도 읽는 이는 단락의 요점을 이해할 수 있을 것이다.

단락의 첫머리가 '의견+이유', 마지막이 '이유+의견'의 순서로 나열되어 있다는 점에도 주목하자. 이 순서에도 이유가 있다.

어순 학습에서 설명한 것처럼, 무엇인가를 알기 쉽게 전달하기 위해서는 '이미 알려진 정보'를 먼저 두고, '새로운 정보'를 나중에 두는 것이 철칙이다.

도입부의 마지막에 '자신의 의견(여기에서는 '집에서 일하는 것이 더 좋다.')'이 이미 설명되어 있다. 이미 언급한 정보이기 때문에, 본론의 단락에서 이를 사용하게 되면 '이미 알려진 정보'로 취급된다. 따라서 '의견'이 먼저 온다. 한편 도입부에서 이유를 3가지 제시했으나, 그중 어느 것을 이번 본론의 단락에서 쓸지는 미리 알 수 없다. 따라서 이유는 '새로운 정보'로 취급된다. 본론의 단락 첫머리에 '의견'인 Working from home is better를 먼저 두고, '이유'인 because you can save time.을 나중에 두는 것은 이 때문이다.

참고로 because는 '실은 ~라는 이유로'와 같이 **새로운 정보인 이유를 다루는 접속사**로, 문장의 후반부에 사용되는 것이 일반적이다.

그리고 본론의 단락 안에서 이유에 대한 논의가 심화되므로, 본론의 단락 하나를 거의 다 읽을 때쯤에 '이유'는 읽는 이에게 '이미 알려진 정보'가 된다. 그래서 단락 후반부에는 이미 알려진 정보인 '이유' Since you can save time,이 먼저 오고, '의견'인 working from home is better.가 나중에 오는 것이다. 참고로 since는 '이미 아는 바와 같이, ~라는 이유로'라는 뜻이어서, **이미 알려진 정보인 이유를 다루는 접속사**이다. 따라서 문두에 사용되는 것이 일반적이다.

단락에서 심도 있는 논의가 가능하고 내용에 설득력이 있으려면 Must 96 학습에서 실행한 Why Game의 사고방식을 활용해야 한다. 그리고 Must 97 학습에서 소개한 '원인을 주어로 하는 구문'을 되도록 사용하여, 이야기를 수직적으로 파고들며 심층적으로 논의해야 한다.

결론

결론에서 사용되는 형식은 3가지이다. 다음의 형식을 살펴보자.

> 단락의 시작은
> 4자 정도 띄운다.

> ● (1) 자신의 의견. (2) This is because 이유 ①, 이유 ②, and 이유 ③. (3) 본론의 정보를 가볍게 정리하는 느낌으로 '긍정적인 미래를 예상 하는 문장'을 한 줄 쓴다.

실제로 다음과 같이 결론을 작성할 수 있다.

> Working from home is better. This is because you can save time, you can take better care of your children, and you can go see the doctor more easily. If more people work from home, the productivity of our society will improve and we will have a better work-life balance.

해석: 집에서 일하는 것이 더 좋다. 이로 인해 시간을 절약할 수 있고, 아이들을 더 잘 돌볼 수 있으며 병원에 더 쉽게 갈 수 있기 때문이다. 더 많은 사람들이 집에서 일하면, 우리 사회의 생산성은 향상되고, 일과 삶의 균형이 더 나아질 것이다.

주의해야 할 점이 딱 한 가지 있다.
마지막 줄인 '긍정적인 미래를 예상하는 문장'에서는 지금까지의 단락 내용을 정리하는 것이기 때문에, 갑자기 새로운 화제를 꺼내지 않도록 한다. 새로운 화제를 제시하게 되면, 다시 새롭게 그것에 대해 논의를 시작해야 하기 때문이다.

Must 100
중학 영어를 제대로 마스터하라

▶ 쉽고 다양하게 활용하기 좋은 '가성비 영어'를 사용하라

중학 영어를 바탕으로 영어 기초를 학습하는 책들을 종종 볼 수 있다.

중학교에서 배우는 영어는 아주 중요하며, 영문법의 90%가 중학 영어에 포함되어 있다.

고난이도의 영어 문장을 읽는 독해 학습에서는 중학 영어를 넘어 고등학교에서 배우는 영어가 필요하지만, 일반적으로 영어를 쓰거나 말하는 것은 중학 영어로 충분하다고 생각한다.

여기에서는 좀 더 심도 있는 이야기를 할 것이다.

사실, 영어를 쓰거나 말할 때, 입시를 위한 **고교 영어가 당신의 '발목을 잡을'** 때가 있다.

여기에서 키워드로 제시하고자 하는 것은 '명사 표현'과 '동사 표현'으로, 아래 예시를 보자.

명사 표현 : 가장 큰 문제는 일자리 창출이다.
동사 표현 : 가장 큰 문제는 어떻게 하면 더 많은 일자리를 만들어 낼 수 있는가 이다.

여기에서 동사 표현이란 '주어+동사' 혹은 '동사+목적어'의 형태로 의미를 나타내는 표현이고, 명사 표현이란 그것을 하나의 명사 덩어리 안에 넣어 표현하는 것이다.

한국어나 영어에서도 어른이 되어 어려운 말을 할 기회가 늘어남에 따라 명사 표현을 사용하는 일이 늘어난다. 반면에 캐주얼한 일상 회화를 생각해 보면, 언어를

불문하고 압도적으로 동사 표현이 대부분을 차지한다.

　외국어를 습득하고자 할 때, 우리가 마스터할 수 있는 내용에는 한계가 있다.
　적은 시간과 노력으로 가능한 한 자유자재로 외국어를 구사하기 위해서는, 파티 드레스와 같이 '보기에는 좋아도 특정 상황에만 사용할 수 있는 표현'보다, **심플하고 편한 옷과 같이 '캐주얼하지만 다양한 상황에서 사용할 수 있는 표현'을 마스터하는 것이 훨씬 더 효율적이다.**

　사람은 다양한 상황에서 말을 한다. 그래서 일상 회화는 적은 어휘나 표현으로 어떤 상황에서도 사용할 수 있도록 체계가 갖추어져 있다.
　한편 글에서 쓰는 문어체 표현은 연구나 보고 등, 전문적인 분야에서 사용되는 것이 대다수여서, 필연적으로 특정 상황이나 분야에 특화된 표현을 많이 사용한다.
　그리고 전자의 일상 회화 표현은 '주어+동사' 형태를 취하는 동사 표현이 많이 쓰이고, 후자의 문어체 표현은 명사 표현이 많이 쓰인다. 그리고 중학교 영어와 비교하면 고등학교 영어 쪽이 압도적으로 명사 표현이 많다.

　앞에서 언급한 표현을 영어로 바꿔 보자.

명사 표현 : The biggest issue is **job creation**.
　　　　　가장 큰 문제는 일자리 창출이다.

동사 표현 : The biggest issue is **how to create more jobs**.
　　　　　가장 큰 문제는 어떻게 하면 더 많은 일자리를 만들어 낼 수 있는가이다.

　job creation은 일자리 문제로만 쓰이는 말인데 반해, '~하는 방식'을 뜻하는 'how to+동사원형'은 어느 상황에나 쓸 수 있는 표현이다. 게다가 'create+목적어'는 create a new system(새로운 체계를 만들어 내다), create a good impression(좋은 인상을 주다) 등 다양한 표현으로 활용할 수 있다.
　몇몇 사람들은 직장에서 영어를 쓸 때, 쉽고 간단한 표현만 쓸 수는 없다고 생각할 수도 있다. 이는 물론 일리가 있다.
　그러나 나는 그동안 글쓰기를 지도해 왔던 경험을 통해서 다음과 같이 말할 수 있다.

> 초급 또는 중급 수준에서 벗어나 어려운 말을 쓰려고 하면, 어려운 표현을 썼다는 자기만족감만 상대방에게 전달되고, 이해하기 어려운 문장을 만들게 되어 정작 자신이 말하고 싶은 내용이 잘 전달되지 않는 경우가 많다.

이러한 경우, 문장의 형태도 형편없다.

명사 표현에 집착하는 초급, 중급의 영어 학습자들은 종종 그 명사 표현에 맞는 동사나 구문을 습득하는 것에 소홀하다.

어려운 말을 사용하려면 그 말의 구문이나 문장 구성도 그에 걸맞아야 한다.

그 균형이 깨진 문장들은 차마 눈 뜨고 볼 수 없을 정도이다.

그보다는 **중학교 수준의 탄탄한 구문을 제대로 사용하고, 개수가 많지 않더라도 응용이 잘 되는 표현들을 이용해서, 평이하고 이해하기 쉬운 문장**을 작성하도록 해야 한다.

> 영어 학습의 첫 번째 목표는, 하고 싶은 말을 전달하는 것이다.

이 사실을 잊어서는 안 된다.

이것이 설득력의 원천이다.

기본적으로는 중학교 영어와 동사 표현을 중심으로 쓰면서, 숙달되면 읽기에서 습득한 고난이도의 표현들을 추가하는 과정을 거쳐야 한다. 고급 문장을 만들고 싶은 사람은 자신이 쓰고 싶은 표현의 구문이나 문장 구성을 제대로 알기 위해서, Reading으로 영어 문장을 더 많이 접하며 인풋을 늘리는 것이 필수이다.

영어를 학습하는 사람들은 초급 및 중급 단계에서 다음과 같이 생각하는 것이 중요하다.

중학교 영어는 '사용하기 위한 영어'이고, 고등학교 영어는 '이해하기 위한 영어'이다.

활용도 낮은 파티 드레스 같은 영어보다,  활용도 높은 캐주얼한 옷 같은 영어!

맺음말을 대신한 감사의 글

이 책을 선택해 주시고, 끝까지 읽어 주셔서 감사합니다. 마지막으로, 출판에 앞서서 감사의 마음을 적겠습니다.

십수 년 전에, 학원에서 영문법을 가르치면서 영문법이란 무엇인지 좀 더 깊이 있게 탐구하고자 했던 무렵, 우연히 시부야에 있는 서점에서 Friedrich Ungerer와 Hans-Jorg Schmid 저자가 쓴『인지 언어학 입문』(대수관서점)이라는 책을 보고 큰 깨달음을 얻어 매우 충격을 받았습니다. 이를 계기로 도쿄대학교의 니시무라 요시키 교수님과 오호리 토시오 교수님께서 진행하신 '인지 언어학의 학습 방법' 세미나에 참가하게 되었고, 니시무라 교수님의 추천으로 도쿄 언어 연구소에 들어가면서, 언어학 연구를 시작하게 됩니다. 도쿄 언어 연구소는 대학원에 다닐 여유가 없는 일반 사회인들도 일본 언어학계 정상에 있는 강사진의 강의를 저렴하게 들을 수 있는 꿈같은 장소입니다. 5년 정도 다니면서 인지 언어학, 일본어학, 음성학, 생성 문법 등을 배우는 과정을 통해 의미 있는 시간을 보내며, 지식을 쌓았으며, 이론 언어학상도 받았습니다.

언젠가 저의 책을 낼 기회가 오면, 니시무라 교수님께서 책의 추천 글을 써 주셨으면 하는 꿈을 가지고 있었지만, 막상 실제로 책을 쓰고 추천 글을 부탁드릴 단계가 되니, 말씀 드리기 두려운 마음에 도저히 스스로 부탁드리지 못했습니다. 대신에 편집자님에게 추천 글 작성을 부탁하는 편지를 전달해 주십사 요청 드리게 되었습니다. 그 이유는 교수님께서 제가 만든 책의 이론이 깊이가 얕다고 생각하셔서 추천 글을 거절하시지는 않을지 걱정이 되었고, 온화하셨지만 이론에 관해서는 항상 엄격하셨던 교수님의 얼굴이 생각났기 때문입니다. 이번에 니시무라 교수님께 받은 추천 글은 저에게 있어서 매우 자랑스러운 일이자 평생 간직할 보물입니다.

이 책을 처음 쓰려고 생각한 것은 15년전의 일로, 출판의 인연을 맺지 못하고 출판 이야기가 떠올랐다가 무산되어 어쩔 수 없이 인터넷 블로그에나마 내용을 계속 올리는 수밖에 없었습니다. 그러다가 이번에 운 좋게도 출판사의 편집자님이 먼저 이야기해 주셔서, 이렇게 무사히 저작의 빛을 보게 되었습니다. 편집자님은 훌륭한 미소와 쾌활한 성격으로 저의 집필을 계속 지지해 주셨습니다. 정말 감사드립니다. 편집자님 덕분에 출판이 무산되며 인간을 불신했던 저의 마음이 구원받을 수 있었는지도 모르겠네요.

   그리고 이번에 영문 교정을 맡아 주신 Adam McGuire 씨는 재능 넘치는 영어 교사로, 저서 내용 중에 있는 Guessing Game과 Comparison Game을 생각해 낸 사람 중 한 명이기도 하며 my best friend입니다. 그와 파트너가 되어 5년 이상 글쓰기와 말하기 지도를 해 왔습니다. 그가 없었다면 글쓰기와 말하기 지도 방법을 확립할 수 없었을 것입니다. 이 자리를 빌려 감사의 말씀을 전합니다.

   말이 나타내는 마음의 상태를 그림으로 만드는 것은 꽤 어려운데, 이번 일러스트를 담당해 주신 스에요시 요시미 작가님은 그 일을 훌륭히 해내 주셨습니다. 확실히 가려운 곳을 긁어 주는 것 같은 명쾌한 묘사의 일러스트로, 이 책의 가치를 배로 올려 주셨습니다. 감사드립니다.

   그리고 마지막으로, 지금까지 저에게 가르침을 받았던 제자 여러분, 여러분과 보낸 날들이 영어 강사로서의 저를 만들어 주었습니다. 이 책을 제 학생이었던 모든 여러분에게 바치며 감사의 말씀을 전합니다. 또한 제 블로그 '도키요시 히데야의 영문법 최종 해답!'을 지지해 주시는 모든 분들에게도 감사의 마음을 바칩니다. 정말 감사드립니다.

도키요시 히데야

옮긴이 김의정

한국외국어대학교 서울캠퍼스에서 이중 전공으로 일본어와 영어를 공부했다. 약 10년간 대교, 천재교육 등 교육회사에서 영어 교과서 및 영어 교재를 개발, 편집하고, 영어 교육 디지털콘텐츠를 개발했고 현재는 프리랜서 번역가 및 출판 편집자로 활동하고 있다. 업무상 참고용으로 영어 교육 관련한 일본어 도서를 번역했고, 일본 도서전 출장 통역 경험 등을 보유하고 있다. 영어 교육, 일본어에 관한 지식 및 관련 경험을 바탕으로 해당 도서를 번역하고 편집하게 되었다.

읽으면서 이해하고 암기 필요 없는
악마의 영문법 100법칙

초판 10쇄 인쇄 2025년 12월 5일
초판 1쇄 발행 2024년 6월 10일

지은이	도키요시 히데야
옮긴이	김의정
마케팅	㈜더북앤컴퍼니
펴낸곳	도서출판 THE 북
출판등록	2019년 2월 15일 제2019-000021호
주소	서울특별시 영등포구 양평로12가길 14 310호
전화	02-2069-0116
이메일	thebook-company@naver.com
ISBN	979-11-987029-8-2 (10740)

· 책값은 뒤표지에 있습니다.
· 잘못 만들어진 책은 구입하신 곳에서 교환해 드립니다.
· 이 책은 저작권법에 의하여 보호를 받는 저작물이므로, 무단 전재와 복제를 금합니다.

EIBUNPOU NO ONI 100SOKU
© HIDEYA TOKIYOSHI 2019
Originally published in Japan in 2019 by ASUKA PUBLISHING INC., Tokyo.
Korean translation rights arranged with ASUKA PUBLISHING INC., Tokyo,
through TOHAN CORPORATION, Tokyo. and JM Contents Agency Co., SEOUL.

이 책의 한국어판 저작권은 저작권자와의 독점 계약으로 도서출판 THE 북에 있습니다.
저작권법에 의해 한국 내에서 보호를 받는 저작물이므로 무단 전재와 복제를 금합니다.